教育部哲学社会科学系列发展报告
MOE Serial Reports on Developments in Humanities and Social Sciences

中国西部大开发发展报告（2018）

Report on Western Region Development of China (2018)

吴晓波 倪 好 周谷平 主编

中国人民大学出版社
· 北京 ·

中国西部大开发发展报告（2018）
编委会

总 序

哲学社会科学的发展水平，体现着一个国家和民族的思维能力、精神状态和文明素质，反映了一个国家的综合国力和国际竞争力。在社会发展历史进程中，哲学社会科学往往是社会变革、制度创新的理论先导，特别是在社会发展的关键时期，哲学社会科学的地位和作用就更加突出。在我国从大国走向强国的过程中，繁荣发展哲学社会科学，不仅关系到我国经济、政治、文化、社会建设以及生态文明建设的全面协调发展，而且关系到社会主义核心价值体系的构建，关系到全民族的思想道德素质和科学文化素质的提高，关系到国家文化软实力的增强。

党的十六大以来，以胡锦涛同志为总书记的党中央高度重视哲学社会科学，从中国特色社会主义发展全局的战略高度，把繁荣发展哲学社会科学作为重大而紧迫的任务进行谋划部署。2004 年，中共中央下发《关于进一步繁荣发展哲学社会科学的意见》，明确了新世纪繁荣发展哲学社会科学的指导方针、总体目标和主要任务。党的十七大报告明确指出："繁荣发展哲学社会科学，推进学科体系、学术观点、科研方法创新，鼓励哲学社会科学界为党和人民事业发挥思想库作用，推动我国哲学社会科学优秀成果和优秀人才走向世界"。2011 年，党的十七届六中全会审议通过的《中共中央关于深化文化体制改革、推动社会主义文化大发展大繁荣若干重大问题的决定》，把繁荣发展哲学社会科学作为推动社会主义文化大发展大繁荣、建设社会主义文化强国的一项重要内容，深刻阐述了繁荣发展哲学社会科学一系列带有方向性、根本性、战略性的问题。这些重要思想和论断，集中体现了我们党对哲学社会科学工作的高度重视，为哲学社会科学繁荣发展指明了方向，提供了根本保证和强大动力。

为学习贯彻党的十七届六中全会精神，教育部于 2011 年 11 月 17 日在北京召开全国高等学校哲学社会科学工作会议。中共中央办公厅、国务院办公厅转发《教育部关于深入推进高等学校哲学社会科学繁荣发展的意见》，明确提出到 2020 年基本建成高校哲学社会科学创新体系的奋斗目标。教育部、财政部联合撑、科研经费支撑、人才支撑，以及西部地区产学研合作协同创新、创新的国际开放与合作情况等进行总结梳理，阐述取得的成绩和存在的不足，并提出相关对策建议，以期更好地助力西部地区区域自主创新体系建设，更好地实现西部地区产业升级换代、促进区域经济发展、提高人民生活水平。本报告的风格也体现了浙江大学中国西部发展研究院一直以来坚持东西互动、中外互动、开放发展的基本理念。本报告研究成果在国际展望大会（杭州・2018）上进行了发布。

自2011年起，西部院已经连续8年承担从政府视角出发的《国家西部开发报告》的编撰工作。自2012年起，西部院还连续承担了“教育部哲学社会科学系列发展报告”项目《中国西部大开发发展报告》的编撰工作。时至今日，这项工作已经持续七年。过去的年度报告分别关注西部大开发综合问题、西部地区生态文明建设、西部地区能源问题、“一带一路”建设与西部大开发、西部地区全面建设小康社会、西部教育等主题。经过持续多年的编撰出版发布，报告已形成良好的社会影响力，其权威性、学术性、战略性并重，能够科学、全面、系统地解读西部大开发发展状况、态势与未来走向以及相关国家政策等，从战略层面对西部大开发的发展和变革进行了全面的分析和探讨，具有较高的理论价值与现实价值。

未来十年是西部地区创新发展的关键时期。愿以此书为引，全社会凝聚共识，勠力同心，推进西部地区高质量发展，为西部地区开辟增长源泉，打开增长之锁。

（原国家发展改革委西部开发司司长，
现任国家发展改革委国际合作中心
“一带一路”研究院院长）

目　　录

目　录

总　　论

摘　要

总论首先阐述了区域创新体系和国家创新体系的相关理论基础，结合“一带一路”倡议与西部大开发、协同创新等国家战略阐释了西部地区创新驱动发展的时代内涵。在此基础上，总论采用若干核心指标来反映我国不同区域创新能力的实际现状，如规模以上工业企业R&D人员全时当量（人年）、R&D经费支出占GDP比重（%）等，并利用近年可获得数据进行评估，通过比较分析找出西部地区创新体系建设中的优势、短板与挑战。结合理论与实践，总论提出西部地区创新体系的建设应重点关注产业创新与升级、企业自主创新、城市创新能力、包容性创新、生态科技创新、创新发展的金融支撑、科研经费、创新创业人才发展、产学研协同、科技创新的国际开放与合作等十大维度，在西部大开发“十三五”规划实施契机下，将“五大创新领域、三大支撑要素、两类合作网络”作为创新体系建设的主轴，追求全面创新，强化要素支撑，打造高效平台。

Abstract

Based on the theory of regional and national innovation system and after elucidating national strategies like the Belt and Road Initiative, western region development and coordinated development between regions, this chapter explores the relationship between innovation development in the western region of China and many factors. Five core indicators are employed to describe the status quo of different region's innovation capacities, such as all time equivalent of R&D personnel of industrial enterprises above designated scale, the R&D expenditure as a proportion of GDP, etc. Data in recent years has been adopted to evaluate and compare to find out the weakness and challenges that western region are facing with. The chapter suggests to focus on five innovation fields, three innovation supporting elements and two platforms when building western regional innovation system, and seize the opportunity of implementing the 13th five-year plan for the large-scale development of the western region. Specifically, they are factors like industrial innovation and upgrading, enterprise independent innovation, urban innovation ability, social inclusive innovation, eco-technology innovation, and finance, talents, research funds to support innovation, as well as industry-university-research collaboration and international openness and cooperation. Some targeted suggestions are proposed for the further innovation development in the west region.

一、理论回顾

区域创新体系（Regional Innovation System）的研究来源于国家创新体系理论的发展，与国家创新体系、企业自主创新体系等理论基础密不可分，三者分别处于中观、宏观与微观的视角。尽管不能简单地认为三者只是地理范畴上的差别，但这种地理范畴差异确实存在。国家创新体系与企业创新体系的范畴较为明确，前者往往以政治意义上的国家或者经济意义上的经济体为单位，后者往往是以某个别企业或者以企业为主体形成的集团为单位。而中观意义上的区域创新体系则在地理或者政治范畴上具有模糊性，但不可辩驳的是“区域创新体系是一种开放式的系统，是国家创新体系中的子系统”，然而少有明确界定其覆盖范围的论述，如是否一省、一市皆可构建以其自身为范围的区域创新系统。但可以肯定的一点是，并非任何地理上的拼凑和划割都可以称为区域，更遑论区域创新体系。界定区域与否的要点也不在于地理范围的大小，这在美国、日本、欧盟等国家和地区的实践中已经表明。其要点在于：一是要有地缘划分的历史、文化等基础，而非机械地切割；二是有区别于其他区域的特色，如特有的资源和特定的经济社会发展情况等；三是有资源与要素的流动，既有内部流动，也有外部的输入与输出等。在明确这些基本情况的前提下，本部分将首先对国家创新体系的理论研究进行回顾。

（一）国家创新体系的理论基础

当今世界知识经济发展迅猛，科学技术已经成为影响各国综合竞争力的重要因素，越来越多的国家将目标瞄准建设国家创新体系（或称国家创新系统，National Innovation System，NIS），将提升国家核心竞争力作为重大战略目标。尽管仍旧存在争议，但大部分学者认同首次明确提出“国家创新体系”概念的是英国经济学家克里斯托夫·佛里曼（Christopher Freeman），其《技术政策与经济绩效：来自日本的经验》（Technology Policy and Economic Performance：Lessons from Japan）一书中将国家创新体系界定为：由公共部门和私人部门组成的组织网络，其活动及相互作用意在激发、引入、改革和扩散新技术。其突出重点是它不再仅关注某一个创新产品、单一的创新主体或者创新流程中的某个环节，而是关注各创新主体间生产、扩散和应用有利于经济发展的新知识的相互作用。后来经济合作与发展组织（OECD）的报告基本承袭了这一概念界定并逐渐扩大了这一术语的影响力，如《以知识为基础的经济》（The Knowledge Based Economy）报告中指出国家创新体系是一个综合体：不同的行为者（企业、实验室、科技消费者等）之间围绕创新进行交流互动，并在科学研究、工程实施、产品开发、生产制造和市场销售等流程间进行反馈①。国家创新体系的提出具有开创性意义，尽管在概念上还有待更深入的讨论。美国学者理查德·纳尔逊（Richard Nelson）在其著作中也分析了美国的国家创新体系，并着重关注了国家研发体系、大学在其中的角色及政府支持的研发项目等方面。1992 年，《国家创新体系：迈向创新和交互学习理论》（National System of Innovation：Towards a Theory of Innovation and Interactive Learning）一书更加鲜明地提出了国家创新体系概念，丹麦经济学家本特-雅克·朗德沃尔（Bent-Ake Lundvall）在这本书中对国家创新体系的界定强调了体系内部各要素的关系整合，“国家创新体系是一个国家内部各要素及其关系的集合，通过要素间相互作用产生、扩散和应用新的知识”。

中国科学技术发展战略研究院提出，国家创新体系是以政府为主导，充分发挥市场配置资源的决定性作用，并且由各类科技创新主体紧密互动的社会系统，主要功能是支撑自主创新能力建设，消除制约创新发展的制度壁垒，释放创新活力，最大限度提升科技作为第一生产力的潜力。中国学者与日本学者在研究国家创新体系时，都关注到了传统自由竞争的市场经济和仅仅依赖企业创新往往不足以快速推动一国经济的发展和赶超，恰恰需要从国家层面上寻求国家资源的优质

① 苏敬勤，刘建华，姜照华. 国家创新体系国际化的模型与测算：中美比较［M］. 北京：科学出版社，2014：1.

配置与合理流动。在我国学者的研究中，常常将国家创新体系与自主创新战略、建设创新型国家等的提出相联系，并认为国家创新体系是建设创新型国家的理论基础。

总体而言，目前关于国家创新体系的探讨主要围绕以下几个层面展开：

1. 创新主体

总的来看，国家创新体系是一个由各创新主体及其相互作用而组成的网络。其中，一般认可的创新主体包括企业、政府、大学、科研院所、创新创业服务（中介）机构、金融机构等。流动在创新主体间的物质或者非物质要素可以称为创新资源，包括知识、人才、技术、信息、资金、装备等。创新主体通过占有、改变、扩散、配置、合作等途径利用创新资源，进行创新活动。国家创新体系中包含政治体系、教育与科研体系、中介体系、产业体系等核心分支体系，也包含基础设施、外部环境等外围因素。进一步讲，政治体系包括政府出台的研究与创新的有关激励政策或反激励措施，以及相应的规定与法律；教育与科研体系包括职业教育和培训、高等教育与科研单位、公共研究部门等；中介体系包括技术转移办公室（部分位于高校）和技术中介；产业体系较为庞大，包括大公司、成熟的中小企业、新兴技术型公司等；基础设施包括金融与风险资本、标准和规范、知识产权保护、商业环境等；外部环境既包括国际市场竞争、国际人才流动与知识跨境流动，也包括国内诸如金融体制改革、全社会的创业氛围，以及科技受众及大众消费端的需求等。

不同国家的国情不同，尤其是技术与商业的发展阶段不同，创新主体在不同的国家创新体系中的作用和地位可能存在差异。但企业、政府、高等教育机构这三大主体在整个体系中所起到的作用具有一定共通性，如企业偏重于应用创新，政府重在实现制度创新，高等教育机构则偏重于知识创新。另外中介与金融机构更多的是扮演创新创业服务者的角色，促进各主体间的技术扩散与成果转化。

（1）企业作为技术创新主体是由其自身在社会经济发展中的角色与性质决定的。技术创新包括产品的创新、工艺（生产手段和方法）的创新、市场的开拓、组织管理的创新（实现企业新的组合形式）以及新资源的开发和使用等。企业具有敏锐的市场嗅觉、自主经营的权利和需要承担风险的责任，因而对创新市场具有前瞻性的把握，相对于高等教育机构等与市场接触较少的主体而言能够更加把握R&D活动的市场性。而且，由于企业发展与技术风险管控需要，企业只有不断紧跟R&D前沿，掌握尖端科技，才能使自身持续占领市场而不被淘汰。只有在企业，才能实现科技直接转化为生产力。

企业是先进技术成果的转换者，将技术转化为商业价值是企业的天然使命，也是企业在激烈的竞争中获得地位的保障。同时，企业也是知识产权创造的主力军，华为、中兴、腾讯等企业在知识经济时代都靠优质专利提升效益。企业在科研经费投入上也占据主导地位，在发达国家和部分发展中国家，企业的研发经费投入往往占据全国总研发经费投入的一半以上，这也标志着企业作为创新主体的地位得到巩固。在研发经费保障、技术转化推动和企业效益的综合推动下，各种现代科技新兴产品往往首先来自企业，如芯片、飞机、手机、激光打印机等产品都体现了企业的创新研发能力和开拓与引领意识。

（2）政府是制度创新的主体，在坚持市场导向的区域创新发展思路下，明确政府的角色和功能界限及其服务创新的行政效率至关重要。制度环境是国家创新体系的关键要素，直接影响创新主体各项工作的开展及其相互关系的形成。一般而言，政府的创新政策往往涵盖促进科技成果转化、加强知识产权保护、鼓励科技与金融结合、降低中小企业创新风险、营造创新创业文化氛围、促进海内外科技人文交流等方面。另外，政府是研发经费投入的主要力量之一，尽管在一些国家和地区有下降的趋势，但不可否认政府的直接投资可以激励企业创新，对科研院所和高校的科技投入也有助于激励科学家进行创新。国家主要科技计划一般都由中央财政拨款，科技部门、教育部门、人力资源和社会保障部门以及国家自然科学基金委员会等相应国家部委之间往往形成一定的政策配套与协调机制，建立常态化、规范化的科研投入政策。此外，政府在组织领导、协调服务和资源配置等方面对国家创新体系建设进行重要投入。

（3）高等教育机构在整个体系中扮演优质人力资源集聚的“快车道”、知识的“生产者”和社会的“发动机”等角色，尤其是研究型大学，其战略地位、资源条件和职能属性决定了其在国家创新体系中扮演着重要角色。重点建设大学、高水平行业特色型大学、普通高等院校等在整个体系中发挥不同作用。同时，高校与企业合作也是企业成为创新主体的便捷之路。大学与产业界的关系越来越紧密，从一般的合作伙伴关系向知识的商业化演进。大学本身自筹的经费和产业资助的研究项目不断上升，大学更多地从事具有潜在商业价值的研究活动，学术资本主义开始在大学中浮现和拓展。

高等教育机构一方面为国家创新体系提供源源不断的人才，另一方面也在不断地推动知识和科技生产。这两者对整个体系都非常关键。前者是推动创新发展最能动的行为主体。人才是第一资源，人才的创新能力关系着国家的科技竞争力，而且往往人才教育以国家和产业创新的需求为导向，例如在专业设置上通过开设人工智能、微电子、机电一体化、精细化工等尖端前沿专业来加快培养国家科技创新人才。后者则由大学通过技术转让、专利出售等环节促进知识向产业流转。只有不再将高校科研成果束之高阁，才能够有效促进创新资源开放共享、加速科技与金融的结合、促进科技成果转移扩散，形成技术转移服务体系。这也是目前世界各国纷纷采取措施促进高校科技成果转移转化的动力所在。

2. 国家创新体系的国际比较

不少研究对国家创新体系的建设进行了横向国际比较，其中，较为典型的研究对象包括美国、日本、德国以及金砖四国等，并从国际比较中得出有益于我国创新体系构建的战略步骤与具体实践经验或者教训。总的来看，除了历史的叙述和现状的描写外，比较的维度主要有绩效指标、结构变化、教育基础及有关政策等。

第二次世界大战后，日本国家创新体系的建设中值得借鉴的两点经验是：高水平的技术吸收能力以及日本企业常常进口在商业上没有进入试验阶段的技术①。德国的国家创新体系的优势包括：R&D 支出占 GDP 比重处于全球前列，并越来越向大型企业和核心产业转移；商业部门非常重视出口市场开发，产业 R&D 能力的国际化日益加速，企业越来越多地从国外市场获取创新动力；科学技术绩效很高；高技术人员在学科交叉技术及前沿领域的探索为国家带来意义重大的成果。劣势包括：德国高等教育在科学和工程学科上的学生人数不足且兴趣表现低下；课程耗时长且没有得到有效开展；高等教育机构的财政结构不利等。对金砖四国所进行的一项比较研究认为，四个国家的政策协调对国家创新体系的建设具有重要意义，不过其政策均以国际上最佳实践为蓝本，较为明显地表现出趋同性倾向。也正是因为如此，该项比较研究认为金砖四国的创新体系缺乏某种民族、文化或者精神的根植性，构建一个高效的国家创新体系，需要从该国特定的经济文化与社会发展条件出发考虑国家创新政策。

3. 国家创新体系的特点

从特点上看，国家创新体系旨在建立消除制度障碍、防范个别主体失灵的机制，一般具有系统性、网络性、多样性、开放性等基本特征。国家创新体系的分析框架是系统论的，认为创新是一种集体行为，需要考虑要素之间的网络联系，比如企业成长与企业之间、企业与科学技术研究之间、企业与政府之间的交互作用均有关联。就其多样性而言，一是指系统内部要素与主体的非单一性，二是指各个国家在历史积淀和现实因素下可以选择不同的模式去构建具有自身特色的创新体系。就其开放性而言，是指国家创新体系并非封闭和孤立的，它与全球创新体系相联系，尤其是如知识、人才和技术等要素在国家与国家之间的流动。可以说在当下这个全球化的时代中，国家之间的要素流动具有更加深远的意义，也是发达国家能够获得如此强大竞争力的原因之一。同样，它也与区域创新体系、企业创新体系、大学创新体系等相互衔接。

---

① 王晓蓉. 国家创新体系的比较与创新型国家建设［M］. 北京：经济管理出版社，2014：5.

不少学者认为国家创新体系的概念具有狭义和广义之分。狭义上的概念集中分析企业的研发活动，以及科学技术组织与国家（地区）公共政策之间的相互交织作用，较少考虑劳动力市场、国民教育等社会广泛制度安排。广义上的国家创新体系往往对“创新”有更加广泛的理解，创新不只发生在企业或者大学实验室中，也发生在不同要素联系与碰撞过程中产生的新想法和新做法中、人们的技能运用中，以及组织内外关系的调整中等。

4. 国家创新体系分析框架所面临的挑战

从理论发展层面来看，目前关于国家创新体系的研究呈现出以下几个重要趋势和挑战：研究对象越来越关注转型经济体，如亚洲、欧洲等国家和地区的创新体系，尤其以中国、印度、俄罗斯及东欧转型国家为对象的研究较为活跃，但相比于发达国家而言，欠发达国家的特点还没有完全被考虑进国家创新体系的分析框架中；研究层级上从国家转向不同层次的区域，学者越来越认为从全国层面去分析创新体系已经不能够全面和准确地把握情况，而跨国界的区域研究、次国家层面区域研究更加有利于深入理解区域创新活动规律；从研究主题上看则更加聚焦于特定具体产业，而非笼统的所有产业行业，热门的研究主题有生物医药行业创新体系研究、半导体和电信设备创新体系研究、纳米技术创新体系研究等；从研究内容上看更加关注创新主体间的互动机制，尽管早就有学者提出创新发生于多个主体的互动中，而究竟互动机制是如何运转的，程度如何、效果如何，互动关系对创新活动的影响是否受其他中介因素的影响等，还有待探索。在我国，研究国家创新体系的学者大多来自管理学界，研究的重点往往偏于科技而非经济，对诸如教育的大众化、产业关系和劳动力市场等制度研究不多，媒体报道也往往从科技角度来阐释国家创新体系，尤其是当我们在全球贸易中缺少前沿和尖端科技控制权时。本部分则从更加宽广的角度来看待创新，而非将其狭隘化为科技创新。

（二）创新活动区域化

随着国家创新体系理论与实践的完善，区域创新驱动发展的实践逐渐引起人们重视。尤其是，若干富有特色与竞争优势、具有全球影响的区域成为创新发展的典范，让人们更加意识到区域创新体系与国家创新体系之间存在值得探究的密切关联。

一方面，产业集群的出现可以被视为区域创新体系的前状态。OECD 最早提出认为产业集群可以被视为一种简化了的国家创新体系，其最关键的系统要素有助于推进国民经济各领域的发展与创新。事实上，任何国家的创新体系都包括规模各异、多元发展的产业集群创新，而这规模和多元化程度无非取决于国民经济总体发展规模、发展阶段和复杂程度而已。同样地，一个区域创新体系往往由不同的区域产业集群所组成，区域产业集群的发展受地方政策、规模、功能及效率等因素驱动。在全球实践中，美国的硅谷、中国的中关村、印度的班加罗尔等是较为著名的创新性产业集群区域，而劳动密集型产业集群例子包括中国绍兴的领带产业、温州的纽扣产业等。

上述内容主要从实践的范畴来看区域创新体系的形成与大致内涵。从学术研究层面上看，英国卡迪夫大学库克教授对区域创新体系的研究较为全面，认为区域创新体系主要是由在地理上相互分工但形成关联的生产企业、科研机构和高等教育机构等组成的区域性组织体系，支持并产生创新。也有学者认为区域创新体系主要存在两类行动主体，这两类主体相互作用并产生创新效益。第一类包括区域内产业集群及支持产业的公司；第二类主要是具有创新能力的各类组织，如大学、科研机构、中介、职业培训机构、产业协会及金融机构等。综观各种对区域创新体系的定义，可以发现其与国家创新体系的概念相差无几，有几个非常重要的共同之处：一是创新主体类型，无论是区域还是国家创新体系，都离不开高校、科研机构、企业、政府等若干创新主体；二是两者的定义都强调主体间的关联性，否定分离式、孤立式创新，强调作为体系所具有的连接性，如定义中常常出现“机构网络”“相互依赖”“整合”“协同作用”等词语。可以说，在从企业自主创新体系、产业创新体系（产业集群）、区域创新体系到国家创新体系和全球创新体系的五个层次中，区域创新体系与国家创新体系互为边界，在“创新体系”上具有共通性，具有某些相似的性质与规律，或者说是同态和同构结构。

国家创新体系与价值链集群（产业集群）、区域创新体系等概念密切相关。不可否认，尽管取决于国民经济的规模和复杂程度，但任何国家的创新体系都包含规模各异的产业集群和区域创新体系。自然，国家创新体系也不是简单地将这些区域网络和集群进行叠加或者汇总，而是一种结合与增值连接。国家创新体系与区域创新体系也并非矛盾关系。无论区域创新体系建设多么卓有成效或者工业区多么繁荣，如美国的硅谷或者英国的伯明翰，这些地区的成就都离不开国家创新体系的发展。因为如果没有国家的政策与经济推动和在知识产权等方面的保护、国内市场的哺育，这些工业区很难取得现有的成绩。

另一方面，从微观走向中观的视角，体现的是从企业自主创新体系到区域创新体系的演化。企业自主创新体系是一个相对微观的集大学、科研机构及其他创新参与者为一体的生态系统。建设以企业为主体，市场为导向，融合产、学、研为一体的技术创新体系，是建设区域和国家创新体系的突破口。企业的主体地位，归功于它与市场和消费者联系最紧密，对需求的判断最敏感，对创新的方向把握最准确。如果没有最终用之于民，再大的创新也难以转化为现实生产力。随着我国国家创新体系的建设取得显著进展，企业技术创新主体地位也不断增强。

《2017年全国科技经费投入统计公报》和《专利统计年报2017》的数据显示，2017年，各类企业研发经费支出13 660.2亿元，比上年增长12.5%；企业科技研发支出经费占国家全部研发经费支出的77.6%，企业发明专利授权量占国内授权总量的66.0%。在研发人才上，我国通过实施千人计划、万人计划、创新人才推进计划等重大工程，为企业研发提供了智力支持。企业技术创新主体地位指数（TII指数）表现出持续上升的态势。企业技术创新在经费、人才等投入要素上，在发明、专利、新工艺等产出要素上都形成了较大规模，在整个创新生态中占据重要位置。

最后，应该强调的是，尽管区域可大可小，但能否将我国西部地区的创新发展视为一个区域体系，仍值得商榷。我国西部地区在地理上、文化上和经济上具有一定的相似性，且西部地区本身具有自身发展特色，与中部、东部的差异明显，西部地区也具有潜力实现不同产业（如金融业、信息产业、物流业等）的循环，但就西部整体而言，不具备独立制定区域发展政策与战略的权力，一个省的政策不能直接在另一个省产生效应，尽管很多中央层面的指令不仅仅是针对个别省份，而是针对西部整体。不少研究都是以省域创新体系作为区域创新体系的，如郭本海等人对我国区域创新体系建设进行了全国范围内的评估并提出了战略对策①。不过，创新体系具有全息性，无论是全球层面、国家层面，还是跨省域层面，或者省域层面，在创新资源要素、体系的功能发挥、运行机制、结构与效率等方面都存在不少的共性。因而，在总结西部地区创新发展现状与时代内涵的基础上，提出西部地区创新体系建设的若干关注重点与对策建议，仍然具有重要意义。

二、西部地区创新驱动发展的时代内涵

世界处于大变革、大发展与大调整的周期之中，国内外形势瞬息万变是这个时代的特征之一。全球经济与科学技术发展变化呈现出新的特点，国家创新体系的国际化、创新组织的专业化、创新资源的全球流动和创新活动的协同化等日益明显，产业技术创新空前活跃，如“3D打印”、人工智能、新型材料等领域的发展日新月异。创新驱动发展、“互联网＋”行动等国家战略的相继实施，使得西部在产业创新、技术发展、扩大对外开放等领域面临更多机遇，对接东、中部地区新兴产业，扩大自身优势、推进区域产业转型，有效推动了区域经济的增长。

---

① 郭本海，刘思峰，方志耕．区域创新体系建设：战略分析与战略对策［M］．北京：科学出版社，2015.

西部地区创新发展的号角越来越响亮，加强科技创新力度，继续推进经济转型，真正地实现以自主科技为利剑的模式创新，在结构调整、产业升级中实现凤凰涅槃。西部地区同样需要以提升区域创新能力为核心，突出地方优势与资源禀赋，深化科技创新体制改革，提高技术效率和技术进步率，发挥各类科技园区的辐射与带动作用。能否建设各有所长、卓有成效的区域创新体系，关系着我国是仍然保持世界加工厂、低成本制造车间还是成为以投资—创新为驱动、以高素质劳动力为特色的世界制造中心。

党的十九大报告指出："从现在到二〇二〇年是全面建成小康社会决胜期。要按照十六大、十七大、十八大提出的全面建成小康社会各项要求，紧扣我国社会主要矛盾变化，统筹推进经济建设、政治建设、文化建设、社会建设、生态文明建设，坚定实施科教兴国战略、人才强国战略、创新驱动发展战略、乡村振兴战略、区域协调发展战略、可持续发展战略、军民融合发展战略，突出抓重点、补短板、强弱项，特别是要坚决打好防范化解重大风险、精准脱贫、污染防治的攻坚战，使全面建成小康社会得到人民认可、经得起历史检验。"

针对我国经济发展中不断产生的新问题与新情况，我国的区域经济政策也在不断调整和变化中。十九大报告对我国区域发展提出了新的要求，将"实施区域协调发展战略"作为建设现代化经济体系和增强我国经济创新力与竞争力的重要组成部分。事实上，西部地区创新发展一直面临着较为不错的政策资源优势。2016年政府工作报告指出，以区域发展总体战略为基础，以"三大战略"为引领，形成沿海沿江沿线经济带为主的纵向横向经济轴带，其中就包括与西部地区创新发展密切相关的"一带一路"建设和长江经济带发展。

(一)"一带一路"建设为西部创新发展提供新契机

党的十八大以来，我国一体推进"一带一路"建设和长江经济带发展，增强了西部地区与沿海地区的经济联系，拓展了西部地区对外开放空间。2013—2017年，西部地区生产总值从12.7万亿元增加到17.1万亿元，年均增长8.8%，占全国比重也略有增加。老百姓的生活水平持续提高，2017年城镇和农村居民人均可支配收入分别达到3.1万元和1.1万元，分别是2013年的1.38倍和1.46倍。在教育上，西部地区"两基"攻坚计划（实现西部地区基本普及九年义务教育、基本扫除青壮年文盲）如期完成，实现率达100%。西部地区基础设施保障能力全面加强，如兰渝铁路、西成高铁等重要交通干线投入运营，西气东输、西电东送等一批具有重要价值和影响的工程相继竣工，信息基础设施建设顺利推进。在产业发展上，特色优势产业发展壮大，能源基地、资源深加工基地、装备制造业基地等逐渐发展，如重庆的汽车、电子信息产业，贵州的大数据、大健康等。37个全国生态文明先行示范区在西部地区顺利建立，退耕还林还草等工程进展顺利，森林覆盖率进一步提高。在开放发展上，西部地区积极参与和融入“一带一路”建设，如广西凭祥等重点开发开放试验区建设稳步推进[①]。

今后一个时期推进西部大开发，要充分发挥“一带一路”建设的引领带动作用，加大西部开放力度，加快建设内外通道和区域性枢纽，完善基础设施网络，提高对外开放和外向型经济发展水平。加快培育发展符合西部地区比较优势的特色产业和新兴产业，增强产业竞争力。加强生态环境建设，筑牢国家生态安全屏障。

“一带一路”建设为西部地区创新发展带来了前所未有的重要机遇。西部有6个省（自治区、直辖市）出台了融入“一带一路”的专项规划和实施方案。陕西2016年实施“一带一路”建设行动计划，提出从构建交通商贸物流中心、国际产能合作中心、科技教育中心、旅游金融中心等，建立开放型经济新格局等方面推进“一带一路”建设。甘肃、重庆、广西等将“一带一路”纳入其“十三五”发展规划中。甘肃提出：坚持内外需协调、进出口平衡、“引进来”和“走出去”并重、引资和引技引智并举，抢抓“一带一路”倡议的机遇，加快丝绸之路经济带黄金段建设，推进以向西开放为重点的全方位开放，着力打造经贸人文交流合作平台，统筹用好内外市场，提升开放型经济发展水平。

在大数据产业领域，内蒙古围绕中蒙俄经济走廊建设，率先启动的国家大数据综合试验区建设，是目前全国唯一获批建设的大数据基础设施统筹发展类综合试验区。后续总投资508亿元的产业重点项目，以及中电智云多伦大数据产业园、多伦航空航天高端智能装备产业园项目的入驻，为呼和浩特打造大数据产业发展集聚城市，以及内蒙古“互联网+”重镇提供了基础设施及产业发展层面的保障。贵州将大数据产业提升到了全省战略高度，出台了一揽子重大项目，如举办全球首个大数据主题博览会，成立全国首个国家级大数据综合试验区，以传统金融为基础，实现在普惠金融、征信数据、区块链金融等领域的创新突破，着力发展众筹金融、人机金融票据链、VR金融等价值链条，并试图探索大数据金融风险防控的“贵阳模式”。

在促进产能合作与企业“走出去”方面，作为西部地区联通中哈、中俄等产能合作园区的交通要道，陕西至今已经开启西安至莫斯科、华沙和汉堡的三条中欧列车以及西安至阿姆斯特丹货运航线。丝绸之路工商领导人（西安）峰会、2016年丝绸之路国际博览会暨第20届中国东西部合作与投资贸易洽谈会等重大国际会议在陕西召开，为上万家企业、数十万客商以及数以万计的特色产品提供

---

① 6大成就彰显西部大开发“平稳向好”［EB/OL］.（2018-08-30）［2019-03-05］. http://www.ndrc.gov.cn/xwzx/xwfb/201808/t20180830_896947.html.

了展示、洽谈的平台，为陕西企业“走出去”提供了机会。陕西自贸区的获批成为“一带一路”开放合作的新高地。高端产业集聚、金融服务创新、文化交流深入、投资贸易便利将成为陕西贸易的新特征。甘肃作为“连接欧亚大陆桥的战略通道”和“沟通西南、西部的交通枢纽”，在推进兰州、威武、天水成为国际陆港和兰州、敦煌、嘉峪关成为国际空港建设方面取得突破，开通国内首班南亚公铁联运和兰州新区至白俄罗斯明斯克的国际货运班列，努力打造丝绸之路经济带上的交通大通道、物流大枢纽。此外，兰州新区中韩、中德产业园开工建设。2016年召开中国（甘肃）国际新能源博览会、中国西部国际产能合作论坛等重大会议为甘肃添加了16个实质性展开产能合作的国际伙伴。

在人文交流创新发展领域，青海积极推进与“一带一路”沿线国家的人文互动，连续三年与土库曼斯坦互相派遣留学生，组织大型民族风情歌舞节目参加丝绸之路国际艺术节，在沿线国家多次举办优秀民族乐曲、图片展等。宁夏举办中阿大学校长论坛、卫生合作论坛、旅业商会大会等，打造西部民族文化品牌，促进国内外科技创新人才、文化创新人才、卫生创新人才的交流。

在促进商贸交流上，新疆丝绸之路经济带核心区战略全面启动，乌鲁木齐的国际陆港建设与新疆跨境电子商务中心试点全面启动，中国—中亚科技合作中心的各项工作稳步推进，核心区创新驱动发展试验区建设规划提上日程，新疆全方位对外开放日趋成熟。四川在中德、中法和中韩等国别园区建设上步伐加快，并成为对德合作的先行省份，在传统合作模式基础上，创造了“政府＋机构＋企业”等多种合作路径，在智能制造、高端技术研发等领域的合作快马加鞭。在经贸合作上，与沿线60多个国家的货物进出口贸易总额增长迅猛，在全球41个国家和地区实现了营销网点的覆盖。

在“一带一路”倡议推动下，西部的区位优势和资源优势得到彰显，当然也存在意识和能力上的短板。在这一重大机遇下，西部地区各项事业的发展需要一种特殊的精神——企业家精神。企业家精神并不局限于企业家群体，但以企业家为代表的这类群体具有冒险精神、创新精神，能够整合资源，把握机会，提供合适的产品与服务，甚至推动整个产业与社会的变革。除了来自企业界的助力，同样需要政府、高校与其他社会各类组织为西部地区融入“一带一路”建设添砖加瓦。

（二）西部大开发战略为西部改革创新带来新驱动

西部大开发战略囊括了我国所有西部省份，其最初目的是“将东部沿海地区的剩余经济发展能力，用到西部地区的经济和社会发展与国防巩固上”。经过十几年的经济发展，贵州、四川、云南等西部地区实现了经济高速增长，近年来在全国范围内经济增长速度排名前列。新旧经济动能转化、产业加速转型等成为地区发展过程中的亮点，西部地区新兴产业的投资几乎都保持了两位数以上的增速。在“十三五”时期，西部地区仍将处于经济发展较快的有利时期，但也面临转变传统区域开发路径、促进内生型自我发展，以及经济发展与社会、生态等共同发展等难题。在这一背景下，我国西部大开发战略将进入深化阶段，尤其是要在西部地区推进沿边重点开发开放试验区和贵州、宁夏内陆开放型经济试验区建设。

毋庸讳言，深化西部地区基础设施建设，促进西部地区生态建设与环境保护，积极推动产业转型升级，提高国民教育质量与区域公共服务水平，优化空间格局与推进城镇化，塑造新型开放格局等，均需要实现理论创新与制度创新，且运用科技创新为社会各领域发展提供动力支撑。《西部大开发“十三五”规划》提出，要稳步推进四川、西安等国家全面创新改革试验区建设，支持重庆建设国家自主创新示范区，打造创新示范高地。支持兰州等高教与科研资源相对密集地区完善创新体系和创新制度环境，推动产学研紧密融合。在西部地区打造一批军民融合创新示范区，形成可复制、可推广、可持续的新路径与新模式，促进国防经济与地方经济的融合。

各地在其贯彻落实《西部大开发“十三五”规划》的实施方案中，也都提出了结合各地实际、通过多种创新来实现经济、社会与生态等多重发展。如贵州提出，在“十三五”期间，贵州需扩大创新领域，紧盯大数据、大健康、节能环保、新材料、航空航天、机器人与智能制造等前沿领域，加强事关全局的共性关键技术和关键工艺、关键材料、重大装备、基础软件等攻关；依托国家级开放创新平台、省级经济开发区等载体，建设具有强大带动能力的创新中心，形成高水平、有特色的优势产业集聚区；建设一批“孵化＋创投”“互联网＋创新工场”等新型孵化器，在全省逐步形成“创业苗圃＋孵化器＋加速器”的创新创业孵化链条；加快推进“互联网＋”创业创新、商贸流通、便捷交通、精准扶贫等专项行动计划，建设一批中小微企业创业创新基地。

李克强总理特别强调，深入推进西部开发工作中，西部地区应大力鼓励自主创业创新，挖掘巨大市场潜力，调动广大西部群众的智慧和创造力。西部大开发这盘棋不仅关乎西部地区，而且关乎整个国家发展。“把西部这盘棋走活了，西部地区经济升级了，那我们实现中国经济转型升级、迈向高质量发展的基础就更扎实了。”“统筹做好西部开发工作，可以拓展我国经济发展空间，有利于增强防范各类风险的能力，支撑全国经济稳中向好的形势。”①

① 李克强对推进西部开发提出这些要求［EB/OL］.（2018－08－25）［2019－04－19］. http：www.gov.cn/premier/2018-08/25/conteut_5316608.htm.

（三）高校与区域协同创新为西部发展开辟新路径

高校与区域协同创新已经成为20世纪80年代以来对高校与区域双方提出的一种以资源分享、合作互动、协同共进为特征的新发展模式。从20世纪末开始，不同类型的高校在创新创业格局上呈现出来的相似性已经颇为明显，高校不仅仅关注知识的传承与创新，与此同时还不断参与区域经济与社会发展，发挥知识外在价值。高校与区域因为高校职能的演变，双方合作创新的需求更加强烈。双方在千丝万缕的关系互动中，逐渐明确了创新有三种核心要素：知识、人才和制度。这三者所形成的关系网络让高校与区域双方不得不认可双方之间必要的共生关系。知识的探索与技术的发明是高校对社会做出的最具特色的贡献，是高校获得各项经费的逻辑起点，同时也是区域创新的动力基础；人才是高校与区域协同创新的载体，人是知识的创造者、接受者和使用者，大学对区域的经济影响和社会影响，主要通过培养高层次的人才得以实现；制度是协同创新过程中相对持久的特征，制度中的规制性、规范性和文化—认知性要素为双方互动提供了软环境，并且不断地促进协同创新的传播、维持与再生产①。

高校与区域协同创新为西部发展开辟了新路径，西部地区发展缺少创新智力、科研产出，在社会与文化发展中也缺少高等教育机构的牵引。有效互补、持续互惠的高校与区域协同创新在其路径开辟上，应该始终围绕人才、知识和制度这三个核心要素。首先，围绕人才，西部高校应致力于人力资本开发，推动区域能力建设；反过来，西部地区对人才需求的变化有利于推动高校人才培养的重新定向，并反映在专业设置、经费分配等方面。其次，围绕知识，西部高校通过知识溢出和转移，促进区域创新体系的构建；反过来，区域创新进程中出现的新问题成为高校科研的新课题，从而双方形成一个协同增效的循环过程。最后，围绕制度，高校从区域的社会系统中提取相对持久的特征（如西部地区的生态价值等），重视自身价值理念与文化的辐射，推进区域创新品质提升。

在区域借助高校进行能力构建的同时，区域发展促使高校对人才培养体系进行改革，以更加符合区域人才需求。高校对区域的人才需求反应灵敏，通常以设立新的教学项目的方式调整其人才培养的结构体系（如不少西部高校目前设立了"一带一路"沿线国家小语种专业、人工智能专业等）。区域创新体系的构建依赖于高校知识的溢出和转化，主要表现在区域优势产业的知识与科技含量、创业企业的发展以及产学结合的程度与方式等方面。这对产业、高校及两者的对接提出了新的要求：高校需要面向产业需求对知识进行转化；产业抓住升级机遇，推陈出新，不断更新运作模式、管理方式等；科技园、孵化器、小企业管理中心等单

---

① 倪好．美国高校与区域协同发展的路径探杆［J］．比较教育研究，2015（1）：72-77．

位作为高校与产业之间的中介机构，需要发挥桥梁作用，通过提供资金、场地、服务等方式促进高校知识创新和转化。

为促进西部地区创新事业的发展，以及满足边疆安全、产业振兴、生态修复、高端科技发展等需要，由四川大学牵头联合国家民委、云南大学、西藏大学、新疆大学共同组建的“中国西部边疆安全与发展战略协同创新中心”，由重庆大学、重庆长安汽车股份有限公司、中国汽车工程研究院股份有限公司等共同组建的“重庆自主品牌汽车协同创新中心”等一系列以西部发展急需为出发点的协同创新中心相继获得批准（如表0－1所示）。此外，西部高校围绕国家急需的战略性问题、科学技术尖端领域的前瞻性问题和涉及国计民生的重大公益性问题，自主创建了诸多协同创新中心，如工业生态修复及废弃物资源化协同创新中心（以昆明理工大学为主牵头）、循环经济工程技术协同创新中心（以西安建筑科技大学为主牵头）、太空信息工程协同创新中心（以西安交通大学为主牵头）等，推动各省之间高校、企业、研究所和地区政府乃至国际社会间的协同发展，主要围绕人才、资源等创新活力进行体制机制改革，改变过去“分散、封闭、低效”的状况，释放人事管理与资源配置等方面的活力。

表0－1　西部地区部分高校与区域协同创新中心

重庆自主品牌汽车协同创新中心	重庆大学、重庆长安汽车股份有限公司、中国汽车工程研究院股份有限公司等
高端制造装备协同创新中心	西安交通大学、浙江大学、沈阳机床（集团）有限责任公司、陕西秦川机床工具集团有限公司等
信息感知技术协同创新中心	西安电子科技大学、中国电子科技集团公司等
生物治疗协同创新中心	四川大学、清华大学、中国医学科学院、南开大学等
中国西部边疆安全与发展战略协同创新中心	四川大学、国家民委、云南大学、西藏大学、新疆大学

在协同发展的过程中，只关注商业、竞争力和技术进步将会带来一系列的问题和风险，如对于偏远地区和社会边缘群体的服务意识减少，以及不能最优化地利用人力资源。除了智力资源开发与创新体系构建，高校与区域协同创新的另一重要途径是通过具有文化—认知性要素的高校制度对区域的辐射，促进区域文化品质的提升。高校与区域在文化与制度层面的协同体现在区域特征与高校文化理念的互动。文化总是深深地植根于某一特定的区域，因而高校的文化辐射往往是一个因地制宜的过程。此外，高校与社区非营利性组织、协会等众多组织合作开展诸多活动，影响广泛。高校不断参与区域的社会、文化和环境发展，以及其所传达的可持续与社会公平的理念将有助于该地区生活品质的提

高。区域特征随着区域品质的提升而不断发生变化，对文化和制度的需求也随之改变，因而也促进共同文化理念发生转变，高校与区域正是在这样的循环互动中共生。

三、西部地区创新驱动发展的进展与挑战

西部地区在人民生活、文化建设、民主法治、经济发展、工业化、对外开放及资源环境等各领域发生翻天覆地的变化，得益于西部大开发的有效实施。西部地区工业化进程总体上将从原本的“量的扩张”阶段转向“量的扩张”与“质的提升”并重的阶段。随着西部地区产业转型升级与结构调整的深入，创新驱动发展越来越得到关注。衡量西部地区创新驱动发展的指标有很多，如创新能力、创新投入、创新输出与创新效率等。区域创新能力是实现产业结构优化升级、转变经济增长方式的中心环节，也是提升区域自我发展能力的关键所在，它包括知识吸收能力、知识共享能力、自主品牌和发明专利四个二级指标，三级指标包括劳动力平均受教育年限、每万人中拥有科技人员数、工业品牌市场潜力、实用新型专利数量等①。

从 2015 年的数据来看，西部地区面临着科研投入低，创新潜能释放不足的问题。《中国区域创新能力评价报告 2016》对我国 31 个省、自治区和直辖市进行了评估（如表 0－2 所示），其中江苏、广东和北京排名前三，而在排名末十位的省份中，西部地区占六位（西藏、青海、新疆、宁夏、云南、贵州）。进一步分析这些省份的创新能力，可以发现其关键共性因素是科研创新投入不足，西部省份中除了陕西一省的科研经费投入强度能排在全国前十名外，其他省份均徘徊于全国倒数几位。另外，即使以西部省份中的创新强省——陕西为例，其创新发展同样面临多方面的障碍，如企业没有真正成为创新主体，其绝大部分科研经费由政府出资并投入高校和科研院所。以 2016 年全国各地区 R&D 经费投入模式为例，陕西 R&D 经费来自政府的约为 223 亿元，占总体 R&D 经费的 53%；而企业投入为 186 亿元，占 44%左右。这与全国范围内政府与企业投入比例为 20∶76 的情况截然不同。企业自主创新的基础作用尚未发挥，高校和科研院所推动技术成果转化的动力机制不够完善，导致协调创新的格局难以形成。

① 闫磊，闫述乾. 西部发展的忖量：基于区域自我发展能力的理论框架与实践探索［M］. 北京：中国社会科学出版社，2015：106.

表 0－2　　2015 年各省份创新能力得分及其排名

排名	省份	得分	排名	省份	得分
1	江　苏	58.0	17	河　南	25.9
2	广　东	52.7	18	广　西	23.6
3	北　京	50.5	19	江　西	23.3
4	上　海	45.6	20	甘　肃	21.7
5	浙　江	42.1	21	内蒙古	21.7
6	山　东	37.5	22	贵　州	21.2
7	天　津	36.5	23	河　北	21.1
8	重　庆	33.0	24	黑龙江	20.7
9	安　徽	29.9	25	山　西	20.6
10	福　建	29.3	26	云　南	20.3
11	湖　南	29.0	27	吉　林	19.0
12	湖　北	28.6	28	宁　夏	18.5
13	海　南	28.0	29	新　疆	18.0
14	陕　西	27.1	30	青　海	17.7
15	辽　宁	26.9	31	西　藏	17.1
16	四　川	26.4			

资料来源：中国科技发展战略研究小组，中国科学院大学中国创新创业管理研究中心．中国区域创新能力评价报告 2016 [M]．北京：科学技术文献出版社，2016：65.

创新是全要素生产率不断提升背后的重要驱动因素。从“十二五”期间西部各省份情况来看，全要素生产率得到了较大提升，尤其是与全国平均水平和中部地区相比，西部地区以 2%的平均增长率位居前列（见表 0－3）。不过西部地区平均技术效率增长率为−2.5%。这表明西部地区在科技产业管理、产业链建设等方面进展缓慢，创新集聚效应尚未形成，总体效率不足。西部地区平均技术进步率为 4.7%，表明西部地区在技术创新方面增长显著，其全要素生产率的提升由技术创新拉动，而管理水平、规模经济等因素则对全要素生产率的提升产生了负面作用。进一步分析可以发现，重庆、陕西是全要素生产率增长最快的省份，重庆的技术效率和技术进步率分别增长了 5.7%和 4.1%，其他表现突出的省份如甘肃和四川，这两省的技术进步率较高，达到 6.0%和 5.9%，但其技术效率增速为负值，导致其全要素生产率低于陕西和重庆等省份。如果将重庆和陕西模式视为双驱动型全要素生产率增长模式，则更多省份如广西、四川、贵州、云南、甘肃、青海、新疆等属于单驱动型增长模式，且均属于技术进步率驱动下的全要素生产率增长。

表 0-3　　"十二五"期间我国西部地区全要素生产率的比较

省份（地区）	全要素生产率	技术效率	技术进步率
广　西	1.001	0.944	1.060
重　庆	1.100	1.057	1.041
四　川	1.023	0.965	1.059
贵　州	0.931	0.882	1.055
云　南	0.943	0.910	1.037
陕　西	1.085	1.036	1.047
甘　肃	0.966	0.912	1.060
青　海	1.040	0.994	1.046
宁　夏	1.072	1.033	1.038
新　疆	1.019	0.978	1.042
内蒙古	1.041	1.011	1.030
西部地区平均	1.020	0.975	1.047
中部地区平均	0.979	0.939	1.043
东部地区平均	1.034	0.996	1.039
全国平均	1.011	0.970	1.043

资料来源：徐璋勇，任保平. 中国西部发展报告 2017 [M]. 北京：社会科学文献出版社，2017：12-13.

国家创新蓝皮书——《中国创新发展报告》提出选取五个核心指标来反映我国不同区域创新能力发展动态的方法，本报告进行了类似的尝试，在与东部、中部、东北等地区的比较中探索西部地区创新发展现状。五个核心指标分别是：规模以上工业企业 R&D 人员全时当量（人年），R&D 经费支出占 GDP 比重（%），每万人 R&D 研究人员数量（人/万人），每万人发明专利授权数（件/万人），高技术产业产值占 GDP 比重（%）。

（一）规模以上工业企业 R&D 人员全时当量（人年）

2016 年，全国开展 R&D 活动的规模以上工业企业数量比上年增长 18.1%；投入的研发经费支出达到 10 944.7 亿元，比上年增长 9.3%；增速分别比上年提高 2.6 个百分点和 1.1 个百分点。2016 年，我国开展 R&D 活动的规模以上工业企业共86 892 个，占全部规模以上工业企业的 23.0%，比上年提高了 3.8 个百分点；拥有研发机构的规模以上工业企业共 72 452 个，占全部规模以上工业企业的 16.3%，比上年增加了 2.5 个百分点。规模以上工业企业有 R&D 人员 386.7 万人，比上年增加 22.1 万人；规模以上工业企业 R&D 人员全时当量为 270.3 万人年，略高于上年水平①。

① 2016 年规模以上工业企业 R&D 活动统计分析 [EB/OL]. (2018-03-01) [2018-12-20]. http://www.most.gov.cn/kjtj/201803/P020180320315256092391.pdf.

表 0－4 体现了全国各省份在 2014—2016 年的规模以上工业企业 R&D 人员全时当量，以及各省份在 2016 年规模以上工业企业 R&D 人员全时当量的归一值，能够更加清楚地看到各省份的发展差异。其中江苏是全国规模以上工业企业 R&D 人员全时当量的佼佼者，相比之下，西部省份如内蒙古、贵州、宁夏分别是江苏 R&D 人员全时当量的 7%、3%和 1%；即使是四川、重庆和陕西，也只能相当于江苏的 10%左右，不可谓差距不大。这也反映出西部地区研发人员相当不足的现状，所以急需培养或者引进创新创业型人才，缩小与东部省份在规模以上工业企业 R&D 人员全时当量上的差距。

表 0－4　2014—2016 年各省份规模以上工业企业 R&D 人员全时当量情况

省份	2014 年（人年）	2015 年（人年）	2016 年（人年）	2016 年归一值
全　国	2 641 578	2 638 290	2 702 489	—
北　京	57 761	50 773	51 143	0.11
天　津	79 014	84 291	78 336	0.17
河　北	75 142	79 452	82 971	0.18
山　西	35 775	28 927	29 450	0.07
内蒙古	27 068	29 190	30 126	0.07
辽　宁	63 374	49 097	49 254	0.11
吉　林	24 395	23 202	23 469	0.05
黑龙江	37 509	31 762	32 219	0.07
上　海	93 868	94 981	98 671	0.22
江　苏	422 865	441 304	451 885	1.00
浙　江	290 339	316 672	321 845	0.71
安　徽	95 287	96 791	99 451	0.22
福　建	110 892	99 180	102 250	0.23
江　西	28 803	31 321	34 924	0.08
山　东	230 800	241 395	241 761	0.54
河　南	134 256	131 051	132 731	0.29
湖　北	91 456	86 813	96 340	0.21
湖　南	77 428	83 821	86 440	0.19
广　东	424 872	411 059	423 730	0.94
广　西	22 793	19 000	19 402	0.04
海　南	3 484	3 325	2 688	0.01
重　庆	43 797	45 129	47 392	0.10

续前表

省份	2014 年（人年）	2015 年（人年）	2016 年（人年）	2016 年归一值
四　川	62 145	56 841	60 146	0.13
贵　州	15 659	14 916	15 774	0.03
云　南	12 980	16 381	17 166	0.04
西　藏	130	43	208	0.00
陕　西	50 753	45 052	45 362	0.10
甘　肃	14 380	12 578	12 610	0.03
青　海	2 068	1 285	1 750	0.00
宁　夏	5 799	5 470	5 686	0.01
新　疆	6 688	7 188	7 310	0.02

注：全国值与各省份加总值略有差异。
资料来源：中华人民共和国国家统计局［EB/OL］. http://data.stats.gov.cn/easyquery.htm? cn=E0103.

（二）R&D 经费支出占 GDP 比重（R&D 经费投入强度，%）

2016 年，我国 R&D 经费支出总量达到 15 676.7 亿元，位于世界前列；经费投入强度达到 2.11%，比 2015 年上升了 0.04 个百分点（如表 0-5 所示）。其中，企业 R&D 经费支出为 12 144.0 亿元，占全部 R&D 经费支出的 77.5%，企业主体地位更加突出。国家财政科技拨款达到 7 760.7 亿元，占国家公共财政支出的 4.13%①。

尽管全国总量已经达到了一定规模，且 R&D 经费投入强度在近三年持续上升，但全国范围内地区差异、省际差异仍旧明显。在西部地区中，仅有西藏的 R&D 经费投入强度呈现出先升后降的趋势，其他省份大多呈现出持续上升或先降后升的发展趋势。不过与东部省份相比，无论是经费总量还是强度都差强人意，如 2014—2016 年三年 R&D 费投入强度超过全国平均水平的省市为固定的 8 个：北京、上海、天津、江苏、广东、浙江、山东和陕西；西部仅有陕西一省入列，还位居末位。从 2016 年经费占比来看，广东的经费投入占全国的 13.0%，江苏占 12.9%，山东、北京、浙江、上海紧随其后，而西部经费投入最多的四川省只能占到全国总量的 3.6%。

2016 年，我国规模以上工业企业 R&D 经费支出 10 944.7 亿元，比上年增长 9.3%；规模以上工业企业 R&D 经费投入强度（R&D 经费与主营业务收入的比值）为 0.94%，比上年提高了 0.04 个百分点。从地区分布看，规模以上工业

① 2016 年我国 R&D 经费支出特征分析［EB/OL］.（2018-03-05）［2018-12-20］. http://www.most.gov.cn/kjtj/201803/P020180305386175935043.pdf.

企业 R&D 经费主要集中在东部地区。2016 年，东部、中部、西部和东北地区规模以上工业企业 R&D 经费分别为 7 484.4 亿元、1 896.9 亿元、1 141.9 亿元和 421.4 亿元，所占比重分别为 68.4%、17.3%、10.4%和 3.9%。从省际分布看，江苏、广东和山东的规模以上工业企业 R&D 经费超过了 1 000 亿元，这三地 R&D 经费总额占全国全部经费总额的 43.4%。

表 0-5 2014—2016 年各省份 R&D 经费及经费投入强度的变化

省份	2014 年 R&D 经费（亿元）	2015 年 R&D 经费（亿元）	2016 年 R&D 经费（亿元）	2014 年 R&D 经费投入强度（%）	2015 年 R&D 经费投入强度（%）	2016 年 R&D 经费投入强度（%）	近三年经费投入强度变化
全国	13 015.6	14 169.9	15 676.7	2.05	2.07	2.11	持续上升
北京	1 268.8	1 384.0	1 484.6	5.95	6.01	5.96	先升后降
天津	464.7	510.2	537.3	2.96	3.08	3.00	先升后降
河北	313.1	350.9	383.4	1.06	1.18	1.20	持续上升
山西	152.2	132.5	132.6	1.19	1.04	1.03	持续下降
内蒙古	122.1	136.1	147.5	0.69	0.76	0.79	持续上升
辽宁	435.2	363.4	372.7	1.52	1.27	1.69	先降后升
吉林	130.7	141.4	139.7	0.95	1.01	0.94	先升后降
黑龙江	161.3	157.7	152.5	1.07	1.05	0.99	持续下降
上海	862.0	936.1	1 049.3	3.66	3.73	3.82	持续上升
江苏	1 652.8	1 801.2	2 026.9	2.54	2.57	2.66	持续上升
浙江	907.9	1 011.2	1 130.6	2.26	2.36	2.43	持续上升
安徽	393.6	431.8	475.1	1.89	1.96	1.97	持续上升
福建	355.0	392.9	454.3	1.48	1.51	1.59	持续上升
江西	153.1	173.2	207.3	0.97	1.04	1.13	持续上升
山东	1 304.1	1 427.2	1 566.1	2.19	2.27	2.34	持续上升
河南	400.0	435.0	494.2	1.14	1.18	1.23	持续上升
湖北	510.9	561.7	600.0	1.87	1.90	1.86	先升后降
湖南	367.9	412.7	468.8	1.36	1.43	1.50	持续上升
广东	1 605.4	1 798.2	2 035.1	2.37	2.47	2.56	持续上升
广西	111.9	105.9	117.7	0.71	0.63	0.65	先降后升

续前表

省份	2014年R&D经费（亿元）	2015年R&D经费（亿元）	2016年R&D经费（亿元）	2014年R&D经费投入强度（%）	2015年R&D经费投入强度（%）	2016年R&D经费投入强度（%）	近三年经费投入强度变化
海　南	16.9	17.0	21.7	0.48	0.46	0.54	先降后升
重　庆	201.9	247.0	302.2	1.42	1.57	1.72	持续上升
四　川	449.3	502.9	561.4	1.57	1.67	1.72	持续上升
贵　州	55.5	62.3	73.4	0.60	0.59	0.63	先降后升
云　南	85.9	109.4	132.8	0.67	0.80	0.89	持续上升
西　藏	2.4	3.1	2.2	0.26	0.30	0.19	先升后降
陕　西	366.8	393.2	419.6	2.07	2.18	2.19	持续上升
甘　肃	76.9	82.7	87.0	1.12	1.22	1.22	先升后平
青　海	14.3	11.6	14.0	0.62	0.48	0.54	先降后升
宁　夏	23.9	25.5	29.9	0.87	0.88	0.95	持续上升
新　疆	49.2	52.0	56.6	0.53	0.56	0.59	持续上升

资料来源：2014年、2015年、2016年全国科技经费投入统计报告。

（三）每万人R&D研究人员数量（人/万人）

与总体人才分布情况相似，我国各地方R&D研究人员的分布也呈现出东多西少的不均衡状态，长江三角洲、珠江三角洲和环渤海湾三大区域是集中地带。东部以江苏、广东、北京、山东、浙江为代表，中部以湖北、河南、安徽为主，西部则以四川为主，是我国三大地区R&D研究人员相对分布较密集的地方。在"十二五"期间，安徽、江苏和天津的R&D研究人员数量年均增长高于全国平均高水平，而西藏、青海地区则出现负增长趋势①。

从每万人R&D研究人员数量指标来看，2015年全国平均值为11.8人/万人，西部地区仅陕西略高于平均水平，而其他省份无一例外地小于10，最低的西藏仅为1.9，与北京（71.3）、上海（33.9）等差距十分显著（如表0-6所示）。人才资源是第一资源，西部地区应该思考如何从人口优势转向人力资源优势，尤其是高等教育机构应该在人口素质提升方面加大力度，为社会发展提供急需科技人才。

① 中华人民共和国科学技术部. 中国科技人才发展报告2016［M］. 北京：科学技术出版社，2017：4.

表 0-6　　2015 年各省份每万人 R&D 研究人员数量比较

省份	2015 年 R&D 研究人员全时当量（万人年）	2015 年人口总量（万人）	每万人 R&D 研究人员数量（人/万人）
北　京	15.49	2 171	71.3
天　津	5.09	1 547	32.9
河　北	4.86	7 425	6.5
山　西	2.16	3 664	5.9
内蒙古	1.68	2 511	6.7
辽　宁	4.67	4 382	10.7
吉　林	2.51	2 753	9.1
黑龙江	3.28	3 812	8.6
上　海	8.18	2 415	33.9
江　苏	18.93	7 976	23.7
浙　江	11.03	5 539	19.9
安　徽	5.42	6 144	8.8
福　建	4.48	3 839	11.7
江　西	2.21	4 566	4.8
山　东	12.41	9 847	12.6
河　南	6.20	9 480	6.5
湖　北	6.55	5 852	11.2
湖　南	5.02	6 783	7.4
广　东	18.71	10 849	17.2
广　西	1.96	4 796	4.1
海　南	0.33	911	3.6
重　庆	2.76	3 017	9.1
四　川	6.75	8 204	8.2
贵　州	1.15	3 530	3.3
云　南	2.01	4 742	4.2
西　藏	0.06	324	1.9
陕　西	5.02	3 793	13.2
甘　肃	1.33	2 600	5.1
青　海	0.25	588	4.3
宁　夏	0.42	668	6.3
新　疆	0.98	2 360	4.2

注：在本报告中，每万人 R&D 研究人员数量＝当年 R&D 研究人员全时当量（万人年）/当年人口总量（万人）×10 000。

（四）每万人发明专利授权数（件/万人）

2017年，我国国内发明专利申请达到1 245 709件，比上年增长了3.37%；国内发明专利授权数为326 970件，比上年增长了8.22%。国内专利申请结构进一步优化，发明专利的申请数和授权数比上一年度有明显提升。企业发明专利申请数持续高速增长，国内企业发明专利申请数与授权数分别占国内发明专利申请数与授权数的75.5%和83.3%。

2017年。我国每万人口发明专利授权数为2.36件，各省份在这一指标上差异仍然十分显著，如集聚人才与科技优势的北京高达21.23件，占据绝对优势，而西藏仅为0.12件。西部省份每万人发明专利授权数均低于2.5件，其中陕西最高，为2.29件（见表0-7）。

表0-7　　2017年全国及各省份每万人发明专利授权数比较

省份	2017年国内发明专利授权数（件）	2017年人口总量（万人）	每万人发明专利授权数（件）
全　国	32 6970	138 834	2.36
北　京	46 091	2 171	21.23
天　津	5 844	1 557	3.75
河　北	4 927	7 520	0.66
山　西	2 382	3 702	0.64
内蒙古	848	2 529	0.34
辽　宁	7 708	4 369	1.76
吉　林	3 057	2 717	1.13
黑龙江	4 947	3 789	1.31
上　海	20 681	2 418	8.55
江　苏	41 518	8 029	5.17
浙　江	28 742	5 657	5.08
安　徽	12 440	6 255	1.99
福　建	8 718	3 911	2.23
江　西	2 238	4 622	0.48
山　东	19 090	10 006	1.91
河　南	7 914	9 559	0.83
湖　北	10 880	5 902	1.84
湖　南	7 909	6 860	1.15
广　东	45 740	11 169	4.10
广　西	4 553	4 885	0.93
海　南	373	926	0.40

续前表

省份	2017年国内发明专利授权数（件）	2017年人口总量（万人）	每万人发明专利授权数（件）
重　庆	6 138	3 075	2.00
四　川	11 367	8 302	1.37
贵　州	1 875	3 580	0.52
云　南	2 259	4 801	0.47
西　藏	42	337	0.12
陕　西	8 774	3 835	2.29
甘　肃	1 340	2 626	0.51
青　海	240	598	0.40
宁　夏	657	682	0.96
新　疆	950	2 445	0.39

资料来源：笔者根据《专利统计年报2017》和国家统计局人口年度统计资料整理得出。

（五）高技术产业产值占GDP比重（%）

本部分以高技术产业主营业务收入作为高技术产业产值的近似值，计算高技术产业产值占GDP的比重。2016年，我国高技术产业主营业务收入突破15万亿元。2016年高技术产业主营业务收入比上年增长9.9%（按可比价计算），与上年相比增速下降0.4个百分点①。统计发现，2015年我国高技术产业产值占GDP比重的全国平均值为19.37%；在西部省份中，重庆表现突出，占到了本省份GDP的25.63%，其他省份均低于全国平均水平（见表0-8）。西藏、新疆等地的高技术产业产值微小，占GDP比重不到1%。推进西部地区高技术产业发展，仍然任重而道远。

表0-8　　2015年各省份高技术产业产值占GDP比重

省份	高技术产业主营业务收入（亿元）	GDP（亿元）	比重（%）
全国合计	139 968.6	722 767.87	19.37
北　京	3 997.1	23 014.59	17.37
天　津	4 233.8	16 538.19	25.60
河　北	1 705.9	29 806.11	5.72
山　西	864.7	12 766.49	6.77

① 2016年我国高技术产业发展状况分析［EB/OL］.（2018-04-02）［2018-12-20］. http://www.most.gov.cn/kjtj/201804/P020180402664275934302.pdf.

续前表

省份	高技术产业主营业务收入（亿元）	GDP（亿元）	比重（%）
内蒙古	394.3	17 831.51	2.21
辽　宁	1 813.7	28 669.02	6.33
吉　林	1 848.5	14 063.13	13.14
黑龙江	622.2	15 083.67	4.12
上　海	7 213.0	25 123.45	28.71
江　苏	28 530.2	70 116.38	40.69
浙　江	5 288.1	42 886.49	12.33
安　徽	3 064.1	22 005.63	13.92
福　建	3 962.3	25 979.82	15.25
江　西	3 318.1	16 723.78	19.84
山　东	11 535.3	63 002.33	18.31
河　南	6 653.8	37 002.16	17.98
湖　北	3 655.1	29 550.19	12.37
湖　南	3 280.2	28 902.21	11.35
广　东	33 308.1	72 812.55	45.74
广　西	1 791.0	16 803.12	10.66
海　南	155.9	3 702.76	4.21
重　庆	4 028.8	15 717.27	25.63
四　川	5 171.7	30 053.10	17.21
贵　州	806.9	10 502.56	7.68
云　南	350.0	13 619.17	2.57
西　藏	9.9	1 026.39	0.96
陕　西	1 902.9	18 021.86	10.56
甘　肃	179.0	6 790.32	2.64
青　海	100.5	2 417.05	4.16
宁　夏	111.8	2 911.77	3.84
新　疆	71.7	9 324.80	0.77

资料来源：察志敏，任志武．中国高技术产业统计年鉴 2016 ［M］．北京：中国统计出版社，2016.

四、西部地区创新体系的重点关注与发展对策

西部地区的创新发展必须考虑西部地区的特殊环境与发展阶段。西部地区的创新发展不能仅仅关注技术层面，需要通过制度创新来解决贫困问题，推动弱势

群体参与社会治理，共享发展成果，也需要通过制度创新来提升政府管理水平和城市创新绩效。从区域创新体系的理论与西部地区创新发展的实践出发，下文主要探讨西部地区的创新体系建设需要关注哪些重要维度，以及这些维度之间的逻辑关系，为后续章节提供一个概览。

（一）重点关注：西部地区创新体系建设的十个维度

创新体系的建设并非某个单一主体的任务，而是地区内各创新主体围绕不同创新领域，在多种创新投入要素支撑下，通过正式或非正式治理机制，以及频繁的知识交流沟通、创新合作而形成的。结合西部地区的特殊经济社会发展阶段，本报告提出西部地区创新体系建设需要重点关注的十个维度，并在后续的章节中逐一进行具体分析。

1. 产业创新与升级

西部地区应从加快发展现代能源产业、优化调整资源加工产业、改造提升装备制造业、积极培育战略性新兴产业、大力发展现代服务业、有序承接产业转移等方面入手，加快培育建设现代产业体系，增强产业发展的要素支撑，推动产业转型升级和战略性新兴产业突破发展。现代化产业体系的根本动力源是科技创新。当前，智能制造、绿色制造等先进制造业，互联网产业、大健康产业、新能源产业等对经济的提升力度明显，但西部地区经济长期以来一直以能源与资源产业为支撑和增长点，现代服务业和高新技术产业发展相对滞后。

传统产业比重较大，产业科技创新含量偏低，高新技术产业占比较小，民营经济对产业创新升级的支撑力度不足，产业发展外向程度低，对外贸易规模小等问题，导致西部地区对新兴产业和特色优势产业的吸引和接纳能力较差。事实上，西部地区的产业创新与转型升级迫切需要通过增强技术能力创新发展现代特色优势产业，如利用西部地区矿产资源优势发展壮大新型生物材料产业等。贵州大数据产业、四川航空高技术产业等取得的经验值得总结推广。受国内外经济发展形势、产业自身动力和资源与生态容量限制等因素的影响，西部地区产业发展要转变为效率驱动，以资源配置效率和利用效率的提高来带动提升区域产业自主发展能力，逐步实现西部地区产业增速、增率与结构优化。

2. 企业自主创新

长期以来，我国对企业自主创新寄予厚望，但也常常因为创新能力不足、创业步伐过慢、创新人才缺乏、创新意识欠缺等原因被诟病。企业，特别是高新企业，是推动我国自主创新的主体。近40年来我国长期依靠资本投入和低成本劳动力的经济发展模式已经不可持续。通过创新，尤其是以企业为主体的创新来驱动经济增长已经提高到国家核心战略的高度。有研究表明，企业外部因素如政策环境，内部因素如创新环境、制度安排等与企业创新能力呈显著正相关关系；知识产权保护、产学研体系的联结、企业创新激励机制、对创新的宽容以及创新的文化氛围等因素都是直接对企业自主创新能力产生影响的因素。与东部、中部地区相比，西部地区虽然形成了一定的区域创新特色，但受限于整体经济发展水平，其在科研投入、科技创新产出、科技人才、创新平台、创新政策支持等多方面仍然有很大的提升空间和发展潜力，比如某些省份过分依赖国有企业，民营经济发展不佳，鲜有具有全国示范意义的中小企业自主创新典型。本报告将分析西部企业创新能力发展的现状与问题，并基于此提出强化企业创新主体地位、转变政府职能，发挥企业在科技组织、研发投入、技术决策、成果转化中的主体作用，依托网络环境突破传统地域限制，鼓励企业与各行各业，尤其是高等院校、科研机构组成战略联盟，推动协同创新，以及完善管理体系，营造有利于创新的文化与治理氛围等对策。

3. 城市创新能力

作为区域创新网络中相对联系紧密的创新子网络，城市对地区发展的引领能力显而易见。长三角地区的上海、京津冀城市群和环渤海地区的北京和天津、粤港澳大湾区及珠江—西江经济带中的深圳等城市的成功经验已经验证了城市的创新发展能够促进区域创新型经济的发展与社会进步。创新引起的动态的社会发展是一个过程，需要各种能够引发创新过程发生的多种资源支持。因而，本报告将城市创新能力分解为创新资源类指标、创新过程类指标和创新产出类指标，可以更好地分析和盘点各城市创新发展的优势与不足。西部地区 20 个城市在教育资源、科技投资资源、基础设施资源、知识创新、技术商业化、产业发展、居民生活、经济效益、可持续发展等二级指标上的表现，客观地表现西部地区城市创新的特点。总体而言，西安、成都、贵阳等是创新发展较为突出的城市；可持续发展指标与创新表现有一定相关性，众多创新资源（尤其是教育资源）相对丰富的城市，其资源利用效率反而较低。此外，在创新驱动城市发展的理念下，应摈弃只顾资源累积的旧理念，提高创新资源利用率；应重视人才的自主培育、战略引进与长期留住，提升科技人才效率；更应构建有利于创新发展的高效环境，提升城市综合竞争力。

4. 包容性创新

创新不仅仅是指发生在企业或者高校科研机构中的技术创新与产品研发，创新同样发生在社会方方面面，创新的主体和受众都应该包括社会所有群体。这一观点与“大众创业、万众创新”的理念不谋而合。不可否认，创新带来了巨大的红利，而广大处于金字塔底端的社会边缘群体、农村人口、边远落后地区人群等并没有得到相应的创新红利，也没能够参与到整个国家或者地区的创新中去，这意味着草根阶层的创意没有被完全激活，其庞大的社会需求没有被满足。

包容性创新是创新主体面向金字塔底层市场，进行多元价值创造的全新创新形态，在创造经济财富的同时也通过为穷人提供平等参与市场的机会而缓解与降低贫困率，体现了创新促进商业与社会相容性发展的最新理念①。它将原本被排斥在现有社会经济体系之外的贫困人口纳入创新的范畴，通过为其提供创新产品和服务、为草根创新提供支持等路径推进“万众创新”，并在此过程中实现机会均等和公平参与，合理分享经济增长和社会进步的成果。

5. 生态科技创新

面向生态环境的科技创新发展是西部地区面临的特殊问题。2018 年习近平总书记在全国生态环境保护大会上指出，生态文明建设是关系中华民族永续发展的根本大计。西部地区生态环境地位极其重要，但是生态环境状况又极其脆弱。近年来，不科学的经济开发活动及其他多种因素造成水体、大气和土壤污染，进而产生水土流失，土地沙化、石漠化，草地面积持续减少，湖泊绿洲萎缩，森林生态系统失衡，“雾霾西进”空气质量恶化等问题。不同的西部次区域面临的主要环境问题及其相应的解决手段不尽相同，如西北片区生态环境保护主要是水土保持与生态修复等方面；西南片区则以农业种质资源转化、高矿产资源综合利用滑坡泥石流监控防治技术示范与推广等为主；青藏高原片区主要是地质灾害勘查与综合防治体系，水资源研究及开发利用等。

西部地区的生态问题、资源约束与谋求绿色发展的需求，促成了生态科技创新的发展理念——将技术创新融入环境保护从观念意识到应用实践的各个阶段。科技，于提升环境治理能力、防范生态环境风险而言是一把利剑。绿水青山就是金山银山，要统筹生态建设和经济发展，就必须依赖科技的创新，从而摆脱黑色增长、不碰生态红线、谋求绿色发展。目前，西部地区对生态科技创新发展的需求强烈，典型的生态环境科技得到推广，但也存在生态与科技融合程度不够、生态科技保障体系不健全、区域生态科技协同力度不大等问题。

6. 创新发展的金融支撑

科技创新与金融的结合，被视为国家创新体系建设中最具有活力的因素之一。科技信贷、创业投资等都为创新过程中的资金不足问题提供了解决方案。西部地区风险投资总额小，资本市场发育不成熟，主体单一，不利于金融为科技创新提供支撑。以国有银行、商业银行为核心的金融体系天然地排斥带有高度不确定性的科技创新活动。目前，西部地区科技与金融的结合不足，导致科技型中小企业债权融资产品链、股权融资产品链等创新不足（如输出技术成交额低等）；

① 邢小强，周江华，仝允桓. 包容性创新：概念、特征与关键成功因素 [J]. 科学学研究，2013，31 (6)：923-931.

反过来，科技也难以为金融创新打开新空间，难以为金融资本提供优质的资源配置。

相比于东部地区科技债券、基金小镇等富有活力的探索与实践，西部地区在金融创新上还缺少更加多元和前瞻的实践。促进科技创新与金融的融合，需要政策层面的鼓励，出台系列配套政策并成立相关工作平台。从实践层面来看，需要科技与金融进行专业化的对接，比如对科技型中小型企业各个生命周期设计专门的金融支持手段，利用“银行＋创新公司”、“银行＋创业投资公司＋创新公司”或“银行＋中介机构＋创新公司”等间接融资体系对科技创新进行支持，也应发挥政策性金融的角色，以及大力发展和完善资本市场与风投体系。

7. 科研经费

科研经费R&D经费是巨大的创新资源，R&D经费支出、人均R&D经费支出以及R&D经费占GDP比重等指标常常被用来描述一个国家或地区的创新资源投入程度。研发经费来源有政府资金、企业资金、国外资金及其他若干类型。大部分国家和地区的科技发展初始阶段都极大依赖政府投入，进入发展后期，企业资金投入会逐步增多，对国家财政投入的依赖会降低。同样地，当前西部地区科研经费中，企业资金占比低于全国水平，政府资金的占比在全国四大地区中最高，可见西部地区对政府投入的依赖更重。

研究表明，西部地区R&D投入与经济增长之间存在长期稳定的关系①。但R&D投入不仅仅是量的问题，也是使用效率的问题。西部地区R&D活动水平与全国和其他区域（东部、中部、东北）比较仍有很大的差距，西部地区内部各省（区、市）之间也差异较大，R&D经费支撑创新面临诸多制约和挑战。西部地区R&D经费的投入与产出效率有待提升，一些省份受规模限制而无法充分利用各种投入，大部分地区技术效率和纯技术效率也未能达到最佳，经费管理机制活力不足，甚至存在不够公开、公正、公平的现象。因而，西部地区R&D经费的相关政策、管理制度、政策灵活性、资源配置等都需要得到进一步的检视。

8. 创新创业人才发展

西部大开发，人才是关键要素，也是基础要素。东部沿海地区如果没有充分开发和利用人才资源，也难以取得今日的繁荣和进步。西部地区人才发展基础薄弱，如西部省份的“双一流”建设高校和学科数量远低于东部。在人才争夺战中，西部地区人才“孔雀东南飞”的现象十分突出。在推动建设区域创新体系过程中，人才的短缺是最大的短板，也是制约发展的最大瓶颈。实施西部大开发

① 陶建宏，师萍. 西部地区R&D投入与经济增长关系的协整分析［J］. 改革与战略，2011，27（4）：120-123.

"十三五"规划，需要优先发展教育，大力推进人才强区战略，着力打造西部人才高地，为西部大开发提供人才保证和智力支持，这要求我们必须反思西部地区以创新创业人才为代表的优质人力资源发展所面临的现实问题。

近年来，西部地区受过大专及以上教育的人才数量增长明显，受过本科和研究生教育以及获得高级职称的人才比重逐渐加大，流入人才数量和素质都有提升，尤其是海外高层次人才引进效果明显。但也应意识到经济收入水平、城市化和工业化程度、高等教育发展等多种因素综合作用下，西部地区创新创业人才发展仍旧面临高端人才紧缺、整体素质不高、结构不合理、科技效能低、智力流失等问题，与东部地区在创新创业人才密度、人才效能、人才质量和结构等方面都存在一定差距。人才工程应该成为西部大开发的首要工程，以创新精神改革人才开发政策，加强人才培育和加快高等教育发展，通过率先布局引导并留住人才到西部建功立业，通过项目立人并着眼于解决区域发展难题。

9. 产学研协同

关于产学研协同发展的文献汗牛充栋，尤其是在国外学者提出"三螺旋""协同学""创业型大学"等概念和理论之后，国内也同样兴起了若干次研究热潮。无论是在西部地区还是尚未形成紧密协同效益的其他地区，阻碍产学研等多元主体进行协同的原因有很多，其中较为明显的原因包括合作体制建设不够完善、利益共享和风险共担机制不够明确、市场环境支撑不够给力、合作各方在理念上意见相左等。

产学研合作是要在科技、教育和经济等社会领域形成协同创新体系，集合高等教育机构、科研院所、企业等各主体的优势资源（如市场资源、智力资源、技术资源等），实现共商共建共享，并获得来自政府、中介组织、非营利机构等的配合。从对产学研合作的基本内涵来看，实现产学研合作，需要突破协同主体间的内在异质性，寻求多方的利益和价值契合点，需要加强政府的扶持与引导作用，加强协同主体的市场意识和不断拓展社会网络。西部地区在系列政策指导和高校企业自发实践中，逐渐形成了若干校企协同类型，如政府引导型、企业主导型、高校主导型，并各具优势和特色。通过对产学研示范创新企业、产学研创新示范基地、产学研项目对接等的分析，有助于厘清西部地区产学研合作的机遇、问题与对策。

10. 科技创新的国际开放与合作

在经济全球化、教育国际化等进程不断加深的背景下，超国家科技阵营的出现、不同国家创新体系之间依赖性的加强等，使得创新体系的国家性也越来越模糊和淡化，面向全球开放与国际科技合作成为各国创新战略的新特点。西部科技创新发展同样面临着"走出去"与"引进来"的问题。目前，多数西部省份已将

"推进全方位开放式创新，面向全球加快引进科技创新资源"作为要求纳入各项科技政策与发展规划中，西部省份围绕创新制度和组织网络、创新资源流动和配置以及创新主体互动等维度，已经初步建成西部地区省域科技创新国际开放与合作体系，为西部地区聚集了大量科技创新资源，也有力地促进了西部地区科技创新能力提升。但总体创新能力、投入与资源的不足，以及创新效益和创新环境的支持性较弱等问题，始终牵制着西部地区科技创新国际合作前进的步伐。应对新一轮科技开放，西部地区需要实现科技合作在"一带一路"倡议中的堡垒作用，尤其是提升西部省份科技创新在东南亚国家的辐射效应，充分利用政策资源，促进人才合理流动，在国际创新园、国际联合研究中心、国际技术转移中心和示范型国际科技合作基地等国际合作平台建设上奋力追赶中部与东部地区，提升合作的规模与层次，深化科技体制机制改革，激发创新主体在国际合作层面的能动性。

（二）发展对策：全面创新、强力支撑和打造平台

西部地区建设创新体系任务艰巨。一方面是建设创新体系需要久久为功，另一方面是西部地区对创新引领各项事业的发展十分迫切。面对这项复杂工程，一是需要抓住主要矛盾，尤其是全局性、根本性问题，在重点领域寻求突破，从而实现链条式的联动效应，二是需要结合不同地区的区情实际，强调各项政策的地区针对性。本报告提出西部地区创新体系建设的十大维度主要遵循"领域—要素—平台"这一逻辑关系，其中产业创新与升级、企业自主创新、城市创新能力、生态科技创新、包容性创新是西部地区迫切需要实现创新驱动发展的"五大创新领域"：企业、产业、城市（政府）、生态环境与边缘群体；创新发展的金融支撑、科研经费、创新创业人才发展是西部地区创新发展所必需的"三大支撑要素"，对原本就创新资源欠缺、政府与市场资源投入不足的西部地区而言，这些支撑要素更显重要；产学研协同、科技创新的国际开放与合作是"两类合作网络"，是实现资源流动、优势互补且连接全球创新体系的重要机制。

1. 以"五大创新领域"为基石，追求全面创新

首先，在促进创新驱动上强化举措，需要探索通过负面清单和鼓励类目录相结合的方式来完善产业政策，支持西部地区加快发展先进制造业和现代服务业，促进能源、资源等传统优势产业优化布局、升级改造和绿色发展，加快培育高新技术龙头企业作为创新体系中的骨干力量，并促进战略新兴产业集群，增强整个产业的可持续发展能力与内生动力，促进老工业基地和资源型地区经济转型发展，依托"互联网+"等发展新经济，拓展发展新空间。体现市场本位，促进政府转型，以"壮士断腕"的决心打破行业垄断，提高创新服务效率，为各项发展营造公平竞争环境。

其次，西部地区创新驱动发展需要改变过去对创新的狭隘认知，在坚持企业创新、产业升级等观念基础上，将政府、生态、社会等视角嵌入创新发展内涵之中，将创新与改革的红利不断地扩散到全部参与主体中，尤其是不能忽视社会弱势群体、社会薄弱方面的创新分红，追求实现企业创新、产业创新、城市创新、生态创新、社会创新等为一体的全面创新。

2. 以“三大支撑要素”为支柱，提供有效保障

西部地区，金融资源来自市场和政府，科研经费资源则主要来自政府，人才资源来自高等教育机构、科研院所和企业。这三股力量是推动创新迈上更高台阶的关键。对金融而言，需要不断释放金融活力，对有利于推进科技创新发展的各项金融手段进行评估和推广，有条件的地区或者机构应对科技创新的金融支持提供相对应的激励。总体而言，需要强化金融市场对创新领域的支撑。对科研经费而言，需要精准式投入，以少换多、以小获大是科研经费投入的价值标准。对人才而言，需要加强激励机制，完善技术转移和创业者的股权激励等涉及利益的重大政策，调动人的主观能动性、创新积极性，尤其是从人才评价体系出发，不仅要引进人、留住人，也要科学、正确地评价人。

3. 以“两类合作网络”为屋架，打造高效平台

西部地区创新要素分布差距大，创新科技资源及基础设施薄弱，除了需要政府有所作为之外，也需要区域内各主体构建合理的区域创新资源与利益共享机制，构建起以企业为主体、产学研用相结合的创新体系，以及能够连接国内外重要创新资源的国际合作平台。“两类合作网络”既是资源的集散网络，也是提升创新合作规模与层次、创新资源利用效率和优化创新合作方式的重要载体。建设“两类合作网络”需要秉持共商共建共享的原则，以结果为导向，打造互利共赢的创新开放与合作新格局。

参考文献

[1]《国家创新体系发展报告》编写组. 国家创新体系发展报告 [M]. 北京：科学技术文献出版社，2016.

[2] 王晓蓉. 国家创新体系的比较与创新型国家建设 [M]. 北京：经济管理出版社，2014.

[3] 陈劲. 中国创新发展报告 2016 [M]. 北京：社会科学文献出版社，2017.

[4] 乌利齐·施莫河，等. 国家创新体系比较：德国国家创新体系的结构与绩效 [M]. 王海燕，译. 北京：知识产权出版社，2011.

［5］经济合作与发展组织. 创新集群：国家创新体系的推动力［M］. 北京：科学技术文献出版社，2005.

［6］侯仁勇. 区域创新发展战略理论研究与实证分析［M］. 北京：科学出版社，2012.

［7］闫磊，闫述乾. 西部发展的忖量：基于区域自我发展能力的理论框架与实践探索［M］. 北京：中国社会科学出版社，2015.

［8］邢小强，周江华，仝允桓. 包容性创新：概念、特征与关键成功因素［J］. 科学学研究，2013，31（6）：923-931.

［9］陶建宏，师萍. 西部地区 R&D 投入与经济增长关系的协整分析［J］. 改革与战略，2011，27（4）：120-123.

［10］中华人民共和国科学技术部. 中国科技人才发展报告 2016［M］. 北京：科学技术出版社，2017.

［11］察志敏，任志武. 中国高技术产业统计年鉴 2016［M］. 北京：中国统计出版社，2016.

［12］郭本海，刘思峰，方志耕. 区域创新体系建设：战略分析与战略对策［M］. 北京：科学出版社，2015.

［13］魏后凯. 西部大开发"十三五"总体思路研究［M］. 北京：经济管理出版社，2016.

［14］杨善民. "一带一路"环球行动报告（2017）［M］. 北京：社会科学文献出版社，2017.

——执笔人：倪好，浙江大学中国西部发展研究院；吴晓波，浙江大学管理学院；章潇，浙江大学中国西部发展研究院。

第一章　西部地区产业创新与升级

摘　要

党的十八大报告提出“实施创新驱动发展战略”，创新成为五大发展理念之首。党的十九大报告提出“加快建设创新型国家”，明确“创新是引领发展的第一动力，是建设现代化经济体系的战略支撑”。西部地区深入实施创新驱动发展战略，充分利用地区资源和成本比较优势，发展特色优势产业，产业改革创新取得积极进展。本章全面分析了西部地区产业创新发展的现状与问题，总结四川和贵州产业创新典型实践经验，分析产业创新发展面临的机遇和挑战，从选取产业创新升级模式、调整优化产业结构、突出企业创新主体地位、深化对外开放以及完善产业创新服务体系等角度提出有关对策建议。

Abstract

The report of the 18th National Congress of the Communist Party of China proposed the implementation of an innovation-driven development strategy, and innovation became the first of the five development concepts. The report of the 19th National Congress of the Communist Party of China puts forward “Making China a country of innovators” and clarifies that “innovation is the primary driving force behind development, it is the strategic underpinning for building a modernized economy”. The western region has in-depth implemented the innovation-driven development strategy, making full use of the comparative advantages of regional resources and costs, developing distinctive industries, and making positive progress in industrial reform and innovation. This chapter comprehensively analyzes the status quo and problems of industrial innovation in the western region, summarizes the typical practical experience of industrial innovation in Sichuan province and Guizhou province, analyzes the opportunities and challenges faced by industrial innovation. Suggestions and countermeasures are put forward from several aspects, including selects the model of industrial innovation and upgrading, adjusts and optimizes industrial structure, highlights the status of corporate innovation, deepens opening up and improve the service system for industrial innovation etc.

一、西部地区产业创新基础与现状

西部地区的整体经济发展水平与东部地区存在着较大差距，但在深入推进供给侧结构性改革、“一带一路”倡议实施等背景下，西部地区的产业创新与升级迎来新的机遇。西部地区多数省份将创新作为加快区域经济转型发展的重要动力，充分利用特色优势资源和成本优势，推动地区产业创新发展不断取得新突破。

（一）产业创新发展现状分析

1. 经济持续保持较快增长，产业结构不断优化

2008年以来，随着东部地区逐步调整产业结构，发展高附加值、低能耗的高新技术产业，西部地区充分发挥低成本优势，积极承接能源化工等资源、劳动密集型产业转移，大力发展加工制造产业，加快工业化进程。西部地区围绕转型发展、升级发展的新要求，加快经济结构调整和发展方式转变，积极培育发展新动能，深入实施区域发展战略，经济社会持续稳定较快发展，经济增速在各大区域中继续保持最快，区域经济结构协调性进一步增强，产业结构调整出现高级化趋势。2017年，西部地区除内蒙古外，其余省份均保持较快增长，经济增速高于全国6.9%的平均水平，其中贵州、西藏和云南位列西部地区前三。在国家西部大开发战略和区域发展政策支持下，西部地区三大产业产值逐年提高，产业结构优化的步伐明显加快，特色优势产业发展良好，形成一定的产业集群，产业配套能力也得到一定的增强。

2016年，西部地区三次产业占比排序是“三、二、一”，第三产业比重超出第二产业比重2.2个百分点，见表1-1。其中，新疆、贵州、广西、云南、甘肃

第一产业占比在13%以上，明显高于全国8.6%的平均水平。西部地区第二产业主要以高耗能产业及传统产业为主，现代制造业、新兴产业发展明显滞后于东部地区。2016年，青海、甘肃、新疆、内蒙古、贵州等省份六大高耗能产业产值占工业比重超过40%。其产业业态呈现出高耗能、高污染、低效率的特点；2015年，单位GDP能耗高于全国平均水平（0.635）的省份有11个，西部地区占7席，生态环境保护压力大。第三产业仅西藏、甘肃的占比超出50%，西部地区第三产业仍具有巨大的发展空间。西部地区第三产业以公共服务和传统的流通贸易为主，但旅游业迅速崛起。如西藏实现旅游总收入同比增长33%，占全区地区生产总值比重达到15.7%。信息产业快速发展，如目前西安、重庆等地信息产业已成为支柱产业。

表1-1　　2016年西部地区三次产业增加值及占比情况　　（单位：亿元）

省份	地区生产总值	第一产业增加值	占比（%）	第二产业增加值	占比（%）	第三产业增加值	占比（%）
陕　西	19 399.59	1 693.85	8.7	9 490.72	48.9	8 215.02	42.3
甘　肃	7 200.37	983.39	13.7	2 515.56	34.9	3 701.42	51.4
宁　夏	3 168.59	241.60	7.6	1 488.44	47.0	1 438.55	45.4
青　海	2 572.49	221.19	8.6	1 249.98	48.6	1 101.32	42.8
四　川	32 934.54	3 929.33	11.9	13 448.92	40.8	15 556.29	47.2
重　庆	17 740.59	1 303.24	7.3	7 898.92	44.5	8 538.43	48.1
广　西	18 317.64	2 796.80	15.3	8 273.66	45.2	7 247.18	39.6
贵　州	11 776.73	1 846.19	15.7	4 669.53	39.7	5 261.01	44.7
云　南	14 778.42	2 195.11	14.9	5 690.16	38.5	6 903.15	46.7
内蒙古	18 128.10	1 637.39	9.0	8 553.63	47.2	7 939.08	43.8
新　疆	9 649.70	1 648.97	17.1	3 647.01	37.8	4 353.72	45.1
西　藏	1 151.41	115.78	10.1	429.17	37.3	606.46	52.7
合　计	156 818.17	18 612.84	11.9	67 355.70	43.0	70 861.63	45.2

资料来源：国家统计局。

重点产业发展方面，西部地区在农业、金属加工、非金属矿物制品加工、煤炭加工、烟草加工等资源加工行业具备竞争优势，陕西、重庆、四川等省份具备一定工业基础，交通运输设备、通用/专用设备制造业等装备制造业快速发展。西部地区高耗能产业占规模以上工业产值比重普遍高于中、东部地区，2016年，我国煤炭开采和洗选业产值占规模以上工业产值比重较高的省份除山西外，西部地区内蒙古（16.8%）、贵州（13.6%）、宁夏（12.1%）、陕西（10.5%）占比均较高。西部地区的中成药制造业具备一定优势，烟草制品业在云贵地区优势明显。西部地区的现代服务业相对较为落后，地区之间存在一定差异，四川、重庆、陕西等省份现代服务业相对发达。

2. 充分利用地区资源，特色优势产业加速发展

西部地区凭借其特有的资源优势，在国家政策支持下目前已形成若干特色优势产业基地，即陕西、宁夏、内蒙古、贵州、新疆等煤炭生产、煤电一体化和煤化工基地；新疆、四川、重庆、陕西、甘肃、宁夏、青海、内蒙古石油天然气开发及石油天然气化工等能源生产及其化工基地；广西、贵州铝，云南铅锌，四川钒钛，甘肃铜镍等有色金属综合开发利用基地；内蒙古稀土工业开发、研究和生产基地；青海柴达木、新疆罗布泊钾肥，云南、贵州磷复肥生产基地；西安、成都、重庆等高技术产业基地；四川棉、麻等植物纤维和农副产品加工基地。

能源生产及其化工方面，西部地区能源产业发展主要表现在：一是大型水电基地建设。目前水电开发已成为西部大开发的重点工程。二是煤炭及火电基地建设。如陕西、内蒙古、新疆等地既是全国重要的煤炭生产基地，也是火电投资开发的重点区域。三是石油天然气基地建设。我国石油天然气资源主要集中在新疆和四川等地，其中新疆已成为我国最大的石油天然气生产基地。四是西气东输及西电东送两大工程建设。

3. 全面承接产业转移，为区域经济发展提供强大动力

近年来，在国家区域协调政策支持下，西部地区承接产业转移迅速扩大，转移的主体产业是劳动密集型及能源密集型产业。依托当地资源优势，内蒙古、宁夏、陕西、贵州等西部省份成为承接资源密集型产业的主要省份。劳动密集型制造业加速西进，例如重庆积极吸纳产业转移，成为全球最大的电脑生产基地之一和国内重要的汽车生产基地。随着西部地区产业结构调整，高技术产业及现代服务业开始向西部转移，如西安高新区主要承接国际国内智力密集型的研发、信息技术等产业转移。

随着东部地区工业用地不足、能源和资源紧缺、劳动力供应紧张、环境治理成本高涨等问题不断突出，西部地区土地、劳动力成本等优势日益凸显，承接产业涉及工业、农业、金融、商贸、物流、旅游、服务业、纺织业、服装、建筑建材、房地产、水电、矿产、机械等几乎所有行业领域，其中矿产、机械、工业、纺织业、旅游等也成为产业转移的主要领域。根据产业梯度转移理论，生产活动会逐渐从高梯度地区向低梯度地区转移。随着西部地区经济发展水平不断提升，基础设施建设不断完善，未来有望承接更多东、中部产业转移。通过承接东、中部以及发达国家和地区先进产业的转移，迅速提升产业发展水平，西部地区将进一步缩小与东、中部地区在产业发展水平以及经济社会发展水平上的差距。

4. 区域创新能力显著提升，高技术产业增速较快

科技部发布的《中国区域创新能力监测报告 2016—2017》和《中国区域科技创新评价报告 2016—2017》显示，十八大以来全国区域创新能力显著增强，创新资源投入和科技成果转化由东部一枝独秀向东、中、西协同发展转变，中、西部地区呈现出超常、加速发展的态势，陕西、四川、贵州等省份迅速崛起，成为区域创新的新亮点。例如贵州把推进供给侧结构性改革作为经济工作的主抓手，着力优化结构，推动转型升级，努力走出一条落后地区跨越发展、绿色发展的新路，取得了明显成效。贵阳把大数据作为后发赶超的核心引擎，取得一系列重大突破，产业基础进一步夯实、经济结构进一步优化、发展潜力进一步释放。

党的十八大以来，在各项改革政策的带动下，西部地区创新投入快速增长（实际增长 68.6%），超过东部地区（67.3%）的增长速度。创新产出规模方面虽然低于东、中部地区，但增长速度明显加快。西部地区技术市场成果转化能力迅速提升，技术市场输出技术成交额实际增长速度达到 182.3%，远高于东部地区（88.4%）。其中，四川和云南增长速度超过 300%，陕西超过 200%，青海接近 200%。与输出技术比较，西部地区吸纳技术的速度更为显著，在技术市场上吸纳技术成果金额实际增长速度达到 215.2%，高于东部地区（118.2%）。高技术产业增加值实际增长速度达到 101.8%，超过东部地区（49.6%）一倍多。西部地区的知识密集型服务业增加值实际增长了 111%，超过东部地区（81.8%）的速度。

5. 外向型经济取得较快发展，对外开放程度明显提升

西部地区开放水平持续提升，外向型经济取得较快发展，对外开放程度明显提升，但仍低于全国平均水平。“十二五”期间，西部地区共吸引外资 528 亿美元，比前 5 年增长了 85%，呈现出“引进来”和“走出去”并重的新格局。2016 年以来，我国对外开放力度持续加大，“一带一路”倡议顺应了我国改革开放转型和产业转移升级趋势，使我国对外开放态势从以东南沿海为重点，转变为东、中、西部平衡发展，尤其是经西部向西亚和欧洲开放，使占国土面积 2/3 的中西部地区成为对外开放前沿。2016 年 8 月，党中央、国务院决定在重庆、四川、陕西等西部省份新设立自贸试验区。2017 年 1 月国务院印发的《西部大开发“十三五”规划》提出：西部地区应坚持“开放引领，促进互利共赢”，促进西部大开发与‘一带一路’建设、长江经济带发展紧密衔接、相互支撑，加快内陆、沿边开放步伐，着力打造重庆西部开发开放的重要战略支撑和成都、西安、昆明、南宁等内陆开放型经济高地，支持建设宁夏、贵州等内陆开放型经济试验区；推动内蒙古面向俄罗斯、蒙古，新疆面向中亚，西藏面向南亚，云南面向南亚、东南亚，广西面向东南亚开放，深化与周边国家毗邻地区合作；共同打造陆

海内外联动、东西双向开放的全面开放新格局。

随着“一带一路”建设的深入推进，西部地区已进入多方合作、加快开放的新阶段。基础设施方面，亚欧大陆桥、新亚欧大陆桥、孟中印缅经济走廊等一批交通基础设施重点项目正推进实施；经贸合作方面，自贸区谈判、跨境经济合作区建设及毗邻区规划编制也在稳步推进；产业投资方面，工业开发区、产业园区和农业示范园区建设，扩大了对沿线国家的直接投资；能源资源合作方面，油气、火电、水电、核电及矿产等重点项目正抓紧建设；区域发展方面，成都、重庆、西安等一批内陆型经济开放高地的引领优势日益明显。全方位的贸易往来，为西部地区带来多产业链、多行业的投资发展机遇，对全面促进区域产业结构升级优化具有巨大潜力。

（二）产业创新发展存在的问题

1. 传统产业比重大，科技含量低，位于价值链的底端

西部地区传统产业比重仍然较大，经济长期依赖资源型产业、传统采掘业和重化工产业，水泥、钢铁、玻璃、电解铝等产业去产能任务重，产业集中度低。企业以原材料供应、初级资源粗加工为主，产品加工程度较低。《中国统计年鉴2015》公布的主要工业品产量数据显示：西部地区资源类工业品产量占全国比重大部分在30%以上，例如，原煤占比30.28%、原油占比33.34%、天然气占比79.85%、水电占比67.81%；而在其他工业产品领域则表现平平，轻工业品、电子类消费品、装备制造业等比重较小。尽管近两年来西部省份经济增速快于中东部地区，但其经济增长方式仍以投资驱动为主，尤其是以政策拉动的基建投资为主，而以民间投资为主体的市场内生投资动力不足，拖慢经济发展步伐。新兴产业规模依然较小，尚不足以填补传统行业增速放缓留下的空白。

西部地区产业结构层次较低，大部分省份高能耗、高污染、低附加值产业比重偏高，现代制造业、新兴产业和服务业发展明显滞后。第三产业无法为第二产业的升级提供有力支撑，也无法满足消费者对中高端服务产品的需求。产业链条较短，高附加值产品少，在竞争性市场格局中处于“雁阵”的尾部，迫切需要通过创新升级提升产业竞争优势。

2. 西部地区创新投入仍然偏低，高技术产业占比较小

西部地区在研发投入占GDP比重、万人专利授权量、高技术产业收入比重（高技术产业主营收入占GDP比重）等指标方面均低于全国平均水平。2015年研发投入占GDP比重全国平均水平是2.07%，东部地区是2.58%，中部地区只有1.46%，西部地区只有1.19%，东、中、西部地区差距很大。西部地区只有陕西达到2.18%，是唯一超过全国平均水平的西部省份。从万人专利授权量看，全国平均水平是12.5件，东部地区是21.4件，中部地区为5.86件，西部地区

只有5.41件，东、中、西部地区差距更大。西部地区只有重庆是12.9件，超过全国平均水平。从高技术产业主营收入占GDP比重来看，全国平均水平是20.31%，东部地区是26.79%，中部地区为14.18%，西部地区仅有10.29%，东部地区远远超过中、西部地区。西部地区只有重庆达到25.6%，超过全国平均水平。2016年，规模以上企业的平均研发投入，西部地区约为200万元，远低于东、中部地区水平；专利申请受理数量上，西部地区数量仅占全国总量的14%。2016年底，全国共有国家企业技术中心1 276个，其中东部地区721个，占56.5%，中部地区271个，占21.2%，西部地区221个，占17.3%。

3. 民营经济发展滞后，产业创新升级缺少主体支撑

民营经济是现代市场经济的一个重要组成部分，企业产权明晰的特点使其具有较强的激励机制，在市场竞争压力下，更具活力，对于促进经济增长发挥着重要作用。私营企业是民营经济主要成分之一。2017年西部地区私营企业单位数共141.79万，仅占全国私营企业单位总数的16.38%，与私营企业单位数占全国65.67%的东部地区相差甚远。2015年，西部地区国有控股企业数与私营企业数之比分别是东部地区、中部地区的4.06倍、2.57倍。相比较而言，国有企业掌握“优势资源”，但在一定程度上缺乏技术创新的内生动力，技术创新能力较弱。民营经济发展滞后成为西部地区产业转型升级的主要障碍之一：首先，资源型产业转型会使大量人员从该行业退出，民营经济因发展滞后而不能充分吸纳这些人员，导致失业大量增加，影响社会稳定。其次，民营经济发展滞后不能为经济转型提供宽松的操作空间。由于无法及时为转型经济提供新的增长动力，因经济增速下降而导致的收入下降和失业率上升，使转型阻力增大。最后，民营经济发展滞后抑制了研发、创新和绿色新兴产业产生和发展。由于西部地区民营经济发展滞后，使产业转型升级缺乏市场主体支撑。

4. 产业外向度较低，对外贸易规模较小

西部地区产业外向度较低，对外贸易规模较小，进出口商品结构性问题突出，低附加值的商品比重较高。在利用外资方面，西部地区外资主要流向第二产业，而第一、三产业利用外资相对不足，一定程度上影响到西部地区经济协调发展和产业结构的优化升级。西部地区吸纳国际资源要素的能力依然偏低，企业“走出去”的能力较弱。

二、西部地区产业创新实践与经验

（一）产业创新实践综述

西部地区深入实施西部大开发战略，坚持发展为第一要务，全面深化改革和

扩大开发，以提高发展质量和效益为中心，积极参与和融入“一带一路”建设等，地区经济实力稳步提升。“十二五”时期，地区生产总值等主要经济指标增速高于全国平均水平，城乡居民收入年均增长超过10%，城镇化率不断提高。经济结构调整取得积极进展，特色优势产业转型力度加大，承接东中部地区产业转移持续推进，以煤炭、电力、石油、天然气、化工、冶金、装备制造、新能源、特色农产品为主的地区优势产业开始集群发展，旅游业、物流业、金融业等现代服务业快速发展。重点经济区、国家级新区、沿边重点开发开放试验区引领效应逐步显现，以四川、重庆、陕西、贵州为代表的省份在产业创新发展方面积极探索，取得了一批创新改革实践成果。

（二）产业创新典型案例

1. 四川天府新区深化创新改革案例

国家级新区是由国务院批准设立，承担国家重大发展和改革任务的国家级综合功能区。2014年10月2日，四川天府新区正式获批成为中国第11个国家级新区；同年11月15日，《四川天府新区总体方案》经国务院同意并正式印发。天府新区是“一带一路”建设和长江经济带发展的重要节点，新区的定位是要建设内陆开放经济高地。2015年，四川被确定为国家“系统推进全面创新改革试验”区域之一。2015年11月，四川省委十届七次全会审议通过《中共四川省委关于全面创新改革驱动转型发展的决定》，将系统推进全面创新改革确定为引领发展的“一号工程”。四川省天府新区通过全面深化创新改革，在带动区域经济发展、引领全面改革开放、推动体制机制创新、促进产城融合和城乡一体发展等方面发挥了重要作用。2016年，天府新区地区生产总值达1 966.1亿元，同比增长8.3%，完成固定资产投资1 615.1亿元，同比增长16.1%；2017年上半年，实现地区生产总值1 010.9亿元，同比增长9.1%，完成固定资产投资1 172.2亿元，同比增长48.4%。2018年10月，由四川天府新区“双创”示范基地发起组建的“西部‘双创’示范基地联盟”成立。

校院地融合与军民融合，提高了“双创”辨识度。一方面，促进校院地协同创新创业，这是天府新区在开展“双创”工作中呈现的一大特色。截至2018年天府新区已先后引进中科院、清华大学、北京航空航天大学、斯坦福大学等50余个校院地协同创新平台，同时开展探索科技成果所有权管理新模式，建立人才培养、科技研发、成果转化和企业孵化的综合性平台等。此外，中国科学院成都分院本部、光电所、成都生物所、成都山地所、成都有机所、成都计算所、成都文献情报中心七家单位将整体迁至天府科学城，打造中国科学院成果转移转化大平台。截至2018年，区域内已形成校院地项目24个，成功孵化各类企业45家，其中易冲无线科技有限公司估值超过10亿元。另一方面，深入推进军民融合创新，构建“一支基金＋两个园区＋N个产业”的军民融合产业集群。四川是一个军民融合大省，2016年四川全省军民融合产业主营业务收入居全国第二位，全省高新技术产业总产值突破1.6万亿元，增长10%，远高于全省工业平均增速，科技创新对于经济增长的贡献率超过50%，新增各类市场主体74万户，建成各类孵化器近600家。2018年10月10日，天府新区军民融合创新发展联盟正式成立，计划通过3～5年的建设，天府新区将累计实施30个以上的军民融合成果转化项目，孵化军民融合企业100家以上，聚集军民融合基金规模10亿元以上。

以创新促发展，强化人才支撑，壮大创新主体。天府新区鼓励创新创业，实现“双创”工作从数量到质量的转变，打造新经济发展的引力场。围绕数字经济、智能经济、绿色经济、创意经济、流量经济和共享经济“六大新经济形态”，引进了中科曙光、紫光集团等企业，同时孵化培育了极米科技等一批潜在“独角兽企业”，工业大数据应用技术国家工程实验室、“一带一路”国际技术合作高峰论坛暨香港城市大学成都研究院、甲骨文技术人才创新创业基地、中国（西部）云计算中心投产暨大数据孵化基地等入驻天府新区。目前示范基地已引进培育科技型企业9 400余家，各类创新平台120余个，来自剑桥、清华、北大等本科以上青年人才15万余人相继落户。国家软件与集成电路公共服务平台、海外人才离岸创新创业基地启动运营，2个诺贝尔奖获得者团队、1个两院院士团队、4个国家“千人计划”团队、400余家创新创业孵化企业、350余家创投机构落户天府新区。先进制造和高端服务“双业支撑”，发展实力进一步增强。瞄准最前沿科技发展，确定以智能制造为核心的“1＋8”先进制造业体系和以文化创意为核心的“1＋7”现代服务业体系主攻方向，推动天府新区与其他区域错位发展、在国家级新区中特色发展。形成汽车1个千亿级产业，电子信息、新能源、新材料等4个百亿级产业。汽车制造和电子信息两大支柱产业迅猛发展，汽车整车及零部件出口实现新突破。全国首条柔性AMOLED（有源矩阵有机发光二极体）高分辨率触控显示屏生产线建成投产。2017年上半年，汽车制造业实现产值764亿元，同比增长11.4%；电子信息产业实现产值244.9亿元，同比增长25.2%。轨道交通、高端装备制造产业提速发展，生物医药、新能源、新材料等产业集群不断壮大，紫光IC国际城、天府国际生物城进展顺利。2017年上半年新区规模以上工业企业达705家，产值达1 926.3亿元，同比增长11.6%。

瞄准高端服务业，大力度引进现代物流、科技和信息服务、商务会展、金融等现代服务业，初步形成产业集群。成功举办第十八届成都国际家具工业展览会、第二届中国智慧产业国际博览会、第二届中国西部国际博览会进出口商品展暨中国西部（四川）国际投资大会等展会，在全国首单发行银行间市场双创债，跨境电商保税备货出口实现新突破。截至2017年，天府新区规模以上服务业企业累计达 409 家，2017 年上半年实现营业收入 311.3 亿元，同比增长 20.3%，成为拉动新区经济增长的新引擎。出台了高技术服务业产业政策 28 条，并设立了 10 亿元人才发展专项资金、15 亿元产业引导基金，与国内外知名投资基金合作设立 13 支专项子基金等，为校院地协同创新发展提供多维度金融服务。

2. 贵州大数据产业创新案例

贵州聚焦发展大数据新兴产业，目前在国内已形成领跑优势。贵州作为我国首个国家大数据综合试验区，坚定不移实施大数据战略行动，追求理念创新和战略引领使得贵州大数据发展步步领先。2014 年成为贵州大数据元年，大数据被确立为贵州发展战略，贵阳成为贵州发展大数据的核心区。2016 年 2 月，国家发展改革委、工信部和中央网信办联合批复贵州建设全国第一个大数据综合试验区——国家大数据（贵州）综合试验区。2016 年 6 月，贵州紧锣密鼓出台相关文件，对综合试验区提出了具体实施方案，贵州在数据开放、共享交换、聚合上形成了相应行政法规。2014 年 2 月，贵州在全国率先发布《贵州省大数据产业发展应用规划纲要（2014—2020 年）》。2015 年 11 月，在国务院《促进大数据发展行动纲要》发布仅 2 个多月，贵州编制完成《贵州省建设国家大数据综合试验区实施方案》并报送三部委。2016 年，贵州颁布全国首个省级大数据地方法规——《贵州省大数据产业发展应用条例》；获批建设国家大数据（贵州）综合试验区，成为国家批复的第一个大数据综合试验区；工信部授予贵州“中国南方数据中心示范基地”称号，成为国内首个获批的数据中心示范基地；成立全国首个直属省政府正厅级大数据发展管理机构——贵州省大数据发展管理局；获批首个国家大数据工程实验室，为贵州后发赶超提供了新的重大发展平台。2017 年 2 月，贵州印发了《贵州省数字经济发展规划（2017—2020 年）》，成为全国首个发布的省级数字经济发展专项规划。

贵州大数据战略确定之后，在大数据发展领域坚持加大数据中心建设，坚持数据资源共享开放流通和融合，极大地促进了其大数据经济的发展历程。

早在 2013 年，中国三大电信运营商中国电信、中国移动、中国联通，宣布将南方数据中心放在贵州。其中，中国电信投资 40 亿元、中国联通投资 60 亿元建立国家级云计算中心，中国移动投 20 亿元建立区域型大数据中心。之后贵州加大数据融通力度，2016 年已有 534 个应用系统汇聚云上贵州系统平台，聚集 100 000G 数据量，日访问高峰达 10 亿次，云上贵州市（州）平台建设全面启动。

2017 年贵州大数据发展渐入佳境。2017 年 7 月，苹果公司宣布在贵州建设在中国的第一个数据中心，苹果公司投资 10 亿美元在贵州建设 iCloud 数据中心，中国地区用户 iCloud 服务转由贵州公司云上贵州运营。2017 年 8 月，全球最大电信设备制造商之一的华为在贵州启动了其数据中心的项目，华为七星湖数据存储中心在贵安新区开工，贵州数据中心将存储华为在170个国家的管理数据，以满足华为日益增长的云服务需求。2017年8月，贵州再次与阿里巴巴加强合作，推进云上贵州系统平台建设、大数学院和人才培养、农村淘宝、菜鸟物流、大数据安全实验室等，将贵州作为阿里巴巴新业务的试验基地。此外，国家大数据工程实验室、云上贵州（班加罗尔）大数据协同创新中心挂牌运行，贵安超算中心和贵安生物医学大数据中心正式成立，贵阳和贵安大数据清洗加工基地建成，贵阳大数据交易所会员超过2 000家。“数字丝路”跨境数据枢纽港启动建设。贵州成为国家电子政务云数据中心体系南方节点，“云上贵州”数据共享交换体系整体接入国家平台，省市两级政府部门非涉密应用系统100%接入“云上贵州”，获批健康医疗大数据中心国家试点省，与国家共办大数据统计学院。贵阳市成为全国大数据及网络安全示范试点城市，“中国数谷”建设加快推进。2017年贵阳GDP增速达11.3%，总量达3 537.96亿元，已经是第五年排全国省会城市第一。贵阳方面提供的数据显示，2017年大数据企业主营业务收入达到817亿元，甲骨文、谷歌、英特尔、微软、IBM、惠普、戴尔、富士康、思爱普等世界500强企业落户贵阳。

2018年5月27日，贵州省大数据产业技术创新战略联盟正式成立，该联盟由贵州省科学技术厅（贵州省知识产权局）发起，目前已发展成员单位100多家。是一个由国内外从事大数据技术创新、产业发展、应用推广、标准检测等相关机构、企业自发成立的行业组织。该联盟将针对贵州大数据产业存在的技术基础薄弱、应用场景单薄、公共服务能力不足、技术人才缺乏等较为突出的问题，整合数据资源要素集聚，推动技术及平台创新。截至2018年7月，贵州的大数据企业达到8 900多家，大数据产业规模总量超过1 100亿元。

贵州还加大大数据与实体经济融合，大数据电子信息制造业已成为工业经济的第三大增长点。2016年，贵州电子信息制造业实现规模以上工业增加值93.4亿元，同比增长66.6%；实现工业总产值509.2亿元，同比增长77.8%。初步形成了以贵阳、遵义、安顺为主，黔南、黔东南等地共同发展的电子信息产业格局。2017年，贵州以大数据为引领的电子信息制造业增加值增长86.3%，规模以上电子信息制造业工业增加值完成110亿元，同比增长80%以上，2013年至2017年年均增速达到50%以上，远高于工业平均增速；2017年规模以上电子信息制造业工业增加值占全省规模以上工业比重达到2.69%，较2013年比重（0.8%）提高了1.89个百分点；规模以上企业数量达到184家，较2016年增长76家，富士康、高通、浪潮、以晴、财富之舟等一批世界或国内500强企业落户贵州。2017年，贵州电子信息制造业产业结构优化升级也有了显著成效。一批新产品、新技术已填补贵州省内空白，可穿戴智能设备、智能机器人、服务器、手机、平板电脑、北斗导航设备等产品从无到有，形成了手机、电视机、平板电脑、电子元器件、集成电路、电子材料等主要产品的生产体系。2017 年共计完成生产及代工手机 18 000 万台（其中生产手机 2 750 万台），平板电脑 12 万台，平板电视 180 万台，集成电路 14 000 万块，电子元件 30 亿只。2013 年至 2017 年，贵州手机产量年均增长 390%左右，平板电脑也从无到有。

数据资源共享、开放、流通是贵州大数据发展的驱动力。条块分割是各地政府数据面临的现实，政府的数据共享开放一直是一个难题，贵州在政府数据共享开放方面的推进进程和取得成果在全国排在前列，这也为推进大数据应用奠定了良好的基础。2017 年 IDC 国际数据公司发布了《云上贵州——中国大数据的试验探索与启示》蓝皮书，将贵州的成功经验总结为：以创新的理念引领发展，以科学的决策指导推进，以坚定的信心贯彻落实。特别是"创新"，始终贯穿并体现在贵州大数据三年发展实践的每个阶段和成果当中，是贵州能够实现弯道取直、后发赶超的最核心要素。

（三）产业创新经验总结

四川天府新区和贵州大数据产业发展是地方深化改革创新的成功典型，具有一些共同特点：

一是政府在推动产业创新和制度创新上具有重要作用。四川和贵州的产业创新都依赖于国家和地方产业政策的激励推动，激励措施体现在规划编制、行政审批、项目建设、招商引资各环节。可见，推动我国区域的产业结构创新升级不仅依赖于技术创新，更重要依赖于制度创新。

二是扩大开放和加强招商引资。政府通过加速行政审批、完善基础设施、规范管理法规等举措，为产业发展创造了良好环境，并扩大对外开放，开展专题推介、招商活动，吸引产业内大型企业、科研机构落户或重大项目落地。

三是推动产业集群发展。产业集群是有效的产业创新战略，是提高经济竞争力的有效途径。运用集群组织优势，以专业化分工和协作为基础的同一产业或相关产业的企业，通过地理位置上的集中或靠近，产生创新聚集，从而获得创新优势。

三、西部地区产业创新发展的机遇与挑战

（一）产业创新发展面临的机遇

1. 国家创新驱动发展战略的政策引领

2016 年，党中央、国务院全面实施创新驱动发展战略，推进大众创业万众创新，各地区、各部门将推进"双创"工作作为深化供给侧结构性改革的重要内

容、实现新旧发展动能接续转换的重要抓手，持续推动区域经济和产业创新发展。2016 年 12 月，商务部印发《对外贸易发展“十三五”规划》，提出在对外贸易领域开展结构性改革，注重发挥产业和双向投资对外贸的促进作用。2017 年 1 月，国务院印发《西部大开发“十三五”规划》，提出以增加公共服务供给、促进创新驱动发展、完善基础设施网络等领域为重点推动西部地区经济可持续发展。2017 年 4 月，多地的自由贸易试验区正式揭牌运营，包括西部地区的重庆、四川和陕西 3 个自贸区；同时，海关总署对这些自贸试验区制定了具体的海关通关便利化措施。2017 年 4 月，商务部等四部门对于进一步推进开放型经济新体制综合试点试验提出若干意见，要求在试点地区探索贸易投资便利化以及深入“放管服”改革的新举措。这有利于促进西部地区外贸持续健康发展。创新驱动战略、“互联网＋”等战略深入推进，将极大激发西部地区创新创业潜在需求；简政放权、减税降费、财税金融等一系列政策措施的红利逐步释放，为西部地区产业创新升级提供了有力的政策引领和支持，为地区经济的稳步增长和转型升级发挥更加积极的作用。

2. “一带一路”倡议全面提升西部地区开放度

“一带一路”倡议的实施，以内陆开放倒逼西部改革，为促进西部地区向亚洲内陆开放带来重大机遇，以丝绸之路经济带为依托的陆地运输贸易新模式，能够打破传统的区位劣势，使西部省份更加便利地对接国际市场，在更大范围内进行创新资源配置，为西部地区企业和产业创新带来广阔的发展空间。西部省份明确提出了各自的战略定位和发展目标，如陕西提出“打造丝绸之路经济带的新起点和桥头堡”，新疆提出“建设丝绸之路经济带核心区，当好主力军和排头兵”，青海提出“努力把青海省打造成新丝绸之路的战略基地和重要支点”，宁夏将“高起点建设内陆开放型经济试验区，推动中国同阿拉伯各国务实合作，打造向西开放桥头堡”作为自己的战略目标，甘肃提出“打造丝绸之路经济带黄金段”，重庆提出“运营好渝新欧国际铁路联运大通道，发展陆航、江海、铁海等多式联运，参与丝绸之路经济带、海上丝绸之路建设”。西部地区与“一带一路”沿线国家有着便利的地缘关系，“一带一路”将带动西部和国际资源要素的流动和匹配，通过开展技术改造、研发投入、品牌塑造等经济活动，推动产业创新和转型。这种对外的国际开放，也将倒逼西部地区尽快对接、融入国际规则，采取一系列法律、制度等多层面的改革，为产业创新升级提供更有利的发展环境。

3. 西部地区产业创新具备独特的资源优势

自然资源丰富。西部地区自然资源特别丰富，已开发水能资源占全国的 77％；矿产资源种类繁多，全国已探明的 140 多种矿产资源中西部地区达 120 多种；能源储量十分可观，煤炭储量占全国的 60％，石油占 45％，天然气占 53％。

特色农牧产业资源多。受自然地理条件的影响，西部地区经济植物资源种类多、数量大，特色种植业、特色畜牧业、中草药业和特色农产品加工业具有得天独厚的优势，为发展现代农业和特色产业提供坚实基础。

地域民族文化多元。西部地区汇集了大量的少数民族人口，衍生出丰富的地区文化资源，例如黄土高原文化、伊斯兰文化、藏文化、巴蜀文化，多元文化在西部地区碰撞交融。历史古迹和宗教名胜繁多，秦兵马俑、布达拉宫、敦煌石窟、丽江古城等名胜古迹誉满天下。丰富的文化和历史积淀，为西部地区的旅游、广告、设计、娱乐等产业发展提供特有的资源支撑。

4. 信息革命为西部产业创新升级提供巨大空间

对西部地区而言，首先，“互联网+”能够促进产业、资源、要素的深度融合，新经济、新业态、新模式大量涌现，并衍生出大量全新的消费投资需求，为产业创新发展提供巨大的成长空间。互联网信息技术为社会发展带来零成本边际效应，打破了西部交通不便的时空限制，使信息传递、交流的成本大大降低，能够有效提升协同合作效率，大大降低产业创新成本。其次，互联网在很大程度上缩小了东西部地区在创新创业发展上的差距，大大降低了西部地区创新创业的成本。例如淘宝网等电商平台在西部的普遍应用，以支付宝、蚂蚁金服等为代表的互联网普惠式金融产品逐步推广，网络众筹等新型融资模式的应用，为西部地区的创新创业提供了低成本的工具平台。同时，人工智能、虚拟现实（VR）、机器人等新技术的应用推广，为西部地区的传统制造业及文化、旅游、健康等服务业的转型升级提供广阔的发展空间。

（二）产业创新面临的挑战

1. 国际产业竞争加剧

从外部环境看，当前经济结构调整正在全球范围内进行，一些发达国家已提出了“再工业化”战略，西部产业创新升级面临来自世界各国的竞争压力。欧美等国日渐认识到制造业对于国家竞争力和就业的重要性，相继实施制造业回归计划，提供了减税、降低成本等优惠政策；东南亚等国更廉价的劳动力资源和更加优惠的招商政策对外商投资有更大的吸引力，西部地区利用外商直接投资的难度加大。西部地区进行产业创新升级，后发优势与后发劣势并存。一方面，可以借鉴发达国家和发达地区产业发展经验，通过学习先进技术和管理经验，避免走老路、走错路，实现快速发展和能力提高。另一方面，继续引进和利用国外先进技术的机会空间正在缩小，随着成熟产业向技术前沿逼近，不仅核心技术引进难度剧增，后发优势也在不断弱化，全球技术竞争的重心从个体层面的技术能力转向产业协同层面，从应用开发转向基础研究，新兴产业领域的技术路线多样性和研发投资的不确定性，凸显了以小企业创新、产学研合作及创新创业生态的重要性。与世界先进工业化国家和发达地区相比，西部地区高技术产业的自主创新能力、资源整合能力以及市场影响力都亟待提升，在资金投入规模、产业技术积累、人才培养水平、产业发展管理能力、资本运作能力以及市场秩序等方面处于劣势，加上资源利用效率偏低和愈发严峻的环境资源挑战加剧了产业转型升级的困难。

发达国家和地区在成熟工业化基础上形成了雄厚的技术积累，借助完善的产业创新支撑体系以及分工协同的产业链、创新链、供应链，掌握了产业发展的主导权，垄断了众多领域。发达国家和地区着眼于全面提升制造业核心竞争力，抢占未来竞争制高点，加快建设新型制造业创新载体。如，美国积极构建制造业创新网络，英国加紧建设“产业技术弹射中心”，都是力图弥补技术创新与产业发展之间的断层，促进实验室技术向实际产品转移转化。这些计划强调构建以新型创新载体为关键节点的协同创新网络，积极构建制造业创新生态系统。这些都使得西部地区在参与国际竞争时，在资金投入规模、资本运作能力、产业技术积累、人才培养水平、产业发展管理能力以及市场秩序等方面处于劣势。

2. 科技创新能力和动力不足

西部地区除四川、重庆、陕西等省份外，大部分地区科技创新资源不足，从事技术开发类的科研院所综合实力较弱，不同程度存在高层次人才短缺、科研成果层次较低、科技人员流失等问题。科研院所和高校研究人员以基础研究、理论性研究为主，研究领域及成果与企业实际需求不尽一致，没有形成产学研合作良性互动的机制，导致成果转化利用率不高。技术市场发展相对落后，科技服务中介机构在推动科技成果转化和产业化、开展技术市场与资本对接等方面服务能力不足，难以满足企业创新发展的需求。产业创新主体角色错位，西部地区一些国有企业领导求稳思想严重，缺乏创新的思想动力，民营企业为了生存和发展有技术创新的需求，但大多实力单薄，人才匮乏，难以有所作为。

3. 产业创新配套支撑体系不完善

世界产业技术创新的发展历史表明，一个国家的产业技术创新模式与该国的发展阶段、市场规模、所处的国际背景等因素密切相关，区域的创新发展也面临同样的问题。西部地区原有产业技术创新支撑体系在改革开放以来发生了很大变化，但受到原有体制惯性和体制转轨不确定性的深刻影响，尚未形成适应区域工业化、信息化发展需要的产业技术创新支撑体系建设模式。地方政府对市场行政干预较多，知识产权保护制度和信用制度建设滞后，政府的管理理念不适应产业创新发展的趋势和规律，体制机制环境不满足产业创新的需要，迫切需要改善营商环境，创造一个公平、透明度高、交易成本低的市场环境。在大众创业、万众创新的大背景下，缺乏宽松、高效的配套制度体系。大批高新技术的中小企业陆续诞生和崛起，但融资难和融资贵问题严重阻碍了创新创业的激情，在推动新技术、新产业、新业态发展和传统产业转型升级层面缺乏一套必要的融资制度体系。西部各省份需要从世情、国情现实出发，加快产业技术创新支撑体系建设模式的探索。

4. 受资源生态环境容量的限制

西部地区经济发展起步较晚，生态环境相对脆弱并已遭到不同程度的破坏。我国在过去相当长的时期内单纯强调GDP增长的评价标准，在环境保护和经济发展、长远利益和近期利益、生态效益和经济效益的权衡中，发展经济的迫切性以及环境影响的滞后性和外部性使得一些地区以牺牲环境为代价来换取经济的增长，这个问题在西部省份尤为突出。一是资源浪费严重。西部多数省份植被覆盖率低，分布不均匀，水土流失严重，土壤肥力下降、宜耕性变差；传统农业用水量大、浪费严重，工业废水污染水质，使水生态失调，水资源紧张；西部大多数城市工业属于以能源原材料为主的重型工业，对资源和能源的依赖性较强。二是环境日趋恶化。一方面，传统农业生产活动已导致部分地区生态环境逐步恶化；另一方面工业废水、废气和生活污水排放量加大，对大气、水资源、生活空间也造成了严重污染。此外，矿产资源的过度开发也造成了一系列环境问题。随着环保问题日益突出，资源型产业迫切需要在清洁技术、节能技术、环保技术方面的创新。因此，推进绿色发展、循环发展、低碳发展，既是提升西部地区经济实力的迫切需要，更是改善能源结构和环境质量、加快产业结构优化升级的必然选择。

四、西部地区产业创新发展对策建议

西部地区要实现产业创新升级，需要立足现状、因地制宜、发挥优势，构建区域创新体系，全面提升产业发展能力。政策重点是坚持新发展理念，实施创新驱动发展战略，因地制宜选取产业创新升级模式，强化区域产业协同，充分发挥政府制度创新的推动作用。调整优化区域产业结构，有序推动产业转移和集聚，利用创新技术平台推动产业互联网和智能化发展。突出企业创新主体地位，发挥科技创新引领作用。深度融入“一带一路”建设，大力拓展对外贸易，深化与沿线国家产业合作，以开放引领产业创新升级。完善地区产业创新服务体系，提升人才、金融等配套支撑服务能力。

（一）因地制宜选取产业创新升级模式，发挥政府制度创新的推动作用

1. 采取不同产业创新模式

推动产业创新升级，要根据不同地区特点采取不同产业发展模式。西部地区各省份经济发展水平不同，地理区位和资源禀赋也存在较大差异，因此应结合地

区发展实际，立足现有产业基础、资源优势来制定本地区的产业创新战略。例如在四川、重庆、陕西等经济发达、科技水平较高的地区，应加大原创性研究投入力度，注重引进技术的集成创新，发展高技术产业，发展与其关联度较高的高端装备制造产业，形成一定领域内的高技术产业群。产业基础较薄弱的地区，要结合自身实际选择好二三个优势产业，调控资源配置，使之向优势产业集聚，这些产业要真正能够占领市场，有一定的竞争力，以优势产业带动产业结构和产品结构调整。对于一些经济、科技、教育较落后的地区，应大力提高经济发展的市场化水平，培育和完善市场机制，为产业发展和创新营造规范公平的市场环境。

2. 强化区域产业协同

由于每一个省份所处的地理位置不同，产业竞争力各异，只有实施差异化和特色化的产业发展策略，才能避免同质化恶性竞争，才能打造出有国际竞争力的产业链和价值链。强化区域产业协同，各地区要根据经济发展的要素禀赋结构和产业发展阶段，利用各自资源禀赋和比较优势，建立合理的产业分工，避免区域产业同构竞争。要打破行政区划壁垒，进一步优化区域经济格局，对接关联产业发展规划，尤其在生态保护、结构调整、产业基地建设、交通体系和物流体系布局、口岸开放、文化旅游、教育合作、科技攻关等方面，要科学对接，合理布局，促进区域资源整合，提升协同创新能力，提高区域经济整体实力，形成内外统筹、互动协调的区域经济发展新局面。

3. 发挥政府制度创新的推动作用

制度创新是构建区域创新体系的基础，而制度创新需要依靠政府来推动。地方政府要在宏观上为区域产业创新搭建适宜的条件，包括构建规范有效的市场环境、法律环境、行政环境和文化环境。如地方政府可以通过颁布支持创新的法律法规，建立一整套激励创新的政策和措施，为培育创新型企业提供优越的发展条件，实施优惠的税收政策吸引投资创业。转变地方政府职能，着力维护市场经济秩序良好运行，减少行政审批，把经济调控、市场监管和社会管理服务作为工作重心。同时，盘活国有资产，加快实现政企分离，消除地方保护，从制度层面构建维护有效市场竞争的法律体系，建立公开透明的市场准入制度，着力解决市场体系不完善、政府干预过多和监管不到位等问题。

（二）优化产业结构，加快构建现代产业体系

1. 调整优化区域产业结构

依托区位优势和资源禀赋，以推进新型工业化、新型城镇化、农业现代化作为主攻方向，加快三次产业结构调整的步伐，推进以文化旅游业、优势能源业、生态农牧业和矿产业为主的“多元主导型”发展模式，发挥后发优势，推动西部地区产业升级发展。

一是大力发展现代农业。打好农业发展的基础，着力构建现代农业产业体系，大力发展具有地理标志和地域独特性的杂粮、果蔬、茶叶、油料、特色经济林、中药材、家禽、草食畜牧业和特色渔业等产业，建设特色优势农产品示范基地，大力发展休闲农业。

二是推动传统产业转型升级。构建新型制造业体系，加快西部地区制造业改造升级。重点发展西部地区自身具有优势的技术密集型产业及特色优势产业，利用信息化和先进技术改造传统产业，推动信息化和工业化深度融合。以提高全要素生产率为核心，通过技术改造，促进传统产业升级，以先进产能替代落后产能，以产品创新、业态创新、品牌提升为核心构建新的竞争优势，进一步解决现有供给体系高端产品供给不足、中低端产品过剩的状况，把资源优势转化为经济优势。促进产业互动协作，推动实施“互联网+”协同制造行动，实施西部地区传统产业数字化、网络化、智能化技术改造，促进产业分工从价值链中低端向中高端转变，构建起具有更强竞争力、支撑力的现代产业体系。

三是着力发展战略性新兴产业。要实施创新驱动发展战略，着力构建以企业为主体、市场为导向、产学研结合的技术创新体系，着力发展战略性新兴产业，培育经济增长新动能。培育符合西部地区实际的新一代信息技术、互联网、高端装备、智能制造、新材料、新能源、生物医药等战略性新兴产业，促进战略性新兴产业突破发展，形成新的主导产业和高技术产业群。加快发展以贵州大数据产业、重庆电子信息产业为代表的新经济样本群，构建以服务业、科技型产业为支撑的经济发展新模式，提升产业层次，提高经济发展质量。

四是大力发展现代服务业。现代服务业的精髓和核心是生产性服务业，生产性服务业也是提升制造业效率的关键投入和基本源泉。各省、区、市“十三五”规划中均将服务业作为未来发展重点。发展现代服务业成为优化经济结构、转换发展动力、保障和改善民生、推动经济社会持续健康发展的战略举措。西部地区要大力发展物流业、旅游业、文化产业、金融业等现代服务业，以服务业带动产业结构升级调整。

运用互联网、大数据、云计算等技术提升传统物流效率、降低物流成本，积极发展电子商务和智慧物流，为产品和要素的跨区域流通创造便利的条件，加快建设现代物流服务体系。加快发展高技术服务业和生产性服务业，培育工业设计、建筑设计、管理咨询、商贸会展、人力资源服务等专业服务业。推动出版发行、影视制作等传统文化产业转型升级，大力发展具有地方和民族特色的文化创意、网络视听、数字出版、动漫游戏产业，建设一批具有民族特色的文化产业基地。开发西部地区独特的黄土高原文化等自然和文化资源，推进旅游配套设施建设，加快推进旅游业创新发展。大力推进与丝绸之路沿线国家合作，共同开发悠久厚重的丝路文化。

2. 有序推进产业转移和集聚

产业转移对实现区域经济转型升级和产业结构优化布局具有重要推动作用，是产业创新的重要路径之一。西部地区要抓住产业转移的历史机遇，立足本地比较优势，合理确定产业转移的重点领域和重点地区，避免产业雷同和低水平重复建设，在严禁高污染、高消耗的产业向中西部转移的前提下，引导东部地区能源、冶金、化工、纺织、农副食品加工等劳动、资源密集型产业，以及电子信息、通信、仪器仪表等技术密集型产业向西部地区转移。

加强和完善跨区域产业合作机制，以合作共建开发区或工业园区的方式，积极引进大企业对西部园区进行整体开发，实现互利共赢。积极探索“集群式”产业转移方式，充分依托现有发展优势承接产业集群，引导东部地区传统产业集群中的核心企业及相关配套企业集中迁移到西部地区，形成一批特色鲜明、产业链完整、具备核心竞争优势的现代产业集群。着力推进基于优势特色产业的产业群和基于技术创新的高新技术产业群不断发展壮大，并不断向高、精、特、新的方向发展。

3. 推动产业互联网和智能化发展

互联网信息技术作为一种创新要素、创新工具，以其开放性、共享性、交互性，成为改造传统产业、催生新兴业态的基础平台。中西部地区要善用互联网技术创新平台和创新工具，为农业、制造业、服务业服务，推进产业互联网发展和智能化发展。通过实施“互联网＋传统产业”，由地方政府、产业园区或产业中的骨干企业牵头，以互联网、大数据、云计算、信息化、数字化等技术手段为各垂直产业构建共享基础设施，以分享经济的方式提供给行业内广大的中小微企业或创业者使用，实现整个产业链的资源整合和优化配置，形成新的产业模式和产业生态。通过实施“人工智能（AI）＋传统产业”，将人工智能技术与产品应用于传统产业的技术改造与转型升级，例如“AI＋农业”“AI＋工业”“AI＋商业”“AI＋物流”“AI＋教育”“AI＋医疗”“AI＋金融”“AI＋交通”等，实现知识创新、技术创新、产品创新、市场创新、模式创新、平台创新、生态创新等，推动实现传统产业的智能化发展。

（三）突出企业创新主体地位，发挥科技创新引领作用

1. 突出企业创新主体地位

科技创新，企业是主体。进一步完善引导企业加大技术创新投入机制，鼓励和引导企业加大研发投入，增强企业创新驱动发展的内在动力，充分发挥其对技术创新的示范引领作用。建立健全国有企业技术创新的经营业绩考核制度，加强科技奖励对企业技术创新的引导激励。培育区域内的核心创新型企业，在特色优势产业或支柱产业中培育核心创新型企业，以核心创新型企业带动中小型创新型企业发展，推动核心创新企业与中小型创新企业协调发展，增强区域自主创新能力，带动引领区域产业核心竞争力提升。加强科技企业孵化器建设，大力培育科技型中小企业，综合采用信贷、知识产权和股权质押贷款、融资租赁、科技小额贷款、企业债券、科技保险等方式，支持科技型企业开展技术创新融资。

2. 充分发挥科技创新引领作用

要把加强基础研究作为科技发展的战略重点，提高原始创新能力、积累智力资本。强化原始创新、集成创新和引进消化吸收再创新，大力培养更多科技创新领军人物，构建促进创新的激励机制，最大限度调动企业、高等院校、科研院所科技创新的积极性、主动性和创造性，不断研发出具有自主知识产权的创新型科技成果。积极参与国际科技合作，充分利用全球科技资源，在高水平引进先进科技成果的基础上，加大对消化吸收和再创新的投入力度。充分发挥高等院校、科研院所和企业在创新驱动中的作用，构建高等院校、科研院所与企业合作的机制和平台，促进科技成果转化。

（四）深度融入“一带一路”建设，以开放引领产业创新升级

1. 大力拓展对外贸易，提升经济外向度

西部地区要深度参与“一带一路”建设，主动对接国际新规则，抓住新科技突破和新技术革命带来的全球产业分工格局调整的历史性机遇，在全球范围积极吸纳创新资源，促进经济要素有序自由流动、资源高效配置和市场深度融合，开展更大范围、更高水平、更深层次的区域合作，实现产业转移与产业合作。全面提升经济对外开放度，向中亚、西亚开放，延伸至欧洲地区，着力发展陆路经济，重视加强国际合作，充分利用好外部市场和资源，加速产业创新。培育贸易新业态新模式，实行高水平的贸易和投资自由化便利化政策，全面实行准入前国民待遇加负面清单管理制度，大幅度放宽市场准入，扩大服务业对外开放，支持和鼓励大胆探索、先行先试，构建全方位开放新格局，在开放的环境下加快建立健全产业技术创新体系。

2. 创新合作发展模式，深化与沿线国家产业合作

坚持“引进来”和“走出去”有机结合，创新经贸投资合作、产业核心技术研发、国际化融资模式，探索搭建“一带一路”开放合作新平台，建设服务“一带一路”的市场要素资源配置功能枢纽，要大力推进西部地区国家级新区、国家级开发区率先发展开放型经济，发挥重庆、四川、陕西自贸试验区在服务“一带一路”倡议中的辐射带动作用，探索构建开放型经济新体制、内陆开放型经济发展新模式。围绕政策沟通、设施联通、贸易畅通、资金融通、民心相通，充分发挥比较优势，利用与“一带一路”沿线国家经济产业结构、贸易结构的互补性，

深化与沿线国家产业合作，在基础设施建设、进出口贸易、能源开发等领域加强合作，为西部地区经济发展提供新动力。

（五）完善产业创新服务体系，提升配套支撑能力

1. 完善支持企业技术创新的财税金融政策

完善和落实企业研发费用税前加计扣除政策，加大企业研发设备加速折旧政策的落实力度。完善高新技术企业认定办法，落实税收优惠政策。促进科技和金融结合，在风险可控原则下和国家允许的业务范围内，加大政策性银行对企业转化科技成果和进出口关键技术设备的支持力度，鼓励商业银行开发支持企业技术创新的贷款模式、产品和服务，加大对企业技术创新的融资支持力度。加大对符合条件的创新型企业上市融资以及已上市创新型企业再融资和市场化并购重组的支持力度，支持科技成果出资入股并确认股权。切实加强知识产权保护，引导产业集群中的企业、科研院所和高校采取有效措施保护知识产权，充分激发创造活力。

2. 着力推动科技创新人才集聚

加快建设特色产业人才高地，着力推动区域性创新创业人才集聚。支持企业引进海外高层次人才，引导和支持归国留学人员创业，向具有重大发展前景的项目人才、创新型人才、顶尖人才提供科研场所、资金扶持和成果转化场地，利用扶持优惠政策，建立项目与人才引进一体化的“招商引资＋招才引智”模式，吸引海内外顶尖人才来西部创新创业。加强专业技术人才和高技能人才队伍建设，培养科技领军人才、优秀创新团队。加强对企业科研和管理骨干的培训。健全科技人才流动机制，鼓励科研院所、高等学校和企业创新人才双向流动和兼职。充分调动职工参与技术创新的积极性，提高企业职工科技素质。加强西部地区科技能力体系建设，注重人才培养，除积极发展高等教育、提高人才培养质量外，还应着力加强基础技能教育，积极发展与各地区优势产业相匹配的职业教育，利用现代信息技术，积极开展远程教育，提高中西部地区劳动者素质。

参考文献

［1］黄剑辉，李岩玉，王润，等．中国各省级区域产业结构对比分析［R］．民银智库研究，2018（10）：4-42．

［2］中国区域创新能力监测报告：2016—2017［R］．科技部，2017．

［3］中国区域科技创新评价报告：2016—2017［R］．科技部，2017．

［4］西部大开发“十三五”规划［Z］．国家发展和改革委员会，2017．

［5］岳利萍，任保平，郭晗．中国西部发展报告（2018）［M］．北京：社会

科学文献出版社，2018.

［6］谭鑫，西部生态脆弱区产业转型升级优化路径［J］. 人民周刊，2018（10）：64-65.

［7］2017 年国家级新区建设发展系列报道之六：四川天府新区深化创新改革壮大新兴经济，加快打造西部地区最具活力的新兴增长极［Z］. 国家发展和改革委员会，2017.

［8］赵刚. 从“七个要素”看贵州大数据发展模式［EB/OL］.（2018-01-30）［2019-03-30］. http://www. ddcpc. cn/index. php? m=content&c=index&a=show&catid=589&id=40720.

［9］2016—2020 年西部地区创新创业发展微报告［R］. 方塘智库，阿里研究院，2016.

［10］邓金堂，李进兵，王德平. 现代产业创新战略［M］. 北京：科学出版社，2016.

［11］干勇. 我国产业技术创新支撑体系建设的问题及出路［J］. 中国工业评论，2016（10）：52-58.

［12］刘悦. 促转型　承发展：贵州电子信息产业进入快车道［J］. 当代贵州，2017（26）：38-39.

——执笔人：马吉恩，浙江大学中国西部发展研究院

第二章 西部地区企业自主创新

摘 要

过去 40 年来我国长期依靠资本投入和低成本劳动力的经济发展模式已经不可持续。通过创新，尤其是以企业为主体的创新驱动经济增长已经提高到国家核心战略的高度。与东部、中部地区相比，西部地区虽然形成了一定的区域创新特色，但受限于整体经济发展水平，其在科研投入、科技创新产出、科技人才、创新平台、创新政策支持等多方面仍然有很大的提升空间和发展潜力。本章通过对西部地区 12 个省、自治区、直辖市企业创新中的研发活动、研发人员、研发经费、新产品开发及高新技术企业、技术市场交易情况、专利情况和中小微企业活动情况进行分析比较，以及企业创新发展的两个案例分析，提出西部地区企业创新的特点、不足以及发展改进方向。

Abstract

For the past 40 years, China has adopted an economy development model mainly based on capital input and low-cost labor force. This model can no longer be proved sustainable. Therefore, developing the economy through innovation, especially corporate innovation is now a core strategy of the country. Comparing to the eastern and middle regions of China, the Western region has formed its own regional innovation characteristics. However, constrained by its economy development level, western region has significant improvement space and development potential in terms of R&D input, R&D output, R&D personnel, innovation platform, innovation policy support. This chapter analyses data on R&D activity, R&D personnel, R&D fund, new product development, high technology enterprises, technology market trading, patent applications and activities of small, medium and micro enterprises of 12 western provinces, autonomous regions and municipalities, together with two innovative development cases. We then propose the characteristics, drawbacks and development paths of corporate innovation in the western region.

一、企业创新对地区发展的推动作用

自进入新常态以来，我国经济发展面临巨大的下行压力。GDP 增速由 2013 年的 7.8%，下行至 2017 年的 6.9%，过去高速增长的趋势正在逐渐发生调整、转变。从生产要素的角度看，近 40 年来我国长期依靠资本投入和低成本劳动力的经济发展模式已经不可持续。同时，我国的后发优势也在逐渐变小，通过对发达国家技术追赶驱动经济增长也呈现下滑趋势。因此，通过创新，尤其是以企业为主体的创新驱动经济增长已经提高到国家核心战略的高度。2016 年 5 月，《国家创新驱动发展战略纲要》（以下简称《纲要》）由中共中央、国务院发布。《纲要》指出，需要"明确企业、科研院所、高校、社会组织等各类创新主体功能定位，构建开放高效的创新网络"。2017 年党的十九大报告也明确指出，要"建立以企业为主体、市场为导向、产学研深度融合的技术创新体系"，"创新是引领发展的第一动力，是建设现代化经济体系的战略支撑"。

就西部地区来看，随着西部大开发战略的深化，我国西部地区的创新水平有了长足的进步，四川等省份迅速崛起成为区域创新的新亮点①。与东部地区相比，西部地区也形成了一定的区域创新特色。但受限于整体经济发展水平，西部地区在科研投入、科技创新产出、科技人才、创新平台、创新政策支持等多方面与东部地区相比仍然较为逊色。

二、西部地区企业创新现状②

（一）西部地区企业创新活动的基本情况

为了认识西部地区企业创新活动的发展现状，需要对西部地区企业与我国其

① 中国科学技术发展战略研究院. 中国区域科技创新评价报告 2018 [M]. 北京：科学技术文献出版社，2018.

② 本部分中，西部地区企业创新活动的统计数据如未做特殊说明，均来源于《中国科技统计年鉴 2017》及国家统计局网站 http://www.stats.gov.cn。

他地区进行比较分析。本部分将西部地区与我国东部地区、中部地区和东北地区进行了比较，对规模以上工业企业①（以下简称规上企业）的研发活动、研发人员、研发经费、新产品开发，以及高新技术企业、技术市场交易情况和专利情况进行分析比较。

从中国各地区 2016 年规上企业研发活动（见图 2-1）可以看出，不论是企业数，还是有研发机构或有研发活动的企业数，我国东部地区在这一创新活动中占据绝对领先的位置，同时西部地区与中部地区仍有较大的差距。具体到数值上，我国西部地区规上企业数占全国规上企业数的 13.84%，但在研发机构的设立和研发活动数量上均低于东部、中部。2016 年，西部地区的规上企业中，只有 7.51%设立了研发机构，14.77%进行了一定程度的研发活动（见表 2-1）。缺乏研发创新对企业经营活动的支持，将使得企业在激烈的市场竞争和动荡的环境中缺少竞争力。

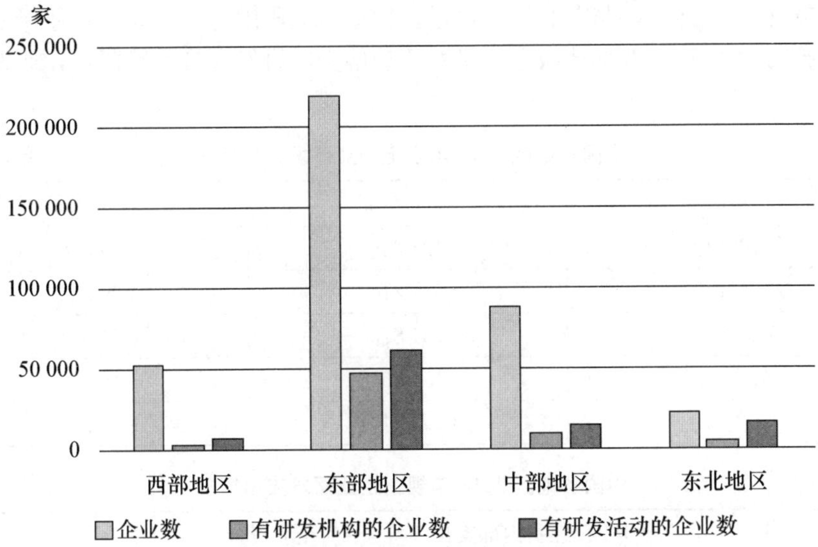

图 2-1 中国各地区 2016 年规上企业研发活动

表 2-2 和表 2-3 比较了中国各地区 2016 年规上企业研发人员情况及研发支出情况。2016 年西部地区规上企业的 R&D 人员②以及研究人员③从总量上看远

---

① 规模以上工业企业是指当年产品销售收入 2 000 万元以上（含）的工业企业。

② 研究与开发人员（R&D 人员）：指报告期末从事研究与开发活动的人员，包括直接从事研究与开发课题活动的人员，以及研究院、所等从事科技行政管理、科技服务等工作的人员。

③ 研究人员，指从事新知识、新产品、新工艺、新方法、新系统的构想或创造的专业人员及 R&D 课题的高级管理人员。

表 2-1　　中国各地区 2016 年规上企业研发活动情况　　（单位：家）

地区	企业数	有研发机构的企业数	有研发活动的企业数	有研发机构的企业占比（%）	有研发活动的企业占比（%）
西部地区	52 390	3 936	7 736	7.51	14.77
东部地区	219 523	47 833	62 145	21.79	28.31
中部地区	88 686	9 244	15 190	10.42	17.13
东北地区	17 980	752	1 820	4.18	10.12
全国	378 579	61 765	86 891	16.31	22.95

远落后于东部地区，在全国的占比均为 11%左右。另外从研发支出情况看，2016 年西部地区规上企业的 R&D 经费内部支出①也仅高于东北地区，落后于东部地区和中部地区。同时西部地区规上企业研发经费从来源上看，企业资金占比低于东部和中部地区，与东北地区接近。这也与上段中对西部地区企业研发活动的讨论形成了印证：西部地区企业研发活动偏少，研发人员配置薄弱，研发意愿偏低。

表 2-2　　中国各地区 2016 年规上企业研发人员情况　　（单位：人）

地区	R&D 人员	研究人员
西部地区	424 689	99 028
东部地区	2 557 214	599 282
中部地区	731 876	163 367
东北地区	153 565	46 352
全国	3 867 344	908 029

表 2-3　　中国各地区 2016 年规上企业研发支出情况　　（单位：亿元）

地区	R&D 经费内部支出	企业资金	企业资金占比（%）
西部地区	1 141	1 030	90.27
东部地区	7 484	7 198	96.18
中部地区	1 897	1 800	94.89
东北地区	421	376	89.31
全国	10 945	10 405	95.07

① R&D 经费内部支出，指被调查单位在报告期用于内部开展 R&D 活动（基础研究、应用研究、试验发展）的实际支出。

表 2－4 针对中国各地区 2016 年研发创新活动的主要产出“新产品”及其开发进行了比较。西部地区规上企业新产品开发效率低，回报低。具体到数据上，可以看到西部地区规上企业新产品开发平均项目投入是 314 万元，高于东部、中部和全国平均水平，但新产品销售收入与开发经费之比为四个地区最低的，每 1 元研发投入仅能获得 12.28 元的回报。同时，西部地区规上企业新产品销售收入与主营业务收入之比也是最低的，仅为 8.31%，与东部地区 18.02%的数据差距极大。

表 2－4　　中国各地区 2016 年规上企业新产品开发情况

地区	新产品开发项目数（个）	新产品开发经费支出（亿元）	新产品销售收入（亿元）	新产品开发平均项目投入（万元）	新产品销售收入与开发经费之比值	新产品销售收入与主营业务收入之比（%）
西部地区	37 013	1 163	14 286	314	12.28	8.31
东部地区	283 838	8 332	121 330	294	14.56	18.02
中部地区	58 964	1 838	32 470	312	17.67	12.64
东北地区	12 057	433	6 517	359	15.05	11.47
全国	391 872	11 766	174 603	300	14.84	15.07

表 2－5 考察了中国各地区高新技术产业的情况（注意此表中的企业不限于规上企业）。从西部地区高新技术企业本身的数据来看，其平均收入水平略低于东部地区，高于中部和东北地区；其利润率高于全国平均水平。处于高技术产业的西部地区企业，表现要优于同产业其他地区，以及同地区的中低技术产业。

表 2－5　　中国各地区 2016 年高技术产业生产经营情况

地区	企业数（家）	主营业务收入（亿元）	利润总额（亿元）	平均收入（亿元）	利润率（%）
西部地区	3 535	17 841	1 232	5.05	6.91
东部地区	20 241	108 168	7 190	5.34	6.65
中部地区	5 946	23 773	1 479	4.00	6.22
东北地区	1 076	4 015	400	3.73	9.96
全国	30 798	153 797	10 301	4.99	6.70

如果将中国各地区 2016 年技术市场流向合同金额情况做一个比较（见表 2－6），可以看出，西部地区技术的“净流入”在四个地区中最高，为 584 亿元。这也意味着西部地区企业由于自身研发创新能力的不足，每年需要投入大量资金购买技术。具体到西部地区购买技术的方式也可以看出，西部地区企业更倾向于直接购

买技术（技术转让占 16.84%，为四个地区最高），以及购买技术服务（56.07%，高于东部和东北地区）。

表 2－6　中国各地区 2016 年技术市场流向合同金额情况　（单位：亿元）

地区	技术市场输出地域	技术市场流向地域				
		总金额	技术开发	技术转让	技术咨询	技术服务
西部地区	1 590	2 174	486	366	103	1 219
东部地区	7 368	5 569	1 993	829	284	2 463
中部地区	1 407	1 522	408	99	58	957
东北地区	565	469	185	58	15	211
全国	11 407	11 407	3 480	1 608	468	5 851

注：全国数据除包括西部、中部、东部和东北地区数据外，还包括从港澳台和国外输入或输出的数据。

最后，专利作为企业创新活动的重要产出，以及保护和提升企业竞争力的重要手段，也需要投入一定的关注。中国各地区 2016 年规上企业专利申请情况，如表 2－7 所示。就西部地区规上企业来看，专利申请数与其研发水平大体一致，处于东部和中部地区之后，位于东北地区之前。但如考察发明专利申请在专利申请中所占比例，可以看到西部地区规上企业的发明专利占比最低，即“有价值”的专利偏少，从某种程度上可以认为西部地区规上企业技术创新质量偏低。

表 2－7　中国各地区 2016 年规上企业专利申请情况　（单位：项）

地区	专利申请数	发明专利申请数	有效发明专利数	发明专利占比（%）
西部地区	72 705	27 955	70 787	38.45
东部地区	504 750	200 073	560 477	39.64
中部地区	121 451	51 467	116 284	42.38
东北地区	16 491	7 492	22 299	45.43
全国	715 397	286 987	769 847	40.12

（二）西部地区企业创新活动分省份的基本情况

通过对西部地区企业创新活动的比较，我们可以得出如下初步结论：与发达地区（东部地区）相比，西部地区企业的创新水平、效率以及产出均偏低。我们也需要认识到，西部地区六省五自治区一直辖市之间由于历史、地理以及各类创新要素的不同，其创新活动的差异也是巨大的。如表 2－8 所示，2016 年，西部地区有研发活动的企业数排名后 7 位的省份，有研发活动的企业数的总和与西部地区最多的重庆基本相当。因此有必要针对西部地区各省份的研发活动、研发人员、研发经费、新产品开发，以及高新技术企业、技术市场交易情况和专利情况逐一进行分析比较。

表 2-8 比较了西部各省份 2016 年规上企业研发活动。从设立研发机构的比例上看，重庆（13.62%）、宁夏（12.10%）和云南（11.10%）均超过了 10%，而处于后三位的西藏（4.63%）、广西（4.31%）和内蒙古（3.96%）则低于 5%。如果比较企业研发活动，甘肃（21.60%）、云南（20.98%）、重庆（19.84%）、宁夏（19.08%）和陕西（18.27%）的情况相对较好。从绝对数量上看，四川 13 818 家规上企业中仅有 805 家设立了研发机构，同时也只有 1 840 家有一定程度的研发活动。四川作为西部地区的人口大省、工业大省，需要加大对企业创新的投入和支持，以符合建设“国家级创新型省份”的发展目标。

表 2-8　　西部各省份 2016 年规上企业研发活动情况　　（单位：家）

省份（地区）	企业数	有研发机构的企业数	有研发活动的企业数	有研发机构的企业占比（%）	有研发活动的企业占比（%）
内蒙古	4 295	170	415	3.96	9.66
广　西	5 454	235	508	4.31	9.31
重　庆	6 783	924	1 346	13.62	19.84
四　川	13 818	805	1 840	5.83	13.32
贵　州	5 123	372	650	7.26	12.69
云　南	4 190	465	879	11.10	20.98
西　藏	108	5	10	4.63	9.26
陕　西	5 862	436	1 071	7.44	18.27
甘　肃	2 097	184	453	8.77	21.60
青　海	593	39	57	6.58	9.61
宁　夏	1 174	142	224	12.10	19.08
新　疆	2 893	159	283	5.50	9.78
西部地区	52 390	3 936	7 736	7.51	14.77

具体到西部各省份 2016 年规上企业研发人员情况（见表 2-9），四川、重庆和陕西在 R&D 人员以及研究人员的总数方面远高于其他省份。如果以每万人口为基数进行比较，重庆（每万人中 R&D 人员 24.05，每万人中研究人员 5.41）、陕西（每万人中 R&D 人员 18.47，每万人中研究人员 4.78）以及内蒙古（每万人中 R&D 人员 15.18，每万人中研究人员 4.62）。图 2-2 将每万人中 R&D 人

员和研究人员情况进行了比较，其中有 7 个省份的规上企业研发人力资源低于西部地区的平均水平。

表 2-9　西部各省份 2016 年规上企业研发人员情况　（单位：人）

省份（地区）	R&D 人员	研究人员	每万人中 R&D 人员	每万人中研究人员
内蒙古	38 386	11 677	15.18	4.62
广　西	29 025	7 024	5.94	1.44
重　庆	73 946	16 621	24.05	5.41
四　川	110 503	23 686	13.31	2.85
贵　州	27 677	5 491	7.73	1.53
云　南	31 321	5 364	6.52	1.12
西　藏	339	93	1.01	0.28
陕　西	70 832	18 317	18.47	4.78
甘　肃	18 179	5 323	6.92	2.03
青　海	3 147	742	5.26	1.24
宁　夏	10 076	2 004	14.77	2.94
新　疆	11 258	2 686	4.60	1.10
西部地区	424 689	99 028	11.27	2.63

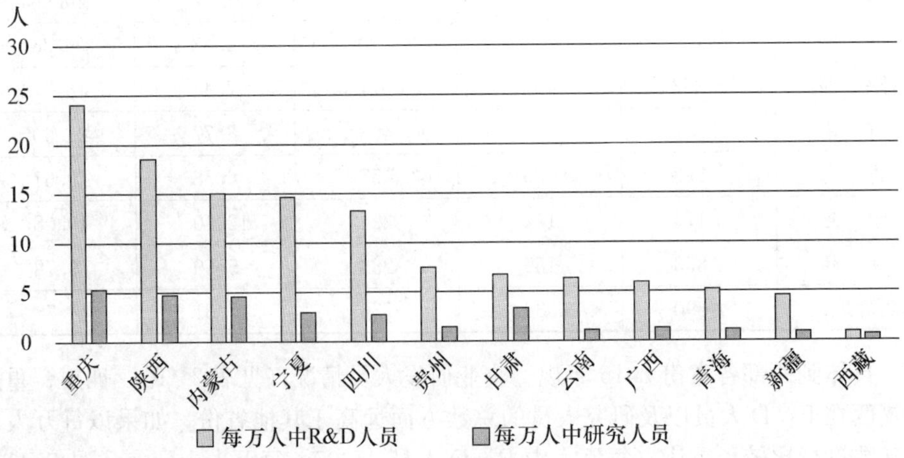

图 2-2　西部各省份 2016 年每万人中 R&D 人员及研究人员情况图

从西部各省份2016年规上企业的研发支出来看（见表2-10所示），四川、重庆和陕西的R&D内部经费支出之和是整个西部地区的一半以上。其中陕西和四川的企业资金占比最低，分别为77.72%和88.33%。新疆（97.44%）和广西（95.18%）的企业资金投入占比较高，但也仅与东部地区的企业资金投入占比的平均水平基本持平（96.17%）。

表2-10　西部各省份2016年规上企业研发支出情况　（单位：亿元）

省份（地区）	R&D经费内部支出	企业资金	企业资金占比（%）
内蒙古	128	119	92.97
广　西	83	79	95.18
重　庆	237	225	94.94
四　川	257	227	88.33
贵　州	56	50	89.29
云　南	74	70	94.59
西　藏	0.40	0.37	92.50
陕　西	184	143	77.72
甘　肃	51	48	94.12
青　海	8	7	87.50
宁　夏	24	23	95.83
新　疆	39	38	97.44
西部地区	1 141.40	1 029.37	90.27

西部各省份2016年在规上企业“新产品”开发上的表现差异极大（见表2-11）。就新产品开发的总量上来说，重庆（9 243个）、四川（8 846个）和陕西（4 506个）远远超过靠后的几个省份。从新产品开发平均项目投入上看，内蒙古（484万元）、青海（476万元）和陕西（422万元）等省份要数倍于宁夏（181万元）和西藏（150万元）。而在新产品销售收入与开发经费之比这一指标上，广西和西藏的规上企业在新产品开发上每1元的投入可以获得超过20元的回报；作为比较，甘肃（7.58）、云南（7.14）、陕西（6.51）和青海（6.33）的回报在10元以下。重庆的规上企业享受到了极大的科技创新红利，其新产品销售收入与主营业务收入之比为21.35%；与之相比，排名第二的广西的新产品销售收入与主营业务收入之比为8.93%。除重庆以外的11省份，在这一指标上的数据均低于西部、东部、中部和东北地区的平均值。这也反映出西部地区规上企业创新的又一缺陷：从创新中获利的能力偏低，缺乏主动创新的意愿和动力。

表 2-11　　西部各省份 2016 年规上企业新产品开发情况

省份（地区）	新产品开发项目数（个）	新产品开发经费支出（亿元）	新产品销售收入（亿元）	新产品开发平均项目投入（万元）	新产品销售收入与开发经费之比值	新产品销售收入与主营业务收入之比（%）
内蒙古	1 509	73	780	484	10.68	3.85
广　西	3 217	91	1 981	283	21.77	8.93
重　庆	9 243	303	5 014	328	16.55	21.35
四　川	8 846	252	3 045	285	12.08	7.33
贵　州	2 231	55	575	247	10.45	5.14
云　南	3 834	88	628	230	7.14	6.20
西　藏	24	0.36	7.87	150	21.86	4.58
陕　西	4 506	190	1 236	422	6.51	5.89
甘　肃	1 222	40	303	327	7.58	3.89
青　海	126	6	38	476	6.33	1.69
宁　夏	1 102	20	203	181	10.15	5.56
新　疆	1 143	44	475	385	10.80	5.72
西部地区	37 013	1 163	14 286	314	12.28	8.31

表 2-12 比较了西部各省份 2016 年高技术产业生产经营情况（注意此表中的企业不限于规上企业）。四川（1 107）、重庆（678）和陕西（525）的高技术企业数最多，而排名后四位的省份高技术企业数在 50 家以下。具体到高技术企业的规模，2016 年，重庆（7.22）、广西（6.53）、宁夏（5.50）和四川（5.41）四地的高技术企业平均收入在 5 亿元以上；新疆（1.88）、甘肃（1.62）和西藏（1.11）的平均收入偏少，在 2 亿元以下。但在利润率这一指标上，西部地区高技术企业的规模大并没有带来更好的效益，反而是高技术企业规模偏小的几个省区（西藏、新疆和甘肃），其高技术企业的利润率水平很高。最后比较的是各省份高技术企业占比。我们看到四川（0.28%）、陕西（0.16%）和重庆（0.13%）的企业中高技术企业占比较高。

表 2-12　　西部各省份 2016 年高技术产业生产经营情况

省份（地区）	企业数（家）	主营业务收入（亿元）	利润总额（亿元）	平均收入（亿元）	利润率（%）	高技术企业占比（%）
内蒙古	109	407	24	3.73	5.90	0.05
广　西	318	2 078	223	6.53	10.73	0.08

续前表

省份（地区）	企业数（家）	主营业务收入（亿元）	利润总额（亿元）	平均收入（亿元）	利润率（%）	高技术企业占比（%）
重　庆	678	4 896	211	7.22	4.31	0.13
四　川	1 107	5 994	394	5.41	6.57	0.28
贵　州	330	1 008	67	3.05	6.65	0.10
云　南	213	462	43	2.17	9.31	0.05
西　藏	9	10	3	1.11	30.00	0.10
陕　西	525	2 395	211	4.56	8.81	0.16
甘　肃	121	196	24	1.62	12.24	0.09
青　海	45	129	9	2.87	6.98	0.06
宁　夏	32	176	12	5.50	6.82	0.05
新　疆	48	90	12	1.88	13.33	0.03
西部地区	3 535	17 841	1 233	5.05	6.91	0.11

表 2－13 比较了西部各省份 2016 年技术市场流向合同金额情况。陕西（803 亿元）、四川（299 亿元）、甘肃（151 亿元）和重庆（147 亿元）的技术输出金额较高。其中陕西的技术“净输出”达到了 444 亿元，它也是西部地区中唯一能够实现技术“净输出”的省份。其他省份中重庆、贵州、内蒙古和云南属于技术流入的“洼地”，每年在技术市场的交易差额在百亿以上。具体到技术流入的方式，可以看到，2016 年陕西由于其自身强大的研发创新能力，较少采用技术转让的方式（11 亿元），而是倾向于委托技术开发（136 亿元）和购买技术服务（201 亿元）。相比较而言，重庆则更倾向于直接进行技术转让（269 亿元），技术开发和技术咨询的占比相对较低。我们也看到，除了排名靠前的几个省份以外，西部地区其他省份的技术市场交易总额较低，从技术流入的方式上看，它们更倾向于采用技术开发和技术服务来获取外部技术。

表 2－13　　西部各省份 2016 年技术市场流向合同金额情况　　（单位：亿元）

省份（地区）	技术市场输出地域	技术市场流向地域				
		总金额	技术开发	技术转让	技术咨询	技术服务
内蒙古	12	143	22	7	23	90
广　西	34	69	33	3	3	30
重　庆	147	525	68	269	13	174
四　川	299	332	66	46	12	208
贵　州	20	167	18	16	5	129
云　南	58	171	52	3	4	113
西　藏	0	20	3	0.4	2	15

续前表

省份（地区）	技术市场输出地域	技术市场流向地域				
		总金额	技术开发	技术转让	技术咨询	技术服务
陕　西	803	359	136	11	12	201
甘　肃	151	173	32	2	8	131
青　海	57	79	11	1	13	54
宁　夏	4	43	10	4	4	24
新　疆	4	94	36	4	4	50
西部地区	1 589	2 175	487	366.4	103	1 219

注：除西藏外，其余省份各数据精确度保留到个位，相关数据加总后可能会有±1 的偏差。

表 2－14 对西部各省份 2016 年规上企业的专利申请情况做了比较。2016 年，四川（21 685）、重庆（17 511）和陕西（8 142）3 省份在专利申请数总和上占西部地区的一半以上。而从专利申请的“质量”上看，宁夏和广西的发明专利占比较高，甘肃、重庆和新疆的发明专利占比偏低。从每万人发明专利数看，重庆（1.75）、宁夏（1.33）和四川（1.03）超过了 1 项，云南、新疆、甘肃和西藏的每万人发明专利数较低。

表 2－14　　西部各省份 2016 年规上企业专利申请情况　　（单位：项）

省份（地区）	专利申请数	发明专利数	有效发明专利数	每万人发明专利数
内蒙古	2 970	1 321	3 103	0.52
广　西	5 555	2 660	6 010	0.54
重　庆	17 511	5 392	8 585	1.75
四　川	21 685	8 523	24 065	1.03
贵　州	4 341	2 021	5 411	0.56
云　南	4 942	1 878	5 880	0.39
西　藏	44	15	115	0.04
陕　西	8 142	3 360	11 520	0.88
甘　肃	2 600	814	2 427	0.31
青　海	612	285	393	0.48
宁　夏	1 757	909	1 248	1.33
新　疆	2 546	777	2 030	0.32
西部地区	72 705	27 955	70 787	0.74

（三）西部地区企业创新案例：新希望集团的创业创新之道①

新希望集团有限公司（以下简称新希望）由刘永好先生于 1982 年创立，自

① 本部分内容资料为笔者根据新希望集团官网、新希望集团年度报告及其他公开资料整理。

2002年起一直是中国企业500强。目前的新希望，在全球30多个国家和地区拥有员工近7万人，资产规模近2 000亿元人民币，年销售收入超1 300亿元人民币。目前先后进入了食品快消、农业科技、地产文旅、医疗健康、金融投资等多个产业。其中，农产品与食品是新希望集团的核心主业，饲料年生产能力位列全国第一、全球第三，家禽年屠宰能力位列全球第一，直接或间接地服务4亿消费者与500万农户。新希望是一家由西部田埂走向世界的民营企业，在其几十年的发展过程中一直坚持以创新提升核心竞争力。通过对其发展历程和创新案例的讨论，能够一定程度上反映西部地区企业创新的特点和优势。

- 企业名称：新希望集团有限公司
- 主营业务：食品快消、农业科技、地产文旅、医疗健康、金融投资
- 创始人：刘永好

新希望发展简史及创新类型与事例，如表2-15和表2-16所示。

表2-15　　新希望发展简史

时间	事件
1982年	刘永好四兄弟作为专业户从养殖业起步开始创业
1988年	以饲料产业为主业，是中国第一批私营企业
1992年	“希望集团”注册成立，成为中国第一家私营企业集团
1994年	希望集团成为中国500强，私营企业排名第一位，面向全国发展
1996年	投资金融行业，发起组建中国第一家民营企业投资的全国性商业银行中国民生银行
1997年	组建新希望集团
1997年	正式进军化工行业
1998年	涉足房地产行业，成立新希望房地产开发有限公司
1998年	四川新希望农业股份有限公司在深圳证券交易所上市
1999年	在越南建设第一家海外工厂
2001年	进入乳制品行业
2002年	进入中国企业500强
2005年	并购山东六和集团，致力于打造世界级农牧企业
2011年	完成重大资产重组，“新希望六和股份有限公司”成为中国最大的农牧上市公司
2012年	新希望六和被《财富》杂志评选为中国企业500强，位列第65位
2015年	新希望地产进军大洋洲，继新希望农牧、乳业两大板块之后，再次拓宽在大洋洲的投资领域

表 2-16　　新希望创新类型与事例

创新类型	事例
产品与工艺创新	● 建立全球研发网络，设立海外研发中心（波士顿科研创新中心），联合全球高校及科研院所资源，建立国际交流平台。同时与国内知名高校和科研院所建立国内产学研合作平台 ● 北京、四川成都、山东青岛三个核心实验室的技术、人才、标准，辐射全国分中心 ● 截至 2017 年，有 16 处研发基地、26 处中试基地，拥有博士 42 人、硕士 396 人的研发技术团队
管理创新	● 成立以董事长为主任的集团创新委员会，以及集团总部直属部门的创新事业部，全面负责创新创业平台建设、创新创业项目孵化和创新创业基金管理工作 ● 采用合伙人机制，人才队伍年轻化，激发组织活力 ● 建立农村创业合伙人机制，用创新的机制引领和助推乡村振兴 ● 将生猪管理互联网化，将规模猪场数据管理系统建立在云技术平台上
商业模式创新	● 从生产型企业转型为服务型企业，提供技术、金融担保、产销供一体化的 360 度服务体系 ● 打造创业公司生态体系，通过创新创业开放平台，在创业培训、风险资本、创业孵化、项目投资、项目中介、股权投资、业务资源、管理资源、金融服务资源、供应链资源等多方面提供支持 ● 除对内部创业员工给予资金和资源支持外，还提供创业过渡期的工资、社保；对外通过“希望之路”提速计划，开放产业资源，以投资为纽带连接小微企业 ● 以大规模开创大数据时代的新型规模经济
金融创新	● 成立“希望金融”，是国内第一家专注于农牧供应链金融的互联网金融服务平台

长期以来，西部地区由于地域、交通、信息、资金和环境等因素制约，农业生产水平较低，新希望能够几十年如一日，深耕农产品领域，前期依靠养殖、加工和销售完成了原始积累，之后进入了金融和房地产等领域，实现了集团化发展。其间一以贯之的，是持续的创新：从使用自研菌种的高端酸奶的产品创新到事业合伙人机制的管理创新，是其能够成为中国民企“新希望”的内在基因。

三、西部地区中小微企业创新

前文对西部地区企业创新的分析主要基于规上企业，也即在我国统计口径中产品销售收入 2 000 万元以上（含）的工业企业，这一统计口径与中小微企业有所重合，但对在我国占有庞大数量，并在社会经济活动中起重要作用的小型、微型企业有所忽视。因此，下文针对西部地区中小微企业创新的特点和概念进行描述，并利用一个典型案例进行进一步说明。

（一）中小微企业概念界定、对经济发展的作用及创新的特点

工业和信息化部、国家统计局、国家发展和改革委员会、财政部联合下发的《关于印发中小企业划型标准规定的通知》，将工业行业中从业人员 1 000 人以下或营业收入 4 000 万元以下的界定为中小微型企业。其中，从业人员 300 人及以上，且营业收入 2 000 万元及以上的为中型企业；从业人员 20 人及以上，且营业收入 300 万元及以上的为小型企业；从业人员 20 人以下或营业收入 300 万元以下的为微型企业①。

《全国小型微型企业发展情况报告》表明，我国中小企业创造的最终产品和服务价值相当于国内生产总值的 60%，纳税总额的 50%，完成了 65%的发明专利和 80%以上的新产品开发。同时小微企业的生存、成长和持续创新会在扩大社会就业、优化产业结构和促进经济增长方面对国民经济和社会发展产生重大影响。截至 2013 年中国 70%的城镇居民和 80%以上的农民工都在小型微型企业就业。就西部地区而言，新开小微企业拉动了西部地区第二、三产业企业就业人数 29.5 个百分点。同时从资产净值人均占有份额上看，同样的资金投入小微企业可吸纳就业人员是大中型企业的 4 倍以上②。

从本质上看，中小微企业的创新和大企业的创新并没有区别，无论是采用把一种新的生产要素和生产条件的“新结合”引入生产体系③，还是新产品制造、新工艺过程或设备的首次商业应用有关的包括技术、设计及商业的活动，其主体都是企业，其创新者，都是能够发现潜在利润，敢于承担风险并具备一定组织能力的企业家。但从创新要素上看，中小微企业受技术、人员、市场以及管理水平的限制，其展现出的创新特点与成熟完善的大型企业有所不同：

- 中小微企业创新呈现出“锄头与卫星齐飞，高端与低端并存”的现象。它们一方面敢于创新，各类新兴行业和新型业态不断涌现，另一方面又大量集中于以资源开发型、产品初加工型、服务低层次型为主的传统行业。

- 中小微企业创新相对开放。大型企业拥有丰富的内部技术研发资源，相对完善的研发体系和流程，以及长期的研发经验积累；与之相比，中小微企业的研发往往处于无序的状态，其内部无法解决的困难需要外部的支持。

- 中小微企业创新往往以市场为导向。由于缺乏基础研发能力，中小微企业

---

① 该标准针对其他行业中小微企业也有定义，在从业人员和营业收入的要求上有所差异。

② 此段使用了两个不同的统计概念，前者为中小企业，后者为小微企业。

③ 约瑟夫·熊彼特. 经济发展理论［M］. 郭武军，吕阳，译. 北京：华夏出版社，2015.

的技术创新主要以服务当地市场的、满足消费者多样化需求的、需求拉动的技术创新为主。

● 中小微企业因自身规模相对较小，抗风险能力弱，对外部经济、政策环境的敏感程度普遍较高，其对创新的投入也较为谨慎，在技术创新上往往采用跟随策略。

● 中小微企业管理层次少，创新效率高，能迅速产生成果。中小微企业一旦找准市场切入口，能够在很短时间内立项并开发产品。

（二）西部地区小微型企业发展现状

2014 年第三次全国经济普查资料显示①，2013 年末我国小微企业达到 784.98 万家②，比 2008 年增加 300 多万家，占全部企业的 95.6%；从业人员达到 14 729.72 万人，占全部企业从业人员的 50.6%。西部地区小微企业企业法人单位数为 114.91 万家，占全国小微企业单位数的 14.63%；从业人数 2 299.75 万人，占全国小微企业从业人数的 15.61%。东部地区小微企业企业法人单位数为 134.9 万家、从业人数 3 052.8 万人，其所占比重为分别为 60.5%和 55.3%。东部、西部小微企业的差距从数量上看与规上企业的差距相似。表 2－17 为西部各省份 2013 年小微企业法人单位数与从业人数的相关统计信息。

表 2－17　　西部各省份 2013 年小微企业法人单位数与从业人数情况

省份（地区）	企业法人单位数（家）	占比（%）	从业人数（人）	占比（%）
内蒙古	94 123	8.31	1 910 364	8.19
广　西	142 638	10.14	2 331 911	12.41
重　庆	197 115	16.57	3 809 971	17.15
四　川	185 301	21.03	4 835 581	16.13
贵　州	89 143	6.68	1 536 416	7.76
云　南	112 591	9.84	2 262 624	9.80
西　藏	6 805	0.71	162 290	0.59
陕　西	141 714	12.70	2 920 847	12.33
甘　肃	63 686	5.45	1 254 236	5.54
青　海	16 354	1.56	358 184	1.42
宁　夏	25 511	1.93	444 174	2.22
新　疆	74 144	5.09	1 170 923	6.45
西部地区	1 149 125		22 997 521	

① 第四次全国经济普查在本章编写时正在进行，目前也没有更全面的统计。

② 此数据以国家工商总局口径统计的。而《全国小型微型企业发展情况报告》表明，2013 年我国小微企业达到了 1 169.87 万家。

如果将西部地区小微企业按开业时间展开（如图 2－3 所示），我们可以发现西部各省份每年新增的小微企业数均呈稳定增长趋势（除 2012 年广西），随着国家和地方各级人民政府一系列支持和鼓励中小微企业发展政策措施的实施，小微企业的数量和企业总量中的占比继续增长①。

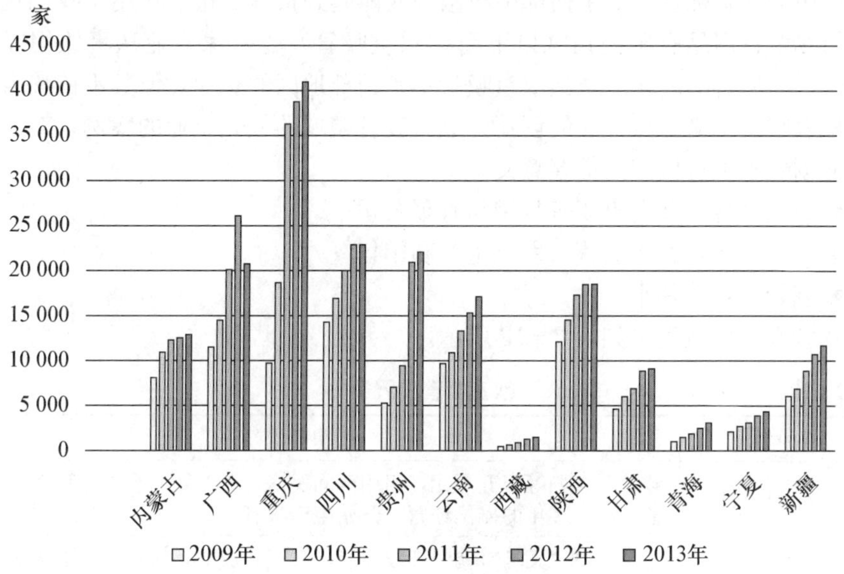

图 2－3　西部各省份 2009—2013 年新增小微企业数

西部地区中小微企业创新也面临一些挑战：

- 技术、人才、设备基础相对薄弱，风险抵抗能力弱。由于创新不确定性的存在，中小微企业往往选择回避能建立持续竞争力的长周期创新。
- 大量中小微企业内部治理结构不规范，缺乏有效的激励机制和约束机制，使得创新行为本身没有得到有效鼓励和保护。
- 创新人才是中小微企业最缺乏的创新要素。目前我国的人才培养体系、评价体系和输送体系，并不能满足中小微企业对应用型创新人才的需求。中小微企业自身也缺乏自主培养人才的主动机制。
- 市场信息不充分和不良竞争的存在使得中小微企业只能被动跟从市场变化。
- 创新缺乏金融支撑。目前的金融体系难以对创新成果进行科学的识别和评

① 国家市场监督管理总局信用监督管理司，中国监督管理学会．企业年度报告（2018）［M］．北京：中国工商出版社，2018.

价，同时由于中小微企业管理本身的不规范性，使得中小微企业的创新难以得到金融机构的有效支持。

（三）中小微企业创新案例：双童吸管

创新不应受到行业、企业规模、地域等条件的限制，寻找到一个可以学习，能够模仿的创新标杆，对于西部中小微企业能起到很好的指引作用。我们选择的义乌市双童日用品有限公司（以下简称双童吸管）是一家专业从事饮用吸管研发、生产和销售的公司。虽然双童吸管不是西部地区的企业，但其不依赖自然资源，依靠坚持不懈一点一滴的创新，成为吸管领域的领先企业的案例，对西部地区企业创新来说有极大的借鉴意义。

- 企业名称：义乌市双童日用品有限公司
- 主营业务：饮用吸管研发、生产和销售
- 创始人：楼仲平

双童吸管发展简史如表 2－18 所示。

表 2－18　双童吸管发展简史

时间	事件
1994 年 5 月 5 日	楼仲平夫妇筹资五万元，租用两间民房，购买了一台二手吸管生产设备，结束多年的摊位经营，开始生产吸管
1995 年 6 月	公司前身“义乌市稠州塑胶吸管厂”正式成立，斥资四十二万元收购兼并一家吸管厂，并引进一套二手的全自动吸管生产设备
1995 年 8 月	“双童”商标注册
1998 年 1 月	双童开始开展电子商务，并成功注册了所有“中国吸管”相关后缀的网络域名
1998 年 4 月	双童的企业标准 Q/YCSX01－1998《聚丙烯饮用吸管》诞生
1999 年 2 月	动态网站投入使用，企业网络宣传推广开始走向成熟，电子商务得以全面展开
2000 年 6 月	义乌市双童日用品有限公司成立，注册资本 260 万元
2005 年 9 月	无尘全封闭第四代厂房正式投入使用
2006 年 9 月	参与起草的《聚丙烯饮用吸管》和《一次性塑料饮用杯》行业标准，提交国家标准化委员会审查通过
2007 年 2 月	“双童”被浙江省工商行政管理局认定为“浙江省著名商标”
2011 年 11 月	“双童”被国家工商总局认定为“中国驰名商标”
2013 年 6 月	双童吸管天猫旗舰店上线
2015 年 10 月	双童吸管参与起草的《聚丙烯钦用吸管规范》ISO 国际标准草案的终稿形成

双童吸管的销售额从1994年创立时的120万元增长到2016年的1.7亿元，年均增长率达到26.6%。与动辄十亿、百亿的大型企业相比，双童的体量还非常小，但如果只看吸管行业，双童则是行业内名副其实的“隐性冠军”：它生产的吸管占据了世界市场90%的份额，一年生产的饮料吸管超过百亿支。

如果从传统的商业分析视角看，吸管行业是典型的缺少知识转化的低附加值行业，行业市场空间也有限。双童所在的吸管行业属于边缘产业，低技术、低门槛且劳动力密集，而其产品，售价低、体积大，在销售时属于赠送品，品牌诉求极低，无法传播到终端消费者。

双童凭借一根根只能赚到0.08分钱的吸管，依靠管理创新、产品与工艺创新、商业模式创新和知识产权保护（见表2-19），做到了吸管行业的全球冠军，其创新发展经验能够带给西部地区的中小企业一些启示：

● 除了技术创新之外，管理创新、商业模式创新等方式也能极大增强企业竞争力。

● 重视科学管理，通过一点点长期不懈的“微创新”，能够打造“隐性冠军”成功基因。

● 中小企业主需要打破惯性思维，才能有创新思维，通过思维创新，驱动技术创新、管理创新。

表2-19　　双童吸管创新类型与事例

创新类型	事例
产品与工艺创新	● 双童每年都会举办产品创新大赛，让员工们的创新潜力得到最大程度的激发，不少新款吸管产品，就来自创新大赛的获奖作品 ● 公司研发技术人员的比例达到10.90% ● 吸管行业的细分度极高，除产品的外观、功能外，生产设备也自己研制 ● 机器换人，研发全自动生产线 ● 研究替代材料，解决白色污染问题
管理创新	●“小客户原则”：最大的客户订单也不允许超过“双童”年产量的3% ● 双童还拥有完整的制度流程，已经积累形成了2000多页标准化制度文件 ● 通过自媒体进行品牌推广
商业模式创新	● 1998年即开展电子商务，2013年成立天猫旗舰店
知识产权保护	● 双童在成立初期即将一个公众辨识度极高的图案注册成企业商标 ● 双童目前已经拥有吸管类专利100多项

四、促进西部地区企业创新发展的建议

理论和国际经验均表明，可以通过创造新产品、新工艺，促进全社会的技术进步，它也可以通过改善企业的组织结构和管理水平，提高全社会的生产效率，从而有效促进经济增长。对西部地区来说，不管是政府管理端还是在企业运营端，都需要加大对创新的投入和培育，并依据自身的资源禀赋，走出自己的创新发展之路。在此我们给出促进西部地区企业创新发展的建议。

（一）打造服务型政府，强化企业创新主体地位

西部地区政府应相信市场、尊重市场，让市场真正成为配置创新资源的决定性力量。政府自身的职能应从研发管理向创新服务转变，加大简政放权力度，减少政府干预微观经济活动造成市场信号的失真和扭曲，营造良好的创新生态。

企业是技术创新的主体。随着西部大开发的深入，城市化、产业升级、环境保护等需求进一步加大，为企业的创新提供了庞大的市场和动力，面对如此机会，西部地区企业需要凸显企业家精神。企业家是一种稀缺的社会资源，是企业创新中最重要的人的因素。西部地区企业也需要加强企业创新体系建设，大中型企业应建设企业创新中心或创新研究院，中小型企业应建设、优化技术中心，加大研发投入，提高研发效率。

（二）依托互联网环境，创新突破地域限制

传统企业封闭式的创新模式需要被打开，尤其是身处内陆的西部地区企业，在过去信息、交通相对闭塞情景下的高成本的内部创新模式已经难以适应日益发展的市场需求和日渐激烈的企业竞争。这就要求企业把外部创意、创新能力和市场化渠道上升到战略高度，突破地域限制，通过外部的资金、技术特许、委外研究、技术合伙、战略联盟或者风险投资等方式进行创新活动。

在“互联网＋”的背景下，企业有机会依托“互联网＋”平台，打通科技成果转化通道，实现创新链与产业链的有效对接。通过发展众创、众包、众扶、众筹等，使创新资源配置更灵活、更精准，也使创业创新者贡献有回报、权益有保护、社会有地位。

（三）完善管理体系，实现创新发展

西部地区企业在发展过程中需要完善管理体系，以实现创新发展。规范的创新管理体系包括：清晰的创新战略、分工合理的组织架构、科学的研发管理机制以及外部资源的充分整合。

清晰的创新战略包括明确的战略定位，以及相关的研发、知识产权和人才发展战略，同时也需要能够以市场为依托，洞悉客户需求，布局研发资源。另外也

需要拥有明确的技术洞察，根据对技术和市场走势的研判，确定公司的技术发展路线和资源分配。

分工合理的组织架构包括从端到端、从上游到下游紧密联系的创新链条。从事不同类型研发的部门，以及相关价值链上的相关部门需要清晰分工，针对不同研发周期和不同产品市场类型进行合理规划。在条件允许情况下，在全球或国内主要"知识聚集地"设立研发机构。

科学的研发管理机制包括研发前期客户需求的洞察、产品开发过程中规范的流程管理和有效的节点审核机制、合理的创新协同架构的采用，促进信息共享和协调，增加创新协作能力。

外部资源的充分整合则包括建立由政府、用户、大学和科研机构、产业链企业等组成的创新生态系统，通过建立联合实验室、创新网络平台、合作开发等方式，最大限度整合利用外部资源。

参考文献

[1] 中共中央国务院. 国家创新驱动发展战略纲要 [EB/OL]. (2018-12-20) [2018-12-20]. http://www.scio.gov.cn/xwfbh/xwbfbh/wqfbh/33978/34585/xgzc34591/Document/1478339/1478339.htm.

[2] 工信部联企业. 中小企业划型标准规定 [EB/OL]. (2018-12-20) [2018-12-20]. http://www.gov.cn/zwgk/2011-07/04/content_1898747.htm.

[3] 中国科学技术发展战略研究院. 中国区域科技创新评价报告 2018 [M]. 北京：科学技术文献出版社，2018.

[4] 国家统计局社会科技和文化产业统计司，科学技术部创新发展司. 中国科技统计年鉴 2017 [M]. 北京：中国统计出版社，2018.

[5] 国务院第三次全国经济普查领导小组办公室. 中国经济普查年鉴 2013 [M]. 北京：中国统计出版社，2014.

[6] 约瑟夫·熊彼特. 经济发展理论 [M]. 郭武军，吕阳，译. 北京：华夏出版社，2015.

[7] 田芬. 小微企业发展状况研究 [J]. 调研世界，2015 (9).

[8] 国家市场监督管理总局信用监督管理司，中国市场监督管理学会. 企业年度报告（2018）[M]. 北京：中国工商出版社，2018.

[9] 国家工商总局全国小型微型企业发展报告课题组. 全国小型微型企业发展情况报告（摘要）2014 [EB/OL]. (2018-12-20) [2018-12-20]. http://www.gov.cn/xinwen/2014-03/31/content_2650031.htm.

[10] 新希望集团简介 [EB/OL].(2018-12-20)[2018-12-20]. http://www.newhopegroup.com/jtjj/index.html.

[11] 双童吸管企业介绍 [EB/OL].(2018-12-20)[2018-12-20]. http://www.china-straws.com/about.html.

——执笔人：周全，浙江大学管理学院

第三章　西部地区城市创新评价

摘　要

近年来，随着创新驱动发展战略的深入推进，政府和企业从各个方面对城市创新的关注逐渐加强。受制于西部地区薄弱的创新基础、老旧的发展观念及粗放发展的强大惯性，西部地区城市创新面临诸多挑战。正确认识西部地区城市创新现状，客观识别和定量分析西部地区城市创新的瓶颈障碍，将对西部地区城市明确创新发展方向和制定创新发展政策起到重要的参考作用。本章通过对西部地区20个城市3个一级指标（创新资源、创新过程和创新产出）及相应二级指标的具体分析，客观地表现西部地区城市创新的特点。本章收录西部地区共20个城市的基础数据，包括了直辖市和省会城市，并依据GDP排名选择了部分其他城市。进入报告的城市有：重庆、成都、西安、呼伦贝尔、昆明、包头、南宁、呼和浩特、贵阳、榆林、柳州、乌鲁木齐、遵义、咸阳、兰州、桂林、通辽、银川、西宁和拉萨。

Abstract

With the further advance of innovation-driven development strategy, Chinese governments and enterprises have paid more attention to city innovation from different perspectives. However, constrained by the weak innovation base of the western region, old development ideology, and strong inertia of extensive development, cities amongst western region are facing many challenges. If we can objectively recognize and quantitatively analyze the bottlenecks of city innovation in western region, it will be of high referencing value for identifying innovation development path and making innovation development policies. This chapter intends to shed light on the innovation characteristics of cities in the western region, through presenting and analyzing three layer one indicators (innovation resources, innovation processes, and innovation outputs), and related layer two indicators. This chapter uses base data of 20 western region cities, including provincial capital cities, a province-level municipality, and other cities selected based on the rank of GDP. Cities reported in this chapter are: Chongqing, Chengdu, Xi'an, Hulunbuir, Kunming, Baotou, Nanning, Huhehot, Guiyang, Yulin, Liuzhou, Urumchi, Zunyi, Xianyang, Lanzhou, Guilin, Tongliao, Yingchuan, Xining and Lhasa.

一、城市创新与区域发展

西部大开发战略已经提出近 20 年，我国的西部开发已经进入了深化阶段，西部地区的城市创新投入逐渐增加，创新能力增长迅速，但与相对发达地区相比，整体实力仍然较为逊色。如将中国城市创新区域划分为东部、中部、西部和东北四大创新区域网格，将城市看作区域网格中互相联系更为紧密的创新子网络，我们会发现东部地区的长三角、珠三角和津京冀地区的城市具备更为强大的创新资源、更为完善的创新过程[①]。类似地，西部地区开展创新活动较好的城市集中在成渝、关中一天水和环北部湾等区域。本章希望通过对西部地区 20 个城市 3 个一级指标（创新资源、创新过程和创新产出）及相应二级指标的具体分析，客观地表现西部地区城市创新的特点。

本章收录西部地区共 20 个城市的基础数据，包括了直辖市和省会城市，并依据 GDP 排名选择了部分其他城市。进入报告的城市有：重庆、成都、西安、呼伦贝尔、昆明、包头、南宁、呼和浩特、贵阳、榆林、柳州、乌鲁木齐、遵义、咸阳、兰州、桂林、通辽、银川、西宁和拉萨。入选的 20 个城市在 2016 年的 GDP 总额为 8.09 万亿元，占当年中国全国 GDP（未含港澳台）的 9.78%，占西部地区 GDP 的 47.32%。2016 年此 20 城市人口总数为 1.2 亿人，占全国人口的 8.68%，占西部地区人口的 33.33%（见表 3-1）。

① 吴晓波. 2014 中国创新型经济蓝皮书：城市卷［M］. 杭州：浙江大学出版社，2017：40.

表 3-1　　2016 年 20 个城市的 GDP　　（单位：亿元）

城市	GDP	城市	GDP	城市	GDP	城市	GDP	城市	GDP
重庆	17 741	昆明	4 300	贵阳	3 158	遵义	2 404	通辽	1 949
成都	12 170	包头	3 868	榆林	2 773	咸阳	2 391	银川	1 618
西安	6 257	南宁	3 703	柳州	2 477	兰州	2 264	西宁	1 248
呼伦贝尔	4 418	呼和浩特	3 174	乌鲁木齐	2 459	桂林	2 055	拉萨	425

二、城市创新效率指标体系构建

浙江大学自 2004 年起，组织专家学者对“创新型经济评价”这一课题进行了连续研究，并以出版《中国创新型经济蓝皮书：城市卷》和《浙江省创新型经济蓝皮书》的形式发布研究成果，已形成较大影响力。本章将利用“创新型经济评价”中已建立的城市创新效率指标体系，对西部地区主要城市的创新效率进行评价。由于指标可得性的原因，与原有的城市创新效率指标体系相比，本章对各个指标做出了一定的删减，在评价体系的完整性和数据的可得性方面尽量进行平衡，具体测评指标会一一予以解释。

在已构建的“创新型经济”的跟踪和评价体系中，我们将创新型经济看作“一个由创新引起的动态的社会发展变化过程，并在一定的创新资源的支持下通过积极的创新活动促进创新型经济的蓬勃发展和社会的进步”。我们将城市创新能力分解为创新资源类指标（简称“创新资源”）、创新过程类指标（简称“创新过程”）和创新产出类指标（简称“创新产出”）三个一级指标，每个一级指标又分别由多个二级指标构成。

具体为：

● 创新资源：考察城市在人力、财力、基础设施等方面的投入以及保有情况，具体通过教育资源、科技投资资源、基础设施资源这三个二级指标对城市的创新资源做出评价。

● 创新过程：考察城市将创新资源有效地转化为经济绩效的动态过程，具体通过知识创新、技术商业化这两个二级指标对城市的创新过程做出评价。

● 创新产出：考察创新对经济、社会和环境的最终影响，具体通过产业发展、居民生活、经济效益、可持续发展这四个二级指标对城市的创新产出做出评价。

图 3-1 表现了城市创新指数及其相应的构成指标（一级、二级）的关系。表 3-2 至表 3-4 具体列出了构成创新资源、创新过程及创新产出的各个三级指标（原始指标）。

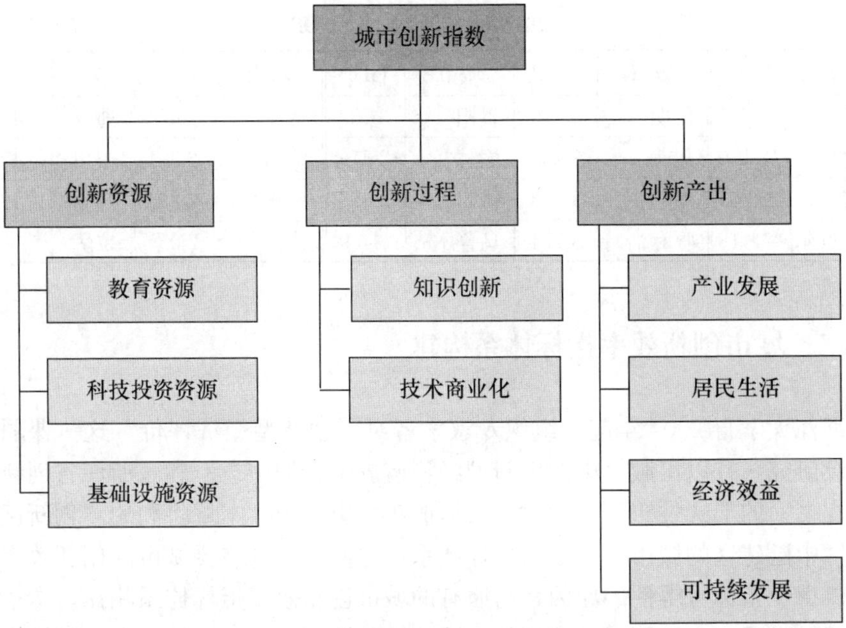

图 3-1　中国城市创新评价体系

表 3-2　创新资源：三级指标

创新资源	
教育资源	每万人口普通高校在校生数量
	每万人中等职业学校在校学生数量
	普通高校和职业高中师生比
	教育经费支出占 GDP 比重
科技投资资源	R&D 经费占 GDP 比重
	地方财政科技拨款占地方财政支出比重
基础设施资源	电信基础设施普及率
	每百人公共图书馆藏书

表 3-3　创新过程：三级指标

创新过程	
知识创新	每十万人专利授权数、发明专利授权数
	每亿元研究开发投入所取得的专利授权数
技术商业化	技术市场成交额

表 3-4　　创新产出：三级指标

创新产出	
产业发展	第三产业产值占 GDP 比重
居民生活	城镇登记失业率
	城镇居民人均可支配收入
经济效益	人均地区生产总值
可持续发展	单位 GDP 工业废水、废气、废物排放（产生）量

现将三级指标简要说明如下：

（一）教育资源

每万人口普通高校在校生数量

每万人口普通高校在校生数量反映了一个地区教育水平的高低以及为未来发展提供高技术人才的潜力。普通高校在校生的数量也反映了该地区教育的吸引力。高等教育可以吸引潜在的在该地区就业的高级人才，普通高等学校毕业生倾向于在他们受教育的地方工作。

每万人中等职业学校在校学生数量

中等职业学校在校学生是一个地区的中等技术人才，每万人中等职业学校在校学生数量反映一个地区技术储备人才的水平，对于大中城市来说，在校学生一般倾向于在学校所在地区就业。

普通高校和职业高中师生比（普通高校师生比，职业高中师生比）

师生比例越高，说明教师资源的投入程度越高，该指标是教育质量的一个方面的反映。除了教师素质以外，师生比例也同样重要，因为它很大程度上决定了师生互动的程度。

教育经费支出占 GDP 比重

教育是一种具有很强外部效应的典型的准公共产品，需要公共部门的财政保障。教育经费支出占 GDP 比重在一定程度上反映了该地区对教育的重视程度以及未来人才培养的潜力。

（二）科技投资资源

R&D 经费占 GDP 比重

R&D 经费占 GDP 比重反映了一个地区对研发投入的重视程度，对区域的创新能力有重要影响。

地方财政科技拨款占地方财政支出比重

指各省、自治区、直辖市（包括省、地（市）、县三级）地方财政的科技经费。不包括国务院部门拨给地方各部门的科技经费。地方财政科技拨款是大学、科研机构以及企业研发活动重要的资金来源。这些经费表现了地方政府对当地的科技发展与创新的重视程度。

（三）基础设施资源

电信基础设施普及率（每百人平均拥有固定电话数，每百人平均拥有移动电话数，每百人平均国际互联网络用户数）

电信基础设施（电话、移动电话、互联网）普及率反映了信息时代人们获取信息的便捷程度。在创新型经济社会中，有效的信息获取将带来极大的竞争优势。

每百人公共图书馆藏书

每百人公共图书馆藏书的数量反映了一个地区公共文明建设的程度和人民的文化水平，也从一个侧面反映了整个地区居民的受教育程度。同时，图书馆也是居民的信息的重要来源。

（四）知识创新

每十万人专利授权数、发明专利授权数

专利反映了原创性的创造发明数量及创新的保护。其数量反映了具有商业意义的发明强度。而发明专利作为三种专利中最重要的一种，一个国家、地区、企业所拥有的数量集中体现了这个国家、地区和企业的自主创新能力。

每亿元研究开发投入所取得的专利授权数

专利数可以反映一个地区创新过程中的科技发明强度，考虑到过程的效率，不仅应考虑人均指标，而且应考虑一定的研发投入下所产生的科技发明强度，这个指标对过程效率具有十分重要的意义。

（五）技术商业化

技术市场成交额

技术市场成交情况反映了知识产权（如专利、发明等）流动、转移和利用的过程及技术成果的市场化程度。成交金额反映了这些知识产权的市场价值。

（六）产业发展

第三产业产值占 GDP 比重

在指标设计时希望通过以生产型服务业增加值占 GDP 比重来评估其发展的状况。生产型服务业，是指生产上下游活动的延伸，包括研发设计等专业服务、信息和中介服务、金融保险服务以及与贸易相关的服务。加快发展生产型服务业，建立社会化、专业化、规模化和规范化的创新服务体系是社会生产力发展到一定程度时的必然选择。然而当前各省区市对于生产型服务业尚未有正式的发布数据。第三产业产值占 GDP 比重是衡量一个地区经济社会发展水平的重要指标，发达国家这一比重为 70%左右。因此，本研究使用该指标作为衡量创新型经济产出的产业发展指标之一。

（七）居民生活

城镇登记失业率

城镇登记失业率指城镇登记失业人员与城镇单位就业人员（扣除使用的农村劳动力、聘用的离退休人员、港澳台及外方人员）、城镇单位中的不在岗职工、城镇私营业主、个体户主、城镇私营企业和个体就业人员、城镇登记失业人员之和的比值。在经济运行良好、保持不断增长的情况时，失业率也会维持在较低的水平，失业率反映了某一地区整体的就业情况，低失业率有助于社会的和谐发展，是衡量政府执政水平的重要指标。

城镇居民人均可支配收入

城镇居民可支配收入指被调查城镇居民家庭在支付个人所得税之后，所余下的实际收入。在经济运行良好，保持不断增长的情况，人均可支配收入也会随之提高。城镇居民人均可支配收入高低反映了城镇居民购买力的高低，进而反映了生活质量的高低。

（八）经济效益

人均地区生产总值

一个地区的生产总值是该地区所有常住单位在一定时期内生产活动的最终成果。从价值形态看，它是所有常住单位在一定时期内所生产的全部货物和服务价值超过同期投入的全部非固定资产货物和服务价值的差额，即所有常住单位增加值之和。人均地区生产总值是反映该区域经济活力的最重要指标之一。

（九）可持续发展

单位GDP工业废水、废气、废物排放（产生）量（工业废水：万吨/亿元，工业二氧化硫排放量：吨/亿元，工业烟（粉）尘排放量：吨/亿元）

工业废水：指经过企业所有排放口排到企业外的生产废水，包括外排的直接冷却水和矿区超标排放的有毒有害矿井地下水。工业废气：指企业厂区内燃料燃烧和生产工艺过程中产生的各种排入大气的含有污染物的气体。工业固体废物：指企业在生产过程中产生的固体状、半固体状和高浓度液体状废弃物，包括危险废物、冶炼废渣、粉煤灰、炉渣、煤矸石、尾矿、放射性废物和其他废物等。

单位GDP工业废水、废气、废物排放（产生）量即以工业废水、废气、废物排放（产生）量分别除以当年当地GDP总量。计算单位GDP工业废水、废气、废物排放（产生）量是为了间接地衡量当地经济发展所付出的环境代价，数值越高则说明经济发展对环境产生的潜在破坏越大，而在发展经济过程中有效控制对环境的破坏、实现经济与环境的和谐发展是创新型经济的重要特征，对于一个地区可持续发展的实现有重大的影响。

三、数据处理

（一）无量纲处理

本章中基础指标采用直接获取的数据，无量纲处理采取效用值法，值域为0～100，即所有指标的最劣值为0，最优值为100。

正效指标（指指标值越高则效用越高，如每万人口普通高校在校生数量）的计算方法为：X_{ij}代表在第i项指标上第j个城市的获取值，Y_{ij}代表在第i项指标上第j个城市的效用值，$X_{i\max}$代表在第i项指标上各城市获取值中的最大值，$X_{i\min}$代表在第i项指标上各城市获取值中的最小值，则：

$$Y_{ij}=(X_{ij}-X_{i\min})/(X_{i\max}-X_{i\min})\times 100$$

负效指标（指指标值越高则效用越低）的计算方法为：X_{ij}代表在第i项指标上第j个城市的获取值，Y_{ij}代表在第i项指标上第j个城市的效用值，$X_{i\max}$代表在第i项指标上各城市获取值中的最大值，$X_{i\min}$代表在第i项指标上各城市获取值中的最小值，则：

$$Y_{ij}=(X_{i\max}-X_{ij})/(X_{i\max}-X_{i\min})\times 100$$

“普通高校和职业高中师生比”“电信基础设施普及率”“每十万人专利授权数、发明专利授权数”“单位GDP工业废水、废气、废物排放（产生）量”这四个基础指标通过对所包含子指标的加权计算得到效用值。

二级和一级指标得分通过分层逐级加权计算得到。

（二）权重设定

我们对所选取指标的权重系数分配方法如下：16个指标归集为三个大类，赋予每一大类1/3的权重，即创新资源、创新过程、创新产出指标权重各为1/3。每一大类分别代表了创新型经济的重要方面之一，在每一个大类内部又根据其内容和性质分为几个二级指标，各大类内部二级指标的数目根据具体内容设定。在本章研究的框架体系中，三个大类对创新经济都有非常重要的影响，每一大类的权重并不会受二级指标数目多少的影响。因此，即使在二级指标有所调整的时候整个评价体系也不会受太大影响，从而保证了平级体系的可靠性和稳定性。研究中所使用的指标都是数量型指标，因此，可以将其放在统一的体系中进行比较。

（三）数据可得性

数据的可获得性一直是类似指标评价体系面临的挑战。在设计本评价体系时，已经参考了主要的统计年鉴及其他相关数据来源，并对缺口较大的数据进行了删减。但在数据搜集过程中仍然不可避免地发现部分城市的部分指标无法获得（见表3-5）。

表3-5 数据可得性

指标类型		数据资料来源	数据可得性
教育资源	每万人口普通高校在校生数量	《中国城市统计年鉴2017》	100%
	每万人中等职业学校在校学生数量	《中国城市统计年鉴2017》	100%
	普通高校和职业高中师生比	《中国城市统计年鉴2017》	100%
	教育经费支出占GDP比重	《中国城市统计年鉴2017》	100%
科技投资资源	R&D经费占GDP比重	各省份及各城市的《统计年鉴2017》、各城市的《2016年国民经济和社会发展统计公报》和统计局或统计信息网	75%
	地方财政科技拨款占地方财政支出比重	《中国城市统计年鉴2017》	100%
基础设施资源	电信基础设施普及率	《中国城市统计年鉴2017》	95%
	每百人公共图书馆藏书	《中国城市统计年鉴2017》	95%
知识创新	每十万人专利授权数、发明专利授权数	各省份及各城市的《统计年鉴2017》、各城市的《2016年国民经济和社会发展统计公报》和统计局或统计信息网	90%
	每亿元研究开发投入所取得的专利授权数	各省份及各城市的《统计年鉴2017》、各城市的《2016年国民经济和社会发展统计公报》和统计局或统计信息网	85%
技术商业化	技术市场成交额	各城市的《统计年鉴2017》及《2016年国民经济和社会发展统计公报》《全国技术市场统计年度报告（2017）》和统计局或统计信息网	60%
产业发展	第三产业产值占GDP比重	《中国城市统计年鉴2017》	100%

续前表

指标类型		数据资料来源	数据可得性
居民生活	城镇登记失业率	各省份及各城市的《统计年鉴 2017》、各城市的《2016 年国民经济和社会发展统计公报》和统计局或统计信息网	95%
	城镇居民人均可支配收入	各省份及各城市的《统计年鉴 2017》、各城市的《2016 年国民经济和社会发展统计公报》和统计局或统计信息网	100%
经济效益	人均地区生产总值	《中国城市统计年鉴 2017》	100%
可持续发展	单位 GDP 工业废水、废气、废物排放（产生）量	《中国城市统计年鉴 2017》	95%

四、西部 20 个城市创新指数

（一）西部 20 个城市创新指数排名

最终，我们得到西部 20 个城市创新指数排名情况，如表 3 - 6 所示。

表 3 - 6　　西部 20 个城市创新指数排名情况

总排名	城市	创新指数	创新资源	排名	创新过程	排名	创新产出	排名
1	西安	73.98	71.04	1	83.10	1	67.80	4
2	成都	59.29	55.24	3	58.46	2	64.18	6
3	贵阳	50.02	61.67	2	30.11	并列 3	58.28	8
4	乌鲁木齐	46.26	49.74	7	21.36	7	67.69	5
5	昆明	43.08	49.89	6	18.59	10	60.76	7
6	拉萨	40.94	50.16	5	4.69	17	67.98	3
7	呼和浩特	40.88	40.22	8	8.37	13	74.06	1
8	南宁	38.22	31.03	10	27.88	6	55.76	9
9	银川	37.92	51.34	4	13.98	12	48.45	11
10	兰州	35.83	34.12	9	18.64	9	54.74	10
11	包头	35.38	28.33	11	4.73	16	73.07	2
12	重庆	34.18	24.89	13	30.11	并列 3	47.53	12
13	桂林	28.91	18.51	15	29.21	5	39.01	14
14	柳州	26.51	23.52	14	19.77	8	36.23	16

续前表

总排名	城市	创新指数	创新资源	排名	创新过程	排名	创新产出	排名
15	榆林	22.68	17.11	17	17.11	11	33.84	17
16	西宁	22.58	27.82	12	8.26	14	31.67	19
17	呼伦贝尔	19.79	17.23	16	0.72	19	41.44	13
18	咸阳	16.68	11.46	19	7.85	15	30.73	20
19	通辽	16.65	8.99	20	2.48	18	38.48	15
20	遵义	15.14	12.68	18	0.08	20	32.67	18

（二）总体表现

西部20个城市的城市创新评价的创新指数平均值为35.25分。如以15分为一个区间，则有4个城市评分在45分以上（西安、成都、贵阳和乌鲁木齐），8个城市在30～45分之间（昆明、拉萨、呼和浩特、南宁、银川、兰州、包头、重庆），8个城市在15～30分之间（桂林、柳州、榆林、西宁、呼伦贝尔、咸阳、通辽和遵义），20个城市具体的得分情况如图3-2所示。

具体来看，45分以上的城市（西安、成都、贵阳和乌鲁木齐）创新指数平均得分为57.39分，15～30分区间的城市（桂林、柳州、榆林、西宁、呼伦贝尔、咸阳、通辽和遵义）的平均得分为21.12分，相差达2.72倍。

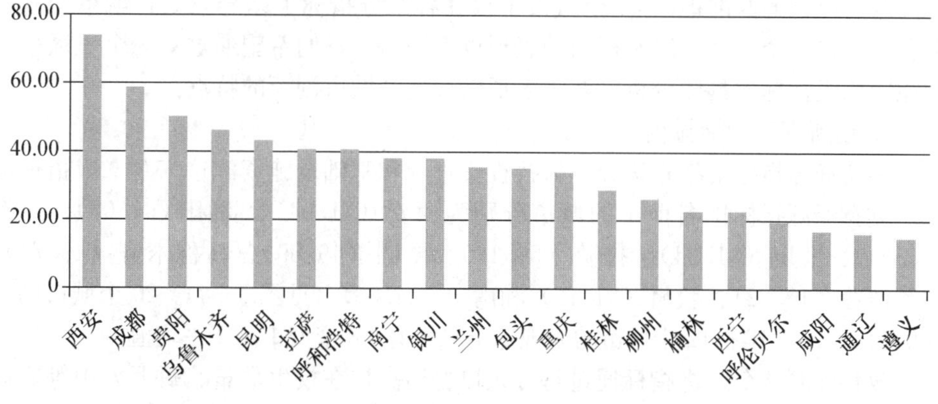

图3-2 西部20个城市的创新指数

图3-3将各城市GDP与创新指数同时进行了考察，可以看到大多数参与评价的西部地区城市GDP集中在5 000亿元以下，创新指数在15～50分之间。只有3个城市西安、成都和重庆，因为其相对突出的创新指数得分或GDP表现，成为游离于西部地区城市创新整体表现之外的“另类”。在比较GDP和创新指数得分时也能发现，西部地区城市的创新表现，与GDP并无明显的相关关系，这

与我们在对中国城市创新评价时得到的比较结果有所不同①。

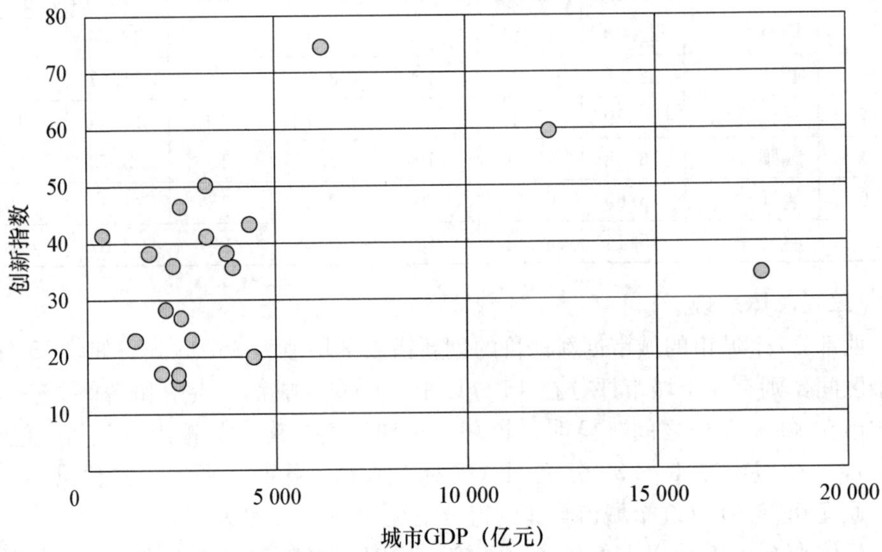

图3－3　西部20个城市创新指数与城市GDP关系示意图

（三）分指标排名与分析

参与评价的西部地区20个城市不仅在各个分指标上差异较大，就单个城市来看，其在各个一、二级指标间的表现也不均衡。我们希望通过对三个一级指标和相应二级指标的具体分析，客观表现西部地区城市创新的特点。

1. 创新资源指标排名

创新资源指标由教育资源、科技投资资源和基础设施资源这三个二级指标构成。创新资源指标排名前十的城市分别为西安（71.04）、贵阳（61.67）、成都（55.24）、银川（51.34）、拉萨（50.16）、昆明（49.89）、乌鲁木齐（49.74）、呼和浩特（40.22）、兰州（34.12）和南宁（31.03）（见图3－4）。20个城市的平均值为34.25，其中12个城市的表现低于平均值，8个城市高于平均值。

教育资源这个二级指标通过每万人口普通高校在校生数量、每万人中等职业学校在校学生数量、普通高校和职业高中师生比、教育经费支出占GDP比重来进行测量。排名前十的城市分别为拉萨（56.89）、贵阳（53.24）、昆明（49.52）、兰州（44.67）、乌鲁木齐（44.42）、南宁（44.40）、西安（43.72）、银川（38.50）、呼和浩特（37.75）、西宁（34.85）。

① 在吴晓波．中国创新蓝皮书2014：城市卷［M］．杭州：浙江大学出版社，2017中，创新指数与GDP有明显的正相关关系。

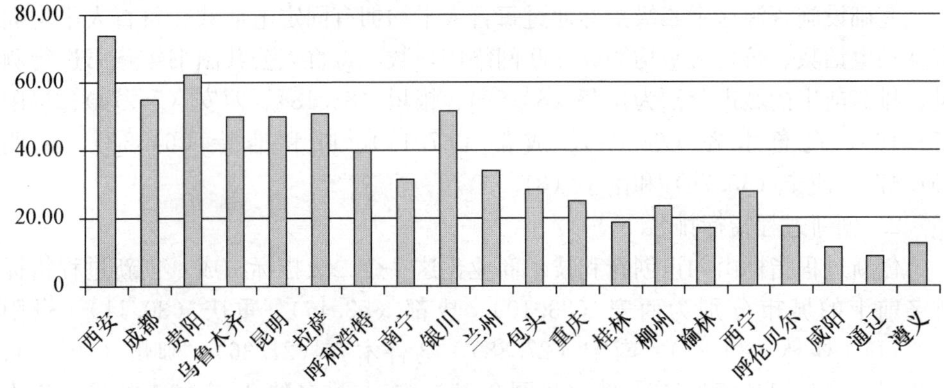

图 3-4 西部 20 个城市创新资源指标排名

有 3 个城市每万人口普通高校在校生数量超过了 1 000 人（兰州、西安和贵阳），有 2 个城市在 100 人以下（榆林和呼伦贝尔）。另外在《中国城市统计年鉴 2017》中，2016 年通辽的普通高校人数为 0，但我们根据《通辽市 2016 年国民经济和社会发展统计公报》的数据进行了修正。另外值得指出的是，《中国城市统计年鉴 2017》数据表明，西部地区省份中，有内蒙古通辽、广西贵港、西藏日喀则、西藏昌都、西藏林芝、西藏山南、甘肃定西、宁夏中卫、新疆吐鲁番、新疆哈密共 10 个城市缺少普通高校对其经济发展和创新活动的支撑。

从对教育的重视程度看（以教育经费支出占 GDP 比重衡量），有拉萨（8.13%）、遵义（5.01%）、桂林（3.54%）、西宁（3.53%）、榆林（3.32%）、兰州（3.27%）、重庆（3.24%）和贵阳（3.14%）这八个城市高于 3.00%。如将教育资源排名与创新指数排名相比较，会发现很多教育资源丰富的城市并未能够将其有效地转化为城市的创新竞争力。如遵义（创新指数排名 20）、榆林（创新指数排名 15）、西宁（创新指数排名 16）等。

科技投资资源这个二级指标通过 R&D 经费占 GDP 比重和地方财政科技拨款占地方财政支出比重进行测量。排名前十的城市分别为西安（93.67）、成都（65.13）、贵阳（60.60）、昆明（48.70）、乌鲁木齐（35.91）、包头（31.66）、重庆（31.14）、柳州（29.78）、银川（29.34）和兰州（28.19）。

西安（5.20%）和成都（2.38%）在 R&D 经费投入方面表现远好于其他城市，也只有这两个城市在 R&D 经费占 GDP 比重（R&D 投入强度）方面的表现高于全国平均水平（2016 年为 2.11%），在这个三级指标下另有 4 个城市低于 0.50%。从地方政府对科技创新的重视程度上看（以地方财政科技拨款占地方财政支出比重来测量），有 3 个城市高于 2.50%，即贵阳（3.29%）、西安（2.92%）和成都（2.90%），另有两个城市低于（0.50%）。

基础设施资源这个二级指标通过每百人平均拥有固定电话数、每百人平均拥有移动电话数、每百人平均国际互联网络用户数、每百人公共图书馆藏书进行测量。排名前十的城市分别为拉萨（89.59）、银川（86.18）、西安（75.74）、贵阳（71.16）、乌鲁木齐（68.89）、成都（67.14）、呼和浩特（64.21）、昆明（51.47）、西宁（35.79）和南宁（31.54）。

2. 创新过程指标排名

创新过程指标由知识创新和技术商业化这 2 个二级指标构成。创新过程指标排名前十的城市分别为西安（83.10）、成都（58.46）、重庆（30.11）、贵阳（30.11）、桂林（29.21）、南宁（27.88）、乌鲁木齐（21.36）、柳州（19.77）、兰州（18.64）和昆明（18.59）（见图 3-5）。参与排名的 20 个城市的平均值为 20.28，其中 7 个城市表现高于平均值。

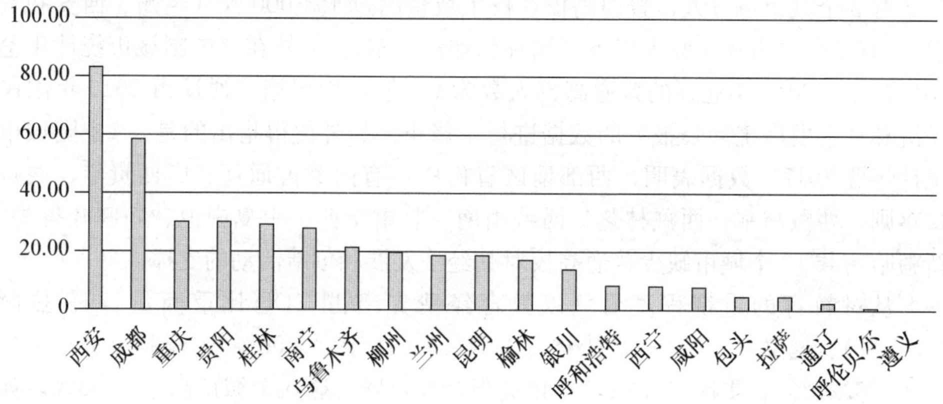

图 3-5　西部 20 个城市创新过程指标排名

在创新过程这一指标中表现出较高的两极分化的趋势[①]。西安和成都的表现远优于其他城市，而有 8 个城市得分低于 10 分。这说明西安和成都通过知识创新、技术商业化等一系列创新活动，能以较高的效率对创新资源进行转化，而处在排名末端的城市的创新氛围与活力亟待建立。

知识创新这个二级指标通过每十万人专利授权数、发明专利授权数和每亿元研究开发投入所取得的专利授权数进行测量。排名前 10 的城市分别为西安（66.20）、桂林（57.66）、成都（51.74）、南宁（47.88）、乌鲁木齐（42.18）、贵阳（41.26）、柳州（37.99）、榆林（34.08）、昆明（30.87）和兰州（30.72）。

从每十万人发明专利授权数来看，西安（81.04）、成都（51.48）、贵阳（30.82）、柳州（30.36）、昆明（28.57）、兰州（26.76）、南宁（22.75）和银川

① 部分原因是技术商业化这个二级指标使用了绝对值而非比例进行测量。

（21.41）在这一指标上超过20，另有5个城市在这一指标上小于5.00。在研发经费的使用上（每亿元研究开发投入所取得的专利授权数），桂林（58.89）、南宁（45.32）、榆林（37.75）、乌鲁木齐（37.19）、贵阳（31.07）和柳州（30.34）表现出了较高的效率。

技术商业化这个二级指标通过技术市场成交额进行测量①。西安（100.00）、成都（65.17）、重庆（36.17）和贵阳（18.96）表现遥遥领先，有11个城市在这项指标上得分低于1.00。从金额上看，西安（711.77亿元）、成都（463.89亿元）、重庆（257.44亿元）和贵阳（134.39亿元）超过百亿元，同时有9个城市小于5亿元。

3. 创新产出指标排名

创新产出指标由产业发展、居民生活、经济效益和可持续发展这4个二级指标构成。创新产出指标排名前十的城市分别为呼和浩特（74.06）、包头（73.07）、拉萨（67.98）、西安（67.80）、乌鲁木齐（67.69）、成都（64.18）、昆明（60.76）、贵阳（58.28）、南宁（55.76）和兰州（54.74）（见图3-6）。西部地区20个城市的平均值为51.22，其中10个城市表现高于平均值。与其他两个一级指标相比，创新产出指标各个城市间的差异相对较小。从区间上看，60分以上的有7个城市，40～60分的有6个城市，40分以下的有7个城市。

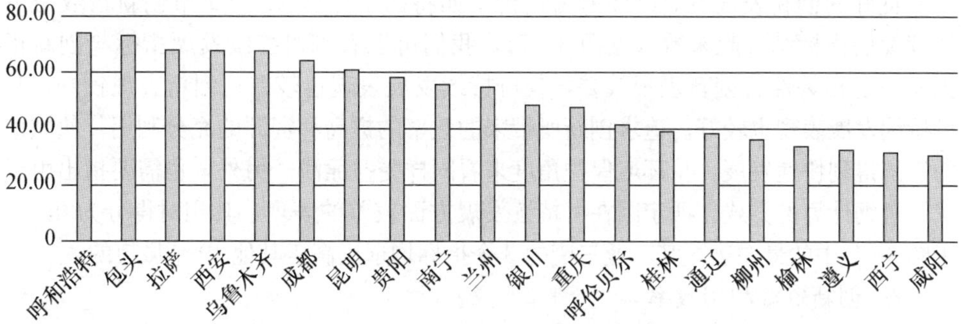

图3-6 西部20个城市创新产出指标排名

产业发展这个二级指标主要通过第三产业产值占GDP比重进行测量。具体到第三产业产值占GDP比重的数值，乌鲁木齐（70.22%）、呼和浩特（68.56%）、兰州（62.44%）和西安（61.17%）这4个城市的比重在60%以上，有11个城市分布在40%～60%之间，有5个城市在40%以下。

城镇登记失业率这一指标在3.00%以下的有3个城市，分别为南宁

① 受数据可得性限制，这一指标只使用了技术市场成交额来测量。

(2.69%)、西宁(2.49%)和拉萨(2.20%)。另有两个城市在4.00%及4.00%以上。从城镇居民人均可支配收入来看,包头(40 955元)和呼和浩特(40 220元)在40 000元以上,30 000～40 000元的城市有7个,20 000～30 000元的有11个。

经济效益这个二级指标通过人均地区生产总值进行测量。人均地区生产总值有7个城市达到了1万美元(以2016年底美元汇率计算),分别为包头(136 021元)、呼和浩特(103 235元)、榆林(81 764元)、成都(76 960元)、银川(74 288元)、西安(71 357元)和乌鲁木齐(69 865元)。如考虑城镇居民人均收入与人均地区生产总值的比例,有7个城市在50%及50%以上,9个城市在40%～50%,4个城市小于40%。

可持续发展这个二级指标通过单位GDP工业废水、废气、废物排放(生产)量进行测量。排名前十的城市分别为拉萨(99.72)、西安(99.11)、成都(97.14)、南宁(94.80)、呼伦贝尔(90.36)、桂林(89.43)、贵阳(87.50)、咸阳(87.09)、重庆(86.84)和兰州(86.06)。排名越靠前,表明相对排放(生产)量越少。

(四)西部地区城市创新特点分析

1. 可持续发展

良好的创新表现不应以环境为代价,如将西部地区20个城市创新指数与可持续发展指标结合起来看(见图3-7),我们可以看到可持续发展指标与创新指数有一定相关性。创新表现较差,其可持续发展表现也较差;创新表现较好,其可持续发展表现也较好。追求创新所带来的效率的提高和资源的充分利用,使城市的经济得到快速发展,从环境保护角度来看同样受益匪浅。另外,也需要指出由于采用量纲计算的方式,西宁因在可持续发展方面较差的表现,其相对得分为0,处于图3-7中的最左边,其工业三废的3个指标均远远高于其他19个城市的。

2. 创新资源利用效率

如将创新产出指数与创新资源指数进行比较(见图3-8),我们会发现创新资源利用效率较高的城市,主要是创新资源得分为10～30分的城市,众多创新资源(尤其是教育资源)相对丰富的城市,其资源利用效率反而较低。这反映出西部城市创新中存在的两个问题:第一个是很多城市无法将较好的创新资源通过合理配置及有效利用,转化为经济效益和创新产出。第二个是由于西部地区经济发展的弱势地位,各种创新资源尤其是教育资源,无法真正为西部地区所用,而是转移到其他经济发达地区(如西部城市培养的人才流动到东部地区)。

(五)创新领先城市

西安 西安在创新资源和创新过程两个一级指标上排名第一,在创新产出

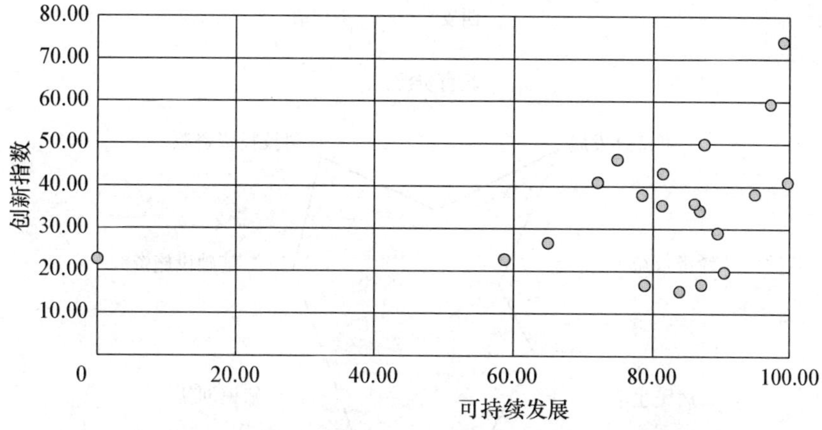

图 3-7　西部地区 20 个城市创新指数与可持续发展指标

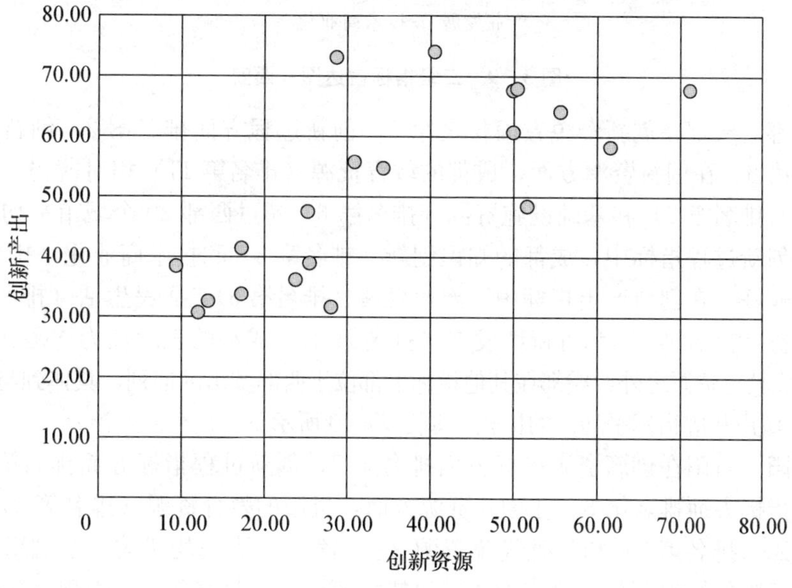

图 3-8　西部地区 20 个城市创新资源与创新产出

方面也表现较好（排名第 4）。在创新资源方面，西安凭借在教育资源（排名第 7）、科技投资资源（排名第 1）以及基础设施资源（排名第 3）的全面优势，在创新资源指标的排名中远远领先于其他城市。同时在创新过程指标中，西安的知识创新（排名第 1）和技术商业化（排名第 1）均列首位。如考察产业发展（排名第 4）、居民生活（排名第 5）、经济效益（排名第 6）和可持续发展（排名第 2），西安在创新产出方面的表现稍逊于创新资源和创新过程。西安在各个二级指标方面与参与评价的西部地区 20 个城市相应指标平均值的比较，如图 3-9 所示。

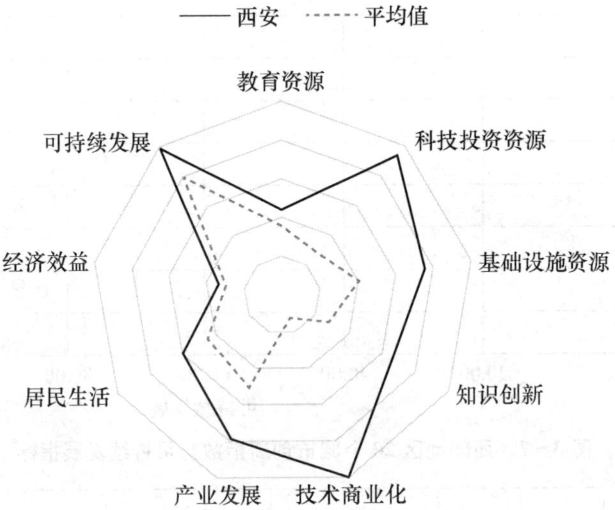

图 3-9　二级指标雷达图：西安

成都　成都在创新资源方面排名第 3，创新过程方面排名第 2，创新产出方面排名第 6。在创新资源方面，成都的教育资源（排名第 11）相对薄弱，科技投资资源（排名第 2）和基础设施资源（排名第 6）超过西部 20 个城市平均水平较多。在创新过程指标中，成都的知识创新（排名第 3）和技术商业化（排名第 2）表现均较好。在创新产出指标中，产业发展（排名第 8）、居民生活（排名第 6）、经济效益（排名第 4）和可持续发展（排名第 3），成都的表现较为均衡。从排名上看，除教育资源之外，成都在其他指标上都位于西部城市的前列，具体到与西部地区 20 个城市相应指标平均值的比较，如图 3-10 所示。

贵阳　贵阳在创新资源指标方面排名第 2，创新过程指标方面排名第 4，创新产出指标方面排名第 8。在创新资源方面，贵阳的教育资源（排名第 2）、科技投资资源（排名第 3）和基础设施资源（排名第 4）表现均优秀。在创新过程指标中，贵阳的知识创新（排名第 6）和技术商业化（排名第 4）表现均较好。在创新产出指标中，产业发展（排名第 6）、居民生活（排名第 10）、经济效益（排名第 8）和可持续发展（排名第 7）稳定在西部城市的平均水平之上。贵阳与西部地区 20 个城市相应指标平均值的比较，如图 3-11 所示。

乌鲁木齐　乌鲁木齐的三个一级指标表现比较均衡，其中创新资源指标排名第 7，创新过程指标排名第 7，创新产出指标排名第 5。在创新资源方面，教育资源（排名第 5）、科技投资资源（排名第 5）和基础设施资源（排名第 5）表现平衡。在创新过程指标中，乌鲁木齐的知识创新（排名第 5）超过技术商业化（排名第 13）较多。在创新产出指标中，乌鲁木齐的产业发展（排名第 1）表现优异，同时居民

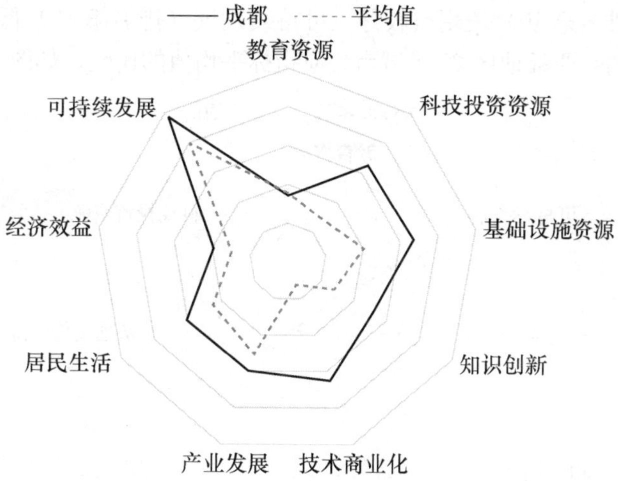

图 3-10　二级指标雷达图：成都

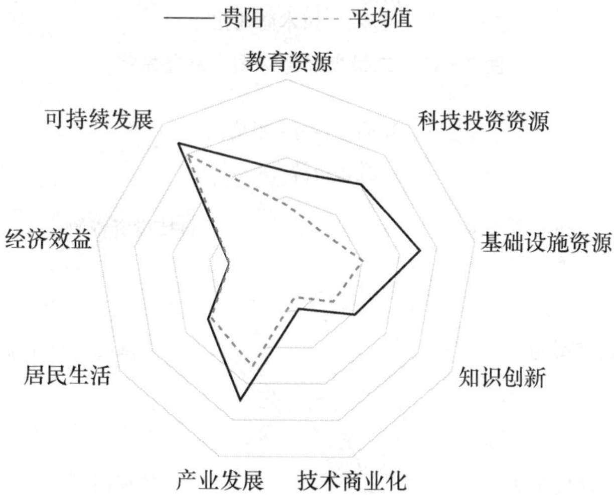

图 3-11　二级指标雷达图：贵阳

生活（排名第 3）和经济效益（排名第 7）表现较优，可持续发展（排名第 16）低于西部城市的平均水平。乌鲁木齐与西部地区 20 个城市相应指标平均值的比较，如图 3-12 所示。

昆明　昆明的创新资源指标排名第 6，创新过程指标排名第 10，创新产出指标排名第 7。在创新资源方面，昆明的教育资源（排名第 3）和科技投资资源（排名第 4）比较丰富，基础设施资源（排名第 8）保持在较高水平。在创新过程指标中，昆明的知识创新（排名第 9）和技术商业化（排名第 7）也在平均水平之上。在创新产出指标中，昆明的居民生活（排名第 2）发展水平很高，产业发展（排名第 7）

和经济效益（排名第 10）表现也较好，可持续发展（排名第 12）低于西部城市的平均水平。昆明与西部地区 20 个城市相应指标平均值的比较，如图 3－13 所示。

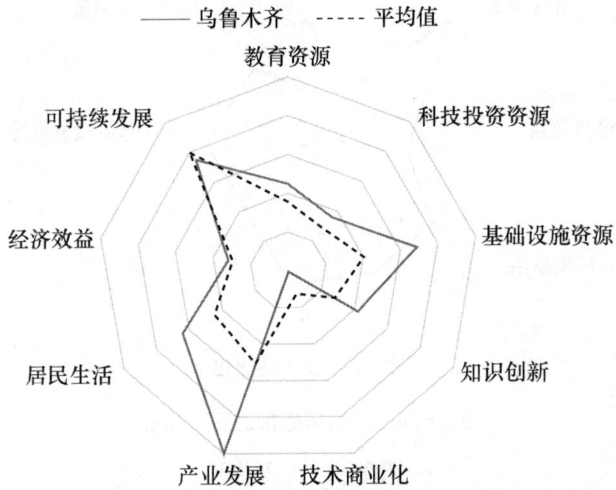

图 3－12　二级指标雷达图：乌鲁木齐

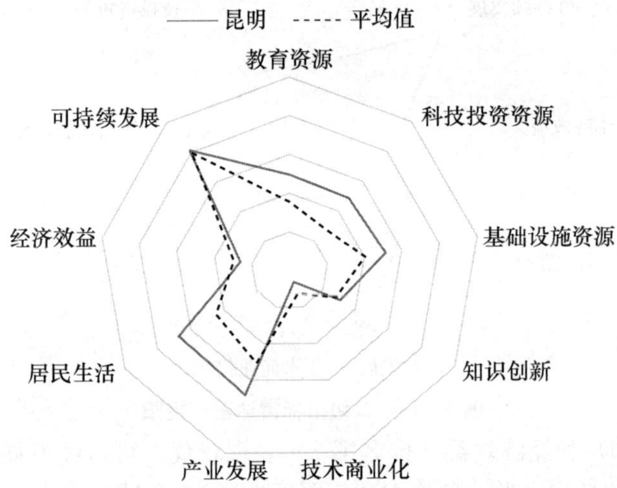

图 3－13　二级指标雷达图：昆明

五、西部地区构建高效城市创新环境的主要思路与建议

近年来，随着创新驱动发展战略的深入推进，政府和企业从各个方面对城市创新的关注逐渐加强。但受制于西部地区薄弱的创新基础、老旧的发展观念及粗

放发展的强大惯性，西部地区城市创新面临诸多制约和挑战。与东部地区城市相比，西部地区城市在各个创新指标上均有较大差距①。同时本章的数据亦能揭示，在西部地区内部，各个城市间创新基础各有不同，创新表现差异巨大。

着眼于西部地区城市所处的西部大开发的历史机遇期和错综复杂的外部发展环境，笔者这里重点提出三条构建高效城市创新环境的思路和建议。

（一）以创新驱动为城市发展的战略核心

《中共中央国务院关于深化体制机制改革加快实施创新驱动发展战略的若干意见》明确指出，“创新是推动一个国家和民族向前发展的重要力量，也是推动整个人类社会向前发展的重要力量”。对于西部地区城市来说，必须将创新驱动作为城市发展的核心战略。在进行城市创新战略规划时，需要充分分析挖掘城市自身优势，将城市创新发展道路与现有的资源禀赋有效匹配。

（二）吸引人、培育人、留住人

在西部地区城市发展过程中，人才是第一资源。西部地区中很多城市拥有较佳的人才资源，却无法留住人才，无法将其转化为创新城市发展的驱动力。以兰州和贵阳为例，两个城市每万人口普通高校在校生数量均超过 1 000 人，是不折不扣的大学城，但两个城市的创新产出无法与其丰富的人才资源相匹配。需要通过树立人才竞争意识，以及多样化的人才评价和奖励方式、灵活优厚的人才引进政策、舒心惬意的人才工作居住环境，充分吸引和保留各层级、各类型人才，使其创新有通道、创业有机会、干事有舞台、发展有空间。

（三）打破僵化思维，构建高效环境，提高城市竞争力

创新需要冒险，倘若缺乏对失败宽容的态度，则难以产生真正意义上的创新。减少决策机制中“只许成功，不许失败”的价值导向，尊重创新的客观规律，建设宽容、包容的创新文化环境和社会环境，是在创新驱动的城市竞争中能够脱颖而出的关键。更进一步，各个城市需要通过构建开放高效的创新环境，提供从创意到市场的政策支持，加大对创意和创新成果的奖励，加强知识产权保护，尊重企业在创新活动中的主体地位。

附录　原始数据

本附录以城市为单位展示了构成城市创新指数的各个一级和二级指标的原始数据。部分数据难以获得，我们通过估算得到的数据用“*”号进行标注。

① 吴晓波. 2014 中国创新型经济蓝皮书：城市卷［M］. 杭州：浙江大学出版社，2017：40.

附表 3-1　　重庆基础指标

重庆	得分/数值		得分/数值
城市创新指数	34.18	2.1　知识创新	24.05
1. 创新资源	24.89	2.1.1.1　每十万人专利授权数	126.00
2. 创新过程	30.11	2.1.1.2　每十万人发明专利授权数	14.87
3. 创新产出	47.53	2.1.2　每亿元研究开发投入所取得的专利授权数	16.69
1.1　教育资源	25.88	2.2　技术商业化	36.17
1.1.1　每万人口普通高校在校生数量	215.94	2.2.1　技术市场成交额:亿元	257.44
1.1.2　每万人中等职业学校在校学生数量	118.41	3.1　产业发展	48.13
1.1.3.1　普通高校师生比	0.06	3.1.1　第三产业产值占 GDP 比重	48.13%
1.1.3.2　职业高中师生比	0.05	3.2　居民生活	35.42
1.1.4　教育经费支出占 GDP 比重	3.24%	3.2.1　城镇登记失业率	3.70%
1.2　科技投资资源	31.14	3.2.2　城镇居民人均可支配收入	29 610
1.2.1　R&D 经费占 GDP 比重	1.72%	3.3　经济效益	19.72
1.2.2　地方财政科技拨款占地方财政支出比重	1.29%	3.3.1　人均地区生产总值	57 902
1.3　基础设施资源	17.65	3.4　可持续发展	86.84
1.3.1.1　每百人平均拥有固定电话数	15.98	3.4.1.1　工业废水:万吨/亿元	1.46
1.3.1.2　每百人平均拥有移动电话数	84.91	3.4.1.2　工业二氧化硫排放量:吨/亿元	9.81
1.3.1.3　每百人平均国际互联网络用户数	25.03	3.4.1.3　工业烟(粉)尘排放量:吨/亿元	4.72
1.3.2　每百人公共图书馆藏书	42.51		

附表 3-2　　成都基础指标

成都

	得分/数值		得分/数值
城市创新指数	59.29	2.1　知识创新	51.74
1. 创新资源	55.24	2.1.1.1　每十万人专利授权数	295.28
2. 创新过程	58.46	2.1.1.2　每十万人发明专利授权数	51.48
3. 创新产出	64.18	2.1.2　每亿元研究开发投入所取得的专利授权数	24.86
1.1　教育资源	33.44	2.2　技术商业化	65.17
1.1.1　每万人口普通高校在校生数量	565.83	2.2.1　技术市场成交额:亿元	463.89
1.1.2　每万人中等职业学校在校学生数量	171.54	3.1　产业发展	59.83
1.1.3.1　普通高校师生比	0.06	3.1.1　第三产业产值占 GDP 比重	53.11%
1.1.3.2　职业高中师生比	0.04	3.2　居民生活	60.44
1.1.4　教育经费支出占 GDP 比重	1.87%	3.2.1　城镇登记失业率	3.30%
1.2　科技投资资源	65.13	3.2.2　城镇居民人均可支配收入	35 902
1.2.1　R&D 经费占 GDP 比重	2.38%	3.3　经济效益	39.31
1.2.2　地方财政科技拨款占地方财政支出比重	2.90%	3.3.1　人均地区生产总值	76 960
1.3　基础设施资源	67.14	3.4　可持续发展	97.14
1.3.1.1　每百人平均拥有固定电话数	38.88	3.4.1.1　工业废水:万吨/亿元	0.76
1.3.1.2　每百人平均拥有移动电话数	172.05	3.4.1.2　工业二氧化硫排放量:吨/亿元	1.42
1.3.1.3　每百人平均国际互联网络用户数	42.82	3.4.1.3　工业烟(粉)尘排放量:吨/亿元	2.00*
1.3.2　每百人公共图书馆藏书	122.01		

附表 3-3　　西安基础指标

西安	得分/数值		得分/数值
城市创新指数	73.98	2.1　知识创新	66.20
1. 创新资源	71.04	2.1.1.1　每十万人专利授权数	463.99
2. 创新过程	83.10	2.1.1.2　每十万人发明专利授权数	81.04
3. 创新产出	67.80	2.1.2　每亿元研究开发投入所取得的专利授权数	20.54
1.1　教育资源	43.72	2.2　技术商业化	100.00
1.1.1　每万人口普通高校在校生数量	1 007.96	2.2.1　技术市场成交额:亿元	711.77
1.1.2　每万人中等职业学校在校学生数量	192.33	3.1　产业发展	78.75
1.1.3.1　普通高校师生比	0.06	3.1.1　第三产业产值占 GDP 比重	61.17%
1.1.3.2　职业高中师生比	0.06	3.2　居民生活	59.79
1.1.4　教育经费支出占 GDP 比重	1.91%	3.2.1　城镇登记失业率	3.30%
1.2　科技投资资源	93.67	3.2.2　城镇居民人均可支配收入	35 630
1.2.1　R&D 经费占 GDP 比重	5.20%	3.3　经济效益	33.55
1.2.2　地方财政科技拨款占地方财政支出比重	2.92%	3.3.1　人均地区生产总值	71 357
1.3　基础设施资源	75.74	3.4　可持续发展	99.11
1.3.1.1　每百人平均拥有固定电话数	34.42	3.4.1.1　工业废水:万吨/亿元	0.64
1.3.1.2　每百人平均拥有移动电话数	210.91	3.4.1.2　工业二氧化硫排放量:吨/亿元	0.79
1.3.1.3　每百人平均国际互联网络用户数	40.73	3.4.1.3　工业烟(粉)尘排放量:吨/亿元	0.46
1.3.2　每百人公共图书馆藏书	146.38		

附表 3－4　　呼伦贝尔基础指标

呼伦贝尔			
	得分/数值		得分/数值
城市创新指数	19.79	2.1　知识创新	1.01
1.创新资源	17.23	2.1.1.1　每十万人专利授权数	10.85
2.创新过程	0.72	2.1.1.2　每十万人发明专利授权数	1.16
3.创新产出	41.44	2.1.2　每亿元研究开发投入所取得的专利授权数	2.43
1.1　教育资源	19.92	2.2　技术商业化	0.44
1.1.1　每万人口普通高校在校生数量	73.92	2.2.1　技术市场成交额:亿元	3.13*
1.1.2　每万人中等职业学校在校学生数量	44.51	3.1　产业发展	29.04
1.1.3.1　普通高校师生比	0.05	3.1.1　第三产业产值占 GDP 比重	40.00%
1.1.3.2　职业高中师生比	0.15	3.2　居民生活	20.20
1.1.4　教育经费支出占 GDP 比重	1.14%	3.2.1　城镇登记失业率	3.80%
1.2　科技投资资源	8.92	3.2.2　城镇居民人均可支配收入	24 280
1.2.1　R&D 经费占 GDP 比重	0.28%	3.3　经济效益	26.13
1.2.2　地方财政科技拨款占地方财政支出比重	0.83%	3.3.1　人均地区生产总值	64 140
1.3　基础设施资源	22.85	3.4　可持续发展	90.36
1.3.1.1　每百人平均拥有固定电话数	13.51	3.4.1.1　工业废水:万吨/亿元	0.96
1.3.1.2　每百人平均拥有移动电话数	110.81	3.4.1.2　工业二氧化硫排放量:吨/亿元	6.34
1.3.1.3　每百人平均国际互联网络用户数	18.15	3.4.1.3　工业烟(粉)尘排放量:吨/亿元	6.06
1.3.2　每百人公共图书馆藏书	66.02		

附表 3-5　　昆明基础指标

昆明	得分/数值		得分/数值
城市创新指数	43.08	2.1　知识创新	30.87
1. 创新资源	49.89	2.1.1.1　每十万人专利授权数	129.79
2. 创新过程	18.59	2.1.1.2　每十万人发明专利授权数	28.57
3. 创新产出	60.76	2.1.2　每亿元研究开发投入所取得的专利授权数	19.38
1.1　教育资源	49.52	2.2　技术商业化	6.32
1.1.1　每万人口普通高校在校生数量	831.19	2.2.1　技术市场成交额:亿元	44.97
1.1.2　每万人中等职业学校在校学生数量	309.64	3.1　产业发展	68.33
1.1.3.1　普通高校师生比	0.06	3.1.1　第三产业产值占 GDP 比重	56.73%
1.1.3.2　职业高中师生比	0.03	3.2　居民生活	67.19
1.1.4　教育经费支出占 GDP 比重	2.54%	3.2.1　城镇登记失业率	3.11%
1.2　科技投资资源	48.70	3.2.2　城镇居民人均可支配收入	36 739
1.2.1　R&D 经费占 GDP 比重	1.92%	3.3　经济效益	26.15
1.2.2　地方财政科技拨款占地方财政支出比重	2.20%	3.3.1　人均地区生产总值	64 156
1.3　基础设施资源	51.47	3.4　可持续发展	81.38
1.3.1.1　每百人平均拥有固定电话数	21.07	3.4.1.1　工业废水:万吨/亿元	1.25
1.3.1.2　每百人平均拥有移动电话数	171.96	3.4.1.2　工业二氧化硫排放量:吨/亿元	18.62
1.3.1.3　每百人平均国际互联网络用户数	33.39	3.4.1.3　工业烟(粉)尘排放量:吨/亿元	5.86
1.3.2　每百人公共图书馆藏书	106.13		

附表 3-6　包头基础指标

包头

	得分/数值		得分/数值
城市创新指数	35.38	2.1　知识创新	9.22
1. 创新资源	28.33	2.1.1.1　每十万人专利授权数	65.40
2. 创新过程	4.73	2.1.1.2　每十万人发明专利授权数	11.74
3. 创新产出	73.07	2.1.2　每亿元研究开发投入所取得的专利授权数	4.68
1.1　教育资源	22.72	2.2　技术商业化	0.25
1.1.1　每万人口普通高校在校生数量	358.24	2.2.1　技术市场成交额:亿元	1.80
1.1.2　每万人中等职业学校在校学生数量	121.13	3.1　产业发展	53.53
1.1.3.1　普通高校师生比	0.06	3.1.1　第三产业产值占 GDP 比重	50.43%
1.1.3.2　职业高中师生比	0.05	3.2　居民生活	57.50
1.1.4　教育经费支出占 GDP 比重	1.38%	3.2.1　城镇登记失业率	3.90%
1.2　科技投资资源	31.66	3.2.2　城镇居民人均可支配收入	40 955
1.2.1　R&D 经费占 GDP 比重	1.57%	3.3　经济效益	100.00
1.2.2　地方财政科技拨款占地方财政支出比重	1.41%	3.3.1　人均地区生产总值	136 021
1.3　基础设施资源	30.61	3.4　可持续发展	81.26
1.3.1.1　每百人平均拥有固定电话数	12.95	3.4.1.1　工业废水:万吨/亿元	0.86
1.3.1.2　每百人平均拥有移动电话数	154.46	3.4.1.2　工业二氧化硫排放量:吨/亿元	10.88
1.3.1.3　每百人平均国际互联网络用户数	20.98	3.4.1.3　工业烟(粉)尘排放量:吨/亿元	15.83
1.3.2　每百人公共图书馆藏书	70.89		

附表 3-7　　南宁基础指标

南宁	得分/数值		得分/数值
城市创新指数	38.22	2.1　知识创新	47.88
1. 创新资源	31.03	2.1.1.1　每十万人专利授权数	54.88
2. 创新过程	27.88	2.1.1.2　每十万人发明专利授权数	22.75
3. 创新产出	55.76	2.1.2　每亿元研究开发投入所取得的专利授权数	45.32
1.1　教育资源	44.40	2.2　技术商业化	7.88
1.1.1　每万人口普通高校在校生数量	532.62	2.2.1　技术市场成交额:亿元	56.06*
1.1.2　每万人中等职业学校在校学生数量	393.28	3.1　产业发展	54.38
1.1.3.1　普通高校师生比	0.05	3.1.1　第三产业产值占 GDP 比重	50.79%
1.1.3.2　职业高中师生比	0.03	3.2　居民生活	59.47
1.1.4　教育经费支出占 GDP 比重	2.63%	3.2.1　城镇登记失业率	2.69%
1.2　科技投资资源	17.14	3.2.2　城镇居民人均可支配收入	29 106
1.2.1　R&D 经费占 GDP 比重	1.02%	3.3　经济效益	14.40
1.2.2　地方财政科技拨款占地方财政支出比重	0.88%	3.3.1　人均地区生产总值	52 723
1.3　基础设施资源	31.54	3.4　可持续发展	94.80
1.3.1.1　每百人平均拥有固定电话数	9.44	3.4.1.1　工业废水:万吨/亿元	1.04
1.3.1.2　每百人平均拥有移动电话数	103.46	3.4.1.2　工业二氧化硫排放量:吨/亿元	2.53
1.3.1.3　每百人平均国际互联网络用户数	26.73	3.4.1.3　工业烟(粉)尘排放量:吨/亿元	2.62
1.3.2　每百人公共图书馆藏书	91.37		

附表 3-8 呼和浩特基础指标

呼和浩特

	得分/数值		得分/数值
城市创新指数	40.88	2.1　知识创新	16.45
1.创新资源	40.22	2.1.1.1　每十万人专利授权数	75.27
2.创新过程	8.37	2.1.1.2　每十万人发明专利授权数	14.15
3.创新产出	74.06	2.1.2　每亿元研究开发投入所取得的专利授权数	11.43
1.1　教育资源	37.75	2.2　技术商业化	0.30
1.1.1　每万人口普通高校在校生数量	986.45	2.2.1　技术市场成交额:亿元	2.13
1.1.2　每万人中等职业学校在校学生数量	175.32	3.1　产业发展	96.10
1.1.3.1　普通高校师生比	0.05	3.1.1　第三产业产值占 GDP 比重	68.56%
1.1.3.2　职业高中师生比	0.05	3.2　居民生活	61.75
1.1.4　教育经费支出占 GDP 比重	1.66%	3.2.1　城镇登记失业率	3.66%
1.2　科技投资资源	18.70	3.2.2　城镇居民人均可支配收入	40 220
1.2.1　R&D 经费占 GDP 比重	0.94%	3.3　经济效益	66.31
1.2.2　地方财政科技拨款占地方财政支出比重	1.02%	3.3.1　人均地区生产总值	103 235
1.3　基础设施资源	64.21	3.4　可持续发展	72.08
1.3.1.1　每百人平均拥有固定电话数	26.56	3.4.1.1　工业废水:万吨/亿元	0.74
1.3.1.2　每百人平均拥有移动电话数	132.78	3.4.1.2　工业二氧化硫排放量:吨/亿元	16.48
1.3.1.3　每百人平均国际互联网络用户数	19.09	3.4.1.3　工业烟(粉)尘排放量:吨/亿元	24.93
1.3.2　每百人公共图书馆藏书	188.71		

附表 3-9 贵阳基础指标

贵阳			
	得分/数值		得分/数值
城市创新指数	50.02	2.1 知识创新	41.26
1. 创新资源	61.67	2.1.1.1 每十万人专利授权数	118.55
2. 创新过程	30.11	2.1.1.2 每十万人发明专利授权数	30.82
3. 创新产出	58.28	2.1.2 每亿元研究开发投入所取得的专利授权数	31.07
1.1 教育资源	53.24	2.2 技术商业化	18.96
1.1.1 每万人口普通高校在校生数量	1 008.48	2.2.1 技术市场成交额:亿元	134.93
1.1.2 每万人中等职业学校在校学生数量	344.02	3.1 产业发展	69.10
1.1.3.1 普通高校师生比	0.05	3.1.1 第三产业产值占 GDP 比重	57.06%
1.1.3.2 职业高中师生比	0.04	3.2 居民生活	46.66
1.1.4 教育经费支出占 GDP 比重	3.14%	3.2.1 城镇登记失业率	3.24%
1.2 科技投资资源	60.60	3.2.2 城镇居民人均可支配收入	29 502
1.2.1 R&D 经费占 GDP 比重	1.26%	3.3 经济效益	29.87
1.2.2 地方财政科技拨款占地方财政支出比重	3.29%	3.3.1 人均地区生产总值	67 772
1.3 基础设施资源	71.16	3.4 可持续发展	87.50
1.3.1.1 每百人平均拥有固定电话数	21.95	3.4.1.1 工业废水:万吨/亿元	1.19
1.3.1.2 每百人平均拥有移动电话数	163.59	3.4.1.2 工业二氧化硫排放量::吨/亿元	12.79
1.3.1.3 每百人平均国际互联网络用户数	30.92	3.4.1.3 工业烟(粉)尘排放量:吨/亿元	2.68
1.3.2 每百人公共图书馆藏书	185.59		

附表 3-10 榆林基础指标

榆林			
	得分/数值		得分/数值
城市创新指数	22.68	2.1 知识创新	34.08
1.创新资源	17.11	2.1.1.1 每十万人专利授权数	23.17
2.创新过程	17.11	2.1.1.2 每十万人发明专利授权数	5.26*
3.创新产出	33.84	2.1.2 每亿元研究开发投入所取得的专利授权数	37.75
1.1 教育资源	25.37	2.2 技术商业化	0.14
1.1.1 每万人口普通高校在校生数量	45.49	2.2.1 技术市场成交额:亿元	1.02
1.1.2 每万人中等职业学校在校学生数量	43.64	3.1 产业发展	13.85
1.1.3.1 普通高校师生比	0.05	3.1.1 第三产业产值占 GDP 比重	33.53%
1.1.3.2 职业高中师生比	0.13	3.2 居民生活	18.59
1.1.4 教育经费支出占 GDP 比重	3.32%	3.2.1 城镇登记失业率	3.50%
1.2 科技投资资源	14.40	3.2.2 城镇居民人均可支配收入	20 463
1.2.1 R&D 经费占 GDP 比重	0.20%	3.3 经济效益	44.24
1.2.2 地方财政科技拨款占地方财政支出比重	1.20%	3.3.1 人均地区生产总值	81 764
1.3 基础设施资源	11.55	3.4 可持续发展	58.67
1.3.1.1 每百人平均拥有固定电话数	11.26	3.4.1.1 工业废水:万吨/亿元	2.44
1.3.1.2 每百人平均拥有移动电话数	103.40	3.4.1.2 工业二氧化硫排放量:吨/亿元	28.28
1.3.1.3 每百人平均国际互联网络用户数	16.23	3.4.1.3 工业烟(粉)尘排放量:吨/亿元	22.49
1.3.2 每百人公共图书馆藏书	34.35		

附表 3-11　　柳州基础指标

柳州

	得分/数值		得分/数值
城市创新指数	26.51	2.1　知识创新	37.99
1. 创新资源	23.52	2.1.1.1　每十万人专利授权数	72.59
2. 创新过程	19.77	2.1.1.2　每十万人发明专利授权数	30.36
3. 创新产出	36.23	2.1.2　每亿元研究开发投入所取得的专利授权数	30.34
1.1　教育资源	24.10	2.2　技术商业化	1.55
1.1.1　每万人口普通高校在校生数量	197.06	2.2.1　技术市场成交额:亿元	11.00*
1.1.2　每万人中等职业学校在校学生数量	172.69	3.1　产业发展	23.76
1.1.3.1　普通高校师生比	0.05	3.1.1　第三产业产值占 GDP 比重	37.75%
1.1.3.2　职业高中师生比	0.04	3.2　居民生活	31.50
1.1.4　教育经费支出占 GDP 比重	2.75%	3.2.1　城镇登记失业率	3.92%
1.2　科技投资资源	29.78	3.2.2　城镇居民人均可支配收入	30 270
1.2.1　R&D 经费占 GDP 比重	1.70%	3.3　经济效益	24.81
1.2.2　地方财政科技拨款占地方财政支出比重	1.22%	3.3.1　人均地区生产总值	62 855
1.3　基础设施资源	16.69	3.4　可持续发展	64.87
1.3.1.1　每百人平均拥有固定电话数	7.77	3.4.1.1　工业废水:万吨/亿元	2.35
1.3.1.2　每百人平均拥有移动电话数	94.82	3.4.1.2　工业二氧化硫排放量:吨/亿元	8.13
1.3.1.3　每百人平均国际互联网络用户数	23.58	3.4.1.3　工业烟(粉)尘排放量:吨/亿元	32.93
1.3.2　每百人公共图书馆藏书	48.58		

附表 3－12　　乌鲁木齐基础指标

乌鲁木齐

	得分/数值		得分/数值
城市创新指数	46.26	2.1　知识创新	42.18
1. 创新资源	49.74	2.1.1.1　每十万人专利授权数	109.18
2. 创新过程	21.36	2.1.1.2　每十万人发明专利授权数	18.02
3. 创新产出	67.69	2.1.2　每亿元研究开发投入所取得的专利授权数	37.19
1.1　教育资源	44.42	2.2　技术商业化	0.54
1.1.1　每万人口普通高校在校生数量	648.68	2.2.1　技术市场成交额：亿元	3.86
1.1.2　每万人中等职业学校在校学生数量	235.10	3.1　产业发展	100.00
1.1.3.1　普通高校师生比	0.07	3.1.1　第三产业产值占 GDP 比重	70.22%
1.1.3.2　职业高中师生比	0.04	3.2　居民生活	63.85
1.1.4　教育经费支出占 GDP 比重	2.92%	3.2.1　城镇登记失业率	3.00%
1.2　科技投资资源	35.91	3.2.2　城镇居民人均可支配收入	34 190
1.2.1　R&D 经费占 GDP 比重	0.53%*	3.3　经济效益	32.02
1.2.2　地方财政科技拨款占地方财政支出比重	2.27%	3.3.1　人均地区生产总值	69 865
1.3　基础设施资源	68.89	3.4　可持续发展	74.87
1.3.1.1　每百人平均拥有固定电话数	47.39	3.4.1.1　工业废水：万吨/亿元	1.83
1.3.1.2　每百人平均拥有移动电话数	187.69	3.4.1.2　工业二氧化硫排放量：吨/亿元	16.33
1.3.1.3　每百人平均国际互联网络用户数	41.42	3.4.1.3　工业烟(粉)尘排放量：吨/亿元	13.84
1.3.2　每百人公共图书馆藏书	112.24		

附表 3-13 遵义基础指标

遵义			
	得分/数值		得分/数值
城市创新指数	15.14	2.1 知识创新	0.00
1. 创新资源	12.68	2.1.1.1 每十万人专利授权数	1.82
2. 创新过程	0.08	2.1.1.2 每十万人发明专利授权数	0.24
3. 创新产出	32.67	2.1.2 每亿元研究开发投入所取得的专利授权数	2.16
1.1 教育资源	21.06	2.2 技术商业化	0.17
1.1.1 每万人口普通高校在校生数量	107.90	2.2.1 技术市场成交额:亿元	1.18
1.1.2 每万人中等职业学校在校学生数量	95.30	3.1 产业发展	29.9
1.1.3.1 普通高校师生比	0.04	3.1.1 第三产业产值占 GDP 比重	40.37%
1.1.3.2 职业高中师生比	0.03	3.2 居民生活	16.92
1.1.4 教育经费支出占 GDP 比重	5.01%	3.2.1 城镇登记失业率	4.20%
1.2 科技投资资源	15.64	3.2.2 城镇居民人均可支配收入	27 097
1.2.1 R&D 经费占 GDP 比重	0.37%*	3.3 经济效益	0.00
1.2.2 地方财政科技拨款占地方财政支出比重	1.17%	3.3.1 人均地区生产总值	38 709
1.3 基础设施资源	1.34	3.4 可持续发展	83.83
1.3.1.1 每百人平均拥有固定电话数	6.61	3.4.1.1 工业废水:万吨/亿元	0.66
1.3.1.2 每百人平均拥有移动电话数	74.19	3.4.1.2 工业二氧化硫排放量:吨/亿元	19.28
1.3.1.3 每百人平均国际互联网络用户数	8.98	3.4.1.3 工业烟(粉)尘排放量:吨/亿元	5.44
1.3.2 每百人公共图书馆藏书	29.30		

附表 3-14　　咸阳基础指标

咸阳

	得分/数值		得分/数值
城市创新指数	16.68	2.1　知识创新	11.06
1. 创新资源	11.46	2.1.1.1　每十万人专利授权数	43.49
2. 创新过程	7.85	2.1.1.2　每十万人发明专利授权数	2.58
3. 创新产出	30.73	2.1.2　每亿元研究开发投入所取得的专利授权数	11.33
1.1　教育资源	19.09	2.2　技术商业化	4.64
1.1.1　每万人口普通高校在校生数量	247.70	2.2.1　技术市场成交额:亿元	33.00*
1.1.2　每万人中等职业学校在校学生数量	90.44	3.1　产业发展	0.00
1.1.3.1　普通高校师生比	0.05	3.1.1　第三产业产值占 GDP 比重	27.63%
1.1.3.2　职业高中师生比	0.03	3.2　居民生活	26.25
1.1.4　教育经费支出占 GDP 比重	2.88%	3.2.1　城镇登记失业率	3.15%
1.2　科技投资资源	7.18	3.2.2　城镇居民人均可支配收入	20 006
1.2.1　R&D 经费占 GDP 比重	0.51%	3.3　经济效益	9.56
1.2.2　地方财政科技拨款占地方财政支出比重	0.60%	3.3.1　人均地区生产总值	48 016
1.3　基础设施资源	8.11	3.4　可持续发展	87.09
1.3.1.1　每百人平均拥有固定电话数	8.30	3.4.1.1　工业废水:万吨/亿元	1.86
1.3.1.2　每百人平均拥有移动电话数	93.40	3.4.1.2　工业二氧化硫排放量:吨/亿元	7.30
1.3.1.3　每百人平均国际互联网络用户数	16.79	3.4.1.3　工业烟(粉)尘排放量:吨/亿元	4.10
1.3.2　每百人公共图书馆藏书	29.19		

附表 3-15　兰州基础指标

兰州			
	得分/数值		得分/数值
城市创新指数	35.83	2.1　知识创新	30.72
1. 创新资源	34.12	2.1.1.1　每十万人专利授权数	108.18
2. 创新过程	18.64	2.1.1.2　每十万人发明专利授权数	26.76
3. 创新产出	54.74	2.1.2　每亿元研究开发投入所取得的专利授权数	21.17
1.1　教育资源	44.67	2.2　技术商业化	6.56
1.1.1　每万人口普通高校在校生数量	1 311.24	2.2.1　技术市场成交额:亿元	46.72*
1.1.2　每万人中等职业学校在校学生数量	151.37	3.1　产业发展	81.73
1.1.3.1　普通高校师生比	0.04	3.1.1　第三产业产值占 GDP 比重	62.44%
1.1.3.2　职业高中师生比	0.06	3.2　居民生活	28.04
1.1.4　教育经费支出占 GDP 比重	3.27%	3.2.1　城镇登记失业率	4.00%*
1.2　科技投资资源	28.19	3.2.2　城镇居民人均可支配收入	29 661
1.2.1　R&D 经费占 GDP 比重	1.81%	3.3　经济效益	23.12
1.2.2　地方财政科技拨款占地方财政支出比重	1.06%	3.3.1　人均地区生产总值	61 207
1.3　基础设施资源	29.49	3.4　可持续发展	86.06
1.3.1.1　每百人平均拥有固定电话数	20.37	3.4.1.1　工业废水:万吨/亿元	1.48
1.3.1.2　每百人平均拥有移动电话数	165.12	3.4.1.2　工业二氧化硫排放量:吨/亿元	8.48
1.3.1.3　每百人平均国际互联网络用户数	31.48	3.4.1.3　工业烟(粉)尘排放量:吨/亿元	7.02
1.3.2　每百人公共图书馆藏书	32.72		

附表 3-16 桂林基础指标

桂林			
	得分/数值		得分/数值
城市创新指数	28.91	2.1 知识创新	57.66
1.创新资源	18.51	2.1.1.1 每十万人专利授权数	41.07
2.创新过程	29.21	2.1.1.2 每十万人发明专利授权数	18.13
3.创新产出	39.01	2.1.2 每亿元研究开发投入所取得的专利授权数	58.89
1.1 教育资源	20.30	2.2 技术商业化	0.77
1.1.1 每万人口普通高校在校生数量	429.94	2.2.1 技术市场成交额:亿元	5.46*
1.1.2 每万人中等职业学校在校学生数量	70.08	3.1 产业发展	23.88
1.1.3.1 普通高校师生比	0.04	3.1.1 第三产业产值占 GDP 比重	37.80%
1.1.3.2 职业高中师生比	0.05	3.2 居民生活	40.15
1.1.4 教育经费支出占 GDP 比重	3.54%	3.2.1 城镇登记失业率	3.56%
1.2 科技投资资源	15.19	3.2.2 城镇居民人均可支配收入	30 124
1.2.1 R&D 经费占 GDP 比重	0.80%	3.3 经济效益	2.58
1.2.2 地方财政科技拨款占地方财政支出比重	0.89%	3.3.1 人均地区生产总值	41 216
1.3 基础设施资源	20.05	3.4 可持续发展	89.43
1.3.1.1 每百人平均拥有固定电话数	7.49	3.4.1.1 工业废水:万吨/亿元	1.15
1.3.1.2 每百人平均拥有移动电话数	77.15	3.4.1.2 工业二氧化硫排放量:吨/亿元	7.86
1.3.1.3 每百人平均国际互联网络用户数	16.67	3.4.1.3 工业烟(粉)尘排放量:吨/亿元	4.80
1.3.2 每百人公共图书馆藏书	81.70		

附表 3-17

通辽基础指标

通辽	得分/数值		得分/数值
城市创新指数	16.65	2.1 知识创新	4.93
1. 创新资源	8.99	2.1.1.1 每十万人专利授权数	8.84
2. 创新过程	2.48	2.1.1.2 每十万人发明专利授权数	1.10
3. 创新产出	38.48	2.1.2 每亿元研究开发投入所取得的专利授权数	7.02
1.1 教育资源	18.51	2.2 技术商业化	0.04
1.1.1 每万人口普通高校在校生数量	100.07	2.2.1 技术市场成交额:亿元	0.25*
1.1.2 每万人中等职业学校在校学生数量	36.54	3.1 产业发展	20.52
1.1.3.1 普通高校师生比	0.05	3.1.1 第三产业产值占 GDP 比重	36.37%
1.1.3.2 职业高中师生比	0.09	3.2 居民生活	30.25
1.1.4 教育经费支出占 GDP 比重	2.69%	3.2.1 城镇登记失业率	3.70%
1.2 科技投资资源	0.72	3.2.2 城镇居民人均可支配收入	27 444
1.2.1 R&D 经费占 GDP 比重	0.25%*	3.3 经济效益	24.37
1.2.2 地方财政科技拨款占地方财政支出比重	0.37%	3.3.1 人均地区生产总值	62 424
1.3 基础设施资源	7.75	3.4 可持续发展	78.78
1.3.1.1 每百人平均拥有固定电话数	3.13	3.4.1.1 工业废水:万吨/亿元	1.15
1.3.1.2 每百人平均拥有移动电话数	107.52	3.4.1.2 工业二氧化硫排放量:吨/亿元	19.93
1.3.1.3 每百人平均国际互联网络用户数	11.91	3.4.1.3 工业烟(粉)尘排放量:吨/亿元	9.06
1.3.2 每百人公共图书馆藏书	37.62		

附表 3－18　　银川基础指标

银川	得分/数值		得分/数值
城市创新指数	37.92	2.1 知识创新	27.39
1. 创新资源	51.34	2.1.1.1　每十万人专利授权数	89.95
2. 创新过程	13.98	2.1.1.2　每十万人发明专利授权数	21.41
3. 创新产出	48.45	2.1.2　每亿元研究开发投入所取得的专利授权数	20.39
1.1　教育资源	38.50	2.2　技术商业化	0.56
1.1.1　每万人口普通高校在校生数量	537.57	2.2.1　技术市场成交额:亿元	4.00*
1.1.2　每万人中等职业学校在校学生数量	225.18	3.1　产业发展	41.58
1.1.3.1　普通高校师生比	0.07	3.1.1　第三产业产值占 GDP 比重	45.34%
1.1.3.2　职业高中师生比	0.03	3.2　居民生活	37.24
1.1.4　教育经费支出占 GDP 比重	1.99%	3.2.1　城镇登记失业率	3.71%
1.2　科技投资资源	29.34	3.2.2　城镇居民人均可支配收入	30 478
1.2.1　R&D 经费占 GDP 比重	1.19%	3.3　经济效益	36.56
1.2.2　地方财政科技拨款占地方财政支出比重	1.50%	3.3.1　人均地区生产总值	74 288
1.3　基础设施资源	86.18	3.4　可持续发展	78.39
1.3.1.1　每百人平均拥有固定电话数	21.20	3.4.1.1　工业废水:万吨/亿元	2.27
1.3.1.2　每百人平均拥有移动电话数	212.50	3.4.1.2　工业二氧化硫排放量:吨/亿元	15.06
1.3.1.3　每百人平均国际互联网络用户数	34.78	3.4.1.3　工业烟(粉)尘排放量:吨/亿元	6.94
1.3.2　每百人公共图书馆藏书	213.21		

附表 3-19 西宁基础指标

西宁			
	得分/数值		得分/数值
城市创新指数	22.58	2.1 知识创新	15.68
1. 创新资源	27.82	2.1.1.1 每十万人专利授权数	50.15*
2. 创新过程	8.26	2.1.1.2 每十万人发明专利授权数	10.00*
3. 创新产出	31.67	2.1.2 每亿元研究开发投入所取得的专利授权数	13.55
1.1 教育资源	34.85	2.2 技术商业化	0.84
1.1.1 每万人口普通高校在校生数量	352.04	2.2.1 技术市场成交额:亿元	6.00
1.1.2 每万人中等职业学校在校学生数量	174.89	3.1 产业发展	50.50
1.1.3.1 普通高校师生比	0.06	3.1.1 第三产业产值占 GDP 比重	49.14%
1.1.3.2 职业高中师生比	0.05	3.2 居民生活	60.73
1.1.4 教育经费支出占 GDP 比重	3.53%	3.2.1 城镇登记失业率	2.49%
1.2 科技投资资源	12.82	3.2.2 城镇居民人均可支配收入	27 539
1.2.1 R&D 经费占 GDP 比重	1.20%*	3.3 经济效益	15.46
1.2.2 地方财政科技拨款占地方财政支出比重	0.52%	3.3.1 人均地区生产总值	53756
1.3 基础设施资源	35.79	3.4 可持续发展	0.00
1.3.1.1 每百人平均拥有固定电话数	18.72	3.4.1.1 工业废水:万吨/亿元	8.00
1.3.1.2 每百人平均拥有移动电话数	139.90	3.4.1.2 工业二氧化硫排放量:吨/亿元	52.91
1.3.1.3 每百人平均国际互联网络用户数	23.15	3.4.1.3 工业烟(粉)尘排放量:吨/亿元	49.50
1.3.2 每百人公共图书馆藏书	84.48		

附表 3-20 拉萨基础指标

拉萨

	得分/数值		得分/数值
城市创新指数	40.94	2.1 知识创新	9.38
1. 创新资源	50.16	2.1.1.1 每十万人专利授权数	32.96
2. 创新过程	4.69	2.1.1.2 每十万人发明专利授权数	4.44
3. 创新产出	67.98	2.1.2 每亿元研究开发投入所取得的专利授权数	9.41
1.1 教育资源	56.89	2.2 技术商业化	0.00
1.1.1 每万人口普通高校在校生数量	688.98	2.2.1 技术市场成交额:亿元	0.00*
1.1.2 每万人中等职业学校在校学生数量	133.24	3.1 产业发展	71.61
1.1.3.1 普通高校师生比	0.06	3.1.1 第三产业产值占 GDP 比重	58.13%
1.1.3.2 职业高中师生比	0.07	3.2 居民生活	73.78
1.1.4 教育经费支出占 GDP 比重	8.13%	3.2.1 城镇登记失业率	2.20%
1.2 科技投资资源	4.00	3.2.2 城镇居民人均可支配收入	29 968
1.2.1 R&D 经费占 GDP 比重	0.60%*	3.3 经济效益	26.82
1.2.2 地方财政科技拨款占地方财政支出比重	0.36%	3.3.1 人均地区生产总值	64 804
1.3 基础设施资源	89.59	3.4 可持续发展	99.72
1.3.1.1 每百人平均拥有固定电话数	40.74	3.4.1.1 工业废水:万吨/亿元	0.47
1.3.1.2 每百人平均拥有移动电话数	177.78	3.4.1.2 工业二氧化硫排放量:吨/亿元	1.22
1.3.1.3 每百人平均国际互联网络用户数	40.00*	3.4.1.3 工业烟(粉)尘排放量:吨/亿元	0.31
1.3.2 每百人公共图书馆藏书	204.63*		

参考文献

［1］国家统计司城市社会经济调查司. 中国城市统计年鉴 2016［M］. 北京：中国统计出版社，2017.

［2］吴晓波，姜源林，高忠仕. 浙江省创新型经济运行评价及发展对策研究：基于六省市的对比分析［J］. 技术经济，2008，27（10）：11-16.

［3］吴晓波. 2014 中国创新型经济蓝皮书：城市卷［M］. 杭州：浙江大学出版社，2017.

［4］中国经济与社会发展统计数据库. http://tongji.cnki.net/Kns55/Navi/NaviDefault.aspx.

——执笔人：周全，浙江大学管理学院

第四章　西部经济发展与包容性创新

摘　要

在过去的几十年间，我国经历了快速的经济增长，但同时也遗留了一些发展问题。其中东部、西部的发展失衡就是其中之一。很多学者认为造成这一问题的一个重要原因就是社会排斥。社会排斥的来源包含地理、社会、经济、制度等多重方面。由于社会排斥的存在，西部地区很多人群被排斥在价值创造的活动之外，而没有机会公平地参与，这一群人也就无法参与价值分配。在包容性创新的视角下，个人和企业都可以通过技术创新、商业模式创新和制度创新，消除贫困者所面临的社会排斥，从而参与到创新中去，并在此过程中实现过程和分配的公平，使包括贫困人口在内的所有群体都能参与经济增长、做出贡献，并合理分享增长成果。在互联网经济发展的背景下，西部地区涌现了许多以电子商务为代表的包容性创新，为很多过去被排斥的群体提供了参与市场的机会。鼓励更多的创业者和生产者参与到包容性创新中，可以有效地提升发展中的公平性，对我国建设西部地区有重大的意义。

Abstract

China has experienced unprecedented economic growth for several decades along with many development issues. The most notable one is the imbalance in economic development that large proportion of people who live in the western region of China are unable to benefit from the overall economic growth and still in poverty. Many researchers point out social exclusion is one of the most important factors that lead to poverty issues. Social exclusion blocks the access to opportunities for a part of the individuals to participate in value creation activities. Without the opportunities to participate, these individuals will not benefit from economic growth, and they could trap in poverty. In the perspective of inclusive innovation, organizations and even the disenfranchised individuals can engage in social innovation which leads to inclusive growth. In the context of Internet economy, inclusive innovations, for example electronic business, provide exclusive individuals new opportunities to participate in the market. Inclusive innovation is an efficient way to diminish the trade-offs between economic growth and inequality. Thus, it is of great significance in the development of the west region of China.

一、包容性创新与西部地区发展

（一）包容性创新的内涵与意义

过去的几十年间，我国经历了快速的经济成长，成为世界第二大经济体。然而在经济总量快速增长的背后，我国的经济成长仍然面临着不少的问题。其中我国经济增长并不均衡，具体表现在：(1) 地区之间发展不平衡，造成了东部发展较快而西部发展速度较慢的东西部发展差异；(2) 城乡发展的不平衡，造成了城镇发展较快而乡村发展速度较慢的城乡发展差异。这些问题阻碍了我国建设小康社会的进程，让一部分人民处于贫困的生活状态，无法享受经济增长带来的生活质量提高。

如何让更多人脱离贫困一直是社会各界关注的议题。过去学者们往往关注于经济增长之后的转移支付和通过福利制度等带来的社会财富二次分配，而忽略了在参与社会价值创造的过程中本身存在的不公平。2007 年亚洲发展银行提出包容性发展的概念，指出在经济增长的过程中，许多人口尤其是贫困人口就已经被排斥在价值创造的活动之外①。这种社会排斥可能来源于地理隔离，也可能来源于贫困人口本身资本和能力不足带来的限制。由于种种社会排斥，一部分人无法参与价值创造的过程，这些人自然也无法从社会财富的增长中获益，久而久之就

① Ali Ifzal，Hyun Hwa Son. Measuring inclusive growth [J]. Asian Development Review，2007，24 (1)：11.

形成了一部分人难以摆脱贫困的恶性循环①。而通过创新的手段，降低社会排斥，使得更多的人可以公平地参与到价值创造的过程中，并可以在后续的价值分配环节得到公平的价值分配，这种类型的创新就被称作包容性创新。

吴晓波和姜雁斌将社会排斥的成因从作用环节上分为机会参与和价值分配，将造成排斥的成因分为外在的体制机制原因和内在的能力原因，形成了四个象限的分析框架②。针对个人能力充分但由于体制原因无法获得机会和参与的情况，应当通过降低参与壁垒来提升包容性；对于个人能力不足无法参与的情况，应当提升个体的能力以提升包容性。而通过制度创新保障分配的公平也是提升包容性的重要手段。可以说包容性创新的主体可以是个体也可以是政府和企业。包容性创新的结果除了提升经济效益之外，同样提升社会效益。

而我国目前面临的发展问题中最显著的问题就是东西部经济发展不均衡的问题。从包容性创新的视角来看，造成这种非均衡发展的主要原因是东西部个人和企业参与价值创造的机会以及个人的能力是不均等的。西部地区在地理上的劣势、缺乏资本原始积累、能力较弱等原因造成了西部地区被排斥在某些经济活动之外；而在价值分配上，西部地区可能由于议价能力不足等原因，无法获得公平的价值分配。因此从包容性创新的视角解读我国西部地区发展问题可以带来更加深入和全面的认知。

（二）西部地区发展与包容性问题

1. 东西部发展差距变化

我国东西部发展严重失衡，2016 年西部地区的 GDP 总额为 119 885.6 亿元；而东部地区的 GDP 为 444 017 亿元人民币，约为西部地区的 3.8 倍。从 GDP 总量来看，东西部差距非常明显。而从 GDP 的增长率来看，无论东部还是西部，近年来 GDP 增长率都明显放缓，这可能和我国的经济逐渐步入新常态有关。增长速度变缓，同时面临着产业结构性的调整。

如图 4－1 所示，东部地区的增速逐步放缓，2016 年较上一年增长 6.11%。而值得关注的是西部地区的增长率有着非常明显的下滑，2012 年还能达到 14.61%的增长率；而到了 2016 年，增长率却已经减少到了 8.60%。除了 2015 年之外，基本上西部的 GDP 增长率都高于东部地区。但相比起本身 GDP 总量 3～4 倍的差距，西部地区的 GDP 增长并不显著，如图 4－2 所示。因此，可以预见在短期内东西部的总体 GDP 差距并不会明显地发生变化。

---

① Peace, Robin. Social exclusion: A concept in need of definition? [J]. Social Policy Journal of New Zealand, 2001, 16: 17-36.

② 吴晓波，姜雁斌. 包容性创新理论框架的构建 [J]. 系统管理学报，2012，21 (6): 736-747.

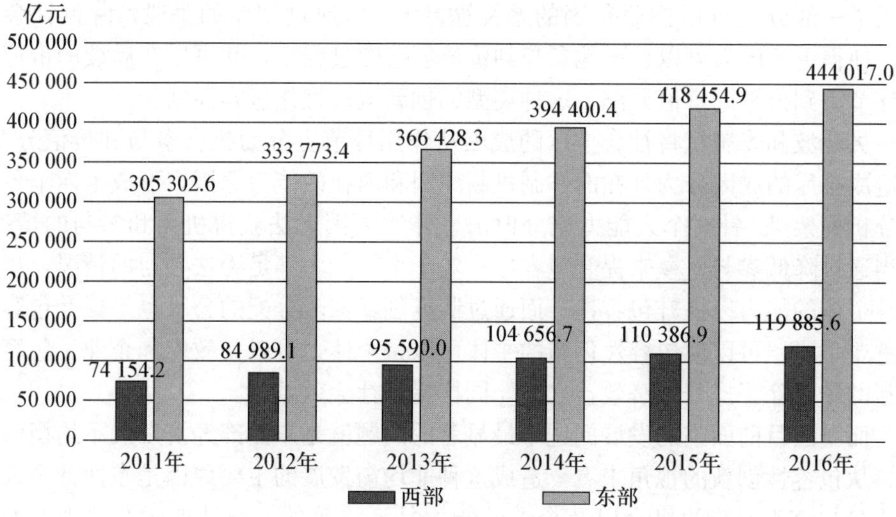

图 4-1　东西部 GDP 变化图

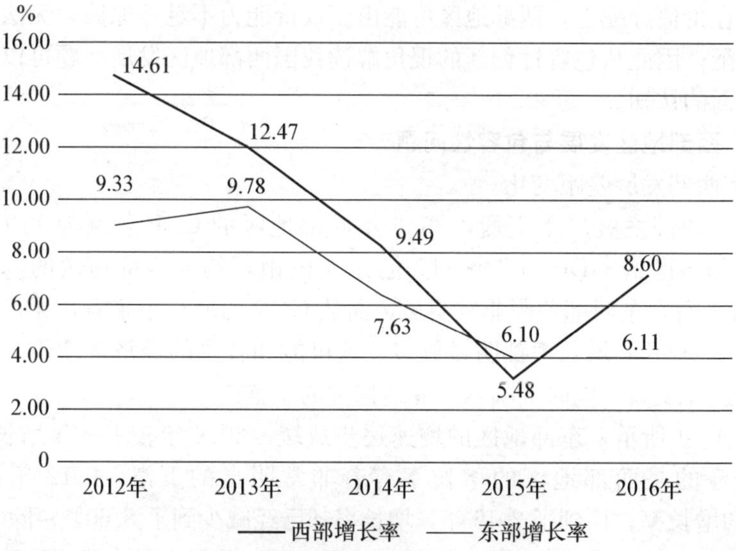

图 4-2　东西部地区 GDP 增长率

如图 4-3 和图 4-4 所示，从人均 GDP 数据来看，2016 年西部地区人均 GDP 达到 40 042.36 元，而东部地区的人均 GDP 为 71 694.55 元，约为西部地区人均 GDP 的 1.7 倍。从增长率来看，虽然 2011—2016 年除 2015 年外西部地区的人均 GDP 增长率高于东部地区，但东西部地区的增长率都有明显的下滑，因此在人均 GDP 方面，东西部地区的差距在短期之内同样并不会发生明显的变化。

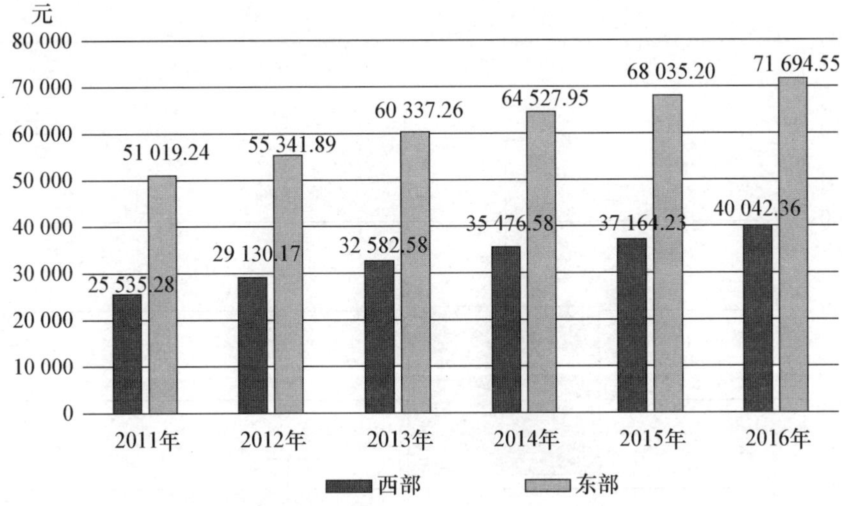

图 4－3　东西部人均 GDP 发展变化

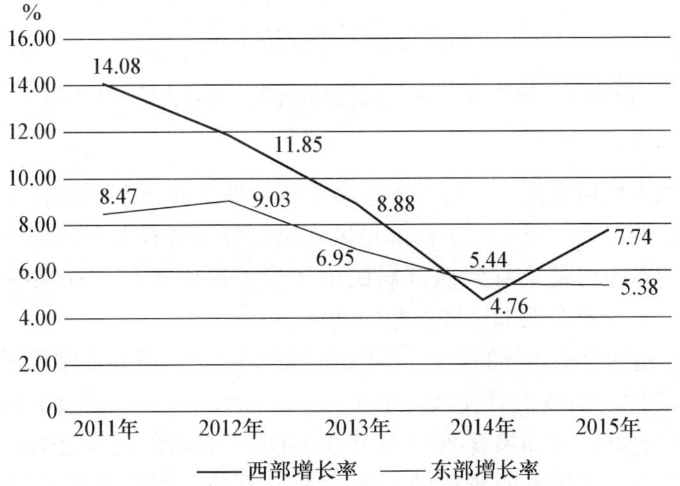

图 4－4　东西部人均 GDP 增长率

而观察 2017 年东部、西部省份的居民人均可支配收入可知，东部省份的居民人均可支配收入普遍高于西部省份。2017 年东部省份的居民人均可支配收入基本都高于 2 万元，其中北京、上海和浙江的数值突破了 4 万元，而在西部省份中除了重庆、四川、陕西和宁夏四个省份之外，其他地区的数值都低于 2 万元。重庆作为西部地区唯一的直辖市，2017 年的居民人均可支配收入达到 24 153 元，其他西部省份的人均可支配收入在 15 000 元到 21 000 元的区间中，相比东部省份仍有较大的差距（如图 4－5 所示）。

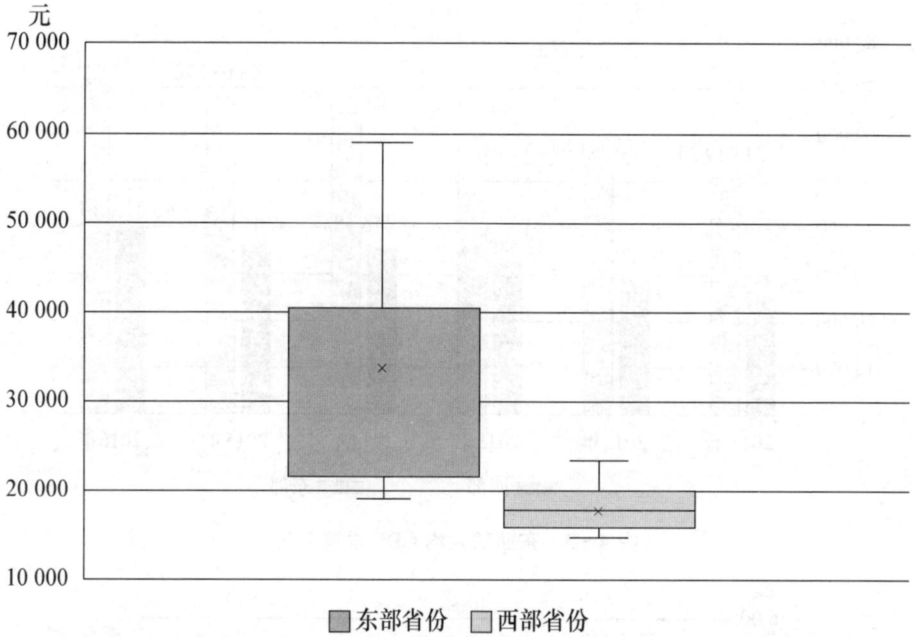

图 4－5　2017 年东部、西部省份居民人均可支配收入分布

资料来源：各省市统计年鉴。

城市居民人均可支配收入分布不平衡不仅表明了我国东西部目前的发展还没有达到包容性的结果，还表明了西部地区人民在资金持有上和东部居民有一定的差距。而这些差距可能会导致西部居民由于资本原因被排斥在某些经济活动之外，从而进一步导致东西部经济差距的增大。

从另一个角度看东西部的发展，2015 年东部 12 个省份共计排放污水 4 082 114 万吨，而西部 10 个省份共计排放污水 1 174 259 万吨，乍一看似乎西部地区的环保水平发展得更好，但如果看 2016 年单位 GDP 所排放的污水量就会发现东部城市每产生 1 亿元 GDP 需要排放的污水为 9.6 万吨，而西部城市每产生 1 亿元 GDP 需要排放的污水为 10.6 万吨①。这说明西部地区的经济产值有更高的环境代价。这一点就值得重视了，一方面东西部的发展还有很大的差距，西部地区需要进行经济开发；另一方面，国家也同时在倡导绿色经济。东部地区很多地方面临着环境整治的压力，如北京、上海等人口密集的城市纷纷将大量高排放和高能耗的企业迁出，流向中西部地区。而西部地区如何实现环境代价和经济增长之间平衡，这是各地区政府都需要慎重权衡的问题。

① 中国统计年鉴：2016 [M]. 北京：中国统计出版社，2016.

2. 包容性创新对于西部发展的意义

包容性创新是指用创新来保障各个群体都有尽量公平的机会参与价值的创造，并能在价值分配环节得到公平的待遇。这对于西部地区的发展至关重要。根据前文的分析，西部地区的人均收入和总体经济增长都不如东部地区，这就导致了西部地区的人民有可能面临资本方面的排斥，无法参与到具有较高进入门槛、需要较高资金投入的领域中去。失去了公平参与价值创造的机会，西部地区人民自然也就没有机会参与到价值分配的环节中，长此以往，东西部经济发展差距就会越来越大。

很多政策制定者在面对发展不平衡的问题时，都会从顶层设计的视角入手。例如我国的西部大开发政策就是针对东西部发展不平衡问题的专项政策。国家通过加强对西部地区的基础建设投资以及保护生态环境的方式，促进西部地区的经济发展。而包容性创新强调要发挥企业和个人的力量，通过创新的方式，让更多的群体获得公平参与市场竞争的权益，发挥自下而上的能动性①。包容性创新能在市场经济的游戏规则中，让更多的利益群体参与进来，通过创新的方式降低资本壁垒，因此关注企业和个人的包容性创新对提升西部地区的经济发展，平衡东西部的发展有着重要的意义。

二、西部地区包容性创新现状讨论

（一）西部地区包容性创新的总体现状

根据上文的分析，我国东西部地区发展不平衡，西部地区不仅在经济总量和人均产值上低于东部地区，同时，西部地区的产业结构不合理，单位产出的环境代价也较高，而经济上的发展不均衡也可能导致西部人民无法公平地参与价值创造活动，造成进一步的发展差距。

组织或者个人在参加经济活动时总会遇到一些行业壁垒，而过高的壁垒就会导致社会排斥，进而导致不同的人群无法拥有公平参与的机会。这种社会排斥的主要成因可以分为客观原因和主观原因。客观原因包括地理、社会、经济、政治等原因，譬如说由于地域偏远交通不便导致远离目标市场，由于政策限制无法参与到行业竞争，或者是由于市场竞争的失灵造成信息不对称，这些都是会导致特定群体无法参与市场竞争的客观原因。而主观的原因则一般是个人能力和资本的限制。由于能力的限制，个人和组织无法加入那些知识密集型的行业，而由于资

① George Gerard，Anita M. McGahan，Jaideep Prabhu. Innovation for inclusive growth：Towards a theoretical framework and a research agenda [J]. Journal of Management Studies，2012，49 (4)：661-683.

本的限制就会被有较高固定资产投入的行业拒之门外。

对照产生排斥的原因来看可以发现，首先西部地区在地理环境上面临一定程度的隔离。由于西部地区地处内陆，远离各大港口，因此在发展国际贸易、开拓海外市场上存在劣势。另外由于我国人口在分布上就存在东多西少的问题，而在消费水平上东部地区也是更胜一筹，因此西部地区在地理上也同样远离我国本土市场。位于西部的生产者和创业者在与东部企业的竞争中就会面临难以开拓市场、较高的物流成本等问题这就会导致西部的生产者竞争力较弱。而在技术和能力方面，对于西部地区的广大中小企业来说，人才资源的稀缺可能是制约企业发展的重要因素。西部地区本身人口聚集较少，在教育资源方面也相较东部落后，另一个比较现实的原因是西部地区城市对中高端人才的吸引力不如东部省份，因此面临着人才流失的问题。而人才的缺失则会导致企业技术能力、管理水平的下降，从而面临能力方面的排斥。

（二）西部各地区包容性创新情况对比

根据包容性创新的概念，包容性创新不但要在结果上实现经济和社会效应的增长，还要在经济增长过程中实现广泛的参与和公平的分享。因此在测量包容性创新时，不仅要关注静态的社会福利、贫困减少结果，而且要关注个体层面的能力提升、工作机会的增加等动态的特征①。

1. 西部地区城乡工作机会情况

就业机会代表了西部地区人民参与到经济发展中的机会分布。就业机会越高说明该地区人民参与到经济建设中的机会越多，在包容性创新的过程中有更好的表现。如表4-1所示，在2011—2016年，西部地区部分省份城镇登记失业率数据都有起伏，重庆市的失业率有持续上升的趋势，云南、宁夏的失业率则持续降低，而其他地区的失业率保持稳定。总体来说，西部地区各省份的登记失业率都在2%～5%的区间中，其中四川和宁夏的失业率较高，说明四川和宁夏相对于西部其他省份的就业机会较为有限，城镇工作机会较小。这也意味着它们在包容性创新的过程中表现较为一般。而甘肃2016年的就业机会已经提升到西部地区前列，和西藏一样拥有较好的表现。

城镇就业人数代表的是西部地区城镇居民参与经济活动的情况，然而在讨论包容性问题的过程中，需要注意到的是大部分面临社会排斥而无法正常参与经济活动的人口更加有可能生活在乡村。在本身基础设施建设相较落后的西部地区，信息通信、道路交通、水利电力设施的不完善使得西部地区人民参与经济活动的

① 邢小强，周江华，仝允桓．包容性创新：研究综述及政策建议［J］．科研管理，2015，36（9）：11-18.

表 4－1　　2011—2016 年西部地区部分省份城镇登记失业率　　（%）

省份	2011 年	2012 年	2013 年	2014 年	2015 年	2016 年
重　庆	3.5	3.3	3.4	3.46	3.6	3.7
四　川	4.1	4.1	4.1	4.2	4.1	4.2
贵　州	3.29	3.26	3.27	3.29	3.24	3.23
云　南	4.03	3.98	3.98	3.96	3.6	3.2
西　藏	3.2	2.6	2.5	2.5	2.5	2.6
陕　西	3.59	3.2	3.3	3.3	3.4	3.3
甘　肃	3.11	2.7	2.3	2.2	2.1	2.2
青　海	3.8	3.4	3.3	3.2	3.2	3.1
宁　夏	4.24	4.2	4.1	4	4	3.92
新　疆	3.2	3.4	3.4	3.2	2.9	3.22

资料来源：各省份的统计年鉴

成本非常高。在这样的情况下，首先他们可能一开始就没法参与到经济活动中去；其次就算已经进入了市场，也很难在与其他地区生产者的竞争中取得优势，而这样的情况在西部地区的农村更加严重。因此在考虑到包容性创新问题的时候，在关注城镇就业率之外还应关注乡村的就业情况。表 4－2 的原始数据来源于各省份统计年鉴，计算各省份乡村从业人数占本地区乡村人口的比例。乡村从业人数统计了乡村人口中 16 岁以上实际参加生产经营活动并且可以获得相应报酬的人员，但由于这一数据在统计时并不包含户口在本地人却在外的学生、军人，也不包含待业人员和家务劳动者，因此这样计算出来的比例相较城镇就业率来说就比较低。

根据表 4－2，我国西部地区部分省份的乡村人员面临的就业机会有了显著的提升，西部地区的乡村人口有了更多的机会参与到生产活动中，包容性有着明显的提升。这一方面是由于我国西部大开发战略的推进，西部地区的投资逐年增加，使得西部地区的就业岗位有了明显的增加，具体表现在乡村从业人口的绝对数量近年来呈现上升的趋势。另一方面是由于基础设施建设的完善，使得西部乡村地区人民参与经济活动的壁垒逐渐降低，使得乡村地区的人民在主观上更加容易参与到经济活动中。

横向对比来看，2016 年在乡村就业方面表现最好的是云南，这一项数值超过 80%，而且纵观 2011 年之后的变化，云南在乡村从业人数占乡村人口比上是有持续并且明显的提升，就业机会的提升接近 10%。四川、宁夏和青海的乡村就业情况紧随其后，超过 70%。而新疆在这方面的表现就显得并不佳，虽然近年来已经有了相当比例的提升，但相较于其他省份都接近或者超过六成的就业人数比例，新疆低于50%的就业人员比例显得不足。

表4-2　2011—2016年西部地区部分省份乡村从业人数占乡村人口比　(%)

省份	2011年	2012年	2013年	2014年	2015年	2016年
重　庆	58.94	59.28	58.60	58.45	58.82	59.31
四　川	71.92	73.30	74.42	75.54	76.46	77.62
贵　州	54.90	55.51	56.25	57.96	58.98	59.98
云　南	74.86	77.36	78.19	79.68	81.57	83.99
西　藏	53.78	53.83	54.61	56.68	58.23	59.22
陕　西	66.24	69.19	68.52	66.78	63.56	62.71
甘　肃	50.38	47.96	64.06	64.91	65.55	67.02
青　海	53.28	52.74	68.04	70.58	71.27	72.49
宁　夏	68.11	67.13	68.84	70.39	72.16	72.78
新　疆	40.29	43.12	44.55	45.90	46.87	—

资料来源：各省份统计年鉴。

总体来说，近年来西部地区在包容性上有了很大的提升，无论从城镇就业率来看，还是从乡村从业人数占乡村人口比来看，西部地区的就业机会一直在稳步地提升，就业机会的增加可以反映包容性的增加。由于西部大开发战略的推进，对西部地区的投资为西部地区创造了更多的就业机会。而随着基础设施建设的投入，西部地区人民过去由于远离目标市场、交通不便等原因而面临的高壁垒在一定程度上降低了，给予了西部地区人民更多机会参与到市场活动中，并从中获得相应的回报，大大增加了西部地区的包容性。尤其是西部地区乡村地区的就业机会近几年有了大幅的增加。从表4-3可见，2011—2015年西部部分省份的城乡消费水平差距都在逐步缩小。但对比东部沿海城市，普遍在2左右的城乡消费对比，西部地区的城乡差距还是显得较大。在过去西部地区的乡村地区面临着很大的地理劣势，并且在基础设施方面有较大的落后，这使得西部乡村地区往往很难参与到经济活动中去。失去了积累资本的机会之后，乡村经济面临更大的劣势。单纯通过福利制度只能缓解贫困人口的生活压力，并不能让贫困人口获得能力提升，从而得到可持续的发展。而近年来，随着西部地区建设的推进，西部乡村地区的社会排斥有了大量的减弱。通过就业机会的提升，更多原本无法通过工作养活自己的人得以参与劳动而改变自身的困境，并且可以通过在经济活动中不断的积累资本提升自身能力，摆脱贫困的生活水平。这在大环境上也提升了西部地区的包容性。这对于西部地区减少城乡差距有重要的影响，并且对我国完成全面的小康建设有重大的意义。

表 4-3　　2011—2015 年西部地区部分省份城乡消费水平对比

省份	2011 年	2012 年	2013 年	2014 年	2015 年
重　庆	3.9	3.5	3.3	3.2	3.1
四　川	2.7	2.3	2.2	2.1	2.0
贵　州	3.5	3.5	3.1	2.8	2.6
云　南	3.0	2.9	3.2	2.8	2.6
西　藏	4.1	4.2	3.6	3.3	3.2
陕　西	3.5	3.2	3.0	2.9	2.8
甘　肃	3.4	3.3	3.1	3.2	3.1
青　海	2.7	2.5	2.5	2.4	2.3
宁　夏	3.6	3.1	2.8	2.5	2.7
新　疆	3.3	3.2	3.1	2.8	2.7

注：数据为以乡村消费水平基准为 1 时的城镇消费水平。
资料来源：各省份统计年鉴。

2. 西部地区社会福利投入情况

社会福利投入主要代表了当地政府对于弱势群体的投入，不仅包含对于弱势群体生活保障方面的投入，同样也包含帮助这些弱势群体寻求工作机会的就业补助等。一方面弱势群体在生活保障上存在问题，在一定程度上影响了他们的就业选择和情况，使得他们无法参与正常的社会活动。而另一方面，对于弱势群体参与就业的就业补助能促进弱势群体参与到经济活动中去，增强劳动力市场的包容度。

从表 4-4 可见，2012 年之后西部地区除青海外各省份的社会保障和就业支出在绝对值上都有较高的增加。其中四川 2016 年的社会保障和就业支出达到了 1 320.17 亿元，是各省份中最多的。而西藏也从 2012 年最低的 65.54 亿元增长到 2016 年的 208.47 亿元，这说明近几年西部地区对于社会保障和就业的重视程度越来越高。而 2016 年宁夏虽然在绝对值上仅为 164.24 亿元，但也已经达到本地区财政支出的 13%，在西部地区处于中游的水平。

由于各地区的经济体量不同，因此无法通过比较社会保障和就业支出的绝对值来对比西部各省份的投入情况，因此在表 4-4 中还展示了社会保障和就业支出占财政支出比例。在 2016 年这一项数值中，四川和重庆都远远高于西部地区的平均水平，位于第一梯队，超过了 16%。而山西、甘肃、云南和西藏也都超过了西部地区的平均水平。2016 年贵州就业保障和就业支出仅为 367.23 亿元，仅仅占本地区财政支出的 8.62%，处于西部省份最低水平。这说明贵州相比其他西部省份对于社会包容性发展的重视略显不足。从纵向对比来看，2012—2016 年五年内贵州社会保障和就业支出占财政支出比例并没有明显的变化，但由于财政支出的逐年增加，这五年社会保障和就业支出的绝对值还是增长了。

表 4-4　西部地区部分省份社会保障和就业支出及占财政支出比例

（单位：亿元）

省份	2012 年		2013 年		2014 年		2015 年		2016 年	
	社会保障和就业支出	社会保障和就业支出占财政支出比例（%）	社会保障和就业支出	社会保障和就业支出占财政支出比例（%）	社会保障和就业支出	社会保障和就业支出占财政支出比例（%）	社会保障和就业支出	社会保障和就业支出占财政支出比例（%）	社会保障和就业支出	社会保障和就业支出占财政支出比例（%）
重　庆	403.05	13.23	431.89	14.10	502.94	15.22	569.63	15.02	640.55	16.01
四　川	680.21	12.48	833.51	13.40	927.01	13.64	1 111.75	14.83	1 320.17	16.48
贵　州	235.40	8.54	264.52	8.58	299.72	8.46	340.33	8.64	367.23	8.62
云　南	439.06	12.29	505.45	12.34	584.08	13.16	648.28	13.76	692.43	13.80
西　藏	65.54	7.24	78.23	7.71	85.98	7.25	102.00	7.38	208.47	13.13
陕　西	421.16	12.67	497.75	13.58	541.40	13.66	631.99	14.44	655.47	14.93
甘　肃	294.64	14.31	346.77	15.01	376.22	14.80	421.31	14.24	464.80	14.76
青　海	179.51	15.49	162.01	13.19	148.01	10.98	160.50	10.59	196.30	12.89
宁　夏	89.60	10.37	102.77	11.14	116.43	11.64	146.23	12.84	164.24	13.09
新　疆	227.79	8.37	263.17	8.58	300.85	9.07	371.90	9.77	504.38	12.19

资料来源：各省份统计年鉴。

西藏和新疆过去五年内在包容性发展方面的投入是最显著的，2012 年西藏和新疆的社会保障和就业支出占财政支出比例是西部省份最低的，但经过五年的发展，西藏和新疆已经接近甚至超过了西部地区的平均水平。

三、互联网经济下包容性创新的新思路

(一) 互联网经济提升包容性的机制

近年来，互联网经济快速发展，带来了新的商业模式。以电子商务为代表的商业模式将为西部地区带来新的发展机遇。区别于过去的商业组织形式，电子商务的诞生为西部地区人民提供了一个公平参与市场竞争的机会，在平衡东西部发展问题上有着重要的意义。具体表现在：

电子商务可以降低西部人民创业的门槛。互联网和传统商业模式的一个显著的不同在于其初期需要投入的固定成本远远低于传统商业，可以说几乎是零门槛。创业者并不需要过多的固定资本投入，甚至只需要一台电脑和一根网线就可以接入庞大的在线市场，而且在线市场的交易手续费也相对来说较低，可以让生产者获得更大的利润。而西部人民在资金实力上往往逊色于东部地区的人民，在创业过程中容易被排斥在高门槛的行业和市场之外，因此电子商务的诞生增加了西部人民创业的机会和成功率。

电子商务可以大大降低地理上的不便利。对于西部地区尤其是山村地区的消费者来说，由于地理上的劣势，日常生活用品的购买都需要花费大量的时间和精力成本，并且选择也非常有限。而有了电子商务，西部地区的消费者不仅拥有了更多的选择，而且还可以享受到快递到村的服务，大大提升了生活质量。另外，对于西部地区的生产者来说，过去由于地理位置原因，往往远离目标市场，再加上组织和个人的能力有限，往往很难通过自身努力将产品销售到东部市场中去。而电子商务的组织形式，再加上近年来愈发成熟的物流行业，通过电子商务，西部地区的生产者和创业者往往可以通过在线平台开拓全国市场，在这一点上西部生产者在过去面临的地理劣势被降低，从而可以在市场中竞争。

电子商务可以帮助西部生产者聚集需求。西部地区有很多本地区特色的产品，尤其是一些农产品和手工艺品。而这些产品在过去往往很难形成产业规模。一来是因为过去西部生产者能接触到的都是本地市场，而这一类产品在本地市场上供给远远大于需求，并不能为西部的生产者带来良好的利润。二来这类产品的需求往往是零散的，无法聚集起一定规模的需求，对于生产者来说会面临规模不经济的问题。而电子商务平台则通过互联网的形式将全国范围内的需求都积聚起来，可以让生产者以较低的成本开拓全国市场，达到规模经济，提升自身的竞争

力继而扩大生产规模，最终能让西部地区的一些特色产品得到产业化的发展。

电子商务可以改变价值分配结构。过去由于供需双方的对接渠道有限，西部地区的产品要销售到外地市场往往需要经过非常长的流通环节。而通过层层流通，商品最终创造的市场价值中的绝大部分会被中间商获取，西部的生产者和创业者最终仅能获取小部分的收入。电子商务的交易模式可以将生产者和消费者通过在线交易平台直接联系起来，减少了中间商的介入，大大缩短了流通过程。而在消费者享受到更加优质且低价的产品的同时，生产者和创业者亦能在创业过程中获取大部分利润。

因此，通过降低准入门槛、消除地理隔离、聚集有效需求、减少流通环节，电子商务的出现改变了西部生产者面临的市场环境，将西部的生产者和全国范围内的市场对接，可以让西部的生产者能更好地参与到市场竞争中，并且在这个价值创造的过程中分享更多的利益。同时，电子商务的出现也能促进西部地区很多产业的形成和规模化的发展，这对于西部地区总体的经济水平提升具有重大意义。

（二）西部地区包容性创新典型案例

1. 从农业县到电商县：仁寿县的转型之路

仁寿县位于四川省，以水果出名。以水果为主的农产品基本都是生鲜产品，不利于储存与远距离运输，这种特性使得农产品的交易损耗大且要保证较短的交易周期，另外农产品的生产周期相比工业产品来说比较长，市场价格的波动也为当地农民带来了市场风险，因此在过去农民的生产和交易环节都面临着较大的风险和较高的流通成本。而农民也同样无法通过一己之力开拓产品市场，农产品经过较长的供应链之后到达消费者手中，而农民却只能获取很小一部分价值。

仁寿县在 2017 年实现电子商务交易额 9.28 亿元，户均收入超过 10 万元①。并且，仁寿县培育了大批的互联网创业者，培育出了一系列的农产品品牌。在线市场的巨大需求不仅让农民能无忧地将每一年的农产品卖出，更由于品牌的成功打造，让农民能获得更大的利润。而同样由于电子商务的推动，仁寿县的农业产业有了巨大的发展和进步，为保证产品质量有了严格的行业标准和监督机制，也引入了溯源系统等新的科技，增强了仁寿县的农业生产力，推动了产业的进一步发展。另外，电子商务带动了大批人口的就业，包括物流行业、网店经营等环节吸收了大量的就业人口，也吸引了一批有创业精神的大学生来此创业。

---

① 2017 年仁寿县电商交易额达 9.28 亿元［EB/OL］.（2018－02－09）［2018－02－09］. http://www.ms.gov.cn/info/4816/1022097.htm.

2008年左右，我国电子商务开始迅速发展，在仁寿县也出现开始试水互联网经营的年轻人。这种门槛较低的创业方式吸引了更多村民的加入，但经过一段时间的发展，虽然网店数量有了迅速增加，但大多数仍旧是小打小闹未能形成气候，逐渐遭遇了发展的瓶颈。造成这种现象的原因有很多，比如电子商务并没有和当地的特色产业、优势产业结合起来，很多网店经营的产品都并非当地特色的产品，而这相对于其他同类型的商家来说就没有竞争优势。一方面，当地特色的农产品经由电商渠道经营还需要突破重重障碍，比如需要建立特殊的冷链物流系统以确保全国范围内的交易的顺利进行。另一方面，由于参与经营的农民往往缺乏经验，缺乏对于互联网店铺的运营和管理能力，因此无法拓宽市场。农产品作为需要经营的产品，也有一些特殊性。首先缺乏有影响力的品牌，产品的溢价无法提升，而知名度也很难扩张。其次面临标准缺失的问题，而一旦市面上出现不良商贩，就会破坏现有的市场秩序，甚至危及整个产业链。这些问题已经不是光靠企业和生产者能独立解决的，需要政府部门，完善制度体系，参与到包容性创新系统中去。

仁寿县的电子商务发展到2014年时，遇到了发展的瓶颈，而当地政府的介入成了推动仁寿县电子商务突破发展困境的关键所在。在当地政府和相关协会的参与下，仁寿县首先与京东等著名电商平台达成战略合作，加强了和平台的深入合作，并和物流企业联合建立了物流中心①。从基础设施方面消除了一定的障碍，降低了物流的成本和便利性，另外，加强对于农民电子商务经营能力的培训和指导。采用了“一家一帮扶”和“赶场小站商学院”的形式，让很多不具备互联网经验的农民都能顺利地在线上平台完成交易②。仁寿县还和当地的高校合作，通过学校基础培训、行业专题培训、现场技能培训的方式开展电子商务培训。一方面吸引毕业学生进驻就业，另一方面也孵化了一大批优秀的创业企业。同时当地政府还牵头建立了农产品的溯源系统，形成规范的行业标准，避免产生劣币驱逐良币的情况。政府还通过举办枇杷节、血橙节等形式，提升地方品牌的影响力，也出台了一系列个人贷款及小微企业贷款政策，帮助创业者解决资金问题。

综上所述，可以发现虽然电子商务本身就是一个能为西部地区生产者提升参与的公平性的包容性创新，但是在农民参与到电子商务的过程中还会存在其他问题，例如基础设施、电商运营能力和品牌建设，甚至是创业初期的资金不足等。

---

① 崔江. 主流电商平台 抢滩四川农村［N］. 华西都市报，2017-06-12（2）.

② 汪开成. 吸引全国人民来“赶场”仁寿枇杷全国推介 全国出名［N］. 眉山日报，2016-07-15（10-11）.

这些问题都是源于生产者本身的能力和资本不足带来的社会排斥，政府部门通过培训的方式使农民提高自身能力，从而保障了他们能更好地参与竞争；采用金融服务创新的方式，让更多原本由于资金不足被限制的人有了能参与到在线市场的机会。虽然包容性创新的主体往往是个人和组织，但政府在其中同样起到了非常关键的作用，基础建设的投入和制度的创新往往能进一步提升包容性，让更多人能参与到价值创造中。

2. 文山的电商扶贫之路

2017 年阿里巴巴公布了 2016 年的电商消贫十佳县市，云南文山赫然排列在榜首，获得了 77.23 的电商消贫指数、88.18 的电商惠及广度指数和 74.28 的电商惠及深度指数，成为十佳县市中唯一一个位于西部地区的县市①。2017 年文山电商交易额达到了 17 亿元，同比增长了 13.3%②。文山是商务部电子商务进农村综合示范县绩效评价中云南唯一一个优秀县。

文山一直是三七的主要产区，无论是种植面积还是产量都占全国三七的 90%以上，另外由于地理环境的独特性，文山还生产咖啡、蔬菜、药材、茶叶等优质农产品。由于缺乏工业基础，过去文山的支柱产业就是农业和旅游业。然而过去由于文山地处边疆，面临地理环境的局限；基础建设薄弱导致交通运输不方便，虽然有非常好的农产品，但也欠缺知名度，无法销往较远的市场，因此农民们在收入上受到了很大的限制。这些原因同样导致了文山的旅游业无法得到更好的发展。过去文山的三七产业一直都以传统的市场经销模式为主，农民负责种植，当地的龙头企业负责加工和销售，但由于优质的三七一般三年一产，因此很难在种植时预测市场情况，产品的长种植周期加上农产品价格的波动，经常会让农民在采收时不得不以远低于预期的价格出售自己的产品。而且过去文山的三七种植有着规模小而散的特征，农民在面对收购厂家时并不具备议价能力，因此尽管三七的市场价格不低，农民也很难从中获得相应的利润。

2010 年前后，文山本地的三七经销商开始尝试通过互联网拓展自身的销售渠道。通过互联网一方面可以利用电商的特殊机制提前确定三七的市场价格，降低由于三七市场价格波动带来的风险；另一方面也缩短了销售的中间环节，将原产地和市场直接对接，让农民能从三七的交易中获得更多的利润。以文山高田三七种植产业基地有限公司和云南七丹药业股份有限公司为代表的本地企业开始在

① 阿里研究院. 阿里巴巴网络扶贫研究报告（2016）[EB/OL].（2017-03-28）[2018-03-28]. http://www.aliresearch.com/blog/article/detail/id/21292.html.

② 李光员. 文山市电商交易额达 17 亿元 [EB/OL].（2018-03-05）[2018-03-28]. http://finance.yunnan.cn/html/2018－03/05/content_5107880.htm.

天猫、京东等各类在线渠道经营三七、三七粉、三七花等产品[①]。然而在经营过程中，这些企业也面临一些问题，由于原本产业中储备的人才大多都只专精于传统市场的管理和销售，而经营在线市场所需要的则是完全不同的人才，一开始文山的网商在活动宣传、客服接单、发货售后等方面都显得服务质量低、经营效率不高。同时由于许多传统经营者对于新的在线零售渠道的理解不全面，很多企业在转型线上的过程中都显得非常犹豫，于是投入的资金不足、采用的技术落后以及对于电商人才的培养脱节这样的原因阻碍了文山电子商务的进一步发展。此外，由于文山地处偏僻，交通等基础建设薄弱，在文山电商发展初期物流的配送体系还没有建立完善，因此文山的网商在物流上成本也非常高。但即使面临这些发展问题，网商们仍然没有放弃，通过线上线下的不断经营逐步打开了市场。

先行者的成功引得其他经营者纷纷模仿，文山的其他农产品经营者譬如粮油、茶叶等农副食品生产者也开始在互联网电子商务平台上经营。随着互联网市场的不断扩大，文山的网商们也迎来了蓬勃的发展。在线销售额的不断提升为文山农民带来了收入的提升，还为文山带来了新的发展机遇。首先，随着电商平台对本土品牌的宣传，文山这一地域品牌也开始被消费者认可。文山的知名度提升不仅惠及了本地大量的农产品销售者，还盘活了本地的旅游市场，农产品销售结合旅游观光的模式成为文山的下一个发展战略。其次，电子商务平台的聚集效应也将零散的需求聚集起来，不仅能将本地区的农产品顺利卖出，并且需求量也在逐年增长。为了能满足日益增长的需求，文山也借此机会重新整合与规划了本地区的农业，将传统农业向现代农业转型，将农产品生产基地化、规模化和组织化，让农产品商品化和标准化。为了满足高端市场对农产品更高的要求，文山更是尝试发展绿色优质农业，强化农产品的标准化生产和质量安全监管，并且着力打造高原绿色生态农业品牌。而随着投入的进一步增加，文山农业现代化水平也在逐步提升。

在文山的农产品电商发展到一定规模时，当地政府也开始针对制约本地农产品电商发展的几个问题提出针对性的解决方案。譬如与物流企业共同构建县镇村物流体系，将物流企业、电子商务企业纳入规划，建成了大型的物流分拨中心和上百个乡镇村电子商务服务站。经过对于物流网络的完善，文山的电子商务企业不仅不再受到地理因素的制约，还在物流成本上有了极大的降低，与市场里的其他竞争对手相比提升了自身的竞争优势。而近年来冷链物流的飞速发展也让保存期较短的生鲜蔬菜和花卉产品的运输成为可能，文山盛产的农产品在未来也有可

---

① 文山：互联网+让农产品卖出好价钱［EB/OL］．（2015－08－19）［2018－03－05］．http://yn.people.com.cn/n/2015/0819/c372451－26039568.html.

能大规模通过互联网销售到全国各地，为农民收入的提升带来正面的影响。而针对专业人才缺失的问题，政府也引入了电商服务企业进行针对网商的培训工作，让传统企业了解互联网并且鼓励它们开拓在线市场。文山政府还与阿里巴巴共同打造了电子商务专题培训，举办了“互联网＋精准扶贫”的免费培训班①。通过电商服务站对偏远地区的贫困人口进行电商培训，部分贫困人口在接受培训之后开展了创业活动，而文山也为基于涉农电商的创业提供了有效的创业补贴。近年来当地政府还打造了文山创意产业园，产业园中引入了许多电子商务的配套服务，包括物流、摄影工作室等企业，产业园中的网商将自身零散的需求聚集起来，而这些配套企业为网商们提供低价而专业的服务，通过这样的方式进一步降低网商们的运营成本。

而现如今，随着文山电子商务企业的日益增加，农产品的在线交易额也在日益增加。贫困农民通过专业合作社组织生产，并且通过网络销售的方式提升了产品的附加价值。有一些农民在完成初期的资本积累后，自己也努力投身于电子商务创业当中，在创业初期利用政府提供的创业基金和本地区丰富的创业资源渡过初期的艰难。而随着农村电商的发展，越来越多原本无法参加生产的人在完成电子商务培训之后，开始从事电子商务产业的相关工作。截至 2016 年，文山的农村电商已经带动就业 4 331 人次。

综上所述，互联网经济带给区域的影响不仅仅是提供了新的营销渠道，更加重要的是激活了原有的传统产业。农业加互联网的形式一方面为农产品的销售提供了保障，并且降低了季节性价格波动为农民带来的风险；另一方面促进了传统农业的转型升级，使得农业生产规模化、现代化，也使得农产品品牌化、标准化，最终带动区域发展并且惠及底层的农民。在这一过程中，社会各层面发生的变化也让更多的农民加入生产和经营中去，并且在价值链中提升了议价能力，获得了更多的利润。农民们通过参与培训提升了自身的能力，突破了过去受到自身技术和能力限制而无法参与经营活动的局限。此外，文山通过对于创业环境的构建，为创业者提供了各项补助，并且通过完善电商的配套服务和基础设施建设将电商创业的成本降到极低，这也使得过去受制于资金不足而无法创业的低收入群体可以选择通过互联网进行创业，从而改变自身的贫困状态。

（三）西部地区包容性创新的经验总结

互联网经济为西部社会带来了一系列的变化，尤其是对西部社会的包容性提升有很大的影响。首先，互联网在西部地区的推广让很多原本无法享受到城市中

---

① 传统产业电商化助力扶贫攻坚：文山电商发展调研［EB/OL］.（2017-06-13）［2018-03-05］. http://www.sohu.com/a/148555238_475898.

优质服务和商品的人群可以通过互联网改善自身的生活品质。近年来西部地区政府不断推广农村电子商务服务站的建设，通过这种方式增加电子商务在农村的普及和使用，帮助西部乡村地区低能力、低收入的群体通过电子商务购买到更加价廉物美的商品。在过去，西部的乡村地区由于地理位置偏远和交通不便的问题，人民购买大型家电甚至是日常生活用品往往需要去往县城，要花费大量的时间精力并且还需要付出高额的运输成本。乡村地区的人们在购买日常生活用品时由于市场的限制很难有选择的余地，并不能让这一原本就收入不高的人群买到性价比较高的产品。而电子商务的推广，使很多地处乡村的人认识到通过电子商务购买日常需要的产品不仅价格更低，还能享受到产品配送到村落的服务。农村电子商务服务站提供的代买、代收服务也降低了使用电子商务的能力门槛，极大地便利了农村人民的生产和生活。互联网经济除了便利了西部地区很多山村人民对于实体商品的消费之外，还帮助这些人民接触到优质的在线教育、金融等服务，大大提升了西部地区人民的生活品质。

其次，互联网经济也激活了西部地区的传统经济。无论是仁寿还是文山，在从原本的农业县、贫困县发展成电商县市的过程中，都激活了原本地区的农业和轻工业，为本地区创造了大量的就业机会，带动了大量贫困人口的脱贫。乡村的产业在不断发展壮大的同时推动了乡村传统农业和工业的转型，改变了过去小而散的生产状况，向商业化、现代化、机械化的生产转变。可以说互联网经济成为西部很多地区产业转型的契机，推动很多西部偏远落后地区产业进行资源的重新分配。很多农业县顺应互联网思维，采用同时发展特色农业和旅游业的战略，通过特色农产品的包装和销售提升本地区的知名度，吸引游客开发旅游项目，同时通过生态旅游进一步推广本地区的优质农产品。这样既可以保留很多西部地区乡村优质的自然风光和良好的生态环境，又可以带动贫困人口参与到农业生产和旅游服务业中，从而实现脱贫致富。最后，互联网经济也为许多农村人口提供了较低门槛的创业平台。互联网创业前期所需要投入的成本较低，因此也成为很多农村居民创业首要选择的平台。凭借各地政府为农村电商发展搭建和完善的电子商务服务设施，包含物流系统、电子商务创业产业园等，农民创业者可以享受到优质而低价的配套服务，降低创业的成本。同时互联网金融的介入也为这些农民网商提供了一定的创业支持。截至 2016 年，蚂蚁金服已经为三千多万“三农”用户提供了信贷服务，发放了四千多亿元的贷款，这也在一定程度上鼓励和支持了农民网商的创业行为。而大量的农村创业也进一步提升了农村人民参与经济活动的机会，提升了西部农村发展的包容性。

在互联网经济中，参与包容性创新的主体非常多元。由于互联网经济的网络效应和外部效应，需要充分发挥各种利益主体的能力，才能使得本区域的互联网经济发展步入一个健康而又可持续的状态。因此为企业和农民"搭好戏台"，构建一个宽松的产业环境是政府需要做好的工作。在本地区电子商务不同的发展时期，需要政府参与的活动又有所不同。在本地区电子商务发展初期，需要做好基础建设工作，具体表现在建设好电信设备、仓储物流、交通运输等方面的基础设施，降低由于西部地区地理环境较差给企业和创业者带来的较高壁垒。而在本地区电子商务发展到一定程度时，政府则需要帮助电商产业做好人才保证的工作。以上文两个县市的经验为例，政府可以和电子商务企业合作，开发电商培训项目，为传统产业了解和学习互联网经济提供推手，也可以促进当地高校和电子商务企业展开合作。一方面可以解决大学生就业问题，另一方面也为当地的电商企业提供源源不断的人才输送。最后当地政府也可以鼓励电子商务发展较好的企业为后来者传授经验，组织行业协会，让互联网经济的发展更有系统性，促进企业之间的优势互补。而针对本地区电子商务发展到一定阶段，出现的恶性竞争和无序经营现象，当地政府也应当联合多个机构推进对于产品的质量监督，并且鼓励龙头企业进行创新，进一步提升区域产品的竞争力。

（四）互联网经济下西部地区包容性创新的机遇与挑战

包容性创新对于西部发展意义重大，例如电子商务平台的建立就为西部的农民提供了新的发展机会，一边鼓励更多人参与到价值创造中去，一边保障制度的合理和分配公平。目前西部地区的电商发展和农村电商发展已经帮助我国许多的贫困县脱贫致富，得到了中央和地方政府的重视。

在基础设施建设方面，互联网是电子商务发展的重要基础设施，国家在西部地区加大了对电信设施的建设投入，2010 年之后西部各省份的互联网普及率都有持续的上升趋势，这也为电子商务创业提供了保障。而近年来国家加大了对西部地区在公路、铁路等交通运输领域的投入，运输网络的建立让西部地区的地理劣势相对减小了，这也有利于西部地区生产者和创业者在市场竞争中享受到更低的成本，提升产业的竞争力。

而在政策层面，2018 年国家又批准了 22 个城市设立跨境电子商务综合试验区，包括了贵阳、西安、兰州等处于西部的城市。鼓励这些城市探索跨境电商之路，将产品销售到海外市场，尤其是西部地区要将跨境电商和"一带一路"建设进行结合①。而在鼓励创新创业方面，各级政府也都出台了相关的政策，鼓励西部创新和发展，对于特定的创业行为提供补助和税费减免。在国家的大力鼓励下，很多金融机构和交易平台也将眼光放到了西部地区，为当地的生产者提供融

① 国务院关于同意在北京等 22 个城市设立跨境电子商务综合试验区的批复［EB/OL］.（2018-08-7）［2018-08-07］. http://www.gov.cn/zhengce/content/2018-08/07/content_5312300.htm.

资服务，这将很好地解决当地人民在过去面临的创业资金不足的问题，降低参与价值创造的门槛。同时在创业孵化方面，国家也给予了一定的投资，像仁寿县那样的服务农民网商的“商学院”和文山市那样的电子商务培训都能受到中央和地方政府的补助，通过培训以及对接专业人才，更好地解决了由于个人能力不足造成的社会排斥，让西部地区更多从前无法参与到价值创造中的社会群体能有公平参与市场竞争的机会。

而西部地区同样面临着发展难题，有些地区基础设施建设薄弱导致互联网经济的发展受到限制。而人才不足和土地资源不足的问题在一些县市也十分常见。即使是在一些已经产生电子商务产业集群的地区，也会发现在电子商务产业中发展存在一些先天的劣势。由于在电子商务平台上进行创业就需要和平台上成千上万的商家共同竞争，西部地区的互联网经济发展相较东部地区滞后，而西部的创业者经营管理能力相对不足，可能在网络平台发展的初期获得可观的利润，但长远来看随着更多的竞争者加入，能力不足的问题就会导致竞争力不足。另外由于生产者创新能力不足，很多产品的设计和包装都有相互模仿的痕迹，产品同质化问题就变得愈发严重，很多创业者都深陷价格战的漩涡。此外，近年来日益增长的平台广告宣传费用和人工费用更让很多依靠低价格占领市场的创业者雪上加霜，甚至有些创业者会面临卖一件亏一件的尴尬处境。

以农产品为主的产业链有其独特的脆弱性。目前大多数西部以农产品为主的电商都采取了类似仁寿县的发展模式，打造知名的区域品牌。而区域品牌作为区域中所有网商都能共享的资源虽然能为当地的创业者提供品牌溢价，但也极易遭受到破坏，譬如由于极小部分的不良商家造成的食品质量问题和安全问题，将会危及整个区域品牌，因此需要完善制度规范，促进产品标准化生产流程的建立。

四、促进西部地区包容性创新的政策建议

（一）发挥地区优势，发展特色产业

目前电子商务已经变成了一片红海，西部地区的创业者要参与到这个产业中必须发挥自身的优势，否则很难在全国范围内的竞争中取得竞争优势。因此西部地区创业者理应在创业过程中发挥地域的优势，将有特色的地方产业作为创新创业的基础。譬如四川仁寿县的枇杷、血橙和桃子，甘肃成县的核桃和樱桃，这些特色的产业在当地已经有了一定的产业基础，不仅可以保证能有稳定的货源，而且产品质量也在全国范围内有一定的竞争力。当地政府理应鼓励当地传统的特色产业与互联网新业态进行结合，让电子商务和传统产业进行互动，形成产业间彼此带动的良好循环。另外，政府也应在地域品牌的建立和维护上下功夫，因为

农民生产者往往并不具备品牌管理的能力，因此就无法获得来自品牌价值增加的溢价，而地域品牌的建立能让整个区域中的生产者共同享受这个地区品牌带来的品牌溢价，有利于西部地区生产者在价值分配中获得更多的利益。

（二）加大基础设施建设，加强服务保障

西部地区要进行包容性发展，很重要的一点就是突破各种各样的排斥，无论是来自地理上的劣势还是人力资源上的劣势或者是资本上的劣势，都是制约西部地区包容性发展的重要原因，因此完善基础设施建设是减少排斥的基础。应结合国家宏观政策，推动当地的公路铁路建设、通信网络建设，削弱地理隔离对于经济发展的影响，降低物流成本和通信成本，使得本土的企业获得更大的竞争力。

由于西部地区创业者可能面临资金和能力上的阻碍，政府部门更应当加强服务保障。在解决资金困难上，当地政府部门一方面应当加强对创业者的资金补助，税费减免；另一方面还可以联合创投、金融机构进行金融创新，为创业者提供融资服务，让创业者度过创业初期资金困难的时期，增加创业的成功率。而在面临能力不足上，当地政府一方面应该和平台商开展广泛的合作，为区域中的企业争取到更多的权利；另一方面也要结合平台和高校，开展对网商的培训，从根本上提升他们的能力，最终提升区域中创业企业的竞争力。而通过和高校的合作，一方面可以对接高校人才和自身产业，吸引更多的人才进入本地，弥补人才缺失的问题；另一方面也可以为大学生创业和就业提供良好的平台。

政府的配套设施建设和服务保障的完善不仅能鼓励西部地区的人民和企业进行创新创业，保障参与的公平性，更保障了他们在竞争过程中支付较低的成本，以及拥有更多的资源，这可以增强这些创业者的竞争力，让包容性创新的成果具有可持续性。

（三）健全市场机制，完善公平分配

包容性创新除了保证参与的公平性和过程的公平性之外，还要保证分配的公平性。另外维护市场秩序也是保障产业持续发展的重要因素。在政府层面，应当联合行业协会制定完善的质量标准体系，推动质量认证和质量检测体系的建设，同时健全质量监督管理机构，建立严格的质量监管体系。由于质量标准的监管涉及工商、质监、环保等多部门，需要各部门建立合理的协同机制，共同制定高效的监管方案，共同维护市场秩序。合理的监督体系能有效发现市场内的不良网商，避免劣币驱逐良币的后果，共同维护区域品牌，保障大多数企业的利益。而行业协会也应发挥自身的能动性，积极探索行业发展的路径，探索建立行业预警管理机制，对危及行业发展和网商利益的事件建立快速反应机制和行动预案，提升行业的风险抵御能力。

参考文献

［1］阿里巴巴（中国）有限公司．中国淘宝村［M］．北京：电子工业出版社，2015.

［2］国家统计局．中国统计年鉴 2012［M］．北京：中国统计出版社，2012.

［3］国家统计局．中国统计年鉴 2013［M］．北京：中国统计出版社，2013.

［4］国家统计局．中国统计年鉴 2014［M］．北京：中国统计出版社，2014.

［5］国家统计局．中国统计年鉴 2015［M］．北京：中国统计出版社，2015.

［6］国家统计局．中国统计年鉴 2016［M］．北京：中国统计出版社，2016.

［7］姜雁斌．包容性创新理论框架的构建［D］．杭州：浙江大学，2012.

［8］George Gerard，Anita M. McGahan，Jaideep Prabhu. Innovation for inclusive growth：towards a theoretical framework and a research agenda. Journal of management studies，2012，49（4）：661－683.

［9］Ali Ifzal，Hyun Hwa Son. Measuring inclusive growth. Asian development review，2017，24（1）：11.

［10］Peace Robin. Social exclusion：a concept in need of definition?. Social policy journal of New Zealand，2001：17－36.

［11］邢小强，周江华，仝允桓．包容性创新：研究综述及政策建议［J］．科研管理，2015，36（9）：11－18.

［12］2017 年仁寿县电商交易额达 9.28 亿元［EB/OL］．（2018－02－09）［2018－02－09］．http://www.ms.gov.cn/info/4816/1022097.htm.

［13］崔江．主流电商平台抢滩四川农村［N］．华西都市报，2017－06－12（2）.

［14］汪开成．吸引全国人民来“赶场”仁寿枇杷全国推介全国出名［N］．眉山日报，2016－07－15（10－11）.

［15］阿里研究院．阿里巴巴网络扶贫研究报告（2016）［EB/OL］．（2017－03－28）［2018－03－28］．http://www.aliresearch.com/blog/article/detail/id/21292.html.

［16］李光员．文山市电商交易额达 17 亿元［EB/OL］．（2018－03－05）［2018－03－28］．http://finance.yunnan.cn/html/2018—03/05/content_5107880.htm.

［17］文山：互联网＋让农产品卖出好价钱［EB/OL］．（2015－08－19）［2018－03－05］．http://yn.people.com.cn/n/2015/0819/c372451－26039568.html.

［18］传统产业电商化助力扶贫攻坚：文山电商发展调研［EB/OL］．（2017－06－13）［2018－03－05］．http://www.sohu.com/a/148555238_475898.

[19] 国务院关于同意在北京等22个城市设立跨境电子商务综合试验区的批复[EB/OL]. (2018-08-07)[2018-08-07]. http://www.gov.cn/zhengce/content/2018—08/07/content_5312300.htm.

——执笔人：张紫涵，浙江大学管理学院

第五章　西部地区生态环境科技创新

摘　要

生态文明建设是关系中华民族永续发展的根本大计。生态环境是人类生存和发展的基本条件，是经济、社会发展的基础。保护和建设好生态环境，实现可持续发展，是我国现代化建设中必须始终坚持的一项基本国策。环境保护是关系我国长远发展和全局性的战略问题，西部地区生态环境地位极其重要，但是生态环境状况又极其脆弱，进一步加强西部地区生态建设和环境保护，对于国家生态屏障建设具有不可替代的重要作用。但是目前西部地区生态环境存在的问题很多，比如：土地退化、荒漠化、石漠化扩大，水土流失严重、水资源紧缺，水资源污染严重，天然林生态系统和野生动植物面临危机，大气污染严重，等等。生态环境科技创新为我们提供了解决这些主要问题的方式方法。生态环境科技创新及应用为生态文明建设提供了重要支撑，它不仅改进了生产方式，而且改善了生活方式，几乎深入到生态文明建设的每个环节，没有生态环境科技支撑，生态文明建设将是空中楼阁。

Abstract

The construction of ecological civilization is the fundamental plan for the sustainable development of Chinese people. The ecological environment is the basic condition for human survival and development, and the basis for economic and social development. Protecting and building an ecological environment and achieving sustainable development is a basic national policy that must be adhered to in China's modernization drive. Environmental protection is a strategic issue that affects China's long-term development and overall situation. The ecological environment status of the western region is extremely important, but the ecological environment is extremely fragile. Further strengthening ecological construction and environmental protection in the western region will play an irreplaceable role in the construction of national ecological barriers. However, there are many problems in the ecological environment in the western region, such as land degradation, desertification, rocky desertification expansion, serious soil erosion, water shortage, serious pollution, natural forest ecosystems and wildlife are facing crisis; serious air pollution, etc. Eco-environmental technological innovation provides us with ways and means to solve these major problems. The ecological environment science and technology innovation and application provide an important support for the construction of ecological civilization. It not only improves the production mode, but also improves the lifestyle, with going deep into every section of ecological civilization construction. Without eco-environmental science and technology support, ecological civilization construction will be a castle in the air.

一、西部地区生态环境现状与问题

（一）中国西部地区生态环境现状

1. 中国生态环境现状

当前的全国生态环境现状可以概括为：全国生态系统格局整体稳定，局部变化剧烈，生态空间被挤占、自然岸线和滨海湿地减少、河流断流、自然生态系统质量偏低、局部区域生态退化等问题严重，全国生态环境依然脆弱，生态安全形势依然严峻。

主要数据和状况呈现为：生态系统本底脆弱，水土流失、土地沙化、石漠化等问题依然严重。中度以上生态脆弱区域占全国陆地国土空间的55%，其中极度脆弱区域占19.8%，中度脆弱区域占25.5%。全国水土流失面积154.1万平方公里，占国土面积16.3%；全国土地沙化面积181.6万平方公里，占国土面积19.2%；西南8省份石漠化面积8.2万平方公里，占西南8省份面积的4.2%。城镇化加剧生态用地侵占和生境破碎化。我国适合人类生产生活的面积大约占陆地国土面积的30%。全国城镇面积迅速扩张，增加了28%，占全国生态格局变化的25.4%；西部增长速度最快，增长比例为33.8%，多数重点城市建成区呈现摊大饼式的单中心扩张。矿产资源开发生态破坏问题突出。全国5公顷以上的矿点52 566个，散布于1 774个县；10年间新增矿区占2010年矿区总面积的32.26%，其中55%分布在西部地区。开发破坏森林、灌丛、草地与湿地2 285.2平方公里。流域生态环境恶化。长江、黄河和海河流域生态环境恶化尤为明显。主要面临断流、湿地退化、水环境污染加剧、生物多样性减少、流域生态服务功能退化等问题。自然岸线不断遭到侵占。全国围填海加剧，海岸线长度增加1 047.6公里。自然岸线明显减少，由54.6%降低到44.1%；自然滩涂湿地面积萎缩，减少15.1%。环境污染进一步导致生态功能退化。

2. 西部地区生态环境现状

中国西部地区包括12个省、区、市，地域辽阔，环境条件复杂，气候类型多样、生态资源丰富，是中国的水源涵养地和生态环境安全屏障；资源丰富、潜力巨大，是中国的重要战略资源储备库和国家安全、可持续发展的重要保障；动、植物种类丰富、多样，是中国重要的生物多样性保护区；聚居地少数民族48个，是中国绚丽多姿、魅力四射民族文化、民俗风情的“聚宝盆”。其中，西南地区水资源占全国的70%，水能丰富，蕴藏量占全国总量的85%以上，可开发量占全国的81%以上；土地面积681万平方公里，占全国陆地总面积的71%；人口约3.5亿，占全国总人口的28%。西部地区不仅拥有广袤的土地资源，而且拥有较多的耕地和绝大部分草原；各种各样的生物资源、药用植物、工业植物等有待开发；未受侵扰的森林主要分布在西部地区，森林碳汇能力潜力巨大；自然景观与民族文化交相辉映，文化旅游效益十分看好。

同时，西部地区大多处于干旱、半干旱的地理环境中，荒漠生态系统、草原生态系统、森林生态系统等都十分脆弱，并处于不稳定的状态中，由于不可持续的经济畸形增长和人口的快速膨胀，使得本来就很脆弱的生态系统面临着更加严重的压力。

（二）西部地区生态环境问题

1. 全国生态环境调查报告

全国生态环境调查是为了落实党中央、国务院关于推进生态文明建设、完善生态环境监测网络决策部署的重要措施，是履行统一生态监管职能的有效抓手。全国生态环境调查通过开展卫星遥感和地面复核，摸清了全国和重点区域的生态状况，发现了存在的主要问题，提出了新时期加强生态保护的对策建议，为推进生态环境保护和国民经济发展综合决策提供了科学依据。经国务院批准，环境保护部和中国科学院牵头完成了《全国生态环境十年变化（2000—2010年）调查评估报告》《全国生态状况变化（2010—2015 年）遥感调查评估报告》。

通过调查评估，基本掌握了全国生态环境状况及其变化趋势、变化的时空分布特征和存在的主要问题，找出了生态环境变化及问题出现的主要原因，提出了新时期我国生态环境保护对策与建议。《全国生态环境十年变化（2000—2010 年）调查评估报告》显示，全国森林、灌丛、草地生态系统质量总体向好，城镇、农田生态系统格局变化剧烈，森林、湿地生态系统人工化趋势明显。农业生产与开发导致的水土流失、土地沙化、石漠化等问题依然严重，城镇化、工业化与资源开发导致的流域生态破坏、城镇人居环境恶化、自然海岸线丧失、野生动植物自然栖息地减少等问题加剧。全国生态安全形势依然严峻，生态环境风险增加，生态保护与发展矛盾突出。

主要存在以下几个问题：一是生态系统类型复杂多样，格局局部变化剧烈。森林、湿地生态系统面积有所增加，灌丛、草地、农田生态系统面积减少，城镇生态系统面积扩张迅速。二是生态系统质量低，森林与草地质量有所提高。森林、灌丛与草地生态系统质量为优等级的面积比例分别为 5.8%、11.7%与 5.4%。三是生态系统服务功能低，不能满足社会经济可持续发展要求。生态系统土壤保持、防风固沙和洪水调蓄功能有所提高，水源涵养功能无明显变化，生物多样性保护功能下降。四是生态环境脆弱，人工化加剧，生态环境问题依然突出。水土流失、土地沙化、石漠化等土地退化问题依然严重。生态系统人工化加剧，野生动植物自然栖息地减少。流域生态环境恶化，河流断流、湿地退化、生物多样性减少等问题突出。城镇无序扩张，人居环境恶化。海岸带变化剧烈，自然岸线长度减少，滨海自然湿地面积减少。矿产资源开发生态破坏严重。自然保护区、重点生态功能区等重要生态保护区域人类活动干扰加大。五是生态保护管理面临的主要问题。生态环境保护顶层设计不完善、责任不落实，生态保护观念落后；重人工建设、轻自然恢复；生态保护重战略规划，缺乏“落地”机制；生态保护与恢复项目多头管理，效益低下；城市建设与管理缺乏生态理念；缺乏合理的生态保护评估和绩效考核机制。

调查评估报告提出 7 点建议：一是改革现有生态环境管理体制，落实生态保护责任。加快推进自然资源资产所有者与监管者的分离，建立统一的生态保护监管机构，改变目前按类型分要素交错重叠管理体制，强化对生态系统的综合保护与管理。二是明确“生态用地”类型，划定并严守生态保护红线，构建科学合理的生态安全格局。定义“生态用地”概念，明确“生态用地”类型，增加生态用地，力争面积占陆地国土总面积 50%以上。三是坚持保护优先，统筹区域重大生态保护与恢复工程，改变目前生态保护与恢复项目多头管理的局面。坚持保护优先、自然恢复为主的方针，对人工造林种草等生态建设工程进行科学论证和限制，坚持宜林则林、宜草则草、宜荒则荒。四是增强城镇和城市群生态功能，促进城镇化健康发展。强化城镇生态安全意识和要求，严格控制城镇无序扩张与超大规模。在城市群发展规划中，要体现生态优先原则，优先确定生态用地，再规划城市建设用地。在城市总体规划中增加生态规划专项，建立节约资源、利用可再生资源和循环利用资源的机制和政策。五是推进流域综合管理，保障流域生态安全。综合协调流域资源环境承载力、产业布局、城镇化格局、生态环境保护等方面的关系，推进流域综合生态管理。尽快启动长江、黄河和海河等重点流域生态安全对策研究，重点开展流域生态调查、生态风险评估、生态保护与建设措施、农业面源污染防治等工作。六是增强生态保护科技支撑，建立生态调查评估常态化机制。加大国家生态保护与恢复方面的科技投入，提升科技支撑能力。七是落实生态保护新理念，完善国家生态保护策略。落实“保护生态环境就是保护生产力、改善生态环境就是发展生产力”的新理念，实行最严格生态环境保护制度，形成与生态保护相适应的生产生活方式。

2. 西部地区生态环境存在的问题

（1）水土流失问题尚未得到根本解决。

近年来，虽然我国在水土流失防治上取得了一定成绩，西部地区水土流失蔓延的趋势有所缓减，但水土流失问题并没有得到根本性解决。草地退化，森林毁坏，水蚀、风蚀频繁，导致水土大量流失。西部地区目前仍是我国水土流失最严重的地区，水土流失面积达104.7万平方公里，占全国水土流失面积的80%以上，水土流失率达15.15%。

（2）土地沙化、石漠化问题突出。

西部地区沙化耕地和沙化草地的面积呈持续增长的趋势，并且面积大、分布广，治理难度大。西北及内蒙古6省份是我国荒漠化最严重的地区，荒漠化总面积达188万平方公里，占全国荒漠化面积的71.7%。新疆、宁夏、内蒙古和甘肃的荒漠化率分别达到86.07%、75.98%、59.27%和50.62%。

（3）草地面积持续减少，质量降低。

我国草地大部分分布在西部地区，草地不仅是我国面积最大的绿色生态屏障和牧民赖以生存的基本生产资料，也是我国少数民族的主要聚居地。草地的保护建设，对维护生态安全、促进牧区经济发展有着十分重要的意义和作用。然而，令人忧虑的是，我国西部草地面临着牧草资源匮乏，生物多样性减少，杂草入侵，草地生产能力下降，草地退化等严重问题。西北地区的草地退化率大大高于全国平均水平，宁夏草地退化高达97.37%，陕西为58.55%，甘肃为45.17%，西藏为30.36%。造成草地退化的原因主要有：一是长期超载放牧，过度使用；二是气候干旱，使草地逐步沙化；三是滥挖药材，开矿和猎捕。

（4）不合理开发导致河流断流，湖泊绿洲萎缩，地下水位下降。

西北地区气候干燥少雨，年平均降雨量235毫米，而地面蒸发量高达1 000～2 600毫米，且降水量与径流量的年际变化大，水资源供需矛盾突出，加之对水资源的不合理开发利用，出现江河断流、湖泊和水库萎缩干涸、冰川和雪线后退等问题。西北最大的淡水湖泊新疆艾比湖，水域面积从20世纪50年代的1 200平方公里缩小到如今的500平方公里。素有“中华水塔”的青海三江源地区近30年来，冰川退缩的速度是过去300年的10倍，自1966年以来，黄河源区的冰川退缩比例最高达到77%。三江源的湖泊、河流都在缩小甚至干枯，水资源急剧减少。

（5）矿产资源开发造成的土地破坏面积大，且呈持续增长趋势。

矿山的开发利用在对经济发展起到巨大推动作用的同时，也带来环境污染与生态破坏，这种破坏的严重后果不仅伴随整个开采过程，而且在矿区开发结束后仍将继续存在，甚至会持续几十年或上百年。据统计，中国因开采导致的沉陷土地总面积已达60万公顷，平均开采万吨煤沉陷土地面积为0.2公顷，按年采11亿吨计算，采煤沉陷土地还以每年2.2万公顷的速度递增。以内蒙古为例，由于煤炭开采受扰动的土地面积达6.87万公顷，每年还以2 000公顷的速度递增，全区荒漠化土地面积达60%。一些专家痛心地指出，正是由于大量的人为破坏，使得治理速度赶不上恶化速度，生态建设效果被大大抵消，生态环境总体恶化的趋势难以扭转。

（6）森林生态系统失衡呈现数量型增长与质量型下降并存现状。

森林类型比例向不合理化方向演化，导致森林生态系统调节能力减弱，病虫害加剧。近10多年来，西部地区（不含西藏、云南、重庆和新疆生产建设兵团）森林面积和森林覆盖率增幅分别达到8.27%和12.75%，但森林树木总蓄积量和单位面积树木蓄积量降幅分别达18.96%和25.14%；经济林面积增加了62.96%，而天然林、防护林面积分别下降了14.49%和51.07%，生物多样性受到严重破坏。

（7）“雾霾西进”，空气质量有恶化趋势。

在京津冀空气质量逐渐开始改善之时，我国中西部多个城市的空气质量可能有恶化趋势，民众惊呼“雾霾西进”。2016年第一季度中国362座城市细颗粒物（PM2.5）浓度排名显示，京津冀地区治霾效果显著，但是西部地区城市空气质量呈现出快速恶化的趋势，环境保护部公布的2016年3月及第一季度重点区域和74个城市空气质量状况也显示，空气质量较差的10个城市中，乌鲁木齐和西安一起上榜。绿色和平组织认为主要原因是：一方面，大气污染防治行动计划中京津冀、长三角和珠三角是大气污染防控的重点区域，设立了比中西部地区更为严格的细颗粒物（PM2.5）治理目标；另一方面，中央人民政府在东部为治霾设立的诸多限令会导致一些污染企业转移到未对污染项目设限的中西部地区发展。公众环境研究中心主任马军也认为“中西部确实有一些城市污染比较重，像西安、成都、武汉等。这些地区被重视的程度可能还没有东部地区那么高，它们也没有感受到更多的来自中央人民政府的压力，民众的呼声也没有那么高”。

二、西部地区生态环境问题治理成就与经验

（一）西部地区生态环境问题治理成就

1．生态建设和环境治理的政策支持

生态文明是涉及生产方式和生活方式根本性变革的战略任务，开展生态环境保护和修复是生态文明建设的重点任务，加强生态建设和环境治理也是实施西部大开发的根本点和切入点，所以我国在政策上给予高度重视，以最高规格的文件和指示开展制度研究、顶层设计和具体部署。

《关于加快推进生态文明建设的意见》明确生态文明建设的目标任务，将生态文明建设融入“五位一体”的各方面和全过程，协同推进“五化”。《生态文明体制改革总体方案》（以下简称《方案》）做了顶层设计和具体部署，增强了生态文明体制改革的系统性、整体性、协同性。《方案》提出生态建设和环境治理具体要求：整体保护、系统修复、综合治理，增强生态系统循环能力，维护生态平衡，实施重大生态修复工程，扩大森林、湖泊、湿地面积，提高沙区、草原植被覆盖率，有序实现休养生息。

党的十九大指出加快生态文明体制改革，建设并将“增强绿水青山就是金山银山的意识”写入党章，初步确立了“习近平生态文明思想”。党的报告对生态建设和环境治理的具体要求是：加大生态系统保护力度，实施重要生态系统保护和修复重大工程，优化生态安全廊道和生物多样性保护网络，提升生态系统质量和稳定性。

在2018年全国生态环境保护大会上，习近平总书记对生态文明建设、生态环境保护做出了最高的指示，标志着“习近平生态文明思想”进一步升华充实与自我完善。党和国家进一步对生态保护和环境治理提出具体要求：加强生态保护修复，构筑生态安全屏障。建立统一的空间规划体系和协调有序的国土开发保护格局，严守生态保护红线，坚持山水林田湖草整体保护、系统修复、区域统筹、综合治理，完善自然保护地管理体制机制。

2．生态建设和环境治理科技创新的重点领域

生态文明建设中，不仅在理论和政策上给出了思想建设和制度设计，而且在

生态建设和环境治理科技创新的重点领域也给出具体指导。2006 年国务院发布的《国家中长期科学和技术发展规划纲要（2006—2020 年）》具体指出：重点开发……三峡工程、青藏铁路等重大工程沿线和复杂矿区生态保护及恢复技术，建立不同类型生态系统功能恢复和持续改善的技术支持模式，构建生态系统功能综合评估及技术评价体系。《关于加快推进生态文明建设的意见》“八、推动科技创新”具体指出：结合深化科技体制改革，建立符合生态文明建设领域科研活动特点的管理制度和运行机制。加强重大科学技术问题研究，开展能源节约、资源循环利用、新能源开发、污染治理、生态修复等领域关键技术攻关，在基础研究和前沿技术研发方面取得突破。

3. 生态建设和环境治理的重大工程

1973 年召开的第一次全国生态环境保护会议开创了我国生态环境保护的历史新篇章，从 20 世纪 80 年代开始，我国开展了一系列生态建设和环境治理的重大工程（如表 5－1 所示），目前总投资已达到 1 万亿元以上。

表 5－1　　我国部分生态建设和环境治理的重大工程

恢复的关键对象	生态恢复工程	规划时间	规划投资额（亿元）
森林	天然林资源保护	1998—2010 年	962.02
	退耕还林	1999—2021 年	4 311.40
	三北防护林体系工程	2001—2010 年	354.12
	长江流域防护林体系工程	2001—2010 年	205.61
	京津风沙源治理工程	2001—2010 年	558.65
	野生动植物保护及自然保护区建设	2001—2030 年	1 356.50
	速生丰产用材林基地建设工程	2001—2015 年	718.00
	沿海防护林体系工程	2001—2010 年	39.09
	珠江流域防护林体系工程	2001—2010 年	52.94
	太行山绿化体系	2001—2010 年	35.97
	平原绿化工程	2001—2010 年	12.47
	沿海防护林	2006—2015 年	99.84
湿地	全国湿地保护工程	2005—2010 年	90.04
	湿地保护与恢复示范工程	2001—2005 年	0.68
	退耕还湖工程	1998—2005 年	—
草地	退耕还草工程	2003—2007 年	143.00
	草原保护建设利用重点工程[a]	2007—2020 年	—

续前表

恢复的关键对象	生态恢复工程	规划时间	规划投资额（亿元）
重要生态功能	青海三江源自然保护区生态保护和建设工程	2005—2010 年	75.00
	国家级自然保护区工程	1999—2010 年	4.80
	重要生态功能保护区	2008—2012 年	1 100.00
水土流失	国家水土保持重点工程[b]	1983 年—	至 2008 年累计投入 10.30
	革命老区水土保持重点建设工程	2010—2020 年	652.52
	首都水资源水土保持项目	2001—2010 年	221.47
	长江中上游水土保持重点防治工程	1989 年—	—
	黄土高原淤地坝工程	2003 年—	—
	珠江上游南北盘江石灰岩地区水土保持综合治理试点工程	2004—2006 年	2.00
	东北黑土区水土流失综合防治试点工程	2004—2020 年	260.00
	晋陕蒙砒砂岩区沙棘生态工程	1998 年—	至 2007 年投入 2.70
	黄河中上游水土保持重点防治工程	1986 年—	—
	地方国债水土保持重点工程	—	—
荒漠化	岩溶地区石漠化综合治理工程	2006—2015 年	2008—2010 年投入 22.00
	沙漠化地区综合治理工程	—	—
水体污染	三峡库区水污染治理工程	2001—2010 年	228.24
	南水北调（东线）污染工程	2001—2013 年	238.40
	渤海碧海行动计划工程	2001—2010 年 远期到 2015 年	规划到 2010 年年投资 269.00

a. 包括退牧还草工程、沙化草原治理工程、西南岩溶地区草地治理工程、草业良种工程、草原防灾工程、草原自然保护区建设工程、游牧民人草畜三配套工程、农区草地开发利用工程、牧区水利工程。

b. 国家水土保持建设工程原名“全国八大片重点治理区水土保持工程”，该工程于 1983 年开始实施，是我国第一个由国家安排专项资金，有计划、有步骤开展水土流失综合治理的水土保持重点工程。

4. 西部地区生态建设和环境治理成果

(1) 重点工程的生态环境治理成就。

西部大开发战略实施以来，西部地区按照中央统一部署，实施了天然林资源保护、退耕还林、退牧还草、京津风沙源治理、自然保护区建设、防沙治沙、湿地保护与恢复、石漠化综合治理、水土流失治理、防护林体系建设等重点生态工程，加快推进了三江源、青海湖、塔里木河、黑河、石羊河、渭河、黄河水源补给区、西藏生态安全屏障等重点区域和流域的生态综合治理，西部地区生态环境明显改善。

退耕还林工程。这项工程是新中国成立以来投资规模最大、造林数量最多、涉及范围最广、效果最为显著的重大生态工程。到2009年底，中央已安排退耕还林工程资金2 338.8亿元，其中，中央预算内基本建设资金229.3亿元，粮食和生活补助资金1 871.5亿元，巩固退耕还林成果专项资金238亿元。截至2009年底，全国退耕还林工程共安排退耕地造林1.39亿亩、荒山荒地造林2.44亿亩、封山育林3 200万亩，累计造林4.15亿亩，占同期全国造林总面积的49.5%。退耕还林工程覆盖了25个省（区、市）和新疆生产建设兵团，涉及2 279个县级单位、3 200万农户、1.24亿农民。

天然林资源保护工程。主要目的是解决天然林的休养生息和恢复发展，通过控制天然林资源消耗，加大森林管护力度。工程区宜林荒地荒山的造林绿化等，实现林区资源、经济、社会协调发展。西部12省（区、市）除广西外都纳入了天然林资源保护工程实施范围，规划人工造林2 861万亩，飞播造林9 432万亩，封山育林4 439.8万亩。天然林资源保护工程有效保护了11亿亩森林资源，占全国森林总面积的37.6%。长江上游、黄河上中游13个省（区、市）全面停止了天然林商品性采伐。开展了天然林保护工程区企业职工“四险”补助和混岗职工安置、森工企业金融机构债务免除、木材加工等企业关闭破产工作。

三北及长江流域等防护林体系建设工程。三北防护林体系建设工程涉及西部内蒙古、陕西、宁夏、甘肃、青海、新疆等6省区，先后实施了毛乌素沙地治理、乌兰布和沙漠治理、晋陕峡谷水土流失治理、陇东丘陵水土流失治理、河西走廊沙化治理、环青海湖周边重点防护林建设、新疆绿洲外围荒漠化治理等重点项目。

水土流失生态建设工程。西部地区是我国水土流失最严重的地区，实施西部大开发战略以来，国家先后启动了长江和黄河上中游水土保持重点防治工程、黄土高原地区水土保持淤地坝试点工程、珠江上游南北盘江石灰岩地区水土流失综合防治工程、晋陕蒙砒砂岩区沙棘生态工程、中央补助地方水土流失重点治理工程等。

森林生态效益补偿。国家从2001年开始启动森林生态效益补偿，中央财政正式设立了“森林生态效益补偿基金”，标志着我国森林生态效益补偿机制正式建立。该基金主要用于公益林管护者发生的营造、抚育、保护和管理等补偿支出。

（2）重点区域的生态环境治理成就。

青海三江源地区。《青海三江源自然保护区生态保护和建设总体规划》确定的建设范围是三江源国家级自然保护区，保护面积 15.23 万平方公里，占三江源地区总面积的 42%。三江源自然保护区生态环境保护与建设工程全面实施，地区生态系统宏观结构局部改善，草地退化趋势初步得到遏制，草畜矛盾趋缓，湿地生态功能逐步增强，湖泊水域面积不断扩大，流域供水能力明显增强，严重退化区植被覆盖率大幅提升，重点治理区生态状况得到明显好转。

甘肃甘南黄河水源补给区。甘肃甘南黄河重要水源补给区规划的主要内容包括生态保护与修复工程、农牧民生产生活设施建设和生态保护支撑体系等三方面。有效保护草原面积 6 000 多万亩，定居游牧民 2.14 万户，初步恢复了水源涵养和土壤保持生态功能。

西部石漠化地区。西部地区石漠化治理工程启动实施了在 89 试点县的建设，建设任务为新增林草植被 9 950.7 万亩，坡改梯 1 073.55 万亩及水利水保配套措施等，总投资 26.7 亿元。通过石漠化治理工程的建设，工程区林草植被开始恢复，水土流失得到治理，贵州、云南、广西石漠化恶化趋势逐步控制，生态环境多有改善。

（3）主要环境污染治理成就。

根据 2005—2015 年的《中国统计年鉴》相关数据，这十年间，西部地区第一产业在总量增加的同时，所占比重下降了；第二产业所占比重上升了，工业化水平进一步提高。从重点行业来看，能源、化工、装备、冶金等发展较快，其能源、化工和部分原料生产基地的地位不断巩固，以重工业为主的产业结构进一步强化。西部地区工业产品在全国四大区域中占有举足轻重的地位，但是从另一方面来说，工业产品的大量生产和传统的工业生产模式对于环境的冲击和破坏也较大。其中，贵州主要污染物排放强度依然高于全国平均水平，距离参考值还有一定的差距，但从发展趋势来看，排放强度下降的幅度很大。通过优化产业结构，提升传统产业，走产业生态化、生态产业化的生态经济发展之路，在环境污染综合治理方面会取得更大的成就。

（4）节能减排成效。

西部地区大部分省份在建设资源节约型社会和建设生态文明中采取了有效的措施，节能减排工作收到了很好的成效，万元 GDP 的能耗、水耗明显下降。但是跟东部地区相比，由于西部地区的主导产业是采掘业和制造业，造成了资源能源的高消耗。

（二）西部地区生态环境问题治理经验

1. 尊重生态自然修复规律

西部生态脆弱地区多数是中国较贫困地区，经济落后、地方财政十分困难，在现有的科技水平和财力水平下，国家依靠有限的财力、物力是不可能全部进行人工治理的。

封山禁牧便是依靠大自然的自我修复能力，再辅助以人工措施的投资小、见效快的有效方法。长期以来，宁夏由于超载过牧、滥采乱垦，天然草原退化严重。这里自然灾害频繁，土地荒漠化严重，是环境保护部和中国科学院确定的中国沙尘暴源区之一。为此，从 2003 年 5 月 1 日开始，宁夏成为继河北、陕西之后，全国第三个实行全境禁牧的省份，在广大农牧区进行了一场深刻的“草原革命”。封山禁牧的 10 多年来，宁夏的生态环境改善非常明显。全区封育区内林草盖度由过去的 30%左右增加到现在的 50%以上，500 多万亩沙化土地得到治理，草原理论载畜量已由 128.45 万羊单位提高到 300.76 万羊单位，草原沙化和退化趋势得到有效遏制，广袤的草原重新披上了绿装。更重要的是，封山禁牧并没有影响当地畜牧业的发展，反而从过去严重依赖天然草原放牧的粗放型生产转为舍饲、园区化的集约型经营方向。

宁夏只是中国西部地区生态改善的一个缩影。尊重生态自然修复规律应因地制宜，分类指导。从不同地区自然生态特征出发，注重生态系统自我修复能力，科学配置生物措施、工程措施与农艺措施，采取不同治理模式，发挥综合治理效益。以自然恢复为主，人工建设为辅，对重点生态破坏地区的生态重建和恢复应顺应自然规律，大力推进人工封育、围栏、退耕还林还水等，积极发展农村能源，对现有天然林地、天然草场、天然湿地实行最严格的生态保护。

2. 加强流域综合整治

目前我国江河、湖泊普遍受到人类开发利用水资源活动的巨大影响，尽管西部地区人口相对较少，经济发展相对滞后，但西部地区现今正处在城市化和工业化快速发展阶段，河流水环境状况不容乐观。

水是能量流动和物质交换的介质，各种形式的水在流域地理框架内通过河道、渠网、湖库、地下水含水系统、水工程、水生物系统等，形成一个完整复杂的水资源生态系统。因此，水污染治理应当重视以流域为单元的综合整治。

为此，我国政府实施西部大开发决策时，制定了生态环境战略方针，开展塔里木河、黑河、渭河等典型流域的综合整治，从 2007 年起又扩展到石羊河流域治理。现今塔里木河下游绿色走廊的恢复和额济纳绿洲生态改善，已成为中国西部开发、实施生态环境战略的一个重要标志。

流域综合整治应寻准切入点，从流域和工程层面上予以概化和归类，构建流域水污染治理的总体框架和结构。针对流域自然环境特点和水污染问题，以典型区域（河道、湖泊）的治理，为流域治理提供科技支撑和工程示范，以推进流域的整体治理。所选择的区域应具有典型性，注意时空、地域的衔接，区域的辐射、指导、示范作用和科技推动力要强。水污染控制和治理应突出工程规模性，以示范工程推进流域治理。

3. 坚持保护和发展并重

保护和发展并重是西部地区生态环境建设的关键。增强内生增长动力、促进发展方式转型是实现西部地区可持续发展的前提和保证。目前，西部地区仍是我国区域协调发展总体战略中的“短板”，经济总量仍不足，人均收入还偏低。西部地区的经济发展水平和东部地区相比仍然存在着相当大的差距。如果西部地区不发展，全国的发展也就无法实现；西部地区不实现小康，全国的全面小康就不能实现。

因此，经济增长仍然是西部地区发展的第一要务。但是，西部地区必须逐步改变过去长期依赖自然资源开发、外部援助、大量要素投入的经济增长方式，必须增强内生增长动力，使西部地区的经济发展方式及时而有效地实现转型，从而真正实现自主式发展。

新一轮的西部大开发中，必须构建绿色行政管理体制和生态文明绩效评价考核制度、健全自然资源资产产权制度和用途管制制度，尽量减少对本已脆弱的生态环境的人为破坏。应建立和完善经济与生态环境协调发展的综合决策机制和协调管理机制，经济社会发展与资源环境保护必须同时规划、同时决策、同时实施。重大开发建设项目必须进行生态环境影响评价，对可能导致的生态环境破坏要有良好的处理预案和资金投入；对那些会对生态环境造成明显破坏而又无良好处理预案的开发建设项目不得批准立项，严格防范对本已脆弱的生态环境的人为破坏。

4. 加大生态环境科技创新及推广应用

西部生态建设和环境治理急需科学技术作为有效支撑，需要建立技术创新机制。按照试验、示范、推广的路子，强化生态环境技术创新。国家应加大对西部地区生态建设中面临的重大科学问题的研究与开发示范力度，在生态环境建设项目中增设科技专项，处理好生态环境科技对生态建设的指导作用。

办好各类试验示范区，大力培育和推广适应不同区域特点的优良品种，推广适用技术。加大试验示范成果的推广力度，提高生态建设的科技含量和科技对生态建设的贡献率。

深化国际交流与合作，引进和推广国外先进技术，借鉴国际建设项目的成功经验，改革生态建设项目的管理体制和运行机制。

加强生态建设人才的培养，鼓励科技人员直接切入生态建设的全过程，对生态建设中迫切需要的关键科学技术问题开展攻关。完善生态环境监测、科技推广、信息服务体系和技术交流网络，为各地区提供制定规划、设计工程等技术服务。

三、生态环境科技应用与创新

（一）生态环境科技分类应用

1. 国际生态重建和环境修复的发展历程

生态重建是指通过一定的生物、生态以及工程的技术与方法，人为地改变和切断生态系统退化的主导因子或过程，调整、配置和优化系统内部及其外界的物质、能量和信息的流动过程和时空次序，使生态系统的结构、功能和生态学潜力尽快成功恢复到一定的或原有乃至更高的水平。表 5－2 展示了国际生态修复的发展历程。

表 5－2　　　　国际生态修复的发展历程

时代	国家或地区	主要行动
1920 年代	德国	煤矿废弃地上植树
1930 年代	美国	受“黑风暴”影响研究生态系统退化，成立水土保持局（SCS）
1950 年代	工业化国家	系统进行植被绿化
1960 年代	工业化国家	制定生态重建法规和实施生态修复工程
1970 年代	发达国家	随着生态重建技术的发展和生态重建法规的逐步完善，生态重建率明显提高，达到 50%以上

2. 国外生态建设与环境修复的经验

（1）完善的法律法规体系是保障。

实践表明，完善、健全的法律法规体系是生态系统保护与修复不可或缺的保障。完善、健全的法律法规体系可以规范生态系统保护与修复的行为，明晰职责与任务，使生态系统保护和修复有法可依、有章可循，对于生态系统保护与修复无疑是至关重要的。

（2）明确的分工和有效的协调是前提。

根据对多个国家生态保护与修复的调研文献，各国与生态系统保护与修复相关的管理机构均比较多，涉及环境、水利、农业、林业、卫生、交通等多个部门，这就需要各部门职责明晰、分工明确、各司其职、协作有方。

（3）足额的资金投入是关键。

国外经验表明，生态系统保护需要大量的资金投入，如源头治理的面源、点源污染治理，污水处理厂的建设等耗资不菲。足额的资金投入才能确保生态系统保护与修复工作的顺利开展。

（4）详细的规划和必要的技术规范是基础。

规划起着统领全局工作的作用。发达国家近百年生态系统保护与修复的经验表明，制定详细可行的规划对于实现目标以及实现目标的过程和结果均具有十分重要的意义。技术规范则是在对已有项目总结的基础上发展起来的。其内容十分广泛，对指导具体工作起十分重要的作用。

（5）建立严格的生态修复标准。

我国生态系统保护和修复试点工作已开展几十年，但至今仍没有出台能够指导全国的技术规范。外国经验表明，应从1）生态系统保护与修复的基本理论知识、物理、化学、生态过程和功能、干扰因素；2）修复规划的组织，目标和方案选择；3）修复方案设计和实施、监测、评估和调整；4）修复工作的管理等方面进行系统总结，所以应完善制定我国生态系统保护与修复的技术规范。此外，还需要从生态系统的角度进一步提高环境标准，并增加相应内容，以满足生态系统保护与修复的要求。

（6）重视生态修复研究和多学科专家的参与合作。

国际上，生态系统保护与修复的工程技术手段很多，包括点源污染处理技术、非点源污染防治技术、污染水体治理技术、生态环境修复技术等。目前我国还需要突破其中一些关键的技术，从自然环境、社会经济、技术水平等多方面进行比较，甄别不同技术的优点和缺点，选择合适的技术。同时需要建立针对各种生态系统问题的工程技术体系，包括：水系整治和修复工程、污染治理与污水回用工程、湿地保护与修复工程、面向水生态系统的水资源配置工程、生态景观建设和生物工程等。加快生态系统保护与修复技术研发、创新，适当引进国外先进成熟的治理技术和设备，扶持装备制造产业。同时，加强多学科专家合作，促进生态系统保护与修复咨询服务业的发展。

3. 我国生态建设和环境修复中采用的技术方法

改革开放以来，经过几十年的经验积累和科技发展，目前已经形成相对成熟、较为完善、应用广泛的生态建设和环境修复技术方法。表5－3展示了我国目前比较常用的生态建设和环境修复技术方法。这些科学技术在生态建设和环境修复方面发挥了重要的支撑作用，在遏制生态退化上取得了一定的成效，在保障区域生态安全和可持续发展上发挥了重要作用。但是，由于我国生态恢复工程投入巨大、涉及面广，过去的生态工程基本以生态问题为导向，对区域生态功能的提升重视不够，局部生态恢复与区域协调发展结合不紧密，导致生态工程的实施未能发挥出最大的生态与经济效益，产生了“重植被轻功能，重手段轻效益，重局部轻区域”的现象。

表 5-3　　我国生态建设和环境修复中采用的技术方法

<table>
<tr><th>生态修复领域</th><th>修复类别</th><th>修复技术</th></tr>
<tr><td rowspan="3">工矿场地修复</td><td>土地复垦</td><td>边坡修复、矿坑回填、土地平整、导洪排水、表土回填等</td></tr>
<tr><td>土壤改良</td><td>污染场地修复、固氮植物、化学肥料、有机废物等</td></tr>
<tr><td>植被修复</td><td>绿化、生态演替、景观重建、旅游资源开发等</td></tr>
<tr><td rowspan="2">退化林地修复</td><td>自然修复</td><td>禁伐、封山育林、保护区建立等</td></tr>
<tr><td>人工干预</td><td>坡地退耕还林、防护林建设、破碎林缘锁边造林、植被重建、次生林封育改造与结构调整技术、林隙调控更新和生态抚育技术等</td></tr>
<tr><td rowspan="2">退化草地修复</td><td>自然修复</td><td>禁牧、围栏封育、保护区建立等</td></tr>
<tr><td>人工干预</td><td>退牧还草、轮牧、改良草种、植被重建技术等</td></tr>
<tr><td rowspan="4">湿地修复</td><td>自然修复</td><td>多自然型河道生态修复技术，拆除已建的混凝土护岸把直线形河道修改为具有深潭和浅滩的蛇形弯曲的自然河道</td></tr>
<tr><td>生境修复</td><td>基底改造技术、驳岸改造技术</td></tr>
<tr><td>生物廊道修复</td><td>水纹恢复技术、水生生物净化技术、群落构建技术、廊道修复技术</td></tr>
<tr><td>水岸景观修复</td><td>景观设计、景观稳定</td></tr>
<tr><td>城市景观生态修复</td><td>景观修复</td><td>景观设计、公园建设、通风廊道</td></tr>
</table>

4. 生态环境科技发展新趋势

当前，全球性和区域性环境问题不断加剧，解决重大生态环境问题的需求十分迫切。面向生态文明建设的战略需求，面向世界科技前沿，面向环境变化的新挑战，生态环境科技发展将重点关注以下五个重大方面：一是气候变化的生态响应与环境减排。气候变化可能导致发生严重的生态后果，温室气体的环境减排成为环境科技必须面对、必须全力解决的重大任务。二是生态系统与环境变化的交互作用及协同调控。要提高认识环境变化对生态系统的影响，要从生态学的角度来认识和解决环境问题，不断深化研究人类活动造成的环境变化对生态系统稳定性影响。未来的环境污染控制和治理将会主要依靠自然与生态学手段，生物操纵、人工湿地等在应用实践中将会在技术上有所突破。三是环境污染对人类健康的影响机制与风险控制。环境污染对人类健康的影响是当今世界重大难题，生命科学、物质科学的革命性进步，将会使人们对污染与人类健康关系的认识与调控水平产生飞跃。作为健康评估的重要手段——环境毒理将得到快速发展、广泛利用。四是环境治理的绿色化、资源化和系统化。环境污染防治的核心理念是风险控制，生态修复和环境治理强调实施方案的系统设计，区域联动和城乡治理一体化，水、土、气、生等多介质污染协同防控，促使环境治理效率及生态效益显著提升。五是智慧环境建设与精准化管理。系统设计和智能产品对智慧环境建设提供有力技术支撑，新一代环境传感器、检测设备推陈出新，遥感遥测等不断革新，构成立体监测系统，在“互联网＋”、大数据、云计算、人工智能等新技术支撑下，智慧环境建设不仅为精细化的环境管理提供强大支撑，无处不在的环境“慧眼”也使环境监督更加社会化和大众化。

（二）典型生态环境科技介绍

生态建设和环境修复的科学技术及方法数量巨大，目前绿色科技的发展已经成为时代潮流，众多的科技创新无不体现出绿色、低碳、循环的理念。下面我们简单介绍一下目前常用的典型生态环境科学技术。

1. 水生态环境治理技术

（1）人工增氧技术。

人工增氧技术通过一定的增氧设备来增加水体溶解氧，加速河道水体和底泥微生物对污染物的分解。一般采用固定式充氧设备（如水车增氧机、提升增氧机、微孔曝气等）和移动式充氧设备（如增氧曝气船），可以充空气，也可以进行纯氧曝气。技术的优缺点：为好氧微生物及以藻类为食的一些原生动物提供了良好的生长条件，有助于好氧生物区系的出现并不断发展，增加了河道生物多样性。需要提供动力，对相对封闭的水体难以充分发挥作用。

（2）复合生态滤床技术。

复合生态滤床是一种特殊人工湿地，是20世纪70年代兴起的污水生态治理技术。复合生态滤床由集水管、布水管、动力设备、生物填料、水生植物及复合微生物等共同组成。技术的优缺点：建设和运行费用低，能耗少，维护方便，具有一定的景观作用。容易造成堵塞，后期需要人力长期管护。

（3）生物膜净化技术。

生物膜净化技术是利用一种全新的织物型生物膜载体，使用经培养驯化的高效微生物和微型生物，附着在填料或载体上繁殖。技术的优缺点：抗污水和化学物的侵蚀，保证微生物的繁殖力并提高其代谢率。吸附、分解氧化有机污染物、藻类、氮磷等营养物，使河道水体得到净化。投资较高、单位处理效率较低。

（4）水生植物修复技术。

水生植物修复技术通过种植水生植物，利用其对污染物的吸收、降解作用，达到水质净化的效果。水生植物生长过程中，需要吸收大量的氮、磷等营养元素，以及水中的营养物质，通过富集作用去除水中的营养盐。技术的优缺点：建设和运行费用低，可结合景观设计打造优美的植物景观。周期较长、需要配合其他工程技术使用。

（5）底泥生物氧化技术。

底泥生物氧化是将含有氨基酸、微量营养元素和生长因子等的底泥生物氧化配方，利用靶向给药技术直接将药物注射到河道底泥表面进行生物氧化，通过硝化和反硝化原理，除去底泥和水体中的氨氮和耗氧有机物。该技术的优点是有效提高河道自净能力、节省费用，缺点是无法绝对控制药物对水体无害。

（6）生物多样性调控技术。

通过人工调控受损水体中生物群落的结构和数量，来摄取游离细菌、浮游藻类、有机碎屑等，控制藻类的过量生长，提高水体透明度，完善和恢复生态平衡。技术的优缺点：可提高河道自净能力，恢复河道生态多样性。周期长，常作为后期深度处理工艺。

2. 土壤生态环境修复治理技术

土壤修复是使遭受污染的土壤恢复正常功能的技术措施。在土壤修复行业，已有的土壤修复技术达到一百多种，常用技术也有十多种，但实际上经济实用的修复技术很少。大致可分为物理、化学和生物三种方法。20 世纪 80 年代以来，世界上许多国家特别是发达国家均制定并开展了污染土壤治理与修复计划，因此也形成了一个新兴的土壤修复行业。

（1）热力学修复技术。利用热传导（热毯、热井或热墙等），或热辐射、无线电波加热等实现对污染土壤的修复。

（2）热解吸附修复技术。以加热方式将受有机物污染的土壤加热至有机物沸点以上，使吸附于土壤中的有机物挥发成气态后再分离处理。热解吸附技术是目前世界上最先进的污染废弃物处理技术之一，主要处理对象为农药污染土壤、油田含油废弃物、罐底油泥等。其作业原理为利用污染废弃物中有机物的热不稳定性，通过非焚烧的间接加热方式实现污染物与土壤的分离，并可将废弃物中的固相、油相、水相、气相绝大部分回收利用，从根本上实现无害化处理，因此该技术被广泛应用于全球的油田废弃物处理作业。

（3）焚烧法。将污染土壤在焚烧炉中焚烧，利用高分子有害物质的挥发性和半挥发性，将其分解成低分子的烟气，经过除尘、冷却和净化处理，使烟气达到排放标准。

（4）土地填埋法。将废物作为一种泥浆，将污泥施入土壤，通过施肥、灌溉、添加石灰等方式调节土壤的营养、湿度和 pH 值，保持污染物在土壤上层的好氧降解。可以用土壤酸度计检测土壤 pH 值与湿度，用土壤 EC 计检测土壤 EC 值，查看土壤改良效果。

（5）化学淋洗。借助能促进土壤环境中污染物溶解或迁移的化学/生物化学溶剂，在重力作用下或通过水头压力推动淋洗液注入被污染的土层中，然后把含有污染物的溶液从土壤中抽提出来，进行分离和污水处理。

（6）堆肥法。利用传统的堆肥方法，堆积污染土壤，将污染物与稻草、麦秸、碎木片和树皮、粪便等混合起来，依靠堆肥过程中的微生物作用来降解土壤中难降解的有机污染物。

（7）植物修复。运用农业技术改善土壤对植物生长不利的化学和物理方面的限制条件，使之适于种植，并通过种植优选的植物及其根际微生物直接或间接吸收、挥发、分离、降解污染物，恢复重建自然生态环境和植被景观。

（8）渗透反应墙。是一种原位处理技术，在浅层土壤与地下水中，构筑一个具有渗透性、含有反应材料的墙体，污染水体经过墙体时其中的污染物与墙内反应材料发生物理、化学反应而被净化。

（9）生物修复。利用生物，特别是微生物催化降解有机污染物，从而修复被污染环境或消除环境中污染物的一个受控或自发进行的过程。其中微生物修复技术是利用微生物，如土著菌、外来菌、基因工程菌，对污染物的代谢作用而转化、降解污染物，主要用于土壤中有机污染物的降解。通过改变各种环境条件，如营养、氧化还原电位、共代谢基质，微生物强化降解作用以达到治理目的。

表5-4是我国部分土壤生态环境修复技术的特点及适用的污染类型介绍。虽然土壤的修复技术很多，但没有一种修复技术可以针对所有污染土壤。另外，大多数修复技术会或多或少对土壤带来一些副作用。

3. 化工行业挥发性有机物（VOCs）治理技术

当下对挥发性有机物（VOCs）的治理方法可分为两类，一类是回收技术，另一类是销毁技术。回收技术的核心思想是：首先将化工企业中产生的挥发性有机物（VOCs）进行吸收、过滤和分离，其次进行提纯等处理，最后展开资源化循环利用。传统的回收技术包括吸收技术、吸附技术和膜分离技术等。销毁技术则是通过不同的化学反应，将挥发性有机物（VOCs）转化为其他无毒无害物质排出，达到减排的目的。传统的销毁技术主要指燃烧技术。近年来发展起来的新技术包括泄漏检测与修复（LDAR）技术、低温等离子体技术、催化氧化技术和生物处理技术等。

（1）泄漏检测与修复技术。

泄漏检测与修复（LDAR）技术可用于化工企业中VOCs无组织排放的治理，该技术在常温下实行，采用固定或者移动检测设备（包括光离子化、非分散红外等）对化工企业生产中可能会产生VOCs泄漏的设备或空间源进行定期监测，来确认是否存在发生泄漏的设备，最后通过修复超出一定浓度的泄漏处，从而达到控制原料泄漏对环境造成的影响。

表 5-4　我国部分土壤生态环境修复技术的特点及适用的污染类型

类型	修复技术	优点	缺点	适用类型
生物修复	植物修复	成本低、不改变土壤性质、没有二次污染	耗时长、污染程度不能超过修复植物的正常生长范围	重金属、有机物污染等
	原位生物修复	快速、安全、费用低	条件严格、不宜用于治理重金属污染	有机物污染
	异位生物修复	快速、安全、费用低	条件严格、不宜用于治理重金属污染	有机物污染
化学修复	原位化学淋洗	长效性、易操作、费用合理	治理深度受限、可能会造成二次污染	重金属、苯系物、石油、卤代烃、多氯联苯等污染
	异位化学淋洗	长效性、易操作、治理深度不受限	费用较高、淋洗液处理问题、二次污染	重金属、苯系物、石油、卤代烃、多氯联苯等污染
	溶剂浸提技术	效果好、长效性、易操作、治理深度不受限	费用高、需解决溶剂污染问题	多氯联苯等污染
	原位化学氧化	效果好、易操作、治理深度不受限	使用范围较窄、费用较高、可能存在氧化剂污染问题	多氯联苯等污染
	原位化学还原与还原脱氯	效果好、易操作、治理深度不受限	使用范围较窄、费用较高、可能存在氧化剂污染问题	有机物污染
	土壤性能改良	成本低、效果好	使用范围窄、稳定性差	重金属污染
物理修复	蒸汽浸提技术	效率较高	成本高、时间长	挥发性有机物(VOC)
	固化修复技术	效果较好、时间短	成本高、处理后不能再农用	重金属等污染
	物理分离修复	设备简单、费用低、可持续处理	筛子可能被堵、扬尘污染、土壤颗粒组成被破坏	重金属等污染
	玻璃化修复	效率较高	成本高、处理后不能再农用	有机物、重金属等污染
	热力学修复	效率较高	成本高、处理后不能再农用	有机物、重金属等污染
	热解吸附修复	效率较高	成本高	有机物、重金属等污染
	电动力学修复	效率较高	成本高	有机物、重金属等，低渗透性土壤污染
	换土法	效率较高	成本高、污染土还需处理	有机物、重金属等污染

（2）低温等离子体技术。

低温等离子体技术是近年来发展起来的另一种VOCs治理新技术。低温等离子体技术治理VOCs的主要原理是在较高的电场强度下，利用介质放电产生的等离子体以极快的速度反复轰击废气中的气体分子，去激活、电离和裂解废气中的化学能键，破坏挥发性有机物（VOCs）分子的结构。通过氧化等一系列复杂的化学反应，使复杂大分子污染物转变为一些小分子的物质，如CO_2、H_2O、CO和NO_2；或使有毒有害物质转变为无毒无害或低毒低害物质。低温等离子体技术动力消耗低，装置简单，易于操作，占地面积小，使用方便，近年来得到迅速发展。

（3）催化氧化技术。

催化氧化技术的工作原理是挥发性有机物（VOCs）在250～450℃温度的环境和相关催化剂的条件下，发生氧化反应，生成二氧化碳和水，从而达到处理挥发性有机物（VOCs）的目的。光催化技术是一种新的催化氧化技术，指在光照射半导体的条件下，当光子能量高过催化剂的吸收阈值时，半导体的价带电子能够从价带跃迁到导带，产生光生电子和空穴，继而空气中的纳米颗粒物表面形成超氧负离子，最后和催化剂表面形成的羟基自由基将挥发性有机物转化成二氧化碳和水等无毒无害物质。

（4）生物处理技术。

生物处理技术最早应用于废气脱臭，而随着对挥发性有机物（VOCs）治理技术研究的不断深入，该技术逐步被应用于挥发性有机污染物的治理领域。生物处理技术的原理是将化工企业中产生的废气导入带有液体吸收剂的吸收装置，该装置中培养有经过驯化的特种微生物，该种微生物可将废气分解代谢，从而达到废气治理的目的。生物处理技术按照工艺可分为生物洗涤技术、生物过滤技术和生物滴滤技术等，其对应的处理装置分别为生物洗涤塔、生物过滤池和生物滴滤塔等。

4．生活垃圾处理技术

国内外广泛采用的城市生活垃圾处理方式主要有卫生填埋、堆肥法、焚烧法、发酵产沼气法。2008年统计数据表明，发达国家处理生活垃圾的方式以焚烧为主，日本、新加坡、法国、比利时、德国、荷兰、瑞士、丹麦、瑞典等国所采用焚烧的比例分别为79%、41%、32%、36%、35%、39%、59%、54%、49%。国内主要以填埋法为主，填埋法、焚烧法、堆肥法处理所占比例分别为60%、35%、5%（2017年数据）。近年来，土地资源日益紧张，随着垃圾热值的逐渐提高，国内焚烧法的比例呈上升趋势，堆肥处理处于萎缩状态，卫生填埋场的数量和处理能力处于增长状态。

（1）填埋法技术。

填埋处理将垃圾埋入地下，通过微生物长期的分解作用，使之分解成无害的化合物，该处理技术成熟，操作管理简单，处理量大，运行费用低，能处理处置各种类型的废物并可利用垃圾填埋气发电，向城市提供电能或热能。目前，国外现代化大型生活垃圾卫生填埋场大多采用单元填埋法，并对垃圾进行分层压实和每日覆盖，填埋场防渗处理采用人工合成材料作为衬底，通过收集管将填埋沼气导排并使其安全直燃，或通过管网系统收集后经过净化处理作为能源回收利用。我国的生活垃圾填埋场可分为三类：简易填埋场；受控填埋场；卫生填埋场。严格按照标准建设和运营的卫生填埋场的数量较少。我国多数采用厌氧填埋法。填埋法存在的问题是随着城市化发展越来越快，填埋场的选址越来越困难，卫生填埋处理占用大量土地资源，填埋场占地时间很长，不利于土地资源再利用，而且垃圾填埋过程中会产生大量的渗滤液、填埋气体和垃圾飘尘，对环境造成污染。

（2）焚烧法技术。

焚烧是对城市生活垃圾进行高温热化学处理，将其变为无机灰渣的过程，在800～1 000℃的高温条件下，生活垃圾中的可燃组分与空气中的氧发生剧烈的化学反应，在这个过程中释放出能量，生成高温燃烧气体和少量性质稳定的固体残渣。垃圾焚烧产生的高温气体可作为热能进行回收利用，焚烧得到的性质稳定的残渣可直接进行卫生填埋。该方法减量效果明显，焚烧处理后一般可减容80%～90%。占地面积小，选址灵活，可在市区建设，节省垃圾运输费用。国外的焚烧技术发展已比较成熟，机械炉排焚烧炉的类型已成熟，目前，美国、德国、日本等发达国家先后开展了生活垃圾气化熔融技术的研究。我国垃圾焚烧处理技术主要包括炉排炉技术和流化床技术，其中使用炉排炉技术比例较大，主要引进国外技术，而流化床技术主要以国产化技术为主。垃圾焚烧面临的最主要问题是垃圾焚烧尾气的产生，包含颗粒物、二氧化硫、氮氧化合物、重金属、二噁英等多种污染物，其中最受关注和争议的为二噁英。尤其在我国，生活垃圾水分和灰分含量高，热值低，需要较多的辅助燃料，除少数经济较发达的城市外，其他城市的混合垃圾热值较低，含渣量较高，而焚烧飞灰未得到安全处置。因此，近年来，国内生活垃圾焚烧厂建设广受质疑。

（3）堆肥法技术。

堆肥法是利用自然界的微生物来降解垃圾中的有机质，使其变为稳定的腐殖质，可作为肥料。目前，国外发展较快的堆肥方式为庭院垃圾堆肥、制造有机复合肥技术。我国常用的生活垃圾堆肥技术主要为简易高温堆肥技术、机械化高温堆肥技术。堆肥处理设备技术水平低，发酵期间容易产生恶臭，工艺条件难以控制，难以保证堆肥设施的长期、连续、稳定运行，堆肥效率低。同时垃圾中有害成分对大气、土壤及水源造成了严重污染，不仅破坏了生态环境，而且也严重危害人体健康。

(4) 厌氧发酵技术。

厌氧发酵处理是指在特定的厌氧条件下，微生物将有机垃圾进行分解，其中的碳、氢、氧转化为甲烷和二氧化碳，而氮、磷、钾等元素则存留于残留物中，并转化为易被动植物吸收利用的形式。国外厌氧发酵技术主要有高温和中温厌氧发酵、干法和湿法厌氧发酵、单级和多级厌氧发酵。一般生活垃圾直接厌氧发酵制沼气难度较大，进行工程化应用还不成熟，而且并非所有的生活垃圾都适用于厌氧发酵制沼气。为达到理想的处置效果，首先应对垃圾进行分类，其次对生产流程进行严格的控制。

（三）西部地区生态环境科技典型案例

1. 库布其沙漠治理成果

内蒙古地区鄂尔多斯市杭锦旗的库布其沙漠是中国第七大沙漠，被黄河大弯曲从西北和东部的鄂尔多斯环线包围，海拔 850～2 130 米，呈沙化与剥蚀地貌特征。

20 世纪 50 年代曾采用草方格设置沙障，种植灌木，固定流沙。被固定的流沙表面形成生物土壤结皮慢慢自然演替发育，但沙漠地区雨水少、储水能力差，能承载的植被数量有限，虽然不能发展到乔灌草杂交的状态，但能固定沙丘不侵袭其他区域。

1988 年亿利资源集团有限公司开始着手修复库布其沙漠，通过创新的“政府—私营企业—社区”投资模式，进行乔木、灌木和草类的种植，实现了 5 000 多平方公里的绿化面积。这些初期保护活动的影响不断扩大，进而可以支持一家现代化医药企业，该企业以草药为基础，从早期仅涵盖甘草，拓展到各种草药资源。亿利资源集团进行了大量的技术创新，包括：与各类研究机构建立合作伙伴关系；与社区和群众签订灵活的种植协议去种植各类草药、灌木和树木，如混种林和防护林带；引入和使用先进的滴灌和中心旋转灌溉系统来灌溉甘草、药草、温室蔬菜和水果；种植饲料作物来拓展畜牧业，并用于沼气发电；基于各种有机废弃物和生物炭开发有机肥料。

甘草等高价值草药的种植利润目前正支撑着大规模的天然制药产业相关的基础设施发展，此外生态行业和绿色农业、新建筑材料（沙制材料）生产、生态旅游和太阳能等可再生能源产业的发展使得当地发展起了优良的沙漠绿色经济。

2015 年，联合国环境署与国际和中国专家团队合作，从生态经济与社会可持续性角度出发，对库布其沙漠示范项目进行科学评估，重点关注“政府—私营企业—社区”合作伙伴关系，以期库布其模式的经验能够更好地在其他旱地生态系统得到推广，为全球旱地生态系统的可持续发展做出重要贡献。

2. 榆林治沙模式

陕西省北部榆林地区的毛乌素沙漠南部是我国的重点风沙区之一。著名的榆林治沙模式就是针对以风力作用为主的沙质荒漠化土地，建立了以“带、片、网”相结合的防风沙体系，使年沙尘日由20世纪50年代的70多天减少到现在的20多天，由昔日“沙进人退”的历史改变为现在“人进沙退”、林茂粮丰的现实。

治沙的主要技术采用“一封二障”。“封”即封禁管理，严禁放牧、毁林，促进治理区域生态功能的自我修复，使流沙渐渐固定和半固定。“障”即搭建屏障，在风蚀严重区域搭建障蔽、挡住两侧积沙，减少苗木栽植部位周围的流沙，提高造林成活率，降低风速。

其防风治沙技术体系即采取人工、飞播、禁牧等措施，建成乔木灌木草木结合，针叶林阔叶林混交的防风治沙体系。草原牧区土地沙漠化的防治主要通过以草定畜、轮牧轮封，加强对大面积天然草场的合理利用和建设，积极建立人工草场，对已沙化草场适度利用，减轻放牧强度，严重沙化草地则需人工补播或天然封育。飞播造林主要针对远沙、大沙和流动沙，适应此类环境的树种通过飞机播种可以减少劳动力投入、降低成本，同时保存率还能提高。针叶阔叶造林则针对小沙、近沙和固定沙，采用“六位一体”的栽植技术造林固沙。

3. 遵义农村生活污水治理

生活污水中的污染物通常以有机物为主，生化性较好，通常治理都采用以生物治理为核心的工艺。发展成熟的生活污水治理技术大部分用于大规模的城市生活污水处理，农村单户、散户和小集中的模式对于污水处理工艺显然有不一样的要求。

遵义根据当地农村地区的土地、植物、地形地势、道路交通条件以及居民住宅建设布局等具体情况，探索因地制宜的农村生活污水收集、治理方式，既解决当前农村污水达标排放问题，又充分考虑今后污水治理回用的需要，节约水资源、保护水环境，促进遵义农村地区的社会经济发展与资源、环境相协调。

目前全国各地农村常用治理技术有“厌氧＋人工湿地”治理技术、“净化槽”治理技术、“微动力厌氧好氧”治理技术、“MBR”治理技术、微生物强化治理技术等。

遵义针对不同农村生活污水中对于化学需氧量（COD）、氮、磷等污染物质的排放要求，采用高效功能菌生物强化处理技术，利用生活污水处理复合菌系来强化处理效果。该菌系主要是由脱氮菌（氨氧化功能菌和反硝化功能菌）、化学需氧量（COD）降解菌、聚磷菌、水解菌等多种高效功能菌复合而成，能够快速降解生活污水中的化学需氧量（COD）、氨氮、总氮、总磷等污染物，改善污水处理系统的生化系统，提升污染物降解效率及降解能力。

高效功能菌生物强化处理技术是指在废水生物处理系统中，通过投加对废水中特征污染物有高效降解性能或对特殊污染环境有耐受能力的生物菌剂，并改善处理系统中微生物生长环境，使微生物充分发挥其对污染物降解的生物活性和稳定性，达到提高生化系统废水处理效果的手段和方法。通过人为采用定向筛选技术获得对一些特征化合物或化合物官能团有降解效果的微生物菌种。其在污水生化处理体系中可以对一些难降解的特征污染物产生专一性生物酶，并将其降解或转化为易降解的小分子有机物，再通过高效降解菌和其他微生物菌群作用而被彻底去除。

高效功能菌生物强化处理技术的关键在于高效功能菌的筛选培育。再根据不同微生物的生理特性，建立微生物快速扩大培养的工艺体系，实现高效功能菌产业化生产，并制备专用于污水处理的复合菌系。

四、西部地区完善生态环境科技创新与应用的对策建议

健康稳定的生态环境是人类社会可持续发展的基础性保障，不断进步的生态环境科技是建设生态文明的重要支撑。自从可持续发展成为人类社会的共同目标后，生态环境科技的发展便焕发出与日俱增的活力。对于西部地区而言，应该优先开发研究和推广应用生态环境科技，坚持走生态经济发展道路。

（一）建设生态文明，优先发展生态环境科技

习近平总书记提出“绿水青山就是金山银山”，保护环境就是保护生产力，改善环境就是发展生产力。要着力解决突出的生态环境问题，持续实施大气污染防治行动计划，加强水污染防治，开展土壤污染治理和修复，强化生态环境保护修复。要推动绿色低碳发展，推进能源革命，主动控制碳排放，积极参与应对气候变化国际合作。要树立节约集约循环利用的资源观，实施全民节能行动计划，推进节水型社会建设，推广应用节地技术和模式，加快发展绿色矿业，大力发展循环经济，切实提高资源利用效率。迈入新时代，习近平总书记做出了“我国生态文明建设处正处于压力叠加、负重前行的关键期，已进入提供更多优质生态产品以满足人民日益增长的优美生态环境需要的攻坚期，也到了有条件有能力解决生态环境突出问题的窗口期”的新判断。

科技是第一生产力，生态环境科技应该得到优先发展。习近平总书记为生态环境科技发展指明了方向，提出了要求。近几年是西部地区快速发展的时期，西部地区应该抓住机遇谋发展，坚定不移地走以产业生态化、生态产业化为主体的

生态经济才是可持续健康发展路径。

（二）完善科技体制，助推创新生态环境科技

习近平总书记把创新摆在国家发展全局的核心位置，高度重视科技创新，围绕实施创新驱动发展战略、加快推进以科技创新为核心的全面创新，提出一系列新思想、新论断、新要求。深化科技体制改革，要进一步突出企业的技术创新主体地位，使企业真正成为技术创新决策、研发投入、科研组织、成果转化的主体，变“要我创新”为“我要创新”。促进科技和经济结合是改革创新的着力点，要围绕产业链部署创新链，聚集产业发展需求，集成各类创新资源，着力突破共性关键技术，加快科技成果转化和产业化，培育产学研结合、上中下游衔接、大中小企业协同的良好创新格局。科技体制改革必须与其他方面改革协同推进，加强和完善科技创新管理，促进创新链、产业链、市场需求有机衔接。

我们应该充分结合第四次工业革命的发展方向，运用跨界和平台理念，构建市场导向的绿色技术创新体系，坚决扫除阻碍科技创新能力提高的体制障碍，有力打通科技和经济转移转化的通道，优化科技政策供给，完善科技评价体系，营造良好创新环境。壮大节能环保、清洁生产、清洁能源、生态农业、生态旅游等产业，引导产业生态化与生态产业化协调发展。以生态环境科技创新为引领，因地制宜建立生态修复技术体系与修复模式，构建形成以“问题识别—诊断分析—技术优选—模式构建”为流程的一整套生态环境技术规范。

贵阳试点建设了“资源环境综合管理大数据平台”，利用大数据、云计算开展自然资源分类和数据统计，通过会计核算准则及经济量化分析方法对生态环境及自然资源进行价值化、精确化、系统化的管理；实现存量优化、流量提升、变量可控的“三量协调”的绿色发展路径，找出发展和生态相互促进的平衡点；对生态建设项目开展大数据预测和评估。在生态产业化发展科技创新方面进行了很好的科学探索，获得各国学者和联合国官员的肯定，未来值得在全球生态文明建设中推广应用。

（三）加大资源整合，推广转化生态环境科技

随着科学技术不断发展，多学科专业交叉群集、多领域技术融合集成的特征日益凸显，靠单打独斗很难有大的作为，必须紧紧依靠团队力量集智攻关。要加强科技人才培养和引进，加强自主创新团队建设，做好科研力量和资源整合，健全同高校、科研院所、企业、政府的协同创新机制，最大限度发挥各方面优势，形成推进科技创新整体合力。生态环境科技发展要整合各方资源，在研发上形成合力，不断创新，也要引进国外先进高科技生态环境科技，消化吸收，因地制宜，为我所用。

多年来，我国一直存在着科技成果向现实生产力转化不力、不顺、不畅的痼疾，其中一个重要症结就在于科技创新链条上存在着诸多体制机制关卡，创新和转化各个环节衔接不够紧密。所以推广转化生态环境科技也要创新发展，中国组建的“绿色技术银行”是个很好的示范案例，它是汇聚资源节约、环境友好、安全高效、生命健康等可持续发展重点领域中的先进实用绿色技术，强化科技与金融结合并实现科技成果的资本化、加快科技成果转移转化和产业化、同步服务于国内可持续发展和绿色技术领域南南合作的综合性服务平台。它承接绿色技术的原始创新，担负绿色技术的产业创新、落地转化和国际转移的使命，是构建具有全球影响力的科技创新中心的重大举措，是中国参与全球话语体系的重大战略。

西部地区要发挥后发优势，吸引生态环境科技专业人才落户，加大生态环境科技的研发和引进，加强生态环境科技成果转化推广、创新应用，构建生态环境科技成果交易平台，完善生态环境科技发展管理服务，营造良好的创新生态环境科技的环境。

（四）鼓励全民参与，提倡消费生态环境科技产品

广泛的公众参与是生态环境科技发展的基石。公众参与既是群众参与政府公共政策的权利，也是推行政府公共政策的最好的驱动器。特别是生态系统的保护与修复涉及面广，参与度强，而且与公众的生活息息相关。只有让公众参与进来，使生态系统的保护与修复变成公众自发、自主和自觉的行动，才能收到预期效果。

公众也是生态环境科技产品的重要消费者，要提高其对生态建设和环境修复的科学认知，对产业生态化和生态产业化的社会认知，对生态环境科技产品的消费意识，让公众对生态环境科技产品愿意并且能够支付。

参考文献

［1］高嵩．从十三五规划看未来环保产业的创新路径．中宜环科环保产业研究［EB/OL］．（2017－02－13）［2017－02－13］．http：//www.h2o-china.com/news/253648.html.

［2］陆明东．国内外生活垃圾处理技术现状与发展趋势［J］．大众科技，2013（6）：83－85.

［3］夏朋，刘蒨．国外水生态系统保护与修复的经验及启示［J］．水利发展研究，2011，11（6）：72－78.

［4］水环境生态修复六大技术汇集．中微环保［EB/OL］．（2016－09－20）［2016－09－20］．https：//mp.weixin.qq.com/s/cByIbymmzulyrr0y5nR-Qw.

［5］刘维斌．宁夏中部干旱带膜下滴灌技术应用［J］．宁夏林业，2009（4）.

[6] 孟伟，傅泽强. 生态文明创新环境工程与科技的发展模式 [J]. 环境工程技术学报，2011，1 (1)：1-6.

[7] 邓可. 浅析我国生态文明建设与科技进步的辩证关系 [J]. 中国科技信息，2012 (23)：192-193.

[8] 蔡秀萍，陈清，朱慧玲，等. 科技发展对生态环境的影响探讨 [J]. 广东化工，2014，41 (15)：159-160.

[9] 韦肖园. 浅谈生态文明创新环境工程与科技的发展模式 [J]. 大科技，2016 (17).

[10] 范宇. 城市生活污水处理存在问题与优化对策 [J]. 大科技，2016 (17).

[11] 欧阳志云，王桥，郑华，等. 全国生态环境十年变化（2000—2010年）遥感调查评估 [J]. 中国科学院院刊，2014，1 (4)：462-466.

[12] 生态环境部召开部常务会议 审议并原则通过《全国生态状况变化（2010—2015 年）遥感调查评估报告》[EB/OL].（2018-04-29）[2018-08-18]. http://www.zhb.gov.cn/gkml/sthjbgw/qt/201804/t20180429_435731.htm.

[13] 曲久辉. 生态环境科技发展新趋势 [N]. 人民日报，2015-09-09 (5).

[14] 郭旭红. 我国西部地区生态环境建设问题的制约因素及对策 [J]. 青海民族研究，2007，18 (1)：130-134.

[15] 李秉祥，黄泉川. 我国西部区域生态环境建设面临的困境及对策研究 [J]. 生态经济（中文版），2006 (3)：34-37.

[16] 马丽君. 西部地区生态环境建设与可持续发展的思考 [J]. 青海民族大学学报（教育科学版），2010，30 (2)：35-38.

[17] 翟全军，李慧. 西部地区新型城镇化建设进程中生态环境问题的法治对策 [J]. 西安电子科技大学学报（社会科学版），2015 (1)：82-87.

[18] 习近平：推进科技创新必须破除体制机制障碍 [EB/OL].（2016-02-09）[2018-08-18]. http://www.chinanews.com/gn/2016/02－29/7777202.shtml.

[19] 孟东军，何玉兴，班茂盛. 新时代生态文明建设中国需引领解决的难题和方向 [EB/OL].（2018-08-03）[2018-08-18]. http://www.rmlt.com.cn/2018/0803/525074.shtml.

[20] 孟东军，杨春光，等. 建立生态文明生态经济体系，健全生态化产业化发展路径 [R].《经济要参》（国务院发展研究中心），2018 年 6 月 6 日。

[21] 中共中央　国务院印发《生态文明体制改革总体方案》[EB/OL].

(2015-09-21)［2018-08-18］. http://www.gov.cn/guowuyuan/2015－09/21/content_2936327.htm.

［22］保护生态环境建设美丽中国：学习贯彻习近平总书记在全国生态环境保护大会重要讲话［EB/OL］.（2018-05-19）［2018-08-18］. http://www.xinhuanet.com/2018－05/19/c_1122857929.htm.

［23］外媒点赞“库布其模式”中国“绿色奇迹”惊艳世界（国际论道）［EB/OL］.（2018-08-20）［2018-08-20］. http://paper.people.com.cn/rmrbhwb/html/2018－08/20/content_1875797.htm＃.

［24］联合国环境规划署环境署. 沙漠绿色经济试点项目：库布其生态修复项目综述［EB/OL］.（2015-07-28）［2018-08-20］. https://wedocs.unep.org/bitstream/handle/20.500.11822/8652/Review_Kubuqi_Restoration_%20Project_CH.pdf?sequence＝3&isAllowed＝y.

［25］郑晓琳，吴志茹. 榆林地区防沙治沙技术初探［J］. 农业与技术，2014（2）：80.

——执笔人：王小后，浙江大学工程师学院；孟东军，浙江大学中国西部发展研究院；张春花，浙江大学工程师学院

第六章　西部地区创新发展的金融支撑

摘　要

金融可以为科技创新和科技成果转化提供融资支持，为创新引入市场化机制，检验科技创新成果的有效性和市场价值。同时，科技可以为金融创新打开新的空间，为金融资本提供优质的资源配置。本章首先介绍了西部地区金融支持的发展现状；其次从理论上分析了金融在科技创新企业不同生命周期阶段发挥的不同作用；然后介绍了一些西部地区的做法，以及东部地区值得借鉴的实践经验，并比较了东西部支持模式的区别；接着根据X理论指出西部地区该如何选择金融支持的主体；最后根据西部地区的实际情况提出了针对性建议。

Abstract

Finance can provide financing for technological innovation and the transformation of scientific and technological achievements, introduce market-oriented mechanisms for innovation, and test the effectiveness and market value of scientific and technological innovations. At the same time, technology can open up new space for financial innovation and provide high-quality resource allocation for financial capital. This chapter first introduces the development status of financial support in the western region, and then theoretically analyzes the role of finance in the different life cycles of science and technology innovation enterprises. Later, it recommends some practices in the western region and practices worthy of reference in the eastern region, and makes comparison between the eastern and western support models, and then it proposes the way of choosing financial support subjects in the western region based on the X theory and finally puts forward targeted recommendations on the basis of actual situation in the western region.

一、西部地区金融支持的模式选择

（一）西部地区金融发展现状

中国西部金融筹资总体可以分为三种融资种类：债务筹资、股权筹资以及风险投资，其总体规模在2017年分别为37 727亿元、2 725亿元、1 123亿元（如表6－1所示），从结构来看，仍然是以间接融资为主，较为依赖银行体系。

表6－1　　2017年西部的金融机构筹资规模和结构

融资种类	新增融资规模（以亿元人民币计）	各融资类别占总额比重（%）
债权融资	37 727	90.74
股权融资	2 725	6.55
风险投资	1 123	2.70

注：①债权统计口径以本外币贷款、委托贷款、信托贷款、未贴现银行承兑汇票、企业债券为主，数据来源于人民银行、发改委、证监会、保监会、中央国债登记结算有限责任公司和银行间市场交易商协会等。

②股权统计口径以A股融资增量为主，数据取自WIND。

③风险投资统计口径以VC、PE、天使投资、战略投资、券商直投为主，数据取自清科研究中心。

从全国范围看，西部的银行业金融机构平稳发展资产总额占比有所提升，但相对于其占全国71.4%的国土面积和23%的人口而言，绝对值仍较少（见表6－2）。并且，就其内部均衡性而言，各省份银行业发展差异较大，四川、陕西、重庆、云南发展较快，四省（市）银行业机构资产规模占西部地区的55.4%。其中，四川银行业机构营业网点数和资产规模均处于西部地区前列，占西部地区的比重均超过20%。

从信贷角度看，西部地区各项贷款增长趋缓，信贷规模占全国比重仍较低，对中小企业支持力度不断加大但仍有不足。2016年末，西部地区本外币各项贷款余额22万亿元，同比增长13%，贷款余额占全国的比重为20.7%，其中对于重点领域和薄弱环节的支持力度不断加大。2016年末，西部地区小微企业贷款余额同比增长22.4%，高于全国平均水平5.5个百分点。从期限结构看，西部地区中长期贷款余额同比增长17.1%，短期贷款仅增长0.3%。移除房贷影响，这在一定程度反映了企业长期资本形成不足、企业经营活力不足等问题。

表 6-2　2016 年末银行业金融机构地区分布　(%)

地区分布	营业网点			法人机构个数占比
	机构个数占比	从业人数占比	资产总额占比	
东　部	39.7	43.2	57.4	34.5
中　部	23.8	21.5	15.9	25.3
西　部	27.1	24.5	19.3	31.4
东　北	9.4	10.8	7.4	8.8
合　计	100	100	100	100

资料来源：中国财经报网。

从资本市场角度考虑，西部的证券筹资能力弱。西部十二个省、自治区和直辖市 A 股上市公司数为 458 家，占东西部总体的 13.18%。

同时，从证券公司营业部的数量、分布及实力来看，西部地区资本市场发育不成熟，主体单一，缺乏竞争，效率低下。加之我国目前只有上海、深圳两家证券交易所，资本市场区域结构极不平衡，使大量西部地区资金涌向沿海地区，加剧了西部地区建设资金的短缺。

从风险投资的角度考虑，2017 年西部风险投资的总额约为 1 123 亿元，而东部则为 12 424 亿元，其绝对额差距较大。从西部自身风险投资结构考虑，西部大量的风投资金主要涌入中后期的企业，对于初期企业支持力度小，且这一趋势仍在不断加强，不利于金融对科技创新的支持（见图 6-1、图 6-2）。

图 6-1　2017 年西部风险投资结构图

金融与经济矛盾的焦点除了资金矛盾，还存在项目矛盾。与东部地区相比，西部地区更加缺乏大而好的项目，实际上形成了资金短缺与资金闲置并存的局面，金融发展与地方经济发展缺乏良性互动。

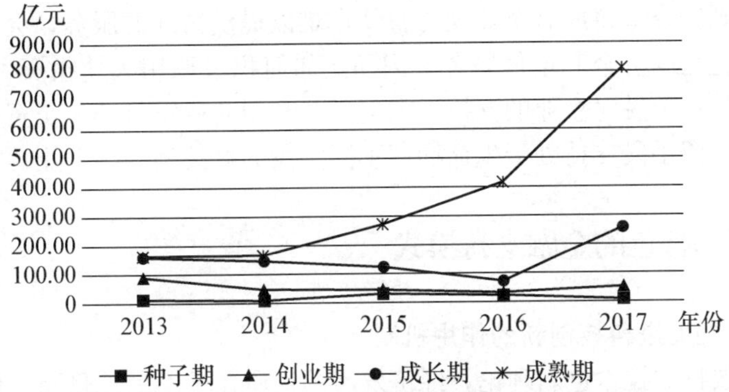

图 6－2　2013—2017 年西部风险投资趋势分析图

（二）西部地区金融发展与科技创新的不相容性

《中国人民银行法》、《商业银行法》和《证券法》等金融法，其立法动机和着眼点都是以保证金融系统的安全性、提高金融系统抗击体系性风险能力为原则的。这一原则与科技创新活动与生俱来的高风险和不确定的属性是冲突的。因此，要在短时间内改善对高风险科技企业的金融支持是比较困难的，特别是在整体经济情况较差的西部，这一过程需要我们逐步推进。

在金融制度和金融结构上，以商业银行为主导的金融体系与创新主体多样化和个性化的融资需求之间存在结构性不协调。从本质上说，科技创新活动的不确定性与商业银行的信贷原则是相悖的。基于自身的经营理念和经营原则，传统商业银行既不可能在科技企业发展的早期阶段为之提供大量资金，也不能比资本市场的投资者更快、更准确地把握企业的动态和风险状况，适应技术创新过程的多元化和多变化的特点。

动态地看，科技型中小企业在整个生命周期中，科技研发都是其主要的现金流出，而其现金流入需要随着产品规模化生产的进度逐渐扩大并趋于稳定，整体财务风险在初期极大，并随着企业生命周期的不断发展逐渐减小，同时抵押物种类和信息披露完整度也随着企业发展得以改善。这一发展特点就要求科技型中小企业在前中期的融资必定是股权类的。而目前西部的整体筹资格局依赖于间接融资，势必造成金融支持科技创新上的不相容问题。同时，股权融资方面，西部的证券筹资能力有限，处于生命周期前中期的企业更是难以依靠首次公开募股（IPO）等手段获取资金，而西部风险投资资金过于倾向处于发展阶段中后期的企业，并且初期企业与后期企业获得风投资金的总额差距正不断拉大，不利于科技创新的进一步发展。因此，对于西部地区的科技型中小企业的金融支持，必须对企业的生命周期加以区分，引导与企业风险相匹配的金融机构进入并对企业提供支持，否则笼统地将所有企业视为整体，难以提供精准的服务，会导致初期企业难以获得充足的资金和增值服务。因而，如何积极调用天使投资、风险投资，如何发挥政策性金融对企业的支持，如何充分利用商业银行的信贷资金，如何通过多层次的融资手段支持处于生命周期不同阶段的科技型中小企业，尤为关键。

二、西部特色的金融支持模式

（一）金融促进科技创新的作用机制

根据熊彼特的技术创新理论，经济发展的实质在于不断地创新，创新实质上是重新组合生产要素的过程，而金融的重要作用就是在一个存在信息不对称的环境中，便利资源在时间和空间上的配置，即通过资本积累和技术创新两种方式来推动科技创新与经济发展。从资本积累的角度考虑，金融体系通过间接融资等方式，提高储蓄转化为投资的比例，将资源配置到最有效率的产业和项目上；从技术创新的角度考虑，金融体系通过不断健全的信息收集、处理手段，弱化信息不对称、加快资金流转速度，将资金配置到最有可能成功开发新产品的企业及项目中。

金融促进科技创新作用机制图，如图 6-3 所示。

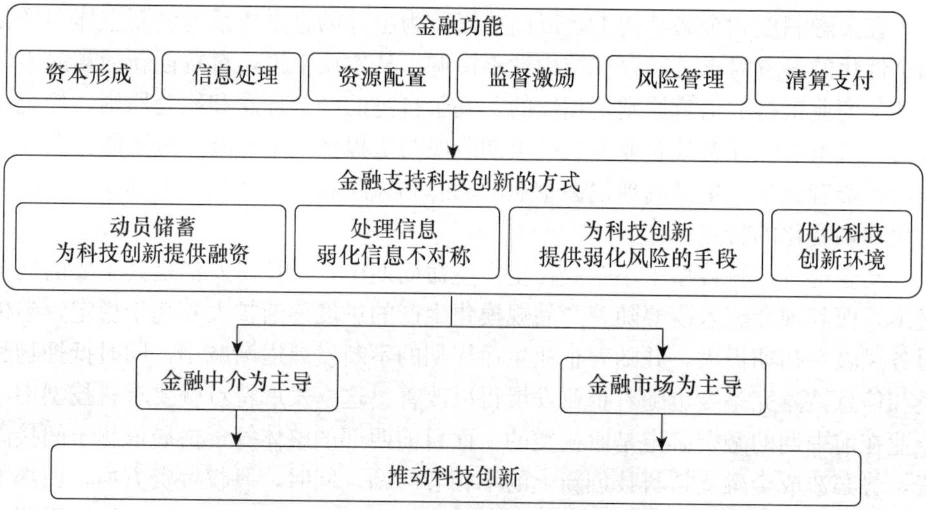

图 6-3　金融促进科技创新作用机制图

进一步细化，金融支持科技创新的作用方式主要有四种：

第一，加快资本形成，动员储蓄为科技创新提供融资。现实中的创新项目是不可分割的，因而在资金融通上孤立无援的企业家极易陷入低水平的均衡陷阱。

而金融体系通过证券市场、金融中介机构等，创造出股票、债券、存单、保单等各类可以小额投资的金融工具，聚集分散的社会闲置资金并投入到大规模且不可分割的创新项目中，提高资源配置效率，推动科技创新。

第二，利用信息优势，降低信息成本，促进科技创新。估计创新项目的成本并预测创新项目的前景具有极大难度且需耗费大量资金，由此导致的信息不对称很可能阻碍资金流向创新项目。而金融中介机构可以通过技术手段和庞大的数据库资源有效获取并处理信息，从而给那些最有可能将科技创新转化为产品的项目提供资金，提高科技创新效率。

第三，为科技创新提供弱化创新风险的手段。科技创新的两大风险即流动性风险与收益性风险。而金融体系诸如证券化等金融创新为投资者迅速变现投资项目提供了便利，有利于长期资本的形成。同时，金融市场可以通过资产组合来分散和弱化创新项目的不确定性，有助于促进社会资金对创新项目的支持。

第四，优化科技创新企业运营环境。金融体系通过提供便利商品、劳务和资产交易的清算和支付功能，有助于降低交易成本，推动精细化分工，从而促进科技创新。

由于各国各地区金融体系的建立受各种历史条件的影响，其金融支持创新的主导机制也会存在差异，大体上可以分为两类：金融市场主导型以及金融中介主导型。发达资本主义国家以及中国上海等先进城市的金融政策立足点就是充分发挥金融市场的配置作用，利用直接融资为科技创新和产业发展提供充裕资金和后续监督指导。而像中国西部等地区则是以金融中介为主导，主要发挥银行体系等间接融资作用，同时通过政府支持以及政策性金融安排为创新项目提供金融资助。

（二）西部金融对科技创新企业各生命周期的支持

图 6-4 阐述了不同金融机构对企业处于不同生命周期阶段的支持情况，下文将针对不同的企业生命周期阶段进行详细分析。

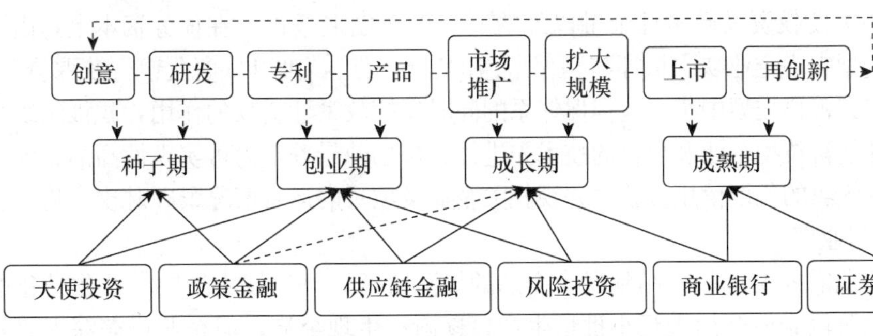

图 6-4　金融支持企业各生命周期阶段示意图

1. 种子期

种子期是科技项目的形成阶段，该阶段科技企业的主要任务是技术研发，面临研发设备投资、科研开发、人员薪酬等支出。虽然该阶段相较于创业期所需的资金较少，但由于企业产品尚未生产或是进入试生产阶段，现金流几乎为零，加上企业自有资金有限，因而也面临一定的资金缺口。但这一阶段技术风险大，科技项目的转化性存在不确定性，其经济价值和市场价值极度模糊，使得资金供给方的投资风险极大，一旦技术的可行性和先进性出现问题，会给投资者与企业带来巨额损失，因此具有高风险、无收益特征的种子期科技企业难以从外部获得资金。但由于资金需求量相对较小，可以依靠内源融资、政策性金融、民间金融、天使投资等方式获取资金。

目前政策性金融包括各种政府性质的基金、财政补贴、科技贷款、普惠金融等。为了鼓励和促进科技创新，各地区相继设立了科技型中小企业技术创新基金等一系列引导基金、补助资金，一定程度上缓解了中小企业融资难问题，推动了科技创新。但这些基金的资金来源有限、规模小。而且这些基金为了规避风险多选择成长期或成熟期的企业进入，因而对种子期与初创期的企业支持较少。同时，这些基金申请手续烦琐、成本高、运营效率低，难以满足科技型中小企业的发展需要。由此进一步导致了种子期科技型中小企业对民间金融的依赖，但民间借贷手续残缺、缺乏担保、融资成本高、运作不规范，因而风险较大，易扰乱金融秩序。

因而在种子期阶段，应加强政策性金融的全面性，并辅以天使投资，通过股权和债务资本相结合的方式分散风险，资助科技创新。在股权资本上，天使投资应积极挖掘此类科技创新企业与项目，为其提供初始资金，并派人参与或监督企业的经营管理、对企业管理人员及技术人员进行培训，同时政府应从旁协助，与天使投资人一起搜集与企业相关的宏观、微观信息，建立科技型中小企业的信息系统，为天使投资及政策性金融以外的资本进入创造条件。在债务资本上，由于科技创新型中小企业缺少抵押与担保所需的有形资产，难以从商业银行获取贷款，因而需在完善科技型中小企业担保体系的同时发挥政策性贷款的作用，积极组织相关机构评估科技型企业及项目的技术先进性、市场前景等，为可实现性高的企业与项目提供优惠的长期信用贷款，并视相关企业及项目的运营情况跟进财政补贴。

2. 创业期

创业期需要实现从样品到现实商品的惊险跳跃，是科技成果向产业化转化的阶段。该阶段企业开始进行小批量生产，逐渐产生现金流，但企业仍需深入研发进行生产管理，并开拓市场，均需投入大量资金，其资金缺口处于企业生命周期中较大的阶段。此时，其技术风险相较于种子期有所下降，但市场风险和财务风险大幅提升，并且依旧缺乏信用记录、抵押品等，难以从银行获得贷款，加之自身能力不足难以从资本市场获取资金，所以该阶段需要依靠政策性金融以及风险投资等方式获取资金。

近几年，我国的风险投资在规模、资金来源、项目培养等方面取得了长足的发展，但仍然面临着以下四个问题：（1）风险投资更青睐于处于成长期、成熟期的科技型中小企业；（2）风险投资区域性选择严重，偏向东部发达地区，缺乏对西部的投资；（3）退出机制不健全；（4）大量风险投资由政府主导，会带来产权不清晰等问题。因而，风险投资的发展也更应兼顾科技型中小企业发展的特点，通过政策引导对区域以及企业所处生命周期的选择，在提供资金的同时进一步加强后续跟进管理。政府也可以不定期地举行风险投资机构与科技型中小企业的对接会，并完善科技型中小企业的信息披露，弱化信息不对称。此外，应进一步健全资本市场，为风险投资的退出提供更多渠道。

同时商业银行对该阶段的中小企业的惜贷行为非常严重。从商业银行的角度考虑，贷款规模越大，单位成本越低，因而商业银行偏向于对大型公司贷款；商业银行稳健经营的理念与创业期科技创新企业的高投入高风险相左；商业银行难以根据创业期科技创新企业的风险水平制定合理的利率。从企业角度考虑，科技创新企业经济机制与信息披露不健全，导致商业银行监督成本过高；科技创新企业的无形资产难以用于抵押。多种原因导致创业期科技创新企业难以获取银行贷款，因而政府应该推进设立与科技创新企业发展和资金需求特点相匹配的地方性科技创新银行，并引入容错机制，提供一定补贴，以给相关企业提供资金资助。

此外，也可以通过金融机构之间的相互协调，化解部分风险，使得商业银行更愿意对高风险阶段的科技型中小企业提供融资。比如：商业银行通过支持风险投资公司、创业投资基金等科技创新平台，提高其支持科技型中小企业的资金实力和管理能力（这种方式使商业银行避免了对大量企业或项目的评估、审查，只需对风险投资公司等机构的管理能力、还款能力加以监督检查，降低了商业银行的贷款成本和风险，提高了收益性）；商业银行向科技型中小企业发放贷款，相关金融中介机构为企业的贷款提供政策性担保并向企业收取一定比例的干股、期权（以此充分调动商业银行、担保公司、创新主体的积极性，疏通了融资的渠道；同时，资产评估机构、信用评级机构等中介机构的介入，对于银行业支持创新型企业也具有积极的推动作用）。

并且随着企业的成长以及产品初步投入市场，企业所处的产业链也逐渐明晰，使得通过产业链金融为初创阶段的科技型中小企业提供资金成为可能。产业链内关键企业具有较强的财务实力，但创新动力偏弱，而科技型中小企业恰恰相反。两者可以通过合作研发、股权投资、提供担保等方式形成战略合作，互利共赢。

3. 成长期

随着企业技术的成熟，科技型企业的产品逐渐赢得市场认可，企业面临的风险开始从技术风险和市场风险转向管理风险和规模化生产而形成的流动性风险。这一阶段企业的现金流逐渐趋于稳定，盈利能力和抵押能力提高，使得科技型中小企业逐渐在外部融资中获得有利条件。这一阶段，除了风险投资以外，对科技主体较为了解的商业银行等金融机构也通过对企业财务状况、发展战略、行业环境等进行分析，向一部分优秀的科技型中小企业提供信用贷款或抵押贷款。

在该阶段，企业融资不再那么被动。政策性金融逐渐退出，利用种子期与创业期获得的信息作为保证，吸引风险投资等机构收购政府的股权。从资金支持转为服务，为企业优化外部融资环境。形成以商业银行等间接融资与风险投资等直接融资为主，以产业链金融为辅，政策性金融逐渐退出的金融支持体系。

产业链金融在一定程度上解决了科技型中小企业的融资问题，但在实际中仍然存在两大问题：(1) 容易被产业链中关键企业侵占融资利益；(2) 以单据质押等方式获得的资金使用期限短且金融机构的监管费用高。因而，政府需要积极介入，通过贴息、保证、税收优惠等方式帮助科技型中小企业利用产业链金融融资。

4. 成熟期

成熟期的企业已占有一定的市场份额，享有一定的知名度，其技术风险、财务风险、市场风险大大降低。其生产规模不断扩大，盈利能力不断增强，资金压力有所缓解。但原有科技产品在市场上会趋于饱和或被新产品淘汰，因而需要加大科技创新力度，寻找新的利润增长点进行多元化经营，对资金的需求也会随之增大。但该阶段由于现金流稳定、风险小、抵押资产增多，易于获得资金，总体包括以下几种方式：(1) 银行信贷资金；(2) 内源融资，即筹资成本相对较低的留存收益；(3) 多层次资本市场，通过在中小企业板、新三板、创业板上市可以获得股权融资，也可以通过发行债券、融资租赁、抵押担保贷款等方式获得债务融资；(4) 并购与转让，通过并购或收购对资产进行重组，利用被兼并或被收购企业的资产以减少相对融资额，或实现间接上市。

5. 西部地区部分发达地区实践经验①

成都高新区作为首批促进科技与金融结合试点区，通过建立统筹推进科技金融工作机制、完善政府融资平台、开发“梯形融资模式”等方式，在科技创新的金融支撑领域取得了一定的成绩。下文以成都盈创动力科技金融服务平台（以下简称盈创动力）为例，描述西部地区部分发达地区的实践经验。盈创动力服务模

① 本小节内容中，示意图及数据等均来源于盈创动力的官网。

式示意图，如图 6-5 所示。

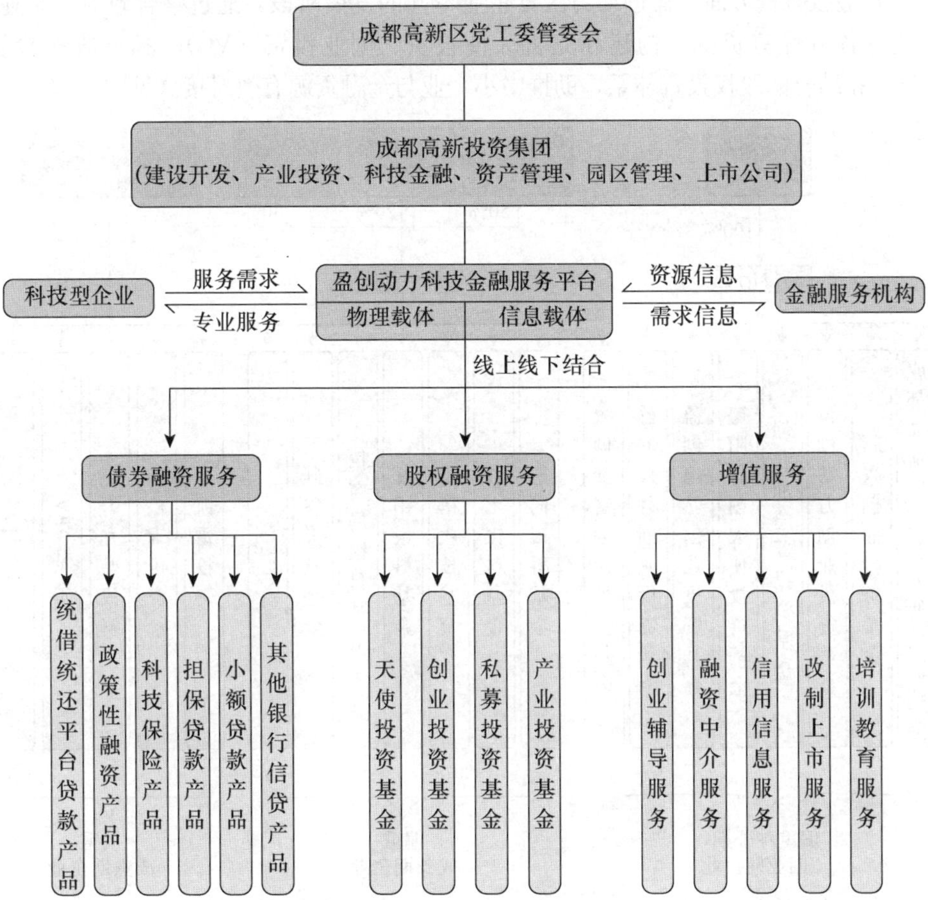

图 6-5 盈创动力服务模式示意图

2005 年，成都市专门成立了成都高新区金融工作领导小组，建立了企业投融资服务例会、企业改制上市协调会等工作协调机制。同时，还将成都高新投资集团公司作为投融资服务体系的重要载体，推动了信用担保、股权投资等多项投融资职能的实现，最终形成了“政府资金引导、民间资金积极参与”的投融资格局。目前盈创动力正在不断汇聚投融资信息并打造提供专业服务的科技金融服务平台，以不断优化科技金融服务环境。其借助信息化手段，通过建立企业信息库、金融机构信息库、中介服务信息库、金融专家库等方式，实现了企业与金融机构之间金融信息资源的共享，通过汇聚和对接投融资供需信息，帮助企业更有效地对接投融资机构。截至 2017 年，盈创动力已累计为 12 477 家企业提供了服务，实现债券融资 4 132 986 万元、股权融资 743 480 万元。

在股权融资方面，盈创动力区分企业不同的发展阶段，通过整合政府、企业、机构等各方优势资源，构建和完善天使投资、创业投资（VC)、私募股权投资（PE）相结合的股权投资体系，助推中小企业与金融资源有效对接（见图 6－6)。

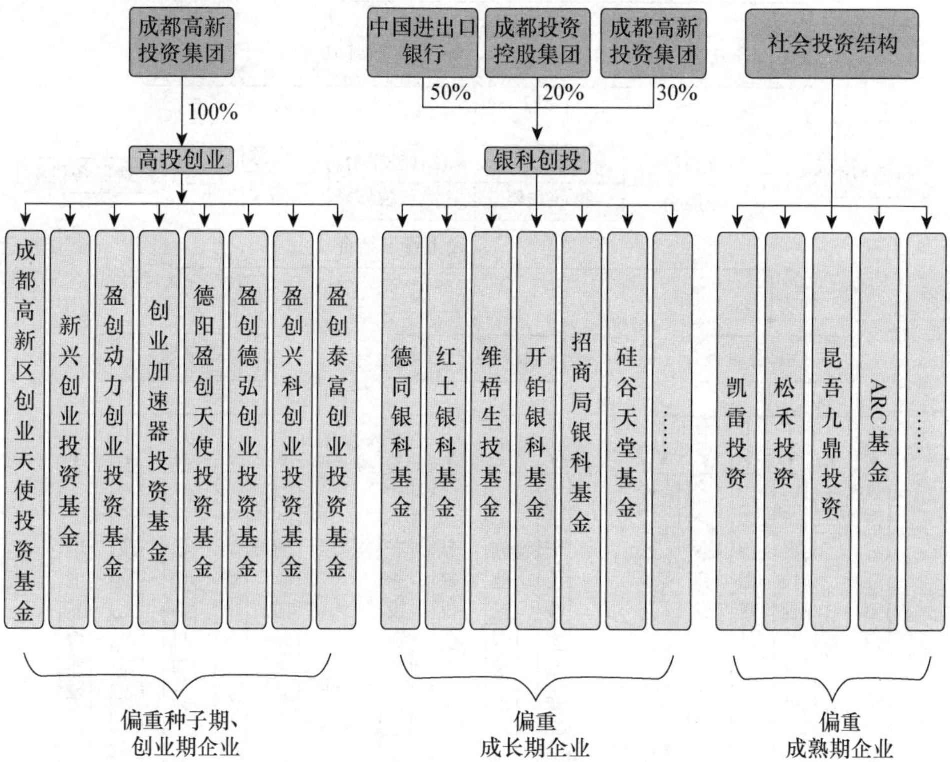

图 6－6　盈创动力股权融资服务模式示意图

2012 年 6 月，成都高新区设立国内首支由政府全额出资的“成都高新区创业天使投资基金”，规模 10 000 万元。截至 2016 年 12 月底，天使基金累计完成 46 个天使项目投资，投资金额逾 9 000 万元。其中：高层次人才创业项目 18 个，占比 39％；20 个项目获得新一轮融资，融资金额逾 4 亿元，实现国有资本 10 倍以上放大；助推必控科技、成电光信、移联创等 11 个天使项目成功在“新三板”挂牌。

在债券融资方面，盈创动力积极拓宽服务于科技型中小企业的债权融资渠道。通过统借统还平台贷款、政策性融资产品、担保贷款、小额贷款等，促进科技型中小企业债权融资服务再上台阶（见图 6－7)。

并且在政策性金融板块设立专项资金池用以减少金融机构信贷风险，从而降低企业融资门槛、融资成本和抵押物要求（见图 6－8)。

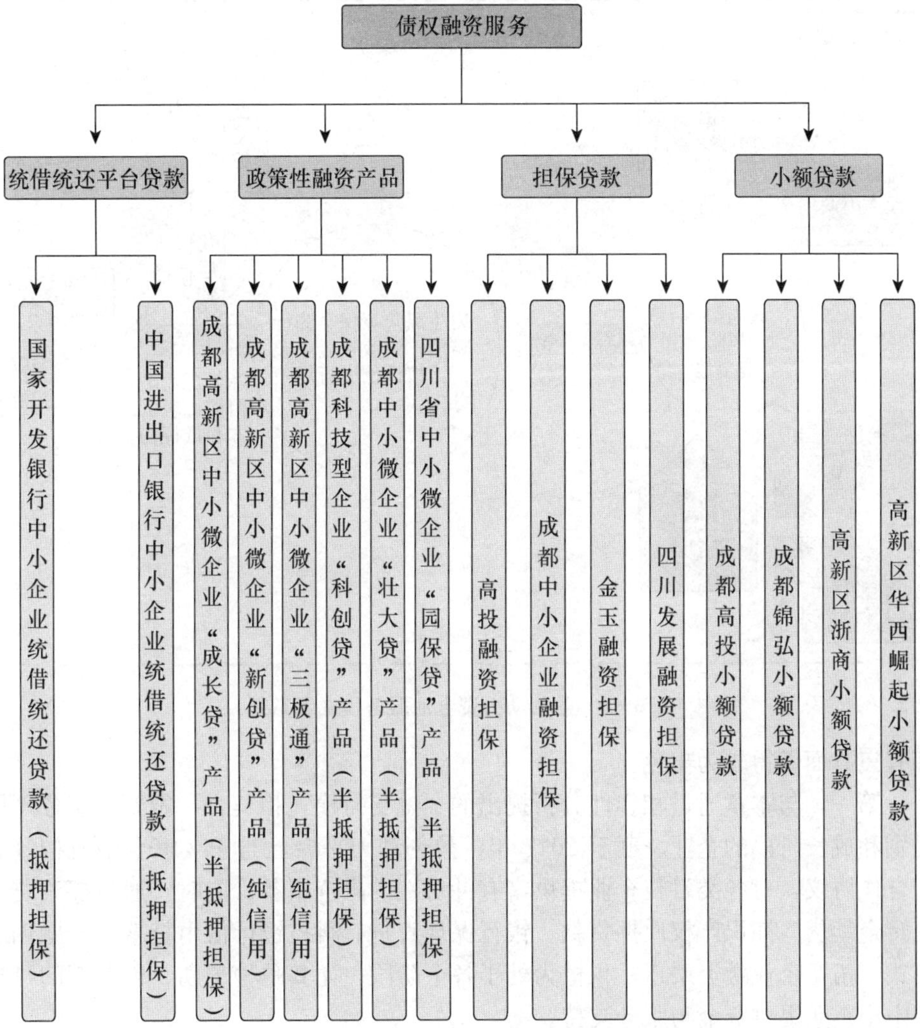

图 6-7　盈创动力债权融资服务模式示意图

在增值服务方面，盈创动力提供创业辅导服务、信用信息服务、培训教育服务、融资中介服务、改制上市服务（见图 6-9）。通过开展“天府之星”计划、融资路演、上市路演、项目对接、项目监理、改制上市辅导、投融资顾问、专业培训、高端论坛、财富沙龙等专业化服务，提升科技型中小企业自身营运能力，促进企业与资本有效对接。截至 2016 年 12 月底，盈创动力累计开展各类品牌培训 50 余场，其他管理类、政策类培训 47 场，承接、举办各类重大赛事、活动 42 场，对接论坛会等活动 45 场；为超过 14 000 家企业提供科技金融增值服务。

总体上看，在盈创动力平台的打造以及整体科技金融服务体制的建立上，成

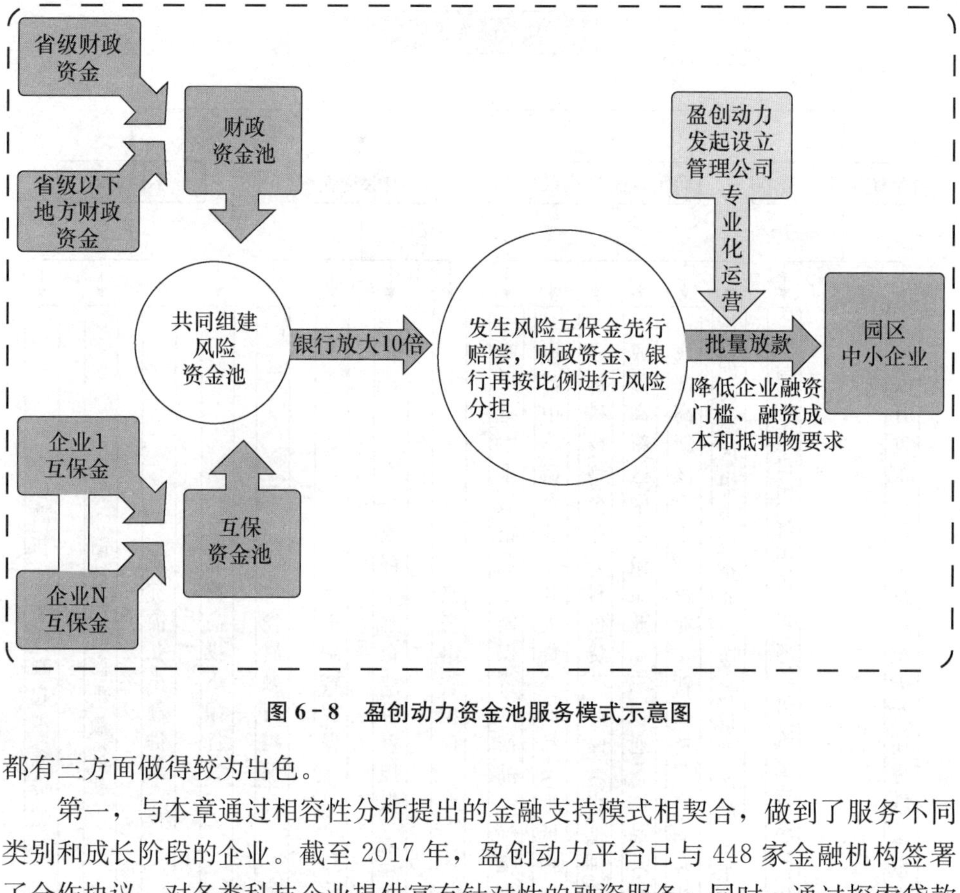

图 6-8　盈创动力资金池服务模式示意图

都有三方面做得较为出色。

第一，与本章通过相容性分析提出的金融支持模式相契合，做到了服务不同类别和成长阶段的企业。截至 2017 年，盈创动力平台已与 448 家金融机构签署了合作协议，对各类科技企业提供富有针对性的融资服务；同时，通过探索贷款周转金续贷、知识产权质押贷款、银行保理直贷、科技银行信用贷款等金融创新模式，拓宽企业融资渠道，积极为处于各个阶段，尤其是种子期、创业期的科技型中小企业提供资金与服务支持。

第二，深入挖掘金融创新服务对科技孵化体系的支撑作用。盈创动力平台目前正在不断建设科技企业孵化器群体，孵化一批自主创新能力强、抗风险能力强的科技型中小企业。在孵化中小企业的过程中，探索出一条“债权融资—股权融资—上市融资”的梯形融资模式，设计出打包贷款、集合保理、贷款周转金、投贷联盟等多种新型融资服务产品。

第三，不断探索知识产权在金融支持科技创新中的作用。盈创动力平台正不断建设知识产权质押融资平台，设立了知识产权质押融资专项担保基金，为符合条件的科技型中小企业提供贷款。担保基金的设立有效发挥了政府资金的杠杆作用，带动了对科技型中小企业整体的资金扶持力度。

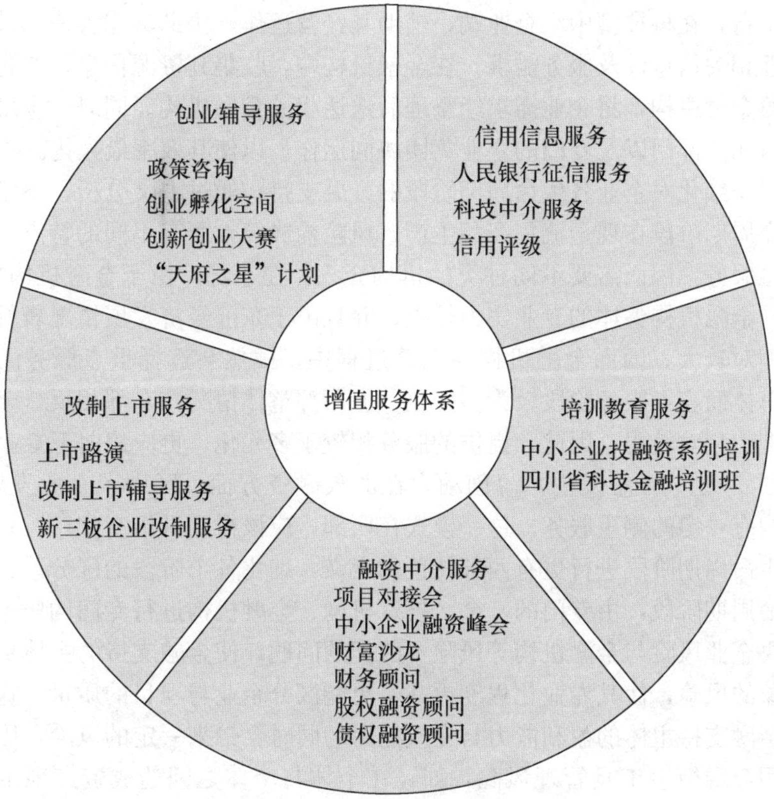

图 6-9 盈创动力增值服务模式示意图

6. 西部特色金融支持模式

第一，做好信息互联互通。由于东西部经济差异较大，从市场开发、需求挖掘、金融支持等角度考虑，西部企业运营的宏观背景较东部恶劣得多。因而，即使同样的项目，金融机构在对其提供金融支持时也会偏向于东部，从而导致西部科技型中小企业出现资金不足等问题。因此，西部的优质企业想要获取资金，必须比东部企业付出更多的努力，其中之一就是做好信息不对称的弱化工作。唯有做到比东部更完善的信息披露，使风险投资、金融机构等更全面地了解项目，西部地区科技型中小企业才能从中获得支持。

不难发现，盈创动力平台能成功，很大一部分原因在于其信息的互联互通极大地弱化了信息不对称，使风险投资和金融机构能更为信任地提供资金与服务。因此，在西部的金融支持中要着重建设两点——企业集群和金融服务平台。通过设立高新区等方式，将科技型中小企业聚集在一起，一方面增强竞争的氛围，另一方面降低科技型中小企业信息收集的成本，更利于搭建金融服务平台。通过金融服务平台，在科技型中小企业端，辅助其经营运作，协助其完善信息披露，并收集企业相关信息以及服务需求；在金融机构端，收集其资源信息，并将企业信息提供给金融机构，将企业需求经整理后送达相关金融机构。同时，金融服务平台由政府相关部门以及专门的企业集团协同运作，以使其效率最大化。

第二，细化对企业各生命周期阶段的金融支持。通过上文分析，不难发现企业各生命周期阶段在现金流、产品生产、风险构成等方面有不同的特点，需要不同的金融服务，因而需要不同种类的机构介入。在东部，由于金融机构数量多、竞争大，金融机构整体的专业实力较强，并且由于东部经济发展情况较好，资金总量也相对较大，因而金融机构在运营过程中，虽然会选择重点服务的企业阶段，但总体而言，服务阶段较为多元化。但西部整体情况与东部相反，金融机构的专业能力相对较弱，因此，提供的服务相较于多元化，更应偏向于专业化。

从图 6－6 中不难发现，盈创动力在股权融资方面，区别了企业发展阶段，相关机构有一定的侧重服务。这一模式在西部，应该得到升级与推广。首先，对于企业生命周期阶段进行更有西部特色的定义，细化各个阶段的区分。在不同的企业生命周期阶段，由专门的基金、投资机构、金融机构进行专门的服务。这样可以解决企业风险与金融机构等风险不匹配的问题，使金融支持的主体更适应其服务对象的风险，使其专业化程度更高，更能区分企业与项目的质量。这一做法在提高金融支持主体的盈利能力与专业能力的同时会带来一定的风险，因此需要充分利用金融衍生工具管理风险，如：在个体与个体之间达成资产现金流的互换，实现资产多元化、风险分散化等。

第三，大力发展金融创新以降低金融机构风险。西部相较于东部，其一，经济总体运行较差，金融机构风险承担能力较弱；其二，金融机构竞争不充分，厌恶风险的程度更高。科技型中小企业缺乏能够抵押的资产以降低其风险。因此，在金融支持科技创新的过程中，必须一方面弱化金融机构承担的风险，另一方面减少需要抵押等科技型中小企业难以做到的要求，才能积极地将金融支持主体调动起来。

以盈创动力为例，其在风险资金池的组建过程中，有两大主要成分，财政资金（省级财政资金与地方财政资金）和企业互保资金。因而，当企业发生违约、破产等负面事件时，会首先利用企业互保资金以弥补金融机构的损失，不足弥补的，由银行与财政资金按比例分担风险。这样一方面降低了企业的融资门槛与融资成本，另一方面降低了金融机构的风险。在西部发展过程中，应积极开展此类创新，如：产业链金融、关系型融资、集合委托贷款、风险资金池组建、贷款保证保险等。

第四，提供全面的增值服务。西部高校数量相对于东部较少，企业家个人素质较东部差，且金融机构专业能力也有一定差距。因此除了天使投资、风险投资等提供的增值服务外，搭建的金融服务平台也应该提供全面的增值服务，帮助企业成长。

第五，优化环境吸引外资。一是提高投资便利化水平，支持西部地区复制推广自贸试验区改革试点的成功经验，降低企业的制度性交易成本。二是完善支持政策，在税收、用地、信贷等方面落实有关优惠政策，引导外资更多投向西部地区。三是畅通开放的渠道，建设跨境多式联运交通走廊，促进与周边国家的互联互通，推动降低西部地区的流通成本。四是加强开放平台的建设，强化西部地区开放型经济载体平台建设，提升边境经济合作区、跨境经济合作区的发展水平。

综上，完善企业与金融支持主体之间信息的互联互通，通过专业化服务与金融创新相结合的方式满足企业不同生命周期阶段的融资需求，同时对企业提供更丰富的增值服务，并优化整体西部环境以吸引外资。

（三）东部发达地区金融支持科技创新模式

1. 杭州基金小镇

新产品的诞生需要经历创意、研发、获取专利、试产、量产等阶段，在不同的阶段都必须有一定的金融支撑其发展。一方面，新产品的创新在不同阶段的风险大小不一；另一方面，不同资本的风险偏好也多有差异。在传统的市场中，两者往往难以一一匹配。而基金小镇的模式可以解决这一痛点，基金小镇里有众多金融机构，主要包括商业银行、产业投资基金、私募股权投资基金、保险、PPP模式等，产业孵化器通过和基金小镇的对接，完成资金的融通，杭州基金小镇结构图，如图 6－10 所示。具体来说，企业的不同阶段可以分为以下几种：

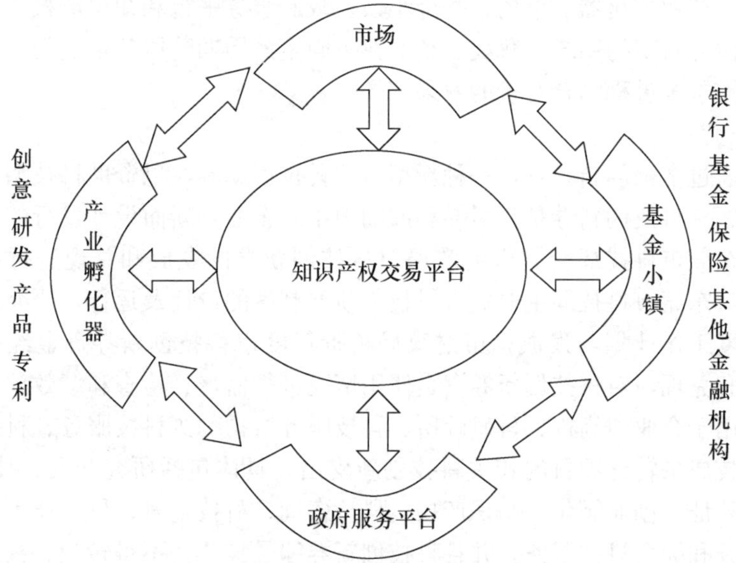

图 6－10　基金小镇结构图

创意阶段，企业往往只有一个粗浅的模型，尚未对新产品的设计可行性、市场接受程度、盈利空间等内容有详细的规划和估计，因此新产品的成功与否存在较大的不确定性。此时，企业难以获得商业银行的贷款，也较难得到风险投资的青睐，主要依赖合伙人的资本投入。但是，企业应努力向潜在投资者展示自己的产品与发展设想，协调好与投资者的关系，为下一步获得资本做好准备。

研发阶段，风险投资如天使投资的资金可以逐步注入企业。这一阶段是新产品开发的关键，企业也需要大量资金支持。天使投资人通过投资获得企业股权或认股权证，与企业达成一致利益，规范企业发展，当企业进入成熟或盈利阶段时择机退出，获得较高的回报。例如杭州的蒲公英天使投资引导基金在 2016 年底已累计投资项目 142 个，投资金额 3.5 亿元，同时带动了部分社会联合投资。企业同时可以向政府寻求引导基金的投资，扩大企业融资渠道。

产品研发成功后，企业应及时申请专利。专利既可以在知识产权交易平台进行转让交易或作使用权让渡，也可以作为无形资产抵押融资。政府在这个过程中提供相应服务并予以监督管理。

企业在考量市场需求、自身生产能力、盈利水平等主客观因素后，实施产品量产。此时可以提高债权融资比重，商业银行基于企业稳定的盈利能力和良好的资产状况，会积极予以信贷支持。为了达到快速扩张企业的目的，成熟企业在公开发行股票前还可以寻求私募股权投资，以壮大净资产规模。

由此，产业孵化器、市场、基金小镇、政府服务平台和知识产权交易平台构成了一个循环封闭的系统，解决了企业在不同生命周期阶段的融资问题，达到资本供给与需求全过程吻合对接的效果。

2. 东莞

东莞通过金融创新，发行一种新型的“科技创新券”以资助科技型中小企业的科技创新。科技创新券是为引导和鼓励中小微企业创新而设计发行的一种补助凭证，由东莞市科技局会同市财政局对科技创新券的发放和兑现进行管理和监督。其中，东莞市科技局主要负责科技创新券制度的设计及运行，研究确定科技创新券年度工作计划与发放；市财政局负责年度市科技创新券资金经费预算编制、印制和兑现，对科技创新券资金使用情况进行监督、检查和绩效评价。科技创新券适用于企业向高校、科研院所、科技服务机构购买科技服务、科技成果以及实施科技成果转化项目的相关科技创新支出，具体包括研究开发、技术转移、检验检测认证、创业孵化、知识产权、科技咨询、科技金融、科学技术普及等专业科技服务和综合科技服务。并且科技创新券编号唯一，不得转让、买卖，不得重复使用，有效期为一年，限定和维护了对科技型中小企业的支持。

科技创新券流转示意图，如图 6 - 11 所示。科技创新券是针对中小企业经济实力不足、创新资源缺乏，大学和研发机构没有为中小企业服务的动力机制而设计发行的一种“创新券”。政府向企业发放创新券，企业用创新券向研发机构、研发人员购买科技成果或研发、设计、检测等科技服务，或者购买研发设备。然后，科研服务机构和科研服务人员到政府财政部门兑现创新券。这种灵活的资助方式，一方面企业不仅可以根据自身的研发计划，来灵活选择所需的服务类型；另一方面，高校或研究机构也能够将技术成果转化到企业，增强了市场对创新资源的配置效率，同时也提高了政府的科技投入资金使用效率，体现了激励企业创新投入的“普惠性”特点。

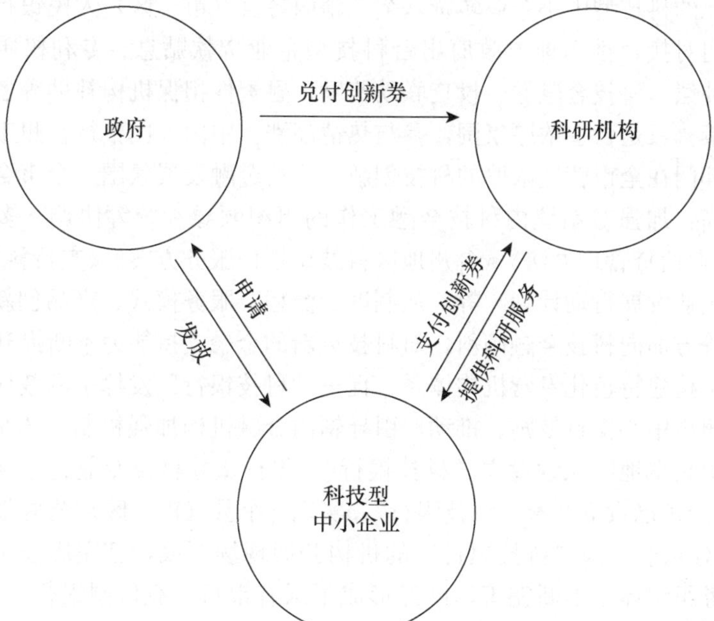

图 6-11　科技创新券流转示意图

3. 台州

中国人民银行台州市中心支行立足创新驱动发展战略，于 2015 年开始布局科技金融发展，积极协调当地政府和相关部门，对接台州市“科技新长征”等，大力提升台州市科技金融服务水平。它们成功构建“政策扶持、专营机构、金融产品、金融服务、企业培育”等五大体系，初步打造了科技金融创新生态圈。截至 2017 年，全市国家高新技术企业、省级科技型中小企业贷款余额 425.30 亿元，支持企业 2 549 家。台州科技创新指数列全国各大中城市第 31 位，高科技企业家数列浙江省前列，投资列浙江省第 4 位。

第一，构建全方位政策扶持体系，促进科技金融高效有序发展。一是加强部门协作，系统谋篇布局。中国人民银行台州市中心支行着眼科技发展趋势，对接小微企业金融服务改革创新试验区建设，于2015年就确定了发展科技金融的总体思路，主动与科技、财政、金融办等部门对接协调，牵头成立台州市科技金融协调推进小组，联合出台《台州市科技金融发展三年行动计划（2015—2017年）实施方案》《台州市科技支行认定管理办法（试行）》等，强调各部门政策联动，发挥职能优势，全市域“一盘棋”加快金融与科技融合发展。二是加大政策扶持，优惠全市落地。中国人民银行台州市中心支行推动台州市政府出台《台州市科技型企业信贷风险补偿基金管理办法》，首期基金2 000万元启动运行；成立总规模1亿元的科技型中小企业转贷基金。辖内各县（市、区）人民银行积极与当地相关部门对接，推动地方政府出台科技型企业贷款贴息、专利权质押贷款贴息、风险补偿、科技金融券、投贷联动奖励、融资性担保机构补助等各类科技金融优惠政策。三是营造浓厚氛围，参与热情高涨。中国人民银行台州市中心支行联合相关部门在全市营造浓厚的科技创新、科技金融发展氛围，全市金融机构认识不断提高，加强对系统内科技金融工作的组织领导和统筹协调，多机构制定《科技型企业信贷管理办法》《台州地区科技型授信服务方案》《支持科技（高新）型中小微企业发展行动计划》等，从制度、流程、服务模式、产品创新、风险控制、考核等方面向科技金融倾斜，对科技创新的金融支持能力不断提升。

第二，构建特色化专营机构体系，促进“科技银行”发挥引领效应。中国人民银行台州市中心支行鼓励、推动、引导辖内金融机构加强机制、体系建设，选取科技资源集聚地区探索设立“科技银行”，先行试验科技专业化金融服务。截至2017年全市已设立9家“科技银行”，实现9个县（市、区）全覆盖；2017年11月份又对6家申报“科技银行”的机构开展现场评议，已完成公示。全市科技金融服务组织体系不断完善，已经形成了国有银行、股份制银行、农信机构、城商行、村镇银行“科技银行”及科技金融特色业务“全面铺开、分层发展，试点先行、共同推进”的良好格局，探索形成农信机构、城商行、村镇银行等“小银行”服务小微科技型企业的成功经验。全市“科技银行”开展专营化、差异化、特色化经营，打造“专门服务对象、专业团队、专属产品、专门流程、专项补偿、专项考核”的“六专”经营管理机制，发挥带动、引领、辐射其他机构提升科技金融服务水平。截至2017年10月底，9家“科技银行”科技贷款余额23.81亿元。

第三，构建多元化金融产品体系，促进投融资金融创新升级。中国人民银行台州市中心支行积极引导辖内金融机构探索科技金融支持模式创新。一是创新金融产品。针对科技型企业种子期、初创期、成长期、成熟期及资本市场的不同阶段推出“科票宝”“科银通”“科融通”等系列信贷产品，“科技账款贷”“挂牌贷”“上市贷”等对接科技型企业多层次融资需求，依托台州市信保基金推出

“信保贷”，中国银行台州分行“科技通宝”2017年10月底余额1.62亿元，占浙江省中行系统的52%，位居浙江省第一。二是推动知识产权及应收账款质押贷款。全市专利权质押贷款工作取得重大突破，截至2017年10月末全市专利权质押贷款已累计发放94笔4.09亿元，有效解决了科技型企业抵押物不足问题。截至2017年10月末全市累计办理商标权质押融资1 437笔，发放贷款51.13亿元；累计办理质押登记970件，占全国同期总量的28%。全市2017年1—10月应收账款融资成交531笔，金额130.47亿元，成交笔数是2016年同期的2.72倍，成交金额也较2016年同期增长14.19亿元。三是探索投贷联动模式。全市多家金融机构探索开展投贷联动，恒丰银行台州分行推出“投贷融”业务，浙江泰隆商业银行推出“科技投融贷”产品。四是支持科技型企业对接多层次资本市场。积极支持科技型企业在银行间债券市场发行债务融资工具，进一步加大宣传、推介和承销力度，2017年促成2家科技型集团公司发行债务融资工具11亿元。

第四，构建互联网技术服务体系，促进拓展金融服务深度和广度。台州市辖内金融机构正积极将大数据及互联网技术应用到科技金融发展中，推动经营模式、产品服务、风险控制等方面的精细化发展，促进业务流程再造、大幅提升金融服务能力和效率。一是金融移动工作站提高服务效能。以智能终端PAD为基础，将移动互联网技术同小微金融业务融合打造全流程移动金融服务平台，实现客户接触渠道的功能集成，为客户快速办理信贷业务，新客户贷款业务办理时间从传统作业的1～2天缩减到1～2小时。二是信用评价嫁接互联网技术打造信贷工厂。金融机构研发基于业务数据量身定制信用评分模型，基于细分行业实施差异化信用管理，并针对科技型企业特点，合理确定授信额度及利率定价。三是互联网供应链金融挖掘产业链价值。供应链金融融合互联网技术，实现供应链中资金流、物流、信息流等数据化。工商银行推广工银聚供应链融资，依托核心企业批量支持供应链上下游小微企业，截至2017年10月末，平台交易额达到259.73亿元，电子供应链共22条，贷款累放额达到1亿元。为苏泊尔、星星家电等科技型企业打造网络旗舰店。四是搭建资源整合平台实现综合金融服务输出。如兴业银行台州分行以“互联网产品+移动支付”为基础，对接台州现代化创新型城市建设，推出智慧城市服务，服务已涵盖广电、燃气、景区、交通、教育等行业。

第五，构建长效性企业育成体系，促进产业与金融同频共振。一是搭建政银企对接平台。中国人民银行台州市中心支行高规格承办台州市政府举办的“台州市科技金融推进会暨签约仪式”“台州市小微园区银企对接会暨特色金融推进会”，促成金融机构与科技型企业、科技园区、孵化器等达成合作协议，总结交流科技金融发展经验，推动全市形成“政府发力、部门推动、政策支持、机构参与、企业受益”的科技金融创新格局。二是搭建“瞪羚企业”扶持平台。对接台州市“瞪羚企业”培育计划，培育发展一批科技实力突出、创新能力强劲、发展潜力巨大的高成长型企业，引导金融机构对接“瞪羚企业”名单中的企业，加大金融支持，实施金融专项培育，并把“瞪羚企业”纳入台州市金融服务信用信息共享平台培育池。三是引育科技创新人才。中国人民银行台州市中心支行联合台州市人才办、金融办等部门评定全市“人才服务型支行”9家，其中4家为“科技银行”，推动科技人才和科技金融工作互融互促。

(四) 东西部地区金融支持模式对比

通过选取东部地区具有代表性的两种金融模式进行分析，不难发现，东部地区在整体经济实力、金融机构专业实力更强的基础上，有两点做得更为出色，即知识产权保护及金融创新力度。

通过建立知识产权交易平台等孵化平台，一方面保护了科技型中小企业的科研成果，鼓励它们进行科技创新；另一方面，这一平台通过知识产权，将金融机构、政府、市场与科技型中小企业有机地整合在一起，使企业能获得更多的金融支持、增值服务，并加速产品的市场认可，助力科技创新。

同时，东部地区积极进行金融创新，为科技型中小企业提供多样化的融资渠道与服务。例如东莞的科技创新券，利用这一新兴模式做到了产学研的融合，在提升中小企业科研能力的同时，为其注入科技创新资金。除此之外，东部地区的集合融资产品创新也具有较强实力，积极开展集合贷款、集合债券、集合租赁等科技型中小企业集合融资产品创新，推行中小企业私募债、集优债、资产证券化等融资产品；东部地区在大数据、互联网、云等方面的金融支持应用也走在更前端；政府投资引导基金服务内容更精准、财政补贴的力度更大。

因此，在西部地区发展金融支持科技创新的过程中，除了做好西部地区特色外，还要借鉴东部地区发展经验，做好知识产权的孵化、保护，利用知识产权整合对科技型中小企业的金融支持和服务。同时，积极进行金融创新，探索更多为科技型中小企业融资的渠道。

三、西部地区金融支持主体的选择

(一) 西部地区的优势

由于西部地区缺乏资金，总体经济发展程度与东部地区相比有明显差距，因而同样的产业在西部地区更难获得融资，因此我们要充分挖掘西部地区优势，形成一批西部地区特色的科技型中小企业，才能更好地利用金融支持科技创新。

在区域经济学中，通常用区位商来判断一个产业是否构成地区专业化部门。区位商是指一个地区特定部门的产值在地区工业总产值中所占比重与全国该部门产值在全国工业总产值中所占比重之间的比值。区位商大于 1，可以认为该产业是该地区的专业化部门；区位商越大，专业化水平越高，在当地越有优势。因此，本章利用区位商辨别西部地区具有优势的产业。

我们这里以陕西、四川、广西、甘肃、重庆等 5 个有代表代的省份为例，进行产业/行业的区位商计算分析，具体见表 6－3。在表 6－3 中，具有一定优势的产业/行业的区位商（区位商大于等于 1）用黑体字标识出来了。

表 6－3　　2017 年西部地区部分省份分产业/行业区位商统计情况

产业/行业	陕西	四川	广西	甘肃	重庆
煤炭开采和洗选业	**2.93**	**1.20**	0.18	**2.71**	0.89
石油和天然气开采业	**10.09**	**1.37**	0.01	**4.78**	0.11
黑色金属矿采选业	**1.55**	**1.52**	**1.25**	**1.11**	0.31
有色金属矿采选业	**3.17**	**1.51**	**2.72**	**3.19**	0.05
非金属矿采选业	**1.36**	**2.16**	**2.15**	0.88	**1.70**
开采辅助活动	**4.32**	**3.84**	0.02	**2.18**	0.00
其他采矿业		0.81	**2.61**	0.00	0.00
农副食品加工	**1.00**	**1.21**	**1.80**	**1.06**	**1.02**
食品制造业	**1.35**	**1.31**	0.94	0.80	0.81
酒、饮料和精制茶制造业	**1.65**	**3.61**	**1.64**	**1.40**	0.83
烟草制品业	**2.47**	0.74	0.93	**2.34**	**1.10**
纺织业	0.55	0.61	0.57	0.16	0.23
纺织服装、服饰业	0.14	0.23	0.28	0.09	0.29
皮革、毛皮、羽毛及其制品和制鞋业	0.07	0.58	0.66	0.16	0.54
木材加工和木、竹、藤、棕、草制品业	0.23	0.73	**5.59**	0.03	0.43
家具制造业	0.24	**2.07**	0.52	0.09	0.51
造纸和纸制品业	0.78	**1.05**	**1.73**	0.42	0.87
印刷和记录媒介复制业	0.71	**1.22**	0.63	0.78	0.96
文教、工美、体育和娱乐用品制造业	0.05	0.18	0.92	0.08	0.28
石油加工、炼焦和核燃料加工业	**3.93**	0.44	0.32	**5.83**	0.19
化学原料和化学制品制造业	0.92	**1.14**	**1.05**	**1.06**	0.70
医药制造业	**1.18**	**1.47**	**1.03**	0.98	**1.21**
化学纤维制造业	0.09	**1.03**	0.02	0.04	0.22
橡胶和塑料制品业	0.74	0.67	0.49	0.42	0.80
非金属矿物制品业	**1.02**	**1.31**	**1.98**	**1.12**	**1.16**
黑色金属冶炼和压延加工业	0.73	**1.21**	**1.52**	**1.74**	0.57

续前表

产业/行业	陕西	四川	广西	甘肃	重庆
有色金属冶炼和压延加工业	**2.05**	0.52	**1.37**	**6.33**	**1.05**
金属制品业	0.40	0.72	0.54	0.44	0.94
通用设备制造业	0.71	0.96	0.38	0.39	0.89
专用设备制造业	**1.07**	0.95	0.66	0.93	0.67
汽车制造业	**1.11**	0.86	**1.70**	0.03	**3.76**
铁路、船舶、航空航天和其他运输设备制造业	0.82	**1.02**	0.82	0.24	**4.32**
电气机械和器材制造业	0.65	0.59	0.38	0.34	0.60
计算机、通信和其他电子设备制造业	0.33	0.89	0.58	0.18	**1.19**
仪器仪表制造业	0.57	0.41	0.30	0.20	**1.13**
其他制造业	0.31	0.99	0.51	**1.74**	**1.28**
废弃资源综合利用业	0.45	0.97	**1.64**	**1.43**	0.62
金属制品、机械和设备修理业	0.34	0.85	0.15	**2.87**	**1.08**
电力、热力生产和供应业	**2.18**	**1.65**	**2.29**	**4.56**	0.71
燃气生产和供应业	**2.36**	**2.75**	0.53	**2.38**	**1.85**
水的生产和供应业	**1.20**	**1.42**	**1.21**	**1.47**	0.92

注：根据国家统计局关于修订《三次产业划分规定（2012）》的通知，部分行业类别进行了调整，文中采用的是修订前数据。

资料来源：笔者根据各省份及中国的统计年鉴计算而得。

因此，西部地区在传统制造加工业、部分高端制造业以及食品医药等方面较为专业，有一定优势。

（二）支持主体

在金融支持科技创新的过程中，不能盲目支持，要选择好重点支持的主体，该主体应同时满足以下两个要求：（1）能充分利用西部地区优势资源；（2）具有科技创新特征。同时，需至少具备以下特点中的一个：（1）处于年轻产业的种子期、创业期企业；（2）处于成熟产业的种子期、创业期企业（但能引领该产业的革新换代）；（3）成熟的龙头企业，能产生聚集效应从而带动整个产业链或某一地区的科技创新。

1. 能源及化学工业

西部地区已经成为中国最重要的能源生产基地，油、气、煤等一次能源生产总量已经占到全国总产量的55%以上。中国《能源发展“十三五”规划》明确提出要把鄂尔多斯盆地、内蒙古东部地区和新疆建设成为国家综合能源基地。但是，与强劲发展的能源上游产业相比，西部地区的能源化工产业还处于较低发展水平，导致西部地区能源就地转化率低、能源产品附加值低，对区域经济的带动作用弱。应着力将西部地区打造成国家高端能源化工基地，培育能源化工产业。

2. 重要矿产开发及加工业

例如四川的钒钛矿产开发及加工业。四川搭建了多层次、多方式的技术创新平台。先后建成了钒钛资源综合利用国家重点实验室、中国合格评定国家认可委员会（CNAS）检验认可国家实验室、钒钛资源综合利用四川重点实验室；成立了四川钒钛产业技术研究院、攀枝花钛及钛合金研究所，搭建了四川省分析检测平台攀西分平台等产业公共服务平台；成立了钒钛产业资源综合利用国家级技术创新联盟和四川省钒钛产业协会等。2017 年，四川省发布《“十三五”钒钛钢铁及稀土产业发展指南》，提出“十三五”期间钒钛钢铁及稀土产业规模以上工业增加值年均增长 8%，2020 年规模以上钢铁钒钛及稀土产业总产值达到 5 000 亿元以上。

另外，云南的铅锌、内蒙古的稀土、贵州的磷肥、青海的钾肥等原材料开采加工均形成了一定的产业优势，是西部地区拉动经济增长的主要特色产业。

3. 特色农牧加工业

目前，特色农牧加工业已成为宁夏、贵州、新疆、内蒙古等农业省（区）的特色优势产业。如“塞上江南”宁夏以培育骨干龙头企业为突破口，重点培育发展了枸杞、牛羊肉、乳制品、优质粮食、脱水蔬菜、淡水鱼、葡萄、苹果汁等农产品加工业产业集群，现枸杞产销量占全国 60%以上，而牛羊肉、乳制品和绒毛制品也享誉国内外。贵州的辣椒、茶叶、油料作物、中草药等农产品在全国范围内具有独特优势，尤其是辣椒产业优势十分突出，因此被誉为“辣椒之乡”。“瓜果之乡”新疆是我国棉花、油料、瓜果等农产品的重要生产基地，林果业尤为发达。“畜牧业王国”内蒙古农牧产品加工业带动力不断增强，已形成乳、肉、绒毛、粮油、马铃薯、饲料饲草 6 大主导产业。

4. 装备制造业

陕西、四川等地是我国重要的装备制造业基地。陕西确定了装备制造业十大产业集群，其中航空产业具有极大的优势。四川作为我国重大装备制造业基地，通过采取一系列措施鼓励企业自主创新，重点发展重型机械成套设备、大型工程施工成套设备、大型发电成套设备、大型石油天然气成套设备等。目前，四川装备产业体系完备，产能集聚效应明显。

5. 旅游业

西部大开发战略实施以来，西部地区将旅游业视为特色优势产业，陕西、云南、重庆、甘肃、新疆等地则把旅游业建设成战略性支柱产业。西部地区旅游业已进入快速发展期，旅游总收入年均增长超过 20%，普遍高于同期西部地区 12

个省（区、市）GDP 增长率，部分省（区、市）旅游总收入占 GDP 的比重超过或接近 10%。在旅游产业的带动下，西部基础设施建设也得到明显改善，生态环境得到切实保护。

（三）X 理论

如图 6-12 所示，X 理论指的是具有品牌效应的龙头企业或园区所产生的聚集效应。具有品牌效应的龙头企业或园区往往能吸引人才、金融机构以及其产业链上的企业，同时带动当地市场的发展。在此类龙头企业或园区转移时，往往能将这部分核心资源一同转移，以带动转入地经济的发展。

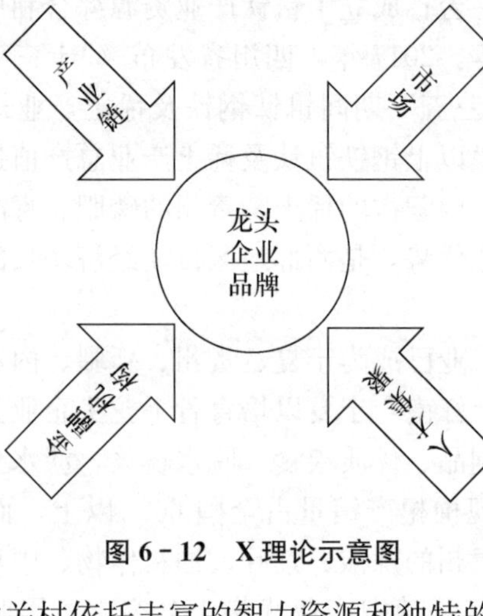

图 6-12　X 理论示意图

以中关村为例，中关村依托丰富的智力资源和独特的地理优势，吸引了大量创新性金融机构和科技中介机构不断集聚，一大批银行、证券公司、保险公司、投资机构、担保机构、小额贷款机构、会计师事务所、律师事务所、资产评估事务所等金融机构和科技中介机构在中关村陆续设立并不断发展。这些金融机构与中介机构的成立，发挥了巨大的资源集聚效应和示范效应，不断吸引科技企业在中关村设立、发展。中关村内成立的高新技术企业近 2 万家，每年新创办企业达 4 000 多家。这些金融机构和中介服务机构的聚集使得中关村内的企业和各类金融机构之间的沟通机制不断完善，进一步推动了创新性金融机构和科技中介机构集聚的态势，从而在搭建银企合作桥梁、缓解科技型中小企业融资难等方面发挥了重要作用。

因此，在西部地区发展的过程中，我们要深入挖掘 X 理论的价值内涵，一方面充分利用当地龙头企业或科技园区等产生的聚集效应；另一方面通过政策导向与优惠，依靠劳动力优势，吸引西部地区以外具有聚集效应的企业或园区进入西部地区。从而充分利用 X 理论带来的资源以发展科技型中小企业，促进金融创新。以云南白药为例，作为医药行业的龙头企业，云南白药布局“大健康”，在研发、生产、流通、零售、医疗等方面全产业链布局，为当地引入了大量人才并吸引了一批金融机构，带动了昆明的经济发展。

四、西部地区金融支持创新的建议

（一）专业化对科技型中小企业各生命周期阶段的金融支持

科技型中小企业在不同的生命周期阶段，其现金流、技术成熟度、市场认可度、生产规模、风险特性、信息披露度、抵押物种类完善程度等特征都是不一样的。因此，必须做好企业生命周期的区分，引导与企业风险相匹配的金融机构进入，对各阶段提供精准服务，而不是一味地喊着金融支持的口号，笼统地将企业视为整体。积极调动天使融资、政策金融、供应链金融、风险投资、商业银行、证券公司等对种子期、创业期、成长期、成熟期企业的支持。同时，由于西部地区金融机构实力相对较弱，应该选择部分金融机构走专业化的道路，专门从事科技型中小企业某一生命周期阶段的金融支持服务，以提高机构鉴别企业与项目质量的能力，降低风险、提高收益。并且，完善金融衍生工具等在风险管理方面的作用，积极开展个体与个体之间资产现金流的互换等，实现资产多元化、风险分散化，以消除专业化带来的弊端。

（二）助力科技园区搭建

科技园区是科技创新的重要载体，科技园区的建设发展承担着一个城市、一个区域甚至是一个国家的创新驱动、产业升级的战略实施。

通过科技园区的构建，积极引入科技型中小企业的进入，并为其提供云计算园区服务平台，解决园区入驻企业各自搭建IT及企业公共应用系统，资源浪费、效率低下、建设费用昂贵的问题，同时提供园区管理应用，实现园区整体运营管理体系的智慧化，提升园区整体的服务水平；并且提供主题园区门户，解决主题园区企业内外部交流及产业链聚合问题，提升主题园区吸引力。从而在达到增强科技型中小企业之间相互竞争、相互学习的目的的同时，降低各个企业的运营成本，提高整体服务水平。

并且在科技园区搭建金融服务平台，充分利用产业聚集带来的低信息收集成本的优势。通过金融服务平台，辅助企业经营运作，协助其完善信息披露，并收集企业相关信息以及服务需求；同时收集金融机构资源供给信息，并将企业信息分流后提供给金融机构，以达到精准服务的目的，助力金融支持科技创新。

（三）积极鼓励金融创新支持科技创新

由于不同地区的经济发展情况、金融服务水平、产业特征都有所区别，因此要积极开展金融创新，探索符合地域特色、能降风险、扩融资的金融服务模式及工具。

在金融创新方面，首先，科技金融产品体系应更加完整，从企业创业孵化，到成长发展，再到上市，都应有针对性的产品服务可对接，实现对企业生命周期的金融服务全覆盖。其次，金融创新产品应更接地气，从纯信用的“创业贷”，到准信用的科技担保贷、科技银保贷、知识产权质押融资和绿色金融贷款，再到股权直接投资，使科技型中小企业总能找到一款适合的融资产品。此外，创新过程中应始终坚持金融服务价格透明，在开展科技金融服务过程中，严格执行银监会七不准规定，绝不增加企业隐形成本。

并且，在这个新兴技术不断崛起的时代，应建立一定的容错机制，勇于探索各类数字技术与金融产品和服务的结合。比如说应用大数据技术完善精准营销、信用评估、风险定价等业务功能。应用云计算技术，实现业务系统弹性扩展和金融服务集约式发展。运用移动互联技术与电子商务公共服务等场景，实现企业金融服务的实时化和移动化。

（四）充分发挥政策性金融对西部科技创新的支持

法律法规不健全、规模不经济、信息不对称等因素造成了中小企业外源融资比大企业高得多的交易成本，这时政府公共服务的作用就开始凸显。

1. 建立金融支持科技创新扶持政策体系

政府及各部门应制定鼓励和促进金融资源与科技企业有效结合的政策，为科技企业解决融资难题营造良好的政策环境。通过各类政策形成多渠道、广覆盖的科技金融政策体系。这一体系应具体包括支持科技成果转化的产业专项资金和科技产业化资金，鼓励中小企业自主创新和发展的专项资金以及便于科技企业融资的权益融资、债权融资、科技信用融资的融资支持体系。这些政策的制定以及相关支持体系的建立，可以有效地缓解中小型科技企业融资难的问题，支持科技创新的发展。

2. 完善金融支持科技创新配套服务体系

一是建立信息服务平台，解决信息不对称问题。科技型中小企业融资难的主要原因之一是商业银行和科技型中小企业之间存在严重的信息不对称，商业银行对企业发放贷款有疑虑。为了加强企业与银行之间的信息沟通，应设立专业科技金融信息服务平台。专业科技金融信息服务平台的设立，不但有利于推动金融服务科技型中小企业的整体质量的提升，而且能成为科技与金融融合对接的有效载体之一。二是组建科技金融服务队伍。组建科技金融专员队伍，可以有效地推进科技金融服务平台工作的开展。三是营造科技金融信用环境。如通过政府出资购买会计、审计等服务的方式不断完善科技金融领域的诚信体系。

（五）大力发展和完善资本市场及风投体系

发达的资本市场可以为企业融资提供更多的选择，企业可以通过在资本市场上发行股票和债券来筹集资金。资本市场的另一重要作用就在于它提供了一种退出机制。对于科技型企业而言，吸引风险投资是一个重要的筹资渠道。但在资本市场不发达的地方，风险投资者要撤出其投资是较困难的，这会制约其投资的积极性。因此，培育多层次的资本市场不仅会拓宽企业的融资渠道，还会促进风险投资的发展，从而更好地解决企业的融资问题。

1. 大力发展私募股权投资（PE）、风险投资（VC）、天使投资等创业风险投资

相较传统的银行贷款，风险投资是更加适合科技创新的金融形式。除了方便注册，进一步加大税收减免及租购房便利的力度以外，应鼓励和引导创投机构与孵化平台开展深入合作；由政府支持发起各类创投母基金，引导社会资金进入创投领域；设立全国性的知识产权交易所，探索知识产权证券化，实现知识产权与金融市场的有效嫁接；针对私募股权投资（PE）、风险投资（VC）等创投机构建立市场化的治理框架与激励机制，以吸引高端人才和各路资金加盟。

2. 推动完善多层次资本市场

探索建立创业板的分层管理机制，推动建立区域性股权交易市场、全国中小企业股份转让系统和创业板之间的转板机制，利用综合协议交易平台发展私募资本市场，支持各类金融机构大力探索非标金融资产二级市场交易。要通过准入规则、交易制度、交易产品等方面的制度创新，增强国内资本市场对企业的吸引力。

3. 鼓励商业银行开展风险信贷业务创新

借鉴美国硅谷银行的经验，鼓励符合条件的银行与私募股权投资（PE）、风险投资（VC）等风险投资机构实现投贷联动，由风投机构做项目筛查，银行配合贷款支持，并探索银行向风投机构进行直接投资或发放贷款；探索信贷债权转股权，允许银行在向高新技术企业提供贷款融资的同时，可获得企业的部分股权或认股期权。

（六）逐步完善知识产权保护及创新企业信用担保体系

强化知识产权保护。加大执法力度，严厉打击侵犯知识产权的侵权行为，保护初创企业的创新火种，促进初创企业的科技创新活动。与此同时，加强知识产权行政保护与司法保护相协调，逐步完善知识产权法律法规和政策体系，提高管理和保护知识产权的能力；建立高效、权威的知识产权管理协调机构，提高知识产权管理工作机构的效率。

信用担保体系有助于解决银行对中小企业的信贷配给问题。造成信贷配给的

原因在于贷款人和借款人之间存在着信息不对称。银行无法甄别不同借款人之间的风险差异，从而银行对不同类型的借款人的贷款实行配给，导致部分客户难以获得贷款。而第三方担保机构的出现通过专业化经营信息资源和专门技术的研究开发，降低信息搜集与处理的成本，可以减少银行的风险，从而达到缓解中小企业融资难的目的。因此，在西部地区银行主导型体系下，完善信用担保体系可以为科技型中小企业融资提供更多的资金支持。

1. 建立信用担保体系的保险机制

信用担保机构利用担保机构之间以及与再担保机构的担保分担可以达到分散风险的作用。

2. 成立专项风险担保基金，支持科技型中小企业融资

信用担保机构是很难盈利的，因此信用担保机构的持续经营很大程度上依赖其补偿机制。补偿分为内部补偿和外部补偿两种。外部补偿多以财政补偿为主。可以将内部补偿和外部补偿结合起来，由信用担保机构和地方政府共同出资建立专项风险担保基金，按照一定的规定定期注入资金。

（七）充分利用间接融资体系对科技创新的支持

由于西部地区整体融资结构以间接融资为主，并且科技创新具有高风险性，因此，西部地区应该充分利用间接融资，将商业银行通过创新的方式融入各类融资体系中，以达到减少为科技型中小企业提供资金的风险，同时增加资金供给量的目的。遵循安全性、流动性、收益性三大经营原则的商业银行，必须针对不同的创新主体，通过多种方式以及合理的制度安排加强对科技创新的支持。银行在提供资金支持的同时，要进一步发挥资源配置、择优筛选、信息处理、风险管理的作用，通过提高企业研发能力、创新能力等软指标在其客户评价指标体系中的权重，优化信贷结构，引导企业加大创新力度。

1.“银行＋创新公司”

银行向科技型中小企业直接提供金融支持，不经过中介。此种方式主要适合以下情况：一是向企业提供非融资性支持，包括结算、现金管理等。二是企业风险相对较小。如：创新项目风险较大，但企业本身现金流稳定，即使创新失败也不影响企业的贷款偿付；创新已进入成熟期，创新的市场风险、技术风险等较小。三是通过信贷资产组合、利率上浮、财产抵押等措施降低风险。

2.“银行＋创业投资公司＋创新公司”

银行通过支持风险投资公司、创业投资基金、科技项目孵化器等创业投资公司，提高其支持科技型中小企业的资金实力和管理能力。这种方式发挥了创业投资公司的专业化优势，使银行避免了对自身不擅长的创新领域的评估、审查，而只需监督检查创业投资公司，降低了银行的贷款成本和风险。

3. “银行＋中介机构＋创新公司”

通过担保机构的介入降低银行的信贷风险。通过担保比例设定、担保机制创新，弱化信息不对称带来的负面影响。例如深圳市的做法：银行向科技型中小企业发放贷款，深圳市高新技术产业投资服务有限公司等为此类贷款提供政策性担保并向企业收取一定比例的股份、期权。以此充分调动了融资渠道上各个主体的积极性，并且带动了资产评估机构、信用评级机构、征信等中介机构对于间接融资支持创新的推动作用。

参考文献

[1] 黄晓梅．基于科技型中小企业生命周期的金融支持路径探讨．现代商业，2014（18）：158-159.

[2] 梁曙霞，李秀波．科技型中小企业金融支持体系的构建与作用机制．经济问题探索，2012（11）：62-65.

[3] 汤继强．科技型中小企业梯形融资模式研究．中共成都市委党校学报，2008（3）：49-53.

[4] 曾燕妮，姚佳颖，张浩．金融支持科技创新驱动发展研究：基于北京、上海、成都、杭州的比较分析．农村金融研究，2018（4）：28-33.

[5] 蔺鹏，孟娜娜．河北省商业银行开展投贷联动的理论逻辑与运作机理：基于科技型企业生命周期的视角．河北金融，2017（12）：9-14.

[6] 金珊珊，雷鸣．科技创新金融支持体系的构建及作用机制：基于企业生命周期理论的视角．新疆财经，2014（1）：14-20.

[7] 李建林，赵玲．我国科技型小微企业金融支持体系探析．当代经济，2013（1）：34-37.

[8] 廖岷，王鑫泽．商业银行投贷联动机制创新与监管研究．国际金融研究，2016（11）：45-55.

[9] 黄国平，孔欣欣．金融促进科技创新政策和制度分析．中国软科学，2009（2）：28-37.

[10] 丁涛，胡汉辉．金融支持科技创新国际比较及路径设计．软科学，2009（23）：50-54.

——执笔人：景乃权、张家祺、陈德宇、王鼎盛、
朱丽红、张岩，浙江大学经济学院

第七章 西部地区创新发展的科研经费支撑

摘 要

自西部大开发以来，西部地区的研究与开发（R&D）经费投入总量、强度、支出结构、投入绩效等均得到了较大改善，以论文和专利为主要方面的科技创新产出不断增加，科技创新能力有所提升。但西部地区R&D活动水平与全国和其他区域（东部、中部比较）仍有很大的差距，西部地区内各省（区、市）之间也差异较大，R&D经费支撑创新面临诸多制约和挑战，具体表现在政策与机制亟待强化、R&D经费总量严重匮乏和R&D活动基础条件差。因此，西部地区需要通过多方举措加大R&D经费投入，保障科技创新的可持续性；加强政策设计，保障西部R&D经费支撑创新机制通畅；完善体制机制，提高R&D经费投入与产出的绩效。

Abstract

Since the development of the western region, the total amount, intensity, pointed structure, and input performance of the research and development (R&D) funds in the western region have been greatly improved. The scientific and technological innovation output with the main aspects of papers and patents has been increasing, and the technological innovation capability has improved.. However, there is still a large gap between R&D activities in the western region and the national as well as other regions. The provinces within the western region also have large differences, and R&D expenditures that supporting innovation faces many constraints and challenges, which are reflected in the need to strengthen policies and mechanisms, and also showed that the serious lack of R&D funds, and the poor basic conditions of R&D activities. Therefore, the western region needs to increase R&D expenditure through various measures to ensure the sustainability of scientific and technological innovation; strengthen policy design, ensure the R&D expenditure support innovation mechanism in the west, improve the institutional mechanism, and improve the performance of R&D expenditure and output.

研究与开发（R&D）指在科学技术领域，为增加知识总量，以及运用这些知识去创造新的应用所进行的系统化与创造性的活动，包括基础研究、应用研究、试验发展三类活动。国际上通常采用 R&D 活动的规模和强度指标反映一国的科技实力和核心竞争力。当今世界上绝大多数国家，无论发达国家还是发展中国家，都把大力推动 R&D 活动放在十分重要的战略位置上。R&D 经费是确保广大科研人员完成科研工作的重要保障。可以说，R&D 经费的多少直接影响着我国各地区科研水平的提升和创新活力的激发，西部地区的 R&D 经费水平体现着我国“科教兴国”和“西部大开发战略”的质量。

本章研究西部 R&D 经费的投入数量和产出效益，第一部分梳理西部地区 R&D 经费的投入与产出现状；第二部分运用 DEA 数据包络分析方法评价西部 R&D 经费投入产出效益，从而评价科技投入资金的使用效率与质量；第三部分着重分析西部地区 R&D 经费支撑创新存在的主要问题；第四部分基于以上研究提出有针对性的政策建议。

一、西部地区科研经费支撑创新发展的现状

尽管我国 R&D 总体发展状况比较好，前景乐观，但是我国经济与科技落后区域的 R&D 水平参差不齐。从中国除港澳台外的 31 个省（区、市）R&D 经费投入与支出情况来看，2016 年排名后 10 位的其中有 8 个来自西部地区（余下两个为吉林和海南），可见西部地区的 R&D 水平十分落后。因此，有必要系统梳理西部地区 R&D 经费的投入与产出现状。本小节的数据资料主要来源于 2010—2017 年间的《中国统计年鉴》、《中国科技统计年鉴》和《全国科技经费投入统计公报》。

（一）R&D 经费投入现状

我国的科技创新主体包括高等院校、科研院所、企业等，从资金来源看，

R&D经费可分为政府资金、企业资金、国外资金和其他资金。

1. 西部地区R&D经费投入强度处于全国较低水平，内部表现差异大

R&D经费投入强度指当年R&D经费投入总额与国内或省（区、市）生产总值的比例，该指标反映了一个国家、一个地区的经济增长质量和经济发展潜力。

比较2016年和2009年的数据，可以看出，作为传统科研重镇，陕西的表现并不尽如人意。2009年陕西（2.32%）要高出全国水平（1.66%）0.66个百分点，但到2016年，陕西（2.19%）仅比全国水平（2.11%）高出0.08个百分点，要远远弱于北京、天津、江苏、浙江等省份，从2005年的全国第二位（仅次于北京）下降到2016年的全国第8位。除陕西之外，其余西部11省（区、市）的R&D经费投入强度均低于全国平均水平。同时，除陕西、贵州、西藏、青海外，其余8省（区、市）2016年的数据均高于2009年的数据。

比较西部地区各省（区、市）的情况。从R&D经费投入强度来看，陕西、四川、重庆、甘肃稳居前四位，重庆发展势头强劲，2016年重庆与四川的数据首次一致，并列第二位。西部地区其他省份与前四者存在较大差距，其中西藏一直处于最后一位，R&D经费投入强度长期低于0.3%，2016年仅为0.19%。2015年和2016年青海取代新疆位居倒数第二位，且西藏和青海的R&D经费投入强度总体呈现下降趋势（见表7-1）。

表7-1　2009—2016年全国及西部地区各省份R&D经费投入强度　（%）

省份（地区）	2009年	2010年	2011年	2012年	2013年	2014年	2015年	2016年
全　国	1.66	1.71	1.78	1.91	1.99	2.02	2.06	2.11
内蒙古	0.53	0.55	0.59	0.64	0.69	0.69	0.76	0.79
广　西	0.61	0.66	0.69	0.75	0.75	0.71	0.63	0.65
重　庆	1.22	1.27	1.28	1.40	1.38	1.42	1.57	1.72
四　川	1.52	1.54	1.40	1.47	1.52	1.57	1.67	1.72
贵　州	0.68	0.65	0.64	0.61	0.58	0.60	0.59	0.63
云　南	0.60	0.61	0.63	0.67	0.67	0.67	0.80	0.89
西　藏	0.33	0.29	0.19	0.25	0.28	0.26	0.30	0.19
陕　西	2.32	2.15	1.99	1.99	2.12	2.07	2.18	2.19
甘　肃	1.10	1.02	0.97	1.07	1.06	1.12	1.22	1.22
青　海	0.70	0.74	0.75	0.69	0.65	0.62	0.48	0.54
宁　夏	0.77	0.68	0.73	0.78	0.81	0.87	0.88	0.95
新　疆	0.51	0.49	0.50	0.53	0.54	0.53	0.56	0.59

资料来源：根据2010—2017年《中国科技统计年鉴》整理得出。

2. 西部地区R&D经费投入总量总体呈上升态势，与东部、中部地区差距较大

R&D经费投入总量，是指一国（或地区）用于在本国（或地区）进行R&D活动的内部支出的总和。2009—2016年，西部地区R&D经费投入从724.9亿元增

加到 1 944.3 亿元，以年均 17.9%的速度增加。通过与全国及其他地区的比较可以发现，2016 年西部地区经费投入总量仅占全国总投入的 12.4%，约为东部投入总量的 18.2%，每年比中部地区投入总量大约少 400 亿元。但西部地区投入总量始终高于东北地区，2012 年比东北地区高出 593.7 亿元，2016 年这一数字增长到 1 279.4 亿元，东北地区成为 R&D 经费投入总量唯一呈现波动式下降趋势的地区。除西藏和青海外，西部地区各省（区、市）的投入总量均呈现稳步上升的态势。

按投入总量进行排名，四川、陕西、重庆长年居于前三位。2016 年四川投入总量为 561.4 亿元，分别超陕西、重庆 141.8 亿元、259.2 亿元。宁夏、青海和西藏则一直处于最末三位，2009 年、2015 年、2016 年三者投入总量之和仅分别占西部地区的 2.7%、2.3%和 2.4%（见表 7-2）。

表 7-2　2009—2016 年全国、各地区及西部地区各省份 R&D 经费投入总量（单位：亿元）

省份（地区）	2009 年	2010 年	2011 年	2012 年	2013 年	2014 年	2015 年	2016 年
全　国	5 802.1	7 062.6	8 687.0	10 298.4	11 846.6	13 015.6	14 169.9	15 676.7
东部地区	4 052.2	4 986.9	6 182.6	6 900.7	7 924.6	8 750.7	9 628.9	10 689.4
中部地区	1 024.9	1 201.4	1 463.4	1 510.8	1 771.1	1 977.7	2 146.9	2 378.1
西部地区	724.9	874.3	1 041.0	1 240.3	1 420.4	1 560.0	1 731.6	1 944.3
东北地区	—	—	—	646.6	730.4	727.3	662.5	664.9
内蒙古	52.1	63.7	85.2	101.4	117.2	122.1	136.1	147.5
广　西	47.2	62.9	81.0	97.2	107.7	111.9	105.9	117.7
重　庆	79.5	100.3	128.4	159.8	176.5	201.9	247.0	302.2
四　川	214.5	264.3	294.1	350.9	400.0	449.3	502.9	561.4
贵　州	26.4	30.0	36.3	41.7	47.2	55.5	62.3	73.4
云　南	37.2	44.2	56.1	68.8	79.8	85.9	109.4	132.8
西　藏	1.4	1.5	1.2	1.8	2.3	2.4	3.1	2.2
陕　西	189.5	217.5	249.4	287.2	342.7	366.8	393.2	419.6
甘　肃	37.3	41.9	48.5	60.5	66.9	76.9	82.7	87.0
青　海	7.6	9.9	12.6	13.1	13.8	14.3	11.6	14.0
宁　夏	10.4	11.5	15.3	18.2	20.9	23.9	25.5	29.9
新　疆	21.8	26.7	33.0	39.7	45.5	49.2	52.0	56.6

注：2009—2011 年《中国科技统计年鉴》未单独列出东北地区的统计数据，其中，辽宁包含在东部地区中，吉林和黑龙江包含在中部地区中。

资料来源：2010—2017 年《中国科技统计年鉴》。

3. 企业是西部地区 R&D 经费投入主体，相较于其他地区更依赖政府资金

R&D 经费投入模式是指在一个国家或地区 R&D 经费投入总量中占主导或支配地位的主体来源，以及由该主体的利益取向和行为方式决定的融资方式和投入方式。

在“十五”期间，国家明确了企业作为技术创新的主体地位，在市场竞争越来越激烈的背景下，企业也意识到自主创新对企业发展的重要意义，加快了自主创新的步伐。从 R&D 经费投入模式来看，企业目前已成为我国 R&D 经费的投

入主体，四大地区企业资金占R&D经费投入总量的比重均超过了60%，其中中部地区最高，为82.37%，西部地区最低，为61.62%。西部地区和东北地区的企业资金占比低于全国水平。相应地，西部地区政府资金的占比在四大地区中最高，为34.25%。相较于其他地区，西部地区对政府投入的依赖更重。而在国外资金占比和其他资金占比的表现方面，四大地区并无显著的差异。

依据政府和企业投入比例的不同，可将R&D经费投入模式分为政府主导型（政府投入所占比例大于50%）、政府企业双主导型（政府、企业的投入比例相当，均在45%～50%左右）和企业主导型（企业投入所占比例大于50%）。现阶段，在西部地区的12省（区、市）中，西藏、陕西为政府主导型的投入模式；四川、内蒙古、重庆、宁夏、新疆、青海、甘肃、广西、贵州、云南为企业主导型。内蒙古、重庆、宁夏为企业资金占比高于全国水平的省（区、市）。这表明这三个省（区、市）较为充分地发挥了企业作为R&D经费投入主体的作用（见表7-3）。

表7-3　2016年全国、各地区及西部地区各省份R&D经费投入模式　（单位：亿元）

省份（地区）	政府资金		企业资金		国外资金		其他资金	
	额度	占比（%）	额度	占比（%）	额度	占比（%）	额度	占比（%）
全　国	3 140.81	20.03	11 923.5	76.06	103.24	0.66	509.15	3.25
东部地区	1 913.48	17.90	8 326.3	77.89	97.15	0.91	352.43	3.30
中部地区	353.33	14.86	1 959.0	82.37	2.51	0.11	63.31	2.66
西部地区	666.00	34.25	1 198.0	61.62	2.53	0.13	77.77	4.00
东北地区	208.00	31.28	440.2	66.20	1.04	0.15	15.64	2.35
内蒙古	19.43	13.18	123.3	83.57	0.17	0.12	4.63	3.14
广　西	27.26	23.15	85.1	72.30	0.07	0.06	5.27	4.48
重　庆	44.02	14.57	244.2	80.80	0.49	0.16	13.49	4.47
四　川	240.42	42.82	293.0	52.19	1.06	0.19	26.91	4.79
贵　州	15.29	20.82	53.8	73.28	0.08	0.10	4.25	5.79
云　南	37.68	28.38	87.7	66.06	0.27	0.21	7.11	5.35
西　藏	1.78	80.19	0.4	17.82	0.00	0.00	0.04	1.99
陕　西	223.15	53.19	185.7	44.26	0.28	0.07	10.44	2.49
甘　肃	30.02	34.51	53.3	61.22	0.10	0.11	3.62	4.16
青　海	5.21	37.20	8.6	61.38	0.00	0.00	0.20	1.42
宁　夏	6.30	21.05	23.2	77.53	0.01	0.02	0.42	1.40
新　疆	15.44	27.26	39.8	70.29	0.01	0.01	1.39	2.45

（二）R&D经费内部支出现状

R&D经费内部支出是指调查单位在报告年度用于内部开展R&D活动的实际支出。包括用于R&D项目（课题）活动的直接支出，间接用于R&D活动的管理费、服务费，与R&D有关的基本建设支出以及外协加工费等。不包括生产性活动支出、归还贷款支出以及与外单位合作或委托外单位进行 R&D 活动而转拨给对方的经费支出。

1. 试验发展是最主要的研发活动，基础研究和应用研究则各有千秋

根据研发活动的内容，可以将其划分为基础研究、应用研究和试验发展三种类型。基础研究指为了获得关于现象和可观察事实的基本原理的新知识而进行的实验性或理论性研究，它不以任何专门或特定的应用或使用为目的。应用研究指为了确定基础研究成果可能的用途，或是为达到预定的目标而探索应采取的新方法或新途径。试验发展指利用从基础研究、应用研究和实际经验所获得的现有知识，为产生新的产品、材料和装置，建立新的工艺、系统和服务，以及对已产生和建立的上述各项做实质性的改进而进行的系统性工作。

（1）西部地区基础研究经费支出占比高于全国、中部和东北地区水平。基础研究经费支出占比指基础研究经费支出在 R&D 经费内部支出中所占的份额，体现了一个地区研发活动的结构状况，能反映出知识创造和原始性创新活动所占的比例。从 2014 年到 2016 年，全国、东部和中部地区的基础研究经费支出占比均呈现增长趋势，东北地区呈现较快上升后略有下滑趋势，西部地区出现一定程度的下滑（见图 7－1）。但就总量而言，西部地区基础研究支出总量依然从 2014 年的 109.58 亿元增加到 2016 年的 129.22 亿元，年均增长率为 8.6%，表明西部地区重视知识创造和原始性创新活动（见表 7－4）。

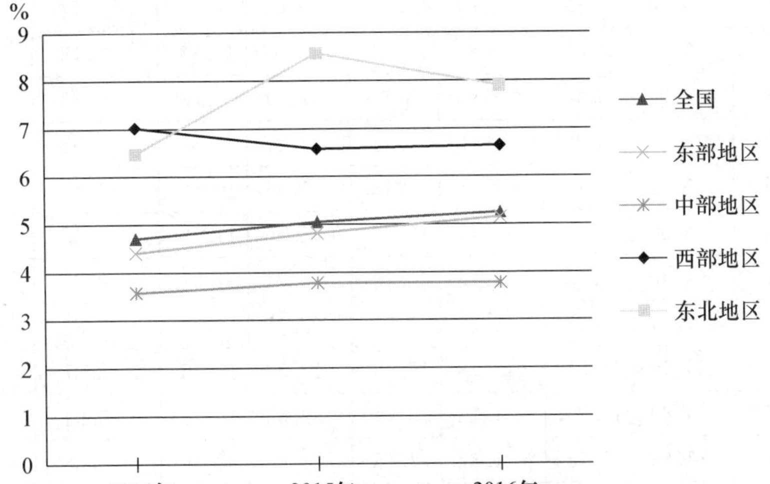

图 7－1　2014—2016 年全国及各地区基础研究支出占比

注：占比＝基础研究经费总量/R&D 经费内部支出总量。
资料来源：2015—2017 年《中国科技统计年鉴》。

比较西部地区各省份 2014—2016 年的情况。从基础研究经费总量来看，四川稳居西部第一，2016 年高出第二名陕西 8.82 亿。尽管如此，四川依然成为西部地区唯一基础研究经费总量和占比“双下降”的省份，2014—2016 年净增费用为－8.92亿元，年均增长率为－11.82%。宁夏、青海、西藏总量位居最末三位，2016 年三者基础研究经费支出总量之和仅占西部地区的 9%。从基础研究经费占比来看，西藏、青海、甘肃等 R&D 经费投入总量较少的省份在基础研究经费支出方面更为活跃，2015 年西藏的基础研究经费占比高达 40.13%（见表 7-4）。

表 7-4　2014—2016 年全国、各地区及西部地区各省份基础研究支出占比（单位：亿元）

省份（地区）	2014 年		2015 年		2016 年		2014—2016 年净增费用	2014—2016 年年均增长率（%）
	基础研究	占比（%）	基础研究	占比（%）	基础研究	占比（%）		
全　国	613.54	4.71	716.12	5.05	822.89	5.25	209.35	15.81
东部地区	386.02	4.41	464.14	4.82	550.78	5.15	164.77	19.45
中部地区	70.82	3.58	81.23	3.78	90.39	3.80	19.56	12.97
西部地区	109.58	7.02	113.96	6.58	129.22	6.65	19.64	8.59
东北地区	47.12	6.48	56.79	8.57	52.51	7.90	5.38	5.56
内蒙古	2.24	1.83	2.61	1.92	3.01	2.04	0.77	15.92
广　西	7.86	7.03	10.83	10.23	12.05	10.23	4.18	23.82
重　庆	6.94	3.44	8.96	3.63	12.77	4.23	5.83	35.65
四　川	40.09	8.92	29.73	5.91	31.17	5.55	－8.92	－11.82
贵　州	5.98	10.77	7.78	12.48	7.43	10.12	1.45	11.47
云　南	8.50	9.89	13.17	12.05	15.56	11.72	7.07	35.30
西　藏	0.40	17.00	1.25	40.13	0.71	31.91	0.31	33.23
陕　西	19.54	5.33	19.68	5.01	22.35	5.33	2.81	6.95
甘　肃	11.15	14.51	12.78	15.45	13.53	15.55	2.37	10.16
青　海	1.69	11.79	1.75	15.14	2.63	18.78	0.94	24.75
宁　夏	1.86	7.78	1.82	7.15	2.44	8.15	0.58	14.54
新　疆	3.35	6.81	3.58	6.88	5.58	9.85	2.23	29.06

注：占比＝基础研究经费总量/R&D经费内部支出总量。
资料来源：2015—2017 年《中国科技统计年鉴》。

（2）西部地区应用研究经费支出占比高于全国、东部和中部地区水平。

2014—2016 年间，全国、西部和东部地区的应用研究经费支出均呈现总量增长的趋势。但从占比来看，2014—2016 年西部地区的占比仍高于全国、东部和中部地区，表明应用研究仍是西部地区的重要研发活动内容（见图 7-2）。

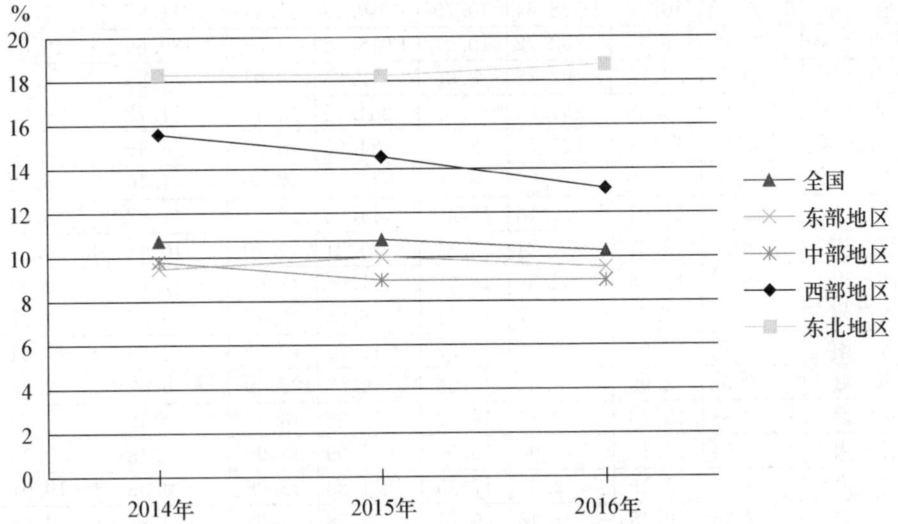

图 7-2　2014—2016 年全国及各地区应用研究支出占比

注：占比＝应用研究经费总量/R&D 经费内部支出总量。
资料来源：2015—2017 年《中国科技统计年鉴》。

从应用研究经费总量来看西部地区内部情况，2014—2015 年，四川居西部第一，但 2016 年陕西跃居第一并高出四川 7.19 亿元。2014—2016 年，四川和青海是西部地区基础研究经费总量和占比“双下降”的省份，2014—2016 年净增费用分别为－17.32 亿元和－0.96 亿元，年均增长率分别为－10.33%和－19.01%。宁夏、青海、西藏总量位居末三位，2016 年三者应用研究经费支出总量之和仅占西部地区的 1.95%（见表 7-5）。

（3）西部地区试验发展经费支出占比低于全国、东部和中部地区水平。对于全国各地区而言，试验发展都是最主要的研发活动类型，各地区的试验发展经费占 R&D 经费内部支出的比例均高于 70%。2014—2016 年间，中部地区试验发展经费占比总体保持小幅度上涨的趋势，东部地区略有下降；中部地区、东部地区均高于全国水平。西部地区试验发展经费占比直线上升，由 2014 年的 77.4%增长到 2016 年的 80.25%，表现不俗，但仍不及全国水平。东北地区受制于 R&D 经费内部支出总量的减少，表现不佳（见图 7-3）。

表 7-5　2014—2016 年全国、各地区及西部地区各省份应用研究支出及占比（单位：亿元）

省份（地区）	2014 年		2015 年		2016 年		2014—2016 年净增费用	2014—2016 年年均增长率（%）
	应用研究	占比（%）	应用研究	占比（%）	应用研究	占比（%）		
全　国	1 398.53	10.74	1 528.64	10.79	1 610.49	10.27	211.97	7.31
东部地区	828.87	9.47	963.72	10.01	1 018.55	9.53	189.69	10.85
中部地区	193.66	9.79	192.25	8.95	212.66	8.94	18.99	4.79
西部地区	242.98	15.58	251.89	14.55	254.75	13.10	11.78	2.39
东北地区	133.02	18.29	120.77	18.23	124.53	18.73	−8.49	−3.42
内蒙古	9.35	7.66	8.24	6.06	10.45	7.09	1.10	5.72
广　西	12.99	11.61	13.18	12.44	14.86	12.62	1.87	6.96
重　庆	18.90	9.37	24.24	9.81	29.31	9.70	10.41	24.53
四　川	88.36	19.66	83.89	16.68	71.04	12.65	−17.32	−10.33
贵　州	6.38	11.50	6.67	10.71	6.95	9.47	0.57	4.37
云　南	13.44	15.64	12.43	11.37	16.72	12.59	3.28	11.54
西　藏	0.54	22.99	1.35	43.22	0.57	25.49	0.02	2.74
陕　西	68.81	18.76	73.81	18.77	78.23	18.65	9.42	6.63
甘　肃	11.61	15.10	12.90	15.59	12.09	13.90	0.48	2.05
青　海	2.79	19.49	2.01	17.35	1.83	13.06	−0.96	−19.01
宁　夏	2.26	9.48	2.48	9.75	2.58	8.62	0.32	6.85
新　疆	7.53	15.32	10.69	20.55	10.12	17.88	2.59	15.93

注：占比＝应用研究经费总量/R&D 经费内部支出总量。
资料来源：2015—2017 年《中国科技统计年鉴》。

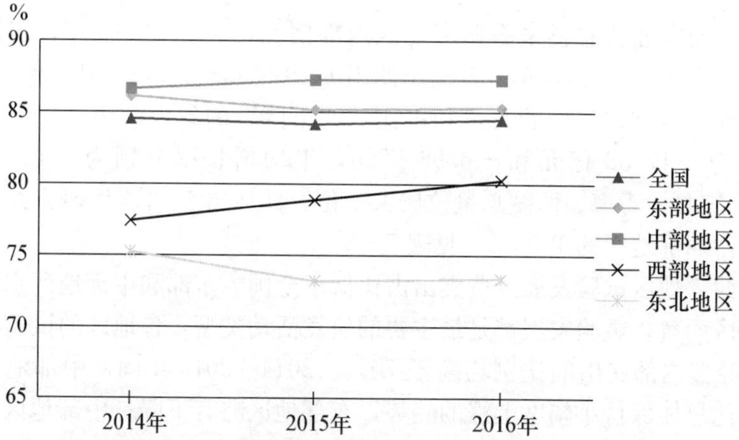

图 7-3　2014—2016 年全国及各地区试验发展支出占比

注：占比＝试验发展经费总量/R&D 经费内部支出总量。
资料来源：2015—2017 年《中国科技统计年鉴》。

比较西部地区各省份2014—2016年的情况。从试验发展经费总量来看，四川、陕西、重庆稳居西部前三。2014—2016年四川净增费用最高，为138.33亿元。2014—2016年宁夏、青海、西藏总量均位居末三位，2016年三者试验发展经费支出总量之和占西部地区的2.27%。从试验发展经费占比来看，2016年内蒙古、重庆、宁夏、四川、贵州位居前五位。内蒙古和重庆是西部地区两个高于全国水平的省份，其中，2016年内蒙古、重庆的占比分别为90.87%、86.07%。2016年青海、西藏、甘肃位居末三位，2016年西藏的试验发展经费占比仅为42.61%（见表7-6）。

表7-6 2014—2016年全国、各地区及西部地区各省份试验发展支出及占比（单位：亿元）

省份（地区）	2014年		2015年		2016年		2014—2016年净增费用	2014—2016年年均增长率（%）
	试验发展	占比（%）	试验发展	占比（%）	试验发展	占比（%）		
全　国	11 003.56	84.54	11 925.13	84.16	13 243.36	84.48	2 239.80	9.71
东部地区	7 535.78	86.12	8 201.03	85.17	9 120.05	85.32	1 584.27	10.01
中部地区	1 713.26	86.63	1 873.43	87.26	2 075.09	87.26	361.83	10.05
西部地区	1 207.41	77.40	1 365.76	78.87	1 560.37	80.25	352.96	13.68
东北地区	547.11	75.23	484.91	73.20	487.85	73.37	−59.26	−5.57
内蒙古	110.55	90.51	125.21	92.03	134.05	90.87	23.50	10.12
广　西	91.05	81.36	81.90	77.33	90.84	77.15	−0.21	−0.12
重　庆	176.01	87.20	213.79	86.56	260.10	86.07	84.08	21.56
四　川	320.88	71.41	389.25	77.41	459.21	81.79	138.33	19.63
贵　州	43.12	77.72	47.87	76.81	59.03	80.41	15.90	17.00
云　南	63.99	74.47	83.75	76.59	100.48	75.68	36.49	25.31
西　藏	1.41	60.00	0.52	16.65	0.95	42.61	−0.47	−17.92
陕　西	278.42	75.91	299.68	76.22	318.97	76.03	40.55	7.03
甘　肃	54.11	70.39	57.04	68.95	61.37	70.55	7.26	6.50
青　海	9.84	68.72	7.82	67.51	9.54	68.16	−0.30	−1.54
宁　夏	19.74	82.74	21.18	83.10	24.91	83.23	5.17	12.33
新　疆	38.28	77.88	37.74	72.57	40.93	72.27	2.65	3.40

注：占比=试验发展经费总量/R&D经费内部支出总量。
资料来源：2015—2017年《中国科技统计年鉴》。

通过以上分析及表7-7的归纳总结，可以发现试验发展均是西部地区12省份最为主要、关键和占比最高的研发活动。但在第二位和第三位的排序上各省份略有差异，其中R&D经费投入总量较少、科研实力薄弱的省份更注重基础研究，如贵州、西藏、甘肃、青海等；而R&D经费投入总量较多、自身科研实力较为雄厚的省（区、市）则更关注应用研究，如四川、陕西、重庆等。

表 7-7 2016 年西部地区各省份三大研发活动支出占比及排序 （%）

省份	基础研究占比	应用研究占比	试验发展占比	第一位	第二位	第三位
内蒙古	2.04	7.09	90.87	试验发展	应用研究	基础研究
广　西	10.23	12.62	77.15	试验发展	应用研究	基础研究
重　庆	4.23	9.70	86.07	试验发展	应用研究	基础研究
四　川	5.55	12.65	81.79	试验发展	应用研究	基础研究
贵　州	10.12	9.47	80.41	试验发展	基础研究	应用研究
云　南	11.72	12.59	75.68	试验发展	应用研究	基础研究
西　藏	31.91	25.49	42.61	试验发展	基础研究	应用研究
陕　西	5.33	18.65	76.03	试验发展	应用研究	基础研究
甘　肃	15.55	13.90	70.55	试验发展	基础研究	应用研究
青　海	18.78	13.06	68.16	试验发展	基础研究	应用研究
宁　夏	8.15	8.62	83.23	试验发展	应用研究	基础研究
新　疆	9.85	17.88	72.27	试验发展	应用研究	基础研究

2. 2016 年西部地区科研机构 R&D 经费支出总量高于中部、东北地区，内部差异巨大

科研机构是支撑科技持续发展的动力源泉，西部地区研究机构 R&D 经费支出总量呈现逐年上升的态势：2011—2016 年，西部地区研究机构 R&D 经费支出快速增长，支出总额从 108.6 亿元增长到 355.7 亿元，年均增长率为 26.8%。同时，要高于中部地区和东北地区，但与东部地区仍存在较大差距，仅占东部地区的 34.8%。比较西部地区各省份的情况，科研机构 R&D 经费存在较大的内部差异，四川和陕西无论从项目经费还是人均项目经费层面讲，均可跻身全国前列，2016 年四川、陕西科研机构 R&D 项目经费分列全国第三、第四位，仅次于北京和上海。其他西部 10 省份的项目经费总和仅占四川、陕西项目经费总和的 18.6%。就人均项目经费而言，2016 年，重庆、新疆、广西、贵州等省份表现不佳，不足 20 万元，而 2016 年四川和陕西的人均项目经费分别为 53.6 万元和 48.4 万元（见图 7-4）。

3. 2016 年西部地区人均高等院校 R&D 经费支出表现尚可，经费总量亟待提升

从项目经费总量上看：2016 年西部地区比中部和东北地区分别高出 15.4% 和 28.0%，但考虑到各地区包括省份的数量，西部地区所占的优势并不大，且仅占东部地区的 26.6%。2016 年，西部地区高等院校经费支出总量为 122.9 亿元（见图 7-5）。

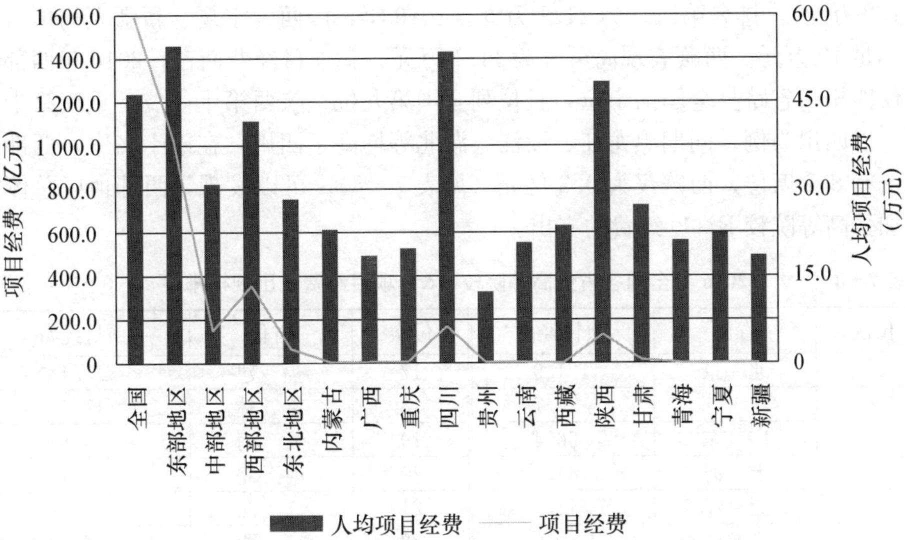

图 7－4　2016 年全国、各地区及西部各省份科研机构 R&D 经费

资料来源：2017 年《中国科技统计年鉴》。

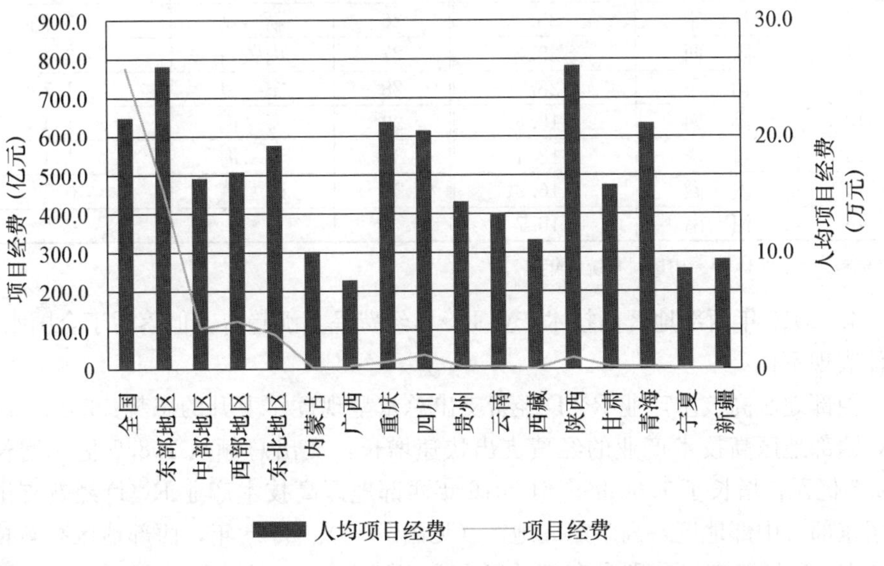

图 7－5　2016 年全国、各地区及西部各省份高等院校 R&D 经费

资料来源：2017 年《中国科技统计年鉴》。

比较西部地区各省份的情况，高等院校 R&D 经费有一定的内部差异。从人均项目经费来看，2016 年青海表现突出，仅次于陕西（26.2 万元）和重庆

(21.2万元)，排名第三，为21.1万元。2016年，广西、宁夏、新疆人均项目经费不足10万元。西藏表现尚可，为11.1万元。就项目经费而言，2016年西部地区仅四川一省跻身全国前十位，且位列全国第九位；陕西第十一位，重庆第十四位。以四川为例，同期黑龙江、浙江、湖北等均高于四川。在末十名中，西部地区占有8个席位，西藏仅为0.3亿元（见表7-8）。可以发现，西部地区总体需要加强高等院校R&D经费的支出。

表7-8　2016年全国各省份高等院校R&D项目经费支出规模排序　（单位：亿元）

位次	省份	项目经费	位次	省份	项目经费
1	北　京	121.9	17	福　建	15.4
2	江　苏	70.7	18	吉　林	11.7
3	广　东	66.4	19	云　南	9.3
4	上　海	64.5	20	河　北	8.4
5	天　津	44.4	21	江　西	7.9
6	黑龙江	40.9	22	广　西	7.8
7	浙　江	40.0	23	甘　肃	6.2
8	湖　北	37.0	24	贵　州	6.1
9	四　川	35.8	25	山　西	6.0
10	辽　宁	35.7	26	新　疆	3.8
11	陕　西	29.3	27	内蒙古	3.4
12	山　东	28.7	28	宁　夏	1.7
13	湖　南	19.6	29	海　南	1.4
14	重　庆	18.1	30	青　海	1.4
15	安　徽	16.9	31	西　藏	0.3
16	河　南	16.7			

资料来源：2017年《中国科技统计年鉴》。

4. 2016年西部地区高技术产业R&D经费呈上涨趋势，但落后于全国水平，整体表现不佳

西部地区高技术产业R&D经费支出总量呈现逐年上升的态势：2011—2016年，西部地区高技术产业的经费支出快速增长，支出总额从108.7亿元增长到282.6亿元，增长了1.60倍。但2016年西部地区高技术产业R&D经费支出要低于东部、中部地区，高于东北地区（见图7-6）。2016年，西部地区高新技术产业R&D经费支出分别占东部地区和中部地区的12.6%和86.6%。从全国来看，广东、江苏、山东、浙江、上海和北京是高技术产业支出的大省份，广东更是达到了920.1亿元，比第二名江苏多出531.9亿元。四川和陕西分列全国第九位和第十位。在全国末十名中，西部地区占有8个席位，分别是内蒙古、广西、云南、甘肃、宁夏、新疆、青海和西藏，其中西藏仅为0.2亿元，这8个省份的高

新技术产业 R&D 经费支出总和仅占西部地区的 12.24%（见表 7-9）。

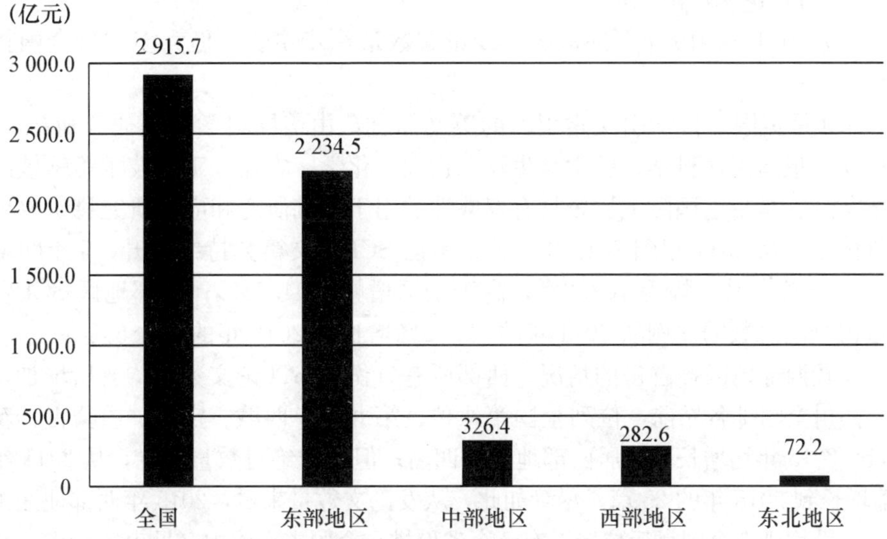

图 7-6　2016 年全国及各地区高技术产业 R&D 经费支出

资料来源：2017 年《中国科技统计年鉴》。

表 7-9　2016 年全国各省份高技术产业 R&D 经费支出规模排序　（单位：亿元）

位次	省份	R&D 经费支出	位次	省份	R&D 经费支出
1	广东	920.1	17	辽宁	36.1
2	江苏	388.2	18	江西	30.1
3	山东	222.5	19	黑龙江	24.4
4	浙江	213.3	20	贵州	19.3
5	上海	133.8	21	吉林	11.7
6	北京	129.9	22	内蒙古	9.0
7	福建	111.8	23	广西	8.5
8	湖北	103.0	24	山西	8.4
9	四川	100.7	25	云南	6.3
10	陕西	83.8	26	海南	4.1
11	天津	69.9	27	甘肃	3.9
12	湖南	63.8	28	宁夏	3.4
13	安徽	63.6	29	新疆	2.3
14	河南	57.6	30	青海	1.0
15	重庆	44.2	31	西藏	0.2
16	河北	40.9			

资料来源：2017 年《中国科技统计年鉴》。

（三）R&D 经费产出现状

1. 科技论文产出

（1）2011—2015 年西部地区 SCI 论文数量稳步增长，但大多省份全国排名靠后。

SCI 是美国《科学引文索引》的英文简称，由美国科学情报研究所于 1961 年创立，报道生命科学、医学、生物、物理、化学、农业、工程技术等领域内的科技文献。是目前国际上比较具有权威性的用于基础研究和应用研究科研成果的评价体系。从 2011 年到 2015 年，西部地区 SCI 论文篇数持续上升，5 年间增加了 21 269 篇，其增幅为 102.2%，高于全国增幅（94.6%）；西部地区 SCI 发文数量占全国总数的比例从 2011 年的 15.25%增长到 2015 年的 15.85%。

比较西部地区各省份的情况。西部所有省份的 SCI 论文数量均有所增加，陕西、四川全国排名靠前，位列全国第八位、第九位。西藏、宁夏、内蒙古、新疆 2011—2015 年均增长率位居西部地区前四名；但西藏绝对数量较少，从 2011 年的 3 篇增长到 2015 年的 25 篇。尽管如此，从发论文数量来看，2015 年西部地区绝大多数省份均排在全国靠后位置，有 7 个省份排在全国末十位中（见表 7-10）。

表 7-10　2011—2015 年 SCI 检索工具收录我国西部地区论文数量　（单位：篇）

省份（地区）	2011 年	2012 年	2013 年	2014 年	2015 年	2015 年位次	2011—2015 年年均增长率（%）
全　国	136 445	158 615	192 697	235 139	265 469	—	18.1
西部地区	20 813	24 438	29 962	37 074	42 082	—	19.2
内蒙古	295	410	539	766	870	26	31.0
广　西	870	1 052	1 399	1 745	1 973	24	22.7
重　庆	2 688	3 566	4 076	5 136	5 913	16	21.8
四　川	5 517	6 495	7 887	9 793	10 846	9	18.4
贵　州	405	428	611	684	857	27	20.6
云　南	1 344	1 579	1 944	2 349	2 643	21	18.4
西　藏	3	3	7	16	25	31	69.9
陕　西	6 584	7 416	9 358	11 392	13 195	8	19.0
甘　肃	2 440	2 619	3 006	3 695	3 836	19	12.0
青　海	77	114	114	147	186	30	24.7
宁　夏	81	109	152	189	276	29	35.9
新　疆	509	647	869	1162	1462	25	30.2

资料来源：2013—2017 年《中国科技统计年鉴》。

（2）2011—2015 年西部地区 EI 论文数量稳步增长，但大多省份全国排名靠后。

EI 是美国《工程索引》的英文简称，创刊于 1884 年，由美国工程信息公司编辑出版。作为世界著名的工程技术领域的文献检索系统，其收录文献的内容包括以下工程技术领域：生物工程、土木、地质、环境、矿业、石油、冶金、机械、燃料工程、核能、汽车、宇航工程、电气、电子、控制工程、化工、食品、农业、工业管理、数学、物理、仪表等。从 2011 年到 2015 年，西部地区 EI 论文篇数持续上升，5 年间增加 16 072 篇，增幅为 186.3%，高于全国增幅（175.6%）；占全国比例从 2011 年的 16.0%增长到 2015 年的 17.0%，高出 1.0 个百分点。

比较西部地区各省份的情况。西部所有省份的 2015 年 EI 论文数量均比 2011 年有所增加。2015 年，陕西、四川全国排名靠前，位列全国第四位、第七位。2011—2015 年，西藏、内蒙古、青海、新疆年均增长率位居西部地区前四名；但西藏绝对数量较少 2015 年也仅 14 篇。尽管如此，从发论文数量来看，2015 年西部地区绝大多数省份均排在全国靠后位置，有 8 个省份排在全国末十位中（见表 7－11）。

表 7－11　2011—2015 年 EI 收录我国西部地区论文数量　（单位：篇）

省份（地区）	2011 年	2012 年	2013 年	2014 年	2015 年	2015 年位次	2011—2015 年年均增长率（%）
全　国	116 343	116 429	153 717	163 799	204 332	—	15.1
西部地区	18 631	18 919	25 432	28 037	34 703	—	16.8
内蒙古	255	262	483	578	763	25	31.5
广　西	601	591	827	859	1 215	24	19.2
重　庆	2 683	2 834	3 186	3 643	4 505	17	13.8
四　川	4 827	5 204	7 084	7 642	9 219	7	17.6
贵　州	223	215	340	347	504	27	22.6
云　南	615	619	1 053	1 221	1 454	23	24.0
西　藏	—	3	3	4	14	31	67.1
陕　西	7 481	7 292	9 704	10 709	13 443	4	15.8
甘　肃	1 592	1 476	2 153	2 311	2 722	20	14.4
青　海	36	52	70	74	95	30	27.5
宁　夏	57	39	95	100	133	29	23.6
新　疆	261	332	434	549	636	26	24.9

资料来源：2013—2017 年《中国科技统计年鉴》。

（3）多数西部地区省（区、市）同全国一样，CPCI-S论文呈下降趋势。

CPCI-S是美国科技信息所出的《科技会议录索引》的英文简称，收录生命科学、物理与化学科学、农业、生物和环境科学、工程技术和应用科学等学科的会议文献，包括一般性会议、座谈会、研究会、讨论会、发表会等。从2011年到2015年，西部地区CPCI-S论文篇数整体呈下降趋势，2012年为最高点10 041篇。

比较西部地区各省（区、市）的情况。2011—2015年，除青海、贵州外（云南几乎保持不变），西部其余省（区、市）的CPCI-S论文数量均有所减少。其中，2015年，陕西、四川全国排名靠前，位列全国第六位、第九位。重庆、陕西、广西的负增长率较高。从发论文数量来看，2015年西部地区绝大多数省（区、市）均排在全国靠后位置，有8个省（区、市）排在全国末十位中（见表7-12）。

表7-12　2011—2015年CPCI-S检索工具收录我国西部地区论文数量　（单位：篇）

省份（地区）	2011年	2012年	2013年	2014年	2015年	2015年位次	2011—2015年年均增长率（%）
全　国	50 458	56 351	48 707	48 224	36 853	—	−7.55
西部地区	8 352	10 041	8 337	8 274	5 864	—	−8.46
内蒙古	266	408	336	300	185	25	−8.68
广　西	561	654	579	472	347	23	−11.32
重　庆	1 154	1 223	827	945	646	18	−13.50
四　川	1 775	2 147	1 740	1 986	1 516	9	−3.87
贵　州	139	160	178	213	186	24	7.55
云　南	466	866	949	968	467	20	0.05
西　藏	8	8	3	10	5	31	−11.09
陕　西	3 255	3 788	2 886	2 582	1 934	6	−12.20
甘　肃	505	551	538	576	380	22	−6.86
青　海	15	27	30	29	28	30	16.89
宁　夏	46	79	103	56	45	29	−0.55
新　疆	162	130	168	137	125	28	−6.28

资料来源：2013—2017年《中国科技统计年鉴》。

综上，可以发现西部地区在科技论文产出方面具有以下两个典型特征：（1）SCI、EI论文数量逐年增长，多数西部地区省（区、市）CPCI-S论文呈下降趋势；（2）在发论文数量方面，陕西、四川为西部地区第一梯队，重庆、甘肃为第二梯队，内蒙古、广西、贵州、云南、西藏、青海、宁夏、新疆为第三梯队。

2. 专利申请授权数

专利是发明创造经审查合格后，由国务院专利行政部门依据专利法授予申请人对该项发明创造享有的专有权。无论是增长速率还是专利申请授权数，西部地区整体与中部地区保持一致。从 2009 年到 2016 年，全国及四大地区专利申请授权数量均呈现增长趋势，东北地区增长速率最慢，年均增长率为 14.5%；中部地区和西部地区保持较高的增长率，分别为 25.7%和 24.1%。2009—2016 年全国及各地区专利申请授权数，如图 7－7 所示。

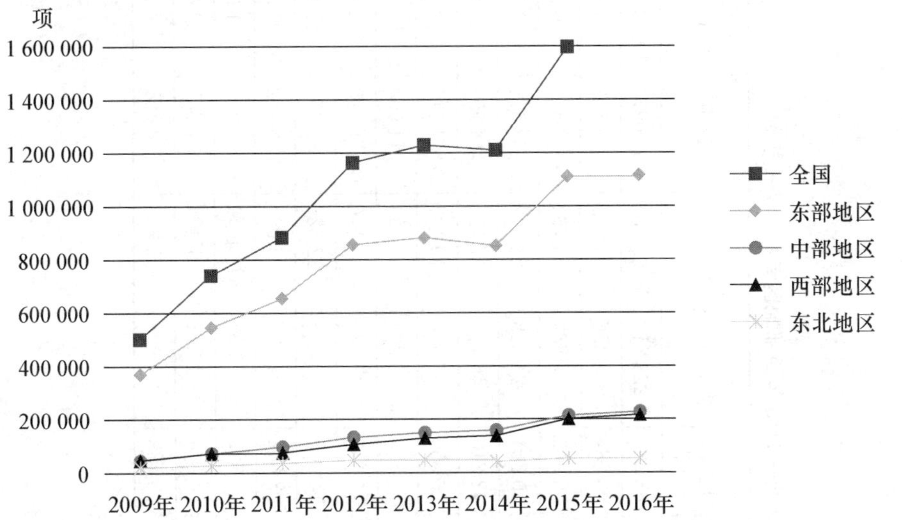

图 7－7 2009—2016 年全国及各地区专利申请授权数

资料来源：2010—2017 年《中国科技统计年鉴》。

比较西部地区各省份的情况。从专利申请授权数总量来看，2009—2016 年四川稳居西部第一，2016 年高出第二名陕西 14 000 项；2009—2016 年四川的年均增长率为 17.6%。重庆位居第三位，2016 年共计 42 738 项。宁夏、青海、西藏总量位居末三位，2016 年三者专利申请授权数总量之和仅占西部地区的 2.0%和四川的 6.9%。从 2009—2016 年年均增长率来看，陕西、甘肃、重庆、广西、贵州年增长率均超过了 25.0%，发展势头强劲。但西藏不升反降，与 2009 年相比，2016 年西藏专利申请授权数量减少了 47 项，平均的年增长率为－2.5%，是西部唯一出现负增长的省份（见表 7－13）。

表 7-13　　2009—2016 年西部地区专利申请授权数　　（单位：项）

省份	2009 年	2010 年	2011 年	2012 年	2013 年	2014 年	2015 年	2016 年	2009—2016 年年净增数量	2009—2016 年年均增长率（%）
全　国	501 786	740 620	883 861	1 163 226	1 228 413	1 209 402	1 596 977	1 628 881	1 127 095	18.3
内蒙古	1 494	2 096	2 262	3 084	3 836	4 031	5 522	5 846	4 352	21.5
广　西	2 702	3 647	4 402	5 900	7 884	9 664	13 573	14 858	12 156	27.6
重　庆	7 501	12 080	15 525	20 364	24 828	24 312	38 914	42 738	35 237	28.2
四　川	20 132	32 212	28 446	42 218	46 171	47 120	64 953	62 445	42 313	17.6
贵　州	2 084	3 086	3 386	6 059	7 915	10 107	14 115	10 425	8 341	25.9
云　南	2 923	3 823	4 199	5 853	6 804	8 124	11 658	12 032	9 109	22.4
西　藏	292	124	142	133	121	146	198	245	−47	−2.5
陕　西	6 087	10 034	11 662	14 908	20 836	22 820	33 350	48 455	42 368	34.5
甘　肃	1 274	1 868	2 383	3 662	4 737	5 097	6 912	7 975	6 701	30.0
青　海	368	264	538	527	502	619	1 217	1 357	989	20.5
宁　夏	910	1 081	613	844	1 211	1 424	1 865	2 677	1 767	16.7
新　疆	1 866	2 562	2 642	3 439	4 998	5 238	8 761	7 116	5 250	21.1

资料来源：2010—2017 年《中国科技统计年鉴》。

二、西部地区 R&D 经费投入绩效评价

所谓 R&D 经费投入绩效，是指根据社会经济发展的内在要求，反映一定时期内 R&D 经费的投入和产出及其产生的经济效益和社会效益，是行为与结果统一的综合体现。由于 R&D 活动是一个具有多种投入和产出的复杂过程，难以用经典的统计模型对其绝对效率进行直接测量，因此，目前大多数学者从相对效率的视角对其进行测量，多采用数据包络分析方法（data envelopment analysis，DEA）。

DEA 方法是美国著名运筹学家 A. 查恩斯（A. Charnes）和 W. W. 库伯（W. W. Cooper）等人于 1978 年以相对效率概念为基础发展起来的，它是评价具有相同类型的多投入和多产出决策单元（decision making unit，DMU）相对有效性的一种非参数统计方法。由于 DEA 方法具有不需要预先确定生产函数的形式、不需要处理数据的量纲和确定指标的权重等优点，所以被广泛运用到 R&D 投入绩效评价之中。投入效率是指在一定的产出组合下，最小投入与实际投入之比；产出效率是指在一定的投入组合下，实际产出与最大产出之比。前者针对的是产出一定的情况下投入的减小，后者针对的则是投入一定的情况下产出的增大。这一区分涉及后文实证研究部分的效率导向型选择，本小节选择的是投入导向型，并使用 DEAP 2.1 数据包络分析软件，通过 BCC 模型测算 2014—2015 年西部地区 12 个省份的投入绩效。

（一）DEA 模型及效率类型简介

最常用的 DEA 模型有两个，即 CCR 模型和 BCC 模型。CCR 模型是固定规模收益（CRS）模式设想下的 DEA 分析。但是固定规模收益属于理想状态，现实中不公平竞争、财政约束等原因都可能导致决策单元不能以最佳规模运行。BCC 模型就是据此进行的模型拓展，在考虑了可变规模收益（VRS）情况，也即不是所有决策单元都以最佳规模运行时，规模效率（scale efficiency，SE）将影响技术效率（technical efficiency，TE）的测度。当某个决策单元用 CCR 和 BCC 模型算出的技术效率不同时，那么这个决策单元的规模是无效的，否则是有效的；规模无效的决策单元的具体规模效率也可以根据 BCC 模型的技术效率和 CCR 模型的技术效率之间的差异计算出来。

DEA 包括三种效率类型：

（1）纯技术效率（PE）是受管理、制度、技术等因素影响的生产效率，反映的是决策单元在最优规模时的生产效率。对于本小节选择的投入导向型，PE=1 表

示在目前的技术水平上，投入资源的使用是有效率的，没有冗余。

（2）规模效率（SE）是由于规模因素影响的生产效率，反映的是实际规模与最优生产规模的差距。SE=1表示当前的规模效率最佳，规模大小适中。规模效率递增（irs）或递减（drs）分别意味着规模过小或过大。

（3）技术效率（TE）是对决策单元的资源配置能力、资源使用效率等多方面能力的综合衡量与评价。技术效率与纯技术效率和规模效率存在关系：TE=PE×SE。TE=1表示该决策单元的投入产出是综合有效的，即同时技术有效和规模有效。如果PE=1而未能达到综合有效，则原因在于规模无效，改革重点在于如何更好地发挥其规模效益。

当BCC模型用于评价多个决策单元的R&D经费投入绩效时，其计算结果经济意义如下：当纯技术效率为1时表示该单元达到技术有效，即R&D活动处于最佳的生产状态下，R&D产出相对于R&D投入达到了最大化；当纯技术效率小于1时表示该单元未达到技术有效，R&D活动偏离了最佳生产状态，非技术有效。当规模效率为1时表示该单元达到了规模有效，即R&D活动的投入恰到好处，既不偏大也不过小，R&D活动的规模报酬正处于由递增到递减之间临界点的最佳状态；当规模效率小于1时表示该单元的R&D活动正处于规模报酬递增或递减的阶段，非规模有效。当某单元的R&D活动同时达到了技术有效和规模有效时，称该单元为DEA有效单元；当两者只达其一时称该单元为弱DEA有效单元；两者都未达到时称该单元为非DEA有效单元。DEA有效单元的R&D经费投入绩效优于弱DEA有效单元，弱DEA有效单元的R&D经费投入绩效优于非DEA有效单元。

（二）评价指标的选择

在构建我国西部地区R&D投入绩效评价指标体系时，由于地区R&D活动中涉及的影响因素很多，为了客观地分析这些复杂的影响因素，就需要选择反映R&D活动各个方面的指标来进行评价，同时注意所选取的指标数据既能满足对客观情况的全面真实反映，又能便于实际应用推广。本章参考了国内外有关R&D指标体系构建的文献，选择了能够反映R&D活动的创新绩效指标，投入方面主要包括财力投入，即R&D投入指标方面有R&D经费内部支出总量（X_1）和R&D投入强度（X_2）；产出方面主要为知识形态的产出和科技转化形式的产出，由于专利和论文是创新活动的直接产出，专利数直接反映了创新成果的商业应用数量，论文数据反映出创新主体的素质能力，两者都是衡量R&D产出的重要指标，因此本小节选择科技论文数（Y_1）和专利申请授权数（Y_2）来衡量R&D活动的产出（见表7-14）。

表 7-14 投入与产出变量

类型	变量	单位
投入变量	R&D 经费内部支出总量（X_1）	亿元
	R&D 投入强度（X_2）	百分比
产出变量	科技论文数（Y_1）	篇
	专利申请授权数（Y_2）	项

综上可得 DEA 的评估模型如图 7-8 所示。

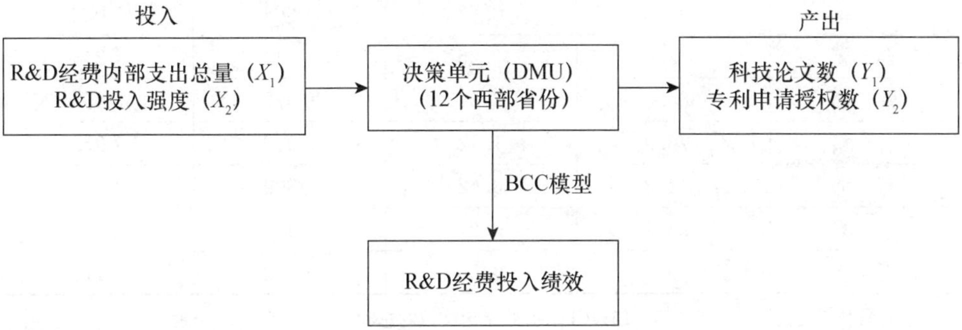

图 7-8 DEA 评估模型

（三）面板数据来源

按照 R&D 活动的规律，其投入与产出之间通常存在一定时间的延迟，国际上一般将这个时滞期确定为 1～3 年，本小节假设时滞期为 2 年。目前 R&D 活动有据可查的最新统计数据截至 2016 年，因此根据科技活动的时延性，对 R&D 投入指标采用 2014 年数据，产出指标采用 2016 年数据，其中产出指标中科技论文数最新统计截至 2015 年，因此只能采用 2015 年数据。本小节共 12 个决策单元，依次为内蒙古、广西、重庆、四川、贵州、云南、西藏、陕西、甘肃、青海、宁夏、新疆，数据整理见表 7-15。本小节的数据主要来源于 2014—2017 年的《中国统计年鉴》、《中国科技统计年鉴》和《全国科技经费投入统计公报》。

（四）实证研究

应用软件 DEAP 2.1，采用 BCC 模型，共包括 12 个决策单元（DMU）即西部地区 12 个省份，2 个投入变量，2 个产出变量。经测算，我国西部地区 2014—2016 年的 R&D 经费投入绩效的技术效率（TE）、纯技术效率（PE）、规模效率（SE）如表 7-16 所示。

表 7-15　　西部 12 省份 2014—2016 年 R&D 投入产出指标值表

决策单元	投入测度指标		产出测度指标	
	X_1（亿元）	X_2（%）	Y_1（篇）	Y_2（项）
内蒙古	122.1	0.69	1 818	5 846
广　西	111.9	0.71	3 535	14 858
重　庆	201.9	1.42	11 064	42 738
四　川	449.3	1.57	21 581	62 445
贵　州	55.5	0.60	1 547	10 425
云　南	85.9	0.67	4 564	12 032
西　藏	2.4	0.26	44	245
陕　西	366.8	2.07	28 572	48 455
甘　肃	76.9	1.12	6 938	7 975
青　海	14.3	0.62	309	1 357
宁　夏	23.9	0.87	454	2 677
新　疆	49.2	0.53	2 223	7 116

注：科技论文数（Y_1）为 SCI、EI、CPCI-S 收录论文数的总和。

表 7-16　　西部地区各单元 2014—2016 年 R&D 经费投入绩效

决策单元	技术效率（TE）	纯技术效率（PE）	规模效率（SE）	规模增减
内蒙古	0.283	0.543	0.520	irs
广　西	0.805	0.923	0.872	irs
重　庆	1.000	1.000	1.000	—
四　川	1.000	1.000	1.000	—
贵　州	1.000	1.000	1.000	—
云　南	0.765	0.818	0.935	irs
西　藏	0.343	1.000	0.343	irs
陕　西	1.000	1.000	1.000	—
甘　肃	1.000	1.000	1.000	—
青　海	0.591	0.751	0.786	irs
宁　夏	0.405	0.474	0.855	irs
新　疆	0.954	0.993	0.960	irs

注：技术效率＝纯技术效率×规模效率；最后有一列 irs、—、drs，分别表示规模收益递增、不变、递减。

1. 西部省份 R&D 经费投入绩效的基本评价

从表 7-16 中可知，2014—2016 年我国西部地区 12 个省份中，有 5 个省份技术效率达到最佳（TE=1），即重庆、四川、贵州、陕西、甘肃，表明这 5 个省份的资源配置能力、资源使用效率令人满意；技术效率最低的是内蒙古（TE=0.283）；平均值为 0.762，低于平均值的有内蒙古、宁夏、青海、西藏。

纯技术效率有 6 个省份达到最佳（PE=1），除了上述 5 个技术效率满分的省份外，还有西藏纯技术效率达到最佳但是由于规模效率不足而未达到综合效率的最佳状态，表明这 6 个省份的管理、制度、技术等符合当地需求；纯技术效率最低的是宁夏（PE=0.474）；平均值为 0.875，低于平均值的有内蒙古、云南、青海和宁夏。

规模效率有 5 个省份达到最佳（SE=1），即重庆、四川、贵州、陕西、甘肃，表明这些省份的当前的规模效率最佳，规模大小适中。未达到最佳状态的 7 个省份，均处于规模收益递增阶段。这表明西部地区大部分省份需要扩大 R&D 经费投入规模，尤其是内蒙古、广西、云南、西藏、青海、宁夏、新疆等传统经济落后、科技活动水平欠发达的地区。

通过对西部地区 2014—2016 年的 R&D 经费投入绩效的技术效率（TE）、纯技术效率（PE）、规模效率（SE）的测算与评价可知：重庆、四川、陕西、甘肃、贵州属于 DEA 有效地区，表明上述省份充分利用资金要素，在固定的科研投入下能够达到产出的最优水平，进而获得稳定高效的规模收益；宁夏、新疆、内蒙古、广西、云南、西藏、青海属于非 DEA 有效地区。整体上，西部地区 R&D 经费投入绩效存在较大的进步空间，这些省份大多受规模限制而无法充分利用各种投入；同时，大部分地区综合效率（TE）和纯技术效率（PE）也未能达到最佳，表明西部大部分地区存科技创新在配置公共资源、科技成果产出与转化应用、充分利用人力与资金等要素方面还存在诸多问题，需当地政府高度重视，结合实际制定措施以解决上述问题。

2. DEA 有效地区分析

在中央与地方政府的大力支持下，重庆、四川、陕西、甘肃、贵州充分利用自身优越的条件以确保 R&D 活动能达到 DEA 有效。以重庆、成都为中心的成渝经济区，是中国重要的装备制造业、电子信息产业、国防科技工业、农产品加工业和能源业基地①。该区域劳动力资源总数达 6 900 万人，专业技术人员超过 210 万人，拥有各类高等院校 135 所，职业技术学校 789 所，在校学生 280 万人

① 中华人民共和国国家发展和改革委员会. 关于印发成渝经济区区域规划的通知［EB/OL］.（2011-05-30）［2018-08-30］. http://www.ndrc.gov.cn/zcfb/zcfbtz/201106/t20110602_416455.html.

以上，科研机构众多，科技活动人员约 30 万人。陕甘共建的关中—天水经济带是中国第三大教育与科研基地，共拥有 80 多所高等院校、100 多个国家级和省级重点科研院所、100 多万科技人才；工业基础良好，拥有国家级和省级开发区 21 个、高新技术产业孵化基地 5 个和大学科技园区 3 个，是国家国防军工基地、综合性高新技术产业基地和重要装备制造业聚集地①。成渝经济区和关中—天水经济带依托于在西部绝对占优的科技投入总量而成为西部科技创新活动的核心地带。西安交通大学、西北工业大学、四川大学、电子科技大学、重庆大学等一批“双一流”建设高校为该区域培养了充沛的人才。同时，成熟的科研体制、良序的“产学研”合作机制使得其能较高水平地利用科技创新资源，并实现“科技创新”与“经济发展”的良好互动。而贵州则借助于国家“精准扶贫”战略，2016 年贵州在 R&D 经费投入上仅次于重庆、四川、陕西和甘肃。同时，贵州 R&D 经费来源主要依靠企业自筹，并且近年来持续发力大力发展大数据产业，2018 年苹果 iCloud 中国（贵安）数据中心正式开工兴建，由此可见，贵州 R&D 投入绩效能达到 DEA 有效得益于企业出于利益最大化考虑而对自投资金及人才的有效利用。

3. 投影分析

非 DEA 有效地区与有效水平的差距有多大，有效目标值究竟是多少，可以通过投影分析得出结论。对于投入指标而言，原始数值减去其至有效前沿面的径向距离和冗余后将得到有效目标值，对产出指标而言原始数值加上其冗余后将得到有效目标值，具体计算公式如下：

$$投入有效目标值=投入原始值\times纯技术效率-投入冗余 \tag{1}$$

$$产出有效目标值=产出原始值+产出冗余 \tag{2}$$

投入有效目标值一般低于实际投入，意指即便降低投入规模也可实现原始产出。举例而言，如 2014 年内蒙古 R&D 经费投入总量为 122.1 亿元，但投入有效目标值仅为 42.643 亿元，即内蒙古使用 42.643 亿元便可产出 1 818 篇科技论文和 5 522 项专利，投入冗余为 79.457 亿元，意味着内蒙古未能充分发挥 79.457 亿元的效益，存在着未充分利用创新要素、资金浪费、科技成果产出不足、科技创新对经济增长贡献率不高等问题。

根据公式（1）和（2）计算可得出 7 个非 DEA 有效地区（宁夏、新疆、内蒙古、广西、云南、西藏、青海）R&D 投入与产出的有效目标值，如表 7－17

① 国务院. 关于印发关中—天水经济区发展规划的通知［EB/OL].（2009－07－03）［2018－05－30］. http://www.scio.gov.cn/xwfbh/xwbfbh/wqfbh/2014/20140610/xgzc31037/Document/1372736/1372736.htm.

所示。

表 7-17 西部地区部分决策单元 2014—2016 年 R&D 经费投入和产出有效目标值

决策单元	投入有效目标值		产出有效目标值	
	X_1（亿元）	X_2（%）	Y_1（篇）	Y_2（项）
内蒙古	42.643	0.378	1 983.369	5 846
广　西	94.553	0.6	4 655.601	14 858
云　南	76.396	0.596	4 564	12 032
西　藏	2.4	0.26	44	245
青　海	7.621	0.29	332.383	1 357
宁　夏	13.818	0.326	674.707	2 677
新　疆	41.2	0.444	2 223	7 116

三、西部地区科研经费支撑创新存在的问题

从以上的分析可以看出，无论是 R&D 经费投入水平、支出结构，还是投入绩效，西部地区在全国均处于低水平，与其他地区特别是东部地区相比差距巨大且一般低于全国水平。西部地区 R&D 活动水平与东部地区差距悬殊，西部地区内部各省份之间也差异较大，R&D 经费支撑创新面临诸多制约和挑战。

（一）政策与机制亟待强化

西部大开发，科技要先行。国务院出台的《关于实施西部大开发若干政策措施的通知》（国发〔2000〕33 号）在加大科技创新经费倾斜支持力度、加强科技能力建设、深化科技体制改革、鼓励科技人员在西部地区兴办科技型企业等方面对鼓励西部地区发挥科技主导作用给予了重要的政策支持。然而，西部地区科技政策依然存在执行政策不力、机制活力不足、政策保障不强等问题。王思薇和安树伟（2010）通过对西部大开发科技政策绩效进行评价，指出与东部地区相比较，西部地区的科技成果依然偏少，科技成果的市场化程度较低，其根本原因在于：西部地区的产权保护制度不完善；西部地区市场制度不健全，不能保护交易者的合法权益；企业和科研机构之间缺乏有效的沟通；各区域之间，尤其是东部、西部地区的科技交流较少。正因如此，西部地区的科技政策有待进一步完善。

（二）R&D 经费总量严重匮乏

1. R&D 经费总量不充分

统计分析发现，虽然西部地区的 R&D 经费投入总量逐年提高，但受经济总

量不大、经济发展水平的限制，2016年西部地区R&D经费投入总量仅占全国总投入的12.4%，约为东部投入总量的18.2%，比中部地区投入总量大约少400亿元。其次，西部地区的R&D经费投入强度表现始终难以令人满意，R&D经费投入强度最能反映出一个地区的经济增长质量和科技发展潜力。但除陕西之外，其余西部11省份的R&D经费投入强度均低于全国水平，且陕西的R&D经费投入强度从2009年的2.32%下降到2016年的2.19%，从2005年的全国第二位（仅次于北京）下降到2016年的全国第8位，可以说，陕西作为西部地区的"领头雁"的作用逐渐衰退。

2. 西部各省份间配置不均衡

从各项可以统计的指标来看，陕西和四川在西部地区一直处于领先地位，在某些指标数据上表现更是不俗，长期稳定在全国前十位（一般在全国第六位到第十位之间），可以归为西部地区的第一梯队。重庆、甘肃一般稳定在全国第十位到第二十位之间，可以归为西部地区的第二梯队。内蒙古、青海、广西、宁夏、贵州、云南、新疆、西藏等省份与前四者尤其是陕西和四川存在较大差距，许多指标均处于全国末几位，从而在整体上拉低了西部地区的发展水平，已严重影响到西部地区的科技创新活力和创新效率。

3. 未能充分调动企业作为科技创新主体的积极性

尽管企业已成为西部地区R&D经费投入主体，但相较于东部地区、中部地区和东北地区，西部地区更加依赖于政府的经费投入。从R&D经费投入模式来看，2016年四大地区企业资金占R&D经费投入总量的比重均超过了60%，但西部地区最低，仅为61.62%，与表现最佳的中部地区有约21个百分点的差距；并且西部地区政府资金的占比在四大地区中最高，为34.25%。现阶段，西部地区企业的技术创新能力表现不突出，特别是企业的技术创新机制活力不足，企业自身的科研创新意识比较差、创新能力比较弱。

4. R&D经费支出结构不尽合理

西部地区R&D经费支出结构的问题主要表现在试验发展支出和高技术产业支出总量亟待提升。试验发展是将基础研究、应用研究和实际经验所获得的现有知识转化为实际效益的重要研发活动内容，但2014—2016年西部地区试验发展经费支出比例和总量均落后于东部和中部地区。同时，西部地区的高技术产业R&D经费支出方面表现仍有不足。高技术产业是以知识密集、技术密集为基础发展起来的从事一种或多种高新技术及其产品的研究、开发、生产和技术服务的企业集合，是国民经济的战略性、支柱性产业，具有高于一般的经济效益和社会效益。高技术产业是中国大力发展的领域，代表着我国未来的科技发展趋势。科技部印发的《关于加强西部大开发科技工作的若干意见》明确提出

“在西部有技术优势的地区发展高新技术产业，是优化产业结构、形成新的经济增长点、实现西部地区跨越式发展的重要途径”。然而，2016年西部地区高新技术产业R&D经费支出要远远低于东部地区。

（三）R&D活动基础条件差

1. 科技人才缺乏，人才外流现象严重

虽然西部地区的科技人才队伍和科研基础设施建设自西部大开发战略实施以来有长足进步，但与全国特别是东部地区相比仍差距巨大，距离全面建成小康社会的目标存在一定的差距。在第六次全国人口普查报告中，西部省份具有大专以上教育程度的人口规模一直处于全国中下游水平，9个省份排名在20名之后，甘肃在近两次人口普查中都排到了第26位；西部地区人才质量较低，人才的学历以大专教育水平为主，本科和研究生教育水平的人才占比低；西部地区缺乏高层次人才。同时，西部地区经济总量偏小，缺乏重要干事创业平台，西部高校培养的优秀硕博士毕业生、青年学者、专家教授都在优渥的待遇和先进的科研条件的吸引下“孔雀东南飞”，持续的人才“流失”使西部长期陷入“无人可用、后劲不足”的恶性循环中。

2. 西部地区科技创新成果转化渠道不畅

科技创新成果转化是切实推动经济增长的基石。改革开放四十年来，伴随着国家西部大开发战略的实施，西部科技创新对经济贡献率不断提高。然而，由于历史和现实原因，西部地区科技成果转化还存在诸多问题。受体制机制制约，西部地区占有较大比重的国防科技创新并没有成为贯穿“惠及民生”的价值红线；科技成果转化中介服务体系发展有限，科技成果转化平台建设不足；现有的科研评价体系不合理，难以调动高校教师积极参与成果转化；科研投入相对不足，开发资金短缺，缺少中试场所等。

四、西部地区科研经费保障创新的政策建议

（一）通过多方举措加大西部地区R&D经费投入，保障科技创新的可持续性

1. 加大西部地区各级政府R&D经费投入

深入实施创新驱动发展战略、加快构建自主创新体系要求加大并提高科技投入的总量与强度。因此，西部地区各级政府部门要在提高R&D经费投入水平方面发挥带头和表率作用，在全社会形成协同效应。建议西部各省份综合运用无偿资助、后补助、政府采购、风险补偿、股权投资等多种投入方式，使各类创新活动和创新链的各个环节都能得到政府资金的支持；明确规定省份本级、地级市和县三级财政每年安排的R&D经费占年度财政预算支出相应的比例，并将其作为

各级党政领导干部年度和任期考核重要的指标。此外，可设立省份一级的科技投融资机构，各级财政应结合其财力，尽可能地为科技型企业的发展和科技创新成果转化提供专项资金支持。

2. 引导企业加大 R&D 经费投入

现阶段，市场经济的大环境要求企业成为最重要的科技创新投入与产出的主体。因此，西部地区各级政府可充分发挥和利用税收、财政、金融政策的杠杆和导向作用，通过减免税收、加强企业研发投入情况的统计和考核评价、“因地制宜”出台符合本地区实情的相关激励企业创新的政策等具体措施，激励企业的研发热情。对于企业本身来说，要有“不创新不行，创新慢了也不行”的使命感和紧迫感，树立创新投入的“主人翁”意识，主动提高创新投入，切实增强自主创新能力，真正成为技术创新的主体。

3. 大力争取国家经费支持

积极争取国家科技经费的支持是西部地区“全方位加大科技投入”的重要手段和有效途径。一方面，应把握国家出台的科技创新新政策和新举措，紧紧围绕科技部、教育部、国家自然科学基金委员会等部委项目申报指南、重点产业支持方向，积极组织申报国家科技项目，争取国家部委资金的支持；另一方面，西部地区各省份要积极与科技部、中科院、工程院等签订合作协议，重点实施“科技创新”联合实验室、科技成果转化平台、院士工作站建设计划、中青年科学家培养计划等，全面提高本省份承担国家级科技项目的能力和水平，为科技创新“大业”培养和引进一批高素质人才，“砥砺奋进”争取国家更多的经费支持。

（二）加强政策设计，保障西部地区 R&D 经费支撑创新机制通畅

1. 完善促进西部地区的 R&D 活动的相关政策

积极完善促进西部地区的 R&D 活动的相关政策，利用政府的政策支持，促进西部地区的科技创新活动的开展。首先，中央要从顶层设计层面强化对西部科研经费政策支持的倾斜；其次，西部地区各级政府提升政策制定与执行的质量，改善创新环境和氛围，加大对创新成果的保护和奖励，完善知识产权保护政策，提升西部地区知识产权管理能力，促进西部地区知识产权规范化管理；最后，要制定东部对口支援西部科研经费与创新发展的政策，鼓励东部、中部、西部地区的科研技术及成果的交流，实现以东部地区的科技发展带动西部地区的技术创新和经济发展。

2. 调整和优化西部地区 R&D 经费的投入结构，提高 R&D 资源的转化效率

高校和科研机构作为基础研究和应用研究的重要执行部门，其 R&D 投入产出的效益的提高对西部地区创新系统具有重要的基础和促进作用。因此，西部地区政府应加强对高校和科研机构的科技创新投入力度，合理分配有限的资源，充

分发挥高校、科研机构和企业三大主体的优势，通过构建研发联盟等多种形式形成产、学、研相结合的局面，协调各方的合作关系，强化对基础研究和应用研究的投入力度，以加强试验发展的能力，通过优化资源配置来提高研发资源的利用效率，共同促进西部地区 R&D 活动的健康发展。

3. 注重对科研人员和技术人员的培养和支持

西部地区必须注重培养高素质的、有质量的优秀人才来推动地区乃至国家的科技发展。首先，要充分发挥科研院所和高等院校的科教资源优势，加大各类人才培养力度，大力实施“西部之光”等专项人才培养计划，着力培养重点领域急需紧缺人才，构筑人才资源聚集高地。其次，创造条件，增加西部科技人员参与国际合作研究、学术交流、出国访问和进修的机会。最后，要加大地区间人才交流力度，积极推进“人才引智”，引进高层次人才和紧缺人才。

（三）完善体制机制，提高西部地区 R&D 经费投入与产出绩效

1. 加大对西部地区 R&D 投入经费的监管力度，建立完善的激励与约束机制

一方面，要实行经费巡视检查制度，强化过程监管；建立健全针对不同创新活动的分类评价机制，发挥绩效评估在科技资源配置中的作用，以此确保 R&D 投入经费专款专用以及真正用到实处，逐步提高 R&D 投入经费的使用效率。另一方面，要创新激励 R&D 人员工作积极性的方式方法，将国务院《关于实施西部大开发若干政策措施的通知》中的建立“‘权利与责任对称、收益与风险对称’的激励与约束机制；对在西部地区兴办科技型企业的 R&D 人员，要简化工商登记，提高股权、期权和知识产权入股比例的上限”落到实处①。

2. 推进科技成果的市场化，实现科技创新的市场价值

创造新价值、转化为现实生产力是科技创新的应有之义和本质规定。科技创新应在实现市场价值和提升技术效率中实现契合与共同繁荣。2013 年，国家发展改革委、中科院印发的《科技助推西部地区转型发展行动计划（2013—2020年）》为西部地区深化科技成果转化工作指明了道路，西部地区要“围绕西部地区传统产业改造升级、战略性新兴产业培育、生态环境建设和民生工程等重大科技需求”。应重点推动西部地区高校、科研院所与企业共建联合实验室，共同应对生态能源、人口健康、自然灾害、文化遗产保护等领域的重大挑战和机遇；要建立科技成果转化平台和示范基地，加强各类创新主体在建筑、交通、医疗等民生领域的深度合作，共享科技创新成果。同时，西部地区还要“修炼内功”，完

① 国务院. 关于实施西部大开发若干政策措施的通知［EB/OL］.（2000-10-26）［2018-05-30］. http：//www. gov. cn/gongbao/content/2001/content_60854. htm.

善市场制度，将保护知识产权放到“心上”，并着力优化和营造“公正、公开、公平”的科技创新竞争环境。

参考文献

［1］李亚男．基于DEA方法的文化产业效率及其影响因素研究［D］．北京：北京外国语大学，2017.

［2］董彦汝．基于三阶段DEA模型的西部地区R&D投入绩效评价［J］．河南科技学院学报，2017，37（1）：76-79.

［3］盛毅．西部地区政府提升科技创新能力的途径［J］．管理学刊，2013，26（6）：27-30.

［4］钟振清．提高西部地区R&D经费投入水平对策研究：以广西为例［J］．中国西部科技，2013，12（12）：73-74，95.

［5］李孟鑫，崔宁．西部地区R&D活动现状及对策分析：以内蒙古自治区为主［J］．北方经济，2013（4）：40-42.

［6］任子龙．陕西省高校科技经费投入产出效益研究［D］．西安：西安科技大学，2012.

［7］马丹丹，牛伟杰．我国R&D经费支出结构合理性的动态研究［J］．统计科学与实践，2012（3）：38-40.

［8］樊维．我国东、中、西部地区R&D投资活动及效率的比较研究［D］．西安：西安科技大学，2011.

［9］李慧．增强西部地区科技能力的机制创新研究［J］．科学与管理，2010，30（5）：70-74.

［10］王思薇，安树伟．西部大开发科技政策绩效评价［J］．科技管理研究，2010，30（2）：48-50.

［11］刘新同．基于因子分析的我国区域R&D产出水平差异比较［J］．科技管理研究，2009，29（5）：193-195.

［12］周兵，冉启秀．西部地区R&D投入与产出评价［J］．科技管理研究，2009，29（1）：96-98.

［13］董雪兵，周谷平．中国西部大开发发展报告（2016）［M］．北京：中国人民大学出版社，2016.

［14］王江．基于Malmquist模型的西部地区科技创新效率评价［J］．工业技术经济，2014，33（11）：149-154.

［15］李莉，毛加强．基于BCC模型的中国西部地区科技创新绩效分析

[J]. 统计与信息论坛，2011，26（5）：97-101.

[16] 严红. 我国东、中、西部地区科技创新效率的差异及其原因分析 [J]. 青岛行政学院学报，2010（5）：18-21.

[17] 穆效荣，马跃. 西部地区科技创新现状及对策研究 [J]. 技术与创新管理，2007（6）：1-6.

[18] 乔晓虎，司立民. 浅谈西部地区科技创新人才开发 [J]. 科技进步与对策，2001（9）：15-17.

[19] 郝金磊，韩静. 西部地区科技创新人才生态环境评价研究 [J]. 西安电子科技大学学报（社会科学版），2015，25（2）：37-43.

[20] 杨洁. 激发西部地区科研人员创新行为的思路 [J]. 企业技术开发，2014，33（28）：67-68，86.

[21] 曾琼，玄兆辉. 从主要科技指标看我国地区科技发展特征 [J]. 科技进步与对策，2012，29（6）：26-30.

[22] 朱恪孝. 西部地区产学研的现状、问题和对策 [J]. 西北大学学报（哲学社会科学版），2010，40（4）：70-76.

[23] 蔡秀萍. 凝心聚力破解西部人才短缺困境 [J]. 中国人才，2014（3）：13-15.

[24] 杨晓宇. 西部地区促进科技成果转化对策研究 [J]. 科技管理研究，2011，31（17）：108-111.

[25] 苏俊宏，于小宁，李高宏，等. 西部地方高校科技成果转化评价体系及方法研究 [J]. 技术与创新管理，2010，31（4）：408-411.

[26] 汪小梅，白利娟，袁薇. 陕西高校科技成果转化评价体系研究 [J]. 工业工程，2007（1）：95-98.

——执笔人：辛越优，浙江大学中国科教战略研究院

第八章　西部地区创新发展的人才支撑

摘　要

创新创业人才是促进西部大开发以及全面实现小康社会的重要保障。自2000年西部大开发战略实施以来，西部地区在创新创业人才支撑上取得了显著的成效。创新创业人才总量稳步增长，人才素质逐步提升，人才引进数量和质量明显提升，人才教育经费支出不断增长，人才作用逐渐凸显。但与全国平均水平，尤其是东部地区平均水平相比，西部地区在创新创业人才支撑上仍存在创新创业人才规模小、人才整体素质不高、人才流失严重、人才效能不高等诸多问题。因此，为增强西部地区创新创业人才的支撑力量，需要加强对西部高校的支持，开展形式多样的对口支援工作，深化创新创业教育，结合特色产业需求，培养专门的创新创业人才；加强专业人才队伍的建设，依托优势产业和重大项目大力引进优质创新创业人才，完善人才引进的配套政策，优化人才引进平台。

Abstract

Innovative and entrepreneurial talents play a significant role in the implementation of western region development and the achievement of a moderately prosperous society. Since the launch of the western region development in 2000, Western China has already achieved remarkable success in the support of innovation and entrepreneurial talents: the amount of the talents has grown steadily; the quality of the talents has improved gradually; the quantity and quality of brain gain has significantly improved; the expenditure on talents has been increasing and the efficiency of talents has gradually become prominent. However, compared with the national level, especially the average level of the Eastern China, the talents support in the west still confronts with several serious problems, such as deficiency in quantity, lack of high-level talents, severe brain drain and low talent efficiency. Therefore, in order to strengthen the support of innovative and entrepreneurial talents in Western China, it is necessary to enhance the support for western universities, carry out various counterpart support work, deepen innovation and entrepreneurship education, cultivate specialized innovative and entrepreneurial talents in light of the demands of local industries; strengthen the construction of professional team, introduce high-quality innovative and entrepreneurial talents with advantageous industries and major national projects, and improve talent introduction platform and supporting policies for talent introduction.

在“大众创业、万众创新”的战略背景下，李克强总理提出“西部地区要依靠改革、开放和创新增强内生动力”，而“人是生产力中最活跃的因素，怎么把创新和人的活力结合起来，实施大众创业万众创新，拓展创新发展方式，西部地区还有巨大的潜力”，强调要高度重视创新创业人才对西部地区发展以及全面建成小康社会的重要意义①。此外，世界经济正向着知识和创新驱动的方向发展，创新创业人才已逐渐成为国家和地区增强竞争力的重要因素。自2000年西部大开发战略实施以来，中央和地方相继出台了《中国西部高等教育振兴（2012—2020）》《关于坚持正确导向促进高校高层次人才合理有序流动的通知》《四川省“天府万人计划”实施办法》等系列关于创新创业人才培养和引进的政策，力争加强西部地区创新创业人才支撑，且已取得一定的进展。

一、西部大开发创新创业人才支撑方面取得的进展

自西部大开发战略实施以来，在国家相关政策的支持下，西部地区创新创业人才支撑在人才总量、素质、人才流入、经费支出和人才效能等方面取得了显著的进展。

① 李克强：依靠改革开放创新增强西部内生动力［EB/OL］.（2016-12-75）［2018-07-19］. http://politics.people.com.cn/n1/2016/1225/c1001—28975057.html.

（一）创新创业人才总量稳步增长

1. 受过大专及以上教育的人才总量稳步增长

西部大开发战略实施以来，西部地区创新创业人才总量明显增长，受过大专及以上教育的人才总量稳步增长，从2000年的986.1万人增长到2016年的3 643.0万人，16年内净增2 656.9万人，且2000—2016年年均增长率为8.5%，与全国年均增长率基本持平，如表8-1所示。

表8-1　2000年和2016年全国西部地区及西部地区各省份受过大专及以上教育的人才总量、比重、增长量及其年均增长率　（单位：万人）

省份（地区）	2016年		2010年		2000—2016年增长量	2000—2016年年均增长率（%）
	总量	比重（%）	总量	比重（%）		
全　国	16 652.0	100	4 402.1	100	12 250.9	8.7
西　部	3 643.0	21.9	986.1	22.4	2 656.9	8.5
四　川	701.2	19.2	203.9	20.7	497.9	8.0
云　南	383.6	10.5	85.3	8.7	298.3	9.9
贵　州	227.5	6.2	67.5	6.8	160.0	7.9
西　藏	15.8	0.4	3.3	0.3	12.5	10.3
重　庆	363.0	10.0	86.0	8.7	277.0	9.4
陕　西	456.7	12.5	148.6	15.1	308.1	7.3
甘　肃	261.8	7.2	67.2	6.8	194.6	8.9
青　海	53.2	1.5	15.6	1.6	37.6	8.0
新　疆	296.7	8.1	94.6	9.6	202.1	7.4
宁　夏	95.7	2.6	20.2	2.0	75.5	10.2
内蒙古	434.9	12.0	89.0	9.0	345.9	10.4
广　西	352.9	9.7	104.8	10.6	248.1	7.9

注：①《中国统计年鉴2017》中相关数据为0.837‰人口抽样调查数据，本研究的总量是根据抽样比例推算得出的。②比重数据为西部占全国比重以及西部各省份占西部的比重。

资料来源：笔者根据国务院人口普查办公室、国家统计局人口与就业司编《中国2000年人口普查资料》（电子版）表1-8和国家统计局编《中国统计年鉴2017》（电子版）表2-14推算得出。

从西部地区各省份的情况来看，2000—2016年各省份的人才总量都大幅增长，人才增长量排行前五的省份——四川（497.9万人）、内蒙古（345.9万人）、陕西（308.1万人）、云南（298.3万人）、重庆（277.0万人）的人才总增长量占整个西部受过大专及以上教育的人才总增长量的65%。从2000—2016年年均增长率来看，西藏、云南、甘肃、重庆、宁夏和内蒙古受过大专及以上教育的人才总量年均增长率均高于西部地区平均水平，尤其是内蒙古（10.4%）和西藏

(10.3%)，其年均增长率分别高于西部地区年均增长率（8.5%）1.9 和 1.8 个百分点。从各省份占西部地区人才总量的比重来看，2000 年比重排名前五的省份为四川（20.7%）、陕西（15.1%）、广西（10.6%）、新疆（9.6%）和内蒙古(9.0%)，2016 年比重排名前五的省份为四川（19.2%）、陕西（12.5%）、内蒙古（12.0%）、云南（10.5%）和重庆（10.0%）。四川和陕西的人才比重有所降低，分别下降 1.5～2.6 个百分点；而人才比重排名较靠后的甘肃、西藏等省份的人才比重呈缓慢上涨的趋势，其年均增长率也高于西部地区平均水平。

西部地区每十万人中受过大专及以上教育的人数有所上升，从 2000 年的 2 814 人增加到 2010 年的 7 503 人，年均增长率达 10.3%，高于全国年均增长率(9.5%) 0.8 个百分点。从西部地区各省份的情况来看，陕西、新疆、宁夏和内蒙古每十万人中拥有大专及以上受教育的人数一直高于全国平均水平；除新疆外，其余省份的年均增长率均高于全国平均水平，其中西藏的年均增长率(15.9%) 比全国平均水平高 6.4 个百分点（见表 8－2）。

表 8－2　　2000 年和 2010 年全国、西部地区及西部地区各省份每十万人受过大专及以上教育的人数

省份（地区）	2010 年（人）	2000 年（人）	2000—2010 年年均增长率（%）
全　国	8 930	3 611	9.5
西　部	7 503	2 814	10.3
四　川	6 675	2 470	10.5
云　南	5 778	2 013	11.1
贵　州	5 292	1 902	10.8
西　藏	5 507	1 262	15.9
重　庆	8 643	2 802	11.9
陕　西	10 556	4 138	9.8
甘　肃	7 520	2 665	10.9
青　海	8 616	3 299	10.1
新　疆	10 635	5 141	7.5
宁　夏	9 152	3 690	9.5
内蒙古	10 208	3 803	10.4
广　西	5 977	2 389	9.6

资料来源：笔者根据国务院人口普查办公室、国家统计局人口与就业统计局编《中国 2000 年人口普查资料》，《2010 年第六次全国人口普查主要数据》整理得出。

2. 创新创业人才队伍壮大

《中国西部大开发发展报告（2016）》也指出自西部大开发战略实施以来，专业技术人才、党政人才、高技能人才等各类创新创业人才队伍不断壮大①。从各类专业技术人才（包括初级、中级、高级、技师、高级技师）的规模来看，西部地区的各类人才从2000年的50.7万增至2015年的367.9万，净增长317.2万，年均增长率为14.1%，比全国平均水平（9.3%）高4.8个百分点。从西部各省份情况来看，内蒙古（29.1%）、甘肃（26.4%）、新疆（19.3%）、陕西（17.2%）等省份的年均增长率明显高于西部地区平均水平。四川（56.1万）、云南（47.1万）、甘肃（45.8万）、新疆（36.9万）、陕西（32.5万）、广西（30.0万）等省份的各类技术人才增长量和2015年人才总量明显高于其他省份，这六个省份各类技术人才增长总量占了整个西部地区各类技术人才增长总量的78.3%。2015年西藏、青海、宁夏三省各类技术人才的总量位居西部地区末尾（见表8-3）。

表8-3　2000年和2015年全国、西部地区及西部地区各省份各类技术人才总量及其年均增长率

（单位：万人）

省份（地区）	2015年各类技术人才总量	2000年各类技术人才	2000—2015年各类技术人才增长总量	2000—2015年年均增长率（%）
全　国	1 210.7	320.5	890.2	9.3
西　部	367.9	50.7	317.2	14.1
四　川	76.6	20.5	56.1	9.2
云　南	53.0	5.9	47.1	15.8
贵　州	16.2	2.8	13.4	12.4
西　藏	1.0	0	1.0	—
重　庆	32.0	4.0	28.0	14.9
陕　西	35.8	3.3	32.5	17.2
甘　肃	47.2	1.4	45.8	26.4
青　海	4.5	0.8	3.7	12.2
新　疆	39.7	2.8	36.9	19.3
宁　夏	5.3	0.6	4.7	15.6
内蒙古	18.4	0.4	18.0	29.1
广　西	38.2	8.2	30.0	10.8

资料来源：笔者根据国家统计局人口和就业统计司、人力资源和社会保障部规划财务部编《中国劳动统计年鉴2001》（电子版）2-9和《中国劳动统计年鉴2016》（电子版）表7-6推算得出。

① 董雪兵，周谷平. 中国西部大开发发展报告（2016）［M］. 北京：中国人民大学出版社，2016：240.

此外，西部各地区普通高等学校专任教师的数量也稳步增长，由2000年的10.4万增加到2016年的39.2万，净增长28.8万，年均增长率为8.7%，比全国平均水平（8.0%）高0.7个百分点；且西部地区专任教师总数占全国的比重也有所上升，从2000年的22.2%上升到2016年的24.5%，提高了2.3个百分点。从西部各省份的情况来看，四川、云南、贵州、甘肃、宁夏、广西六个省份的2000—2016年年均增长率均高出西部地区平均水平（8.7%），且六个省份专任教师数量占西部地区总量的比重也有所增加，2000—2016年间分别增加了4.6、1.2、1.7、0.2、0.1和1.5个百分点（见表8-4）。

表8-4　2000年和2016年全国、西部地区及西部地区各省份普通高等学校专任教师总量及其年均增长率

（单位：万人）

省份（地区）	2016年		2000年		2000—2016年增长规模	2000—2016年均增长率（%）
	总量	比重（%）	总量	比重（%）		
全　国	160.2	100.0	46.8	100.0	113.4	8.0
西　部	39.2	24.5	10.4	22.2	28.8	8.7
四　川	8.6	21.9	1.8	17.3	6.8	10.3
云　南	3.9	9.9	0.9	8.7	3.0	9.6
贵　州	3.3	8.4	0.7	6.7	2.6	10.2
西　藏	0.3	0.8	0.1	1.0	0.2	7.1
重　庆	4.0	10.2	1.1	10.6	2.9	8.4
陕　西	6.6	16.8	2.1	20.2	4.5	7.4
甘　肃	2.7	6.9	0.7	6.7	2.0	8.8
青　海	0.4	1.0	0.2	1.9	0.2	4.4
新　疆	2.0	5.1	0.8	7.7	1.2	5.9
宁　夏	0.8	2.0	0.2	1.9	0.6	9.1
内蒙古	2.6	6.6	0.9	8.7	1.7	6.9
广　西	4.0	10.2	0.9	8.7	3.1	9.8

资料来源：笔者根据国家统计局编《中国统计年鉴2001》（电子版）表20-23和《中国统计年鉴2017》（电子版）表21-15推算得出。

（二）创新创业人才素质逐步提升

1. 受过本科和研究生教育的人才比重逐渐加大

自西部大开发战略实施以来，西部地区创新创业人才的总量稳步增长，其受教育程度也不断提高，创新创业人才的素质逐步提升。2000—2016年，西部地区受过大专及以上教育的人才稳步提升，年均增长率为 8.5%（见表 8-1），净增 2 656.9 万人，其中受过大专教育的人数净增 1 418.5 万人，受过本科教育的人数净增1 167.8 万人，受过研究生教育的人数净增 70.6 万人。从 2000—2016 年年均增长率来看，西部地区受过本科教育（10.4%）和研究生教育（12.1%）的人数增长较快，高于受过大专教育的人数年均增长率（7.3%）。从西部地区各省份的情况来看，云南、西藏、甘肃、宁夏和内蒙古等省份中受过本科教育的人数 2000—2016 年年均增长率显著高于西部平均水平，而云南、甘肃、新疆、青海、宁夏、内蒙古和广西等省份中受过研究生教育的人数年均增长率高于西部平均水平，尤其是宁夏（22.0%），其受过研究生教育的人数年均增长率高出西部地区平均水平近 10 个百分点（见表 8-5）。

表 8-5　2000 年和 2016 年全国、西部地区及西部地区各省份受过大专及以上教育的人才数量

（单位：万人）

省份（地区）	2016 年			2000 年			2000—2016 年年均增长率（%）		
	大专	本科	研究生	大专	本科	研究生	大专	本科	研究生
全　国	8 881.9	7 077.3	692.8	2 898.6	1 415.1	88.4	7.2	10.6	13.7
西　部	2 091.7	1 467.1	84.2	673.2	299.3	13.6	7.3	10.4	12.1
四　川	419.5	268.0	13.7	137.3	62.9	3.7	7.2	9.5	8.5
云　南	187.1	188.8	7.7	57.7	26.4	1.2	7.6	13.1	12.3
贵　州	126.6	98.4	2.5	46.5	20.6	0.4	6.5	10.3	12.1
西　藏	7.2	8.5	0.1	2.3	1.0	0	7.4	14.3	—
重　庆	219.4	135.6	8.0	55.6	29.0	1.4	9.0	10.1	11.5
陕　西	277.1	165.1	14.5	91.4	53.9	3.3	7.2	7.2	9.7
甘　肃	141.6	112.1	8.1	46.8	19.5	0.9	7.2	11.6	14.7
青　海	29.2	23.0	1.0	10.9	4.6	0.1	6.4	10.6	15.5
新　疆	171.1	118.2	7.4	70.1	23.9	0.6	5.7	10.5	17.0
宁　夏	53.5	39.8	2.4	13.7	6.4	0.1	8.9	12.1	22.0
内蒙古	234.9	192.2	7.8	64.9	23.4	0.7	8.4	14.1	16.3
广　西	224.5	117.4	11.0	76.0	27.6	1.2	7.0	9.5	14.9

资料来源：同表 8-1。

在西部地区受过大专及以上教育的人才中，受过本科教育和研究生教育的人才比重不断加大。2016 年，受过本科教育的人才占 40.3%，受过研究生教育的人才占 2.3%，较 2000 年分别增加了约 10 个和 1 个百分点；同期受过大专教育的人才比重从 68.3%下降至 57.4%，下降了近 11 个百分点。从西部地区各省份的情况来看，2000—2016 年，云南、贵州、西藏、甘肃、青海、新疆、内蒙古 7 个省份中受过本科教育的人才比重上升超过了 10 个百分点，其余省份上升幅度均小于等于西部地区的平均水平（9.9%）。2016 年，陕西、甘肃、新疆、宁夏、广西等省份受过研究生教育的人才比重高于西部地区平均水平（见表 8-6）。

表 8-6　2000—2016 年全国、西部地区及西部地区各省份受过大专及以上教育的人才所占比重

（%）

省份（地区）	2016 年			2000 年			2000—2016 年比重变化		
	大专	本科	研究生	大专	本科	研究生	大专	本科	研究生
全　国	53.3	42.5	4.2	65.9	32.2	2.0	−12.6	10.3	2.2
西　部	57.4	40.3	2.3	68.3	30.4	1.4	−10.9	9.9	0.9
四　川	59.8	38.2	2.0	67.3	30.9	1.8	−7.5	7.3	0.2
云　南	48.8	49.2	2.0	67.7	30.9	1.4	−18.9	18.3	0.6
贵　州	55.6	43.2	1.0	68.9	30.5	0.6	−13.3	12.7	0.4
西　藏	45.6	53.8	0.6	69.7	30.3	0	−24.1	23.5	0.6
重　庆	60.4	37.4	2.2	64.7	33.7	1.6	−4.3	3.7	0.6
陕　西	60.7	36.2	3.2	61.5	36.3	2.2	−0.8	−0.1	1.0
甘　肃	54.1	42.8	3.1	69.6	29.0	1.3	−15.5	13.8	1.8
青　海	54.9	43.2	1.9	69.9	29.5	0.6	−15.0	13.7	1.3
新　疆	57.7	39.8	2.5	74.1	25.3	0.6	−16.4	14.5	1.9
宁　夏	55.9	41.6	2.5	67.8	31.7	0.5	−11.9	9.9	2.0
内蒙古	54.0	44.2	1.8	72.9	26.3	0.8	−18.9	17.9	1.0
广　西	63.6	33.3	3.1	72.5	26.3	1.1	−8.9	7.0	2.0

资料来源：同表 8-1。

2. 高级及以上职称人才的比重逐渐加大

各类创新创业人才队伍中，高级及以上职称人才的比重也逐渐加大。2015 年西部地区各类技术人才中级职称比重（38.5%）相较于 2000 年比重（53.8%）下降了 15.3 个百分点；高级及以上职称（包括高级、技师和高级技师职称）的比重由 2000 年的 11.5%增至 2015 年的 14.3%，增加了 2.8 个百分点。从西部各省份的情况来看，7 个省份的各类技术人才高级及以上的职称比重 2000 年到

2015 年呈现增长趋势，7 个省份四川、云南、贵州、西藏、陕西、内蒙古、广西等省份高级及以上职称人才的比重增加明显，分别增加了 6.9、12.4、2.4、6.3、7.2、12.2、4.7 个百分点（见表 8－7）。

表 8－7　　2000 年和 2015 年全国、西部地区及西部地区各省份各类技术人才职称的比重

（%）

省份（地区）	2015 年各类技术人才的比重			2000 年各类技术人才的比重		
	初级	中级	高级及以上	初级	中级	高级及以上
全　国	38.7	38.9	22.4	43.6	46.9	9.5
西　部	47.2	38.5	14.3	34.7	53.8	11.5
四　川	29.8	54.5	15.7	35.5	55.7	8.8
云　南	43.2	33.2	23.6	34.0	54.7	11.2
贵　州	45.0	44.1	10.9	31.8	59.7	8.5
西　藏	78.6	11.7	9.7	55.5	41.1	3.4
重　庆	42.1	47.7	10.2	27.3	40.7	32.0
陕　西	38.8	39.8	21.5	30.2	55.6	14.3
甘　肃	61.7	34.6	3.7	20.7	72.1	7.2
青　海	79.8	12.0	8.2	14.4	65.5	20.2
新　疆	72.2	18.6	9.2	31.1	51.5	17.4
宁　夏	62.9	29.7	7.4	7.0	81.2	11.8
内蒙古	36.4	35.3	28.4	5.5	78.3	16.2
广　西	55.2	34.1	10.8	48.7	45.3	6.1

资料来源：笔者根据国家统计局人口和就业统计司、人力资源和社会保障部规划财务部编《中国劳动统计年鉴 2011》（电子版）表 2－9 和《中国劳动统计年鉴 2016》（电子版）表 7－6 推算得出。

另外，西部地区普通高等学校中高级职称（正高级和副高级）专任教师的比重也逐渐提高。据统计，西部地区拥有高级职称的专任教师比重从 2010 年的 37.2%增至 2016 年的 39.7%，增加 2.5 个百分点（见表 8－8）。从西部各省份的情况来看，2010—2016 年，除云南外，其余省份高级职称专任教师的比重均有所上升；贵州、西藏、陕西、甘肃、宁夏、内蒙古、广西 7 个省份的上涨幅度均高于西部地区平均水平；西藏的比重上涨最为明显，其高级职称专任教师的比重增加了 11.6 个百分点。

（三）人才流入数量增加和质量逐渐提升

1. 人才流入总量增加

2000—2010 年，西部地区的人口跨省份流入规模不断扩大，跨省份流入人口

表 8－8　　2010 年和 2016 年全国、西部地区及西部地区各省份普通高等学校各类职称专任教师的比重　　（%）

省份（地区）	2016 年					2010 年				
	无职称	初级	中级	副高级	正高级	无职称	初级	中级	副高级	正高级
全国	6.3	11.8	39.7	29.6	12.6	5.1	17.2	38.5	28.1	11.1
西部	8.1	13.7	38.5	28.7	11.0	5.8	17.9	39.0	27.4	9.8
四川	6.3	17.7	38.9	26.3	10.6	4.8	20.1	39.5	26.0	9.7
云南	8.7	16.7	37.3	27.0	10.3	5.9	16.7	39.1	27.9	10.3
贵州	11.5	15.7	31.7	32.0	9.1	6.0	16.0	40.6	28.7	8.8
西藏	8.0	12.0	40.0	32.0	8.0	14.2	18.4	39.0	24.4	4.0
重庆	7.1	11.6	41.1	28.8	11.3	4.9	15.9	40.1	28.8	10.4
陕西	5.3	12.4	40.8	28.6	12.9	4.1	18.0	39.4	26.7	11.9
甘肃	5.2	12.4	37.1	33.3	12.0	6.0	19.0	37.3	28.2	9.4
青海	11.6	14.0	23.3	32.6	18.6	5.0	14.7	29.4	35.8	15.2
新疆	11.5	10.5	42.5	29.0	6.5	6.0	15.5	44.2	28.1	6.1
宁夏	11.3	16.3	26.3	28.8	17.5	5.7	18.1	34.6	28.7	13.0
内蒙古	7.3	11.2	39.0	32.0	10.4	7.8	19.6	34.1	30.0	8.5
广西	13.4	8.4	40.6	26.5	10.9	9.6	17.3	38.9	25.5	8.6

资料来源：笔者根据国家统计局编《中国统计年鉴 2011》（电子版）表 20－28 和《中国统计年鉴 2017》（电子版）表 21－15 推算得出。

从 2000 年的 597.8 万人增加到 2010 年的 1 040.5 万人，年均增长率达 5.7%；西部地区跨省份流出人口也在不断增长，从 2000 年的 1 458.1 万人增加到 2010 年的 2 757.0 万人，年均增长率为 6.6%（见表 8－9）。西部地区人口流动呈现净流出的趋势，但部分省份——如新疆、内蒙古、宁夏、西藏、青海五个省份的人口流动呈净流入趋势，尤其是内蒙古，其跨省份流入人口从 2000 年的 54.8 万人增加到 2010 年的 144.4 万人，2000—2010 年人口流动（流入）年均增长率为 10.2%，比西部地区平均水平（5.7%）高 4.5 个百分点。青海（9.9%）、重庆（8.9%）、陕西（8.7%）和四川（7.7%）等省份的跨省份流入人口的年均增长率也比西部地区平均水平高 2.0～4.2 个百分点。云南、新疆、西藏三个省份的跨省份流入人口的年均增长率低于西部地区的平均水平。

据统计，西部地区各省份跨省份流入总量近半数（49.2%）来自西部省份，从东部、中部、东北部等跨区流入的人口约占半数（50.8%），如表 8－10 所示。2010 年，西部地区共有 528.6 万跨区流入人口，其中来自东部地区的有 187.4 万

表 8-9　　2000 年和 2010 年西部地区及西部地区各省份人口流动规模的变动情况

（单位：万人）

省份（地区）	人口跨省份流出规模		人口跨省份流入规模		净流出人口		2000—2010 年人口流动年均增长率（%）	
	2010 年	2000 年	2010 年	2000 年	2010 年	2000 年	流出	流入
西　部	2 757.0	1 458.1	1 040.5	597.8	1 716.5	860.3	6.6	5.7
四　川	890.5	693.8	112.7	53.6	777.8	640.2	2.5	7.7
云　南	148.2	34.3	123.4	116.4	24.8	−82.1	15.8	0.6
贵　州	404.9	159.6	76.2	40.9	328.7	118.7	9.8	6.4
西　藏	5.5	2.0	16.3	10.9	−10.8	−8.9	10.7	4.1
重　庆	350.7	100.6	94.5	40.3	256.2	60.3	13.3	8.9
陕　西	196.1	80.4	97.7	42.6	98.4	37.8	9.3	8.7
甘　肃	159.3	58.6	43.4	22.8	115.9	35.8	10.5	6.7
青　海	24.2	9.5	31.8	12.4	−7.6	−2.9	9.8	9.9
新　疆	29.7	15.6	179.1	141.1	−149.4	−125.5	6.7	2.4
宁　夏	22.6	9.0	36.7	19.2	−14.1	−10.2	9.6	6.7
内蒙古	106.8	50.5	144.4	54.8	−37.6	−4.3	7.8	10.2
广　西	418.5	244.2	84.3	42.8	334.2	201.4	5.5	7.0

资料来源：笔者根据国务院人口普查办公室、国家统计局人口与就业司编《中国 2000 年人口普查资料》（电子版）表 1-3、表 7-1、表 7-2 和《中国 2010 年人口普查资料》表 1-1、表 1-3、表 7-3 计算而来。

人，占人口跨省份流入总量的 18.0%；来自中部地区的有 293.5 万人，占人口跨省份流入总量的 28.2%；西部区域内部有 511.9 万流入人口，占人口跨省份流入总量的 49.2%。在人口跨省份流入总量中，新疆、内蒙古、云南、四川、陕西、重庆 6 个省份所占的比重最大，分别占西部地区人口跨省份流入总量的 17.2%、13.9%、11.9%、10.8%、9.4%、9.1%，这 6 个省份的人口跨省份流入量占据西部地区人口跨省份流入总量的 72.3%，其余 6 省份只占 27.7%的比重。内蒙古、广西、四川、陕西、新疆、云南 6 个省份流入人口有 141.9 万人来自东部地区，占东部人口流入总量的 75.7%，其余 6 个省份只占 24.3%的比重。新疆、陕西、广西、内蒙古、云南、四川 6 个省份流入人口有 223.7 万人来自中部地区，占中部人口流入总量的 76.2%，其余 6 个省份只占 23.8%的比重。新疆、云南、重庆、四川、内蒙古、陕西 6 个省份有 383.2 万人来自西部区域内部跨省份人口流入，占西部区域内部跨省份人口流入总量的 74.9%，其余 6 个省份只占

表 8-10 2010 年西部地区及西部地区各省份跨省份人口流入情况 （单位：万人）

省份（地区）	跨省份流入总量		从各地区流入情况							
	流入总量	流入比重（%）	东部		东北		中部		西部	
			总量	比重（%）	总量	比重（%）	总量	比重（%）	总量	比重（%）
西部	1 040.5	100.0	187.4	18.0	47.7	4.6	293.5	28.2	511.9	49.2
四川	112.7	10.8	23.4	20.8	3.5	3.1	25.3	22.4	60.5	53.7
云南	123.4	11.9	16.5	13.4	2.1	1.7	29.7	24.1	75.1	60.9
贵州	76.2	7.3	12.2	16.0	1.1	1.4	22.9	30.1	40.0	52.5
西藏	16.3	1.6	0.6	3.7	0	0	2.3	14.1	13.4	82.2
重庆	94.5	9.1	12.2	12.9	1.4	1.5	13.8	14.6	67.1	71.0
陕西	97.7	9.4	20.5	21.0	3.2	3.3	37.7	38.6	36.3	37.2
甘肃	43.4	4.2	9.6	22.1	1.4	3.2	12.5	28.8	19.9	45.9
青海	31.8	3.1	5.5	17.3	0.6	1.9	9.2	28.9	16.5	51.9
新疆	179.1	17.2	20.3	11.3	2.5	1.4	57.8	32.3	98.5	55.0
宁夏	36.7	3.5	5.4	14.7	1.0	2.7	9.1	24.8	21.2	57.8
内蒙古	144.4	13.9	34.4	23.8	28.0	19.4	36.3	25.1	45.7	31.6
广西	84.3	8.1	26.8	31.8	2.9	3.4	36.9	43.8	17.7	21.0

资料来源：笔者根据国务院人口普查办公室、国家统计局人口与就业司编《中国 2010 年人口普查资料》（电子版）表 7-1 和表 7-2 整理计算得来。

25.1%的比重。这说明，西部地区跨省份流入人口主要是西部区域内部的跨省份流入，来自东部、东北和中部地区的流入人口比重相对较低。

2. 流入人才素质逐渐提升

自西部大开发战略实施以来，西部地区流入人口的素质不断提升。第六次人口普查数据显示，2010 年西部地区流入人口以受过初中和高中教育的人才为主（60.2%），受过大专及以上程度教育的比重（15.1%）比全国平均水平（11.6%）高 3.5 个百分点，比东部地区平均水平（10.0%）高 5.1 个百分点。在西部地区流入人口中，本科和研究生学历人才所占的比重（7.7%）高于全国和东部平均水平；大专学历人才所占的比重分别比全国、东北、东部平均水平高 1.3、1.1、1.9 个百分点（见表 8-11）。

从西部地区内部看，2010 年，四川、陕西、重庆、甘肃 4 个省份的人才流入中，研究生学历所占的比重均高于西部地区平均水平，广西所占的比重与西部

表 8-11　　2010 年全国及各地区流入人口的受教育情况　　（%）

地区	各类受教育程度人口的比重（%）							
	未上过学	小学	初中	高中	大专	本科	研究生	大专及以上
全国	1.5	17.3	52.8	16.8	6.1	5.0	0.5	11.6
东部	1.3	16.7	55.0	17.0	5.5	4.0	0.4	10.0
东北	1.5	18.6	49.1	12.6	6.3	11.0	0.8	18.1
中部	1.8	15.6	42.2	17.2	10.8	11.7	0.7	23.2
西部	2.8	22.0	44.1	16.1	7.4	7.1	0.6	15.1

资料来源：笔者根据国务院人口普查办公室、国家统计局人口与就业司编《中国 2010 年人口普查资料》（电子版）7-7 整理计算得来。

地区平均水平持平，其余各省份均低于西部地区平均水平。在大专及以上学历人才流入中，陕西（28.7%）、重庆（27.5%）、四川（25.9%）、甘肃（18.8%）、广西（15.7%）5 个省份所占的比重高于西部地区平均水平（15.1%）。在新疆、西藏、云南、青海、宁夏、贵州、内蒙古等地的流入人口中，未上过学和小学文化程度人口所占的比重显著高于西部地区的平均水平，大专及以上学历人口所占的比重明显低于西部地区的平均水平（见表 8-12）。

表 8-12　　2010 年西部地区各省份流入人口的受教育情况　　（%）

省份（地区）	各类受教育程度人口的比重							
	未上过学	小学	初中	高中	大专	本科	研究生	大专及以上
西　部	2.8	22.0	44.1	16.1	7.4	7.1	0.6	15.1
四　川	1.9	17.1	35.1	20.0	10.9	13.8	1.2	25.9
云　南	2.6	28.5	45.4	14.0	4.7	4.4	0.3	9.4
贵　州	2.5	23.9	48.3	15.1	5.5	4.3	0.4	10.2
西　藏	6.2	25.9	45.7	15.4	4.3	2.5	0	6.8
重　庆	1.8	18.0	33.9	18.8	12.6	13.9	1.0	27.5
陕　西	1.2	12.4	38.8	18.9	13.9	13.7	1.1	28.7
甘　肃	2.4	17.9	42.8	18.1	7.2	10.6	1.0	18.8
青　海	5.3	23.1	45.9	15.8	5.6	4.0	0.3	9.9
新　疆	4.3	29.8	47.4	12.5	3.9	1.9	0.1	5.9
宁　夏	3.7	23.9	48.9	13.2	5.2	4.9	0.3	10.4
内蒙古	3.2	21.6	51.9	14.3	5.3	3.5	0.2	9.0
广　西	1.4	17.2	46.2	19.4	8.1	7.0	0.6	15.7

资料来源：笔者根据国务院人口普查办公室、国家统计局人口与就业司编《中国 2010 年人口普查资料》（电子版）表 7-6 推算得出。

3. 海外高层次人才引进数量增加

国家和地区社会经济的发展离不开高层次创新创业人才的支撑，国家和地方都出台了相关政策并采取措施引进高层次人才，“青年千人计划”便是其中之一。我们将“青年千人计划”作为高层次人才引进的指标，通过对各批次人才引进进行数量统计（见表 8-13），发现西部地区“青年千人计划”入选人数不断增长，从第 1 批的 15 人增加到第 14 批的 64 人。自开展这一计划以来，西部地区共引进 358 人，比东北地区多 237 人；占引进人才总人数的 10.1%，比东北地区所占比重高 6.7 个百分点。此外，从西部各省份的情况来看，引进的人才主要集中在四川（43.9%）和陕西（35.5%）两个省份。

表 8-13　全国及各地区国家“青年千人计划”入选情况

地区	各批次入选人数（人）									总人数（人）	比重（%）
	1	2	3	4	5	11	12	13	14		
全　国	143	218	177	183	396	661	558	590	609	3 535	100
东　部	95	152	131	133	303	487	384	410	427	2 522	71.3
东　北	5	5	4	2	16	24	18	28	19	121	3.4
中　部	28	37	29	34	51	78	81	92	94	524	14.8
西　部	15	24	13	14	26	71	72	59	64	358	10.1
香港与其他	0	0	0	0	0	1	3	1	5	10	0.3

资料来源：笔者根据高等教育发展指标数据平台（HDI）统计数据计算得来。

（四）人才教育经费支出不断增长

自西部大开发战略实施以来，西部地区的人才教育经费不断增加。2000 年，西部地区教育经费为 794.9 亿元，占当年地区生产总值的 4.4%，高于全国教育经费支出占全国 GDP 比重 0.6 个百分点。2015 年，西部地区的教育经费增加到 9 019.5 亿元，教育经费支出占地区生产总值的比重也提高至 6.2%，比 2000 年提高了 1.8 个百分点，分别高于同期全国、东部、东北和中部地区平均水平 1.0、2.3、2.4、1.4 个百分点。西部地区教育经费支出的增长速度较快，2000—2015 年年均增长率为 17.6%，高于全国年均增长率（16.1%）1.5 个百分点，也明显高于东部、东北和中部地区，其中高于东北地区（12.9%）4.7 个百分点（见表 8-14）。

在西部各省份中，2015 年西藏教育经费支出占地区生产总值的比重最高，达 18.7%，其次是甘肃、贵州、青海、云南和新疆等地，占地区生产总值的比重分别为 9.0%、8.8%、8.6%、7.7%、7.6%。此外，西藏、贵州、青海、宁夏、

表 8-14　　2000 年和 2015 年全国及各地区教育经费支出状况　　(单位：亿元)

地区	教育经费		占 GDP 比重 (%)		2000—2015 年年均增长率 (%)
	2015 年	2000 年	2015 年	2000 年	
全　国	36 129.2	3 849.1	5.2	3.8	16.1
东　部	14 374.7	1 938.5	3.9	3.8	14.3
东　北	2 179.6	354.1	3.8	3.6	12.9
中　部	7 082.2	761.6	4.8	3.8	16.0
西　部	9 019.5	794.9	6.2	4.4	17.6

注：①教育经费绝对值为当年数，年均增长率没有扣除价格指数因素。各地区为各省份加总的数据，考虑四舍五入等取值原因，与全国总数相差 0.2。

②根据《中国统计年鉴 2017》(电子版) 表 21-33 的数据，2015 年的全国教育经费不仅包括各省份的教育经费支出，还包括中央教育经费支出 (3 473.0 亿元)，而《中国统计年鉴 2001》并未列出该数据。

资料来源：笔者根据国家统计局编《中国统计年鉴 2001》(电子版) 表 3-1、表 3-9，《中国统计年鉴 2002》(电子版) 表 20-35，《中国统计年鉴 2016》(电子版) 表 3-1、表 3-9 以及《中国统计年鉴 2017》(电子版) 表 21-33 计算得出。

内蒙古等地的教育经费增长速度也非常快，2000—2015 年年均增长率分别为 23.5%、21.1%、20.4%、18.8%、18.1%。西藏 2000 年的教育经费支出仅 8.1 亿元，2015 年增至 191.9 亿元，占地区生产总值的比重比 2000 年提高了 11.8 个百分点，教育经费支出 2000—2015 年年均增长率高于全国平均水平 7.4 个百分点。贵州 2000 年的教育经费为 52.8 亿元，2015 年达 927.7 亿元，占地区生产总值的比重比 2000 年提高了 3.7 个百分点，教育经费支出 2000—2015 年年均增长率高于全国平均水平 5.0 个百分点。2000 年和 2015 年西部地区各省份教育经费支出状况见表 8-15。

(五) 人才作用发挥凸显

1. 人才效能显著提升

人才效能是指单位人才所创造的价值，用指标表示即国内生产总值/人才总量。人才效能值越高，表示地区的人才利用水平越高，人才作用发挥越充分，对地区社会经济的发展也就越显著①。我们采用 2000 年、2016 年大专及以上受教育程度人口作为人才总量，与同期的地区生产总值相除，获得全国及西部地区各省份的人才效能值 (见表 8-16)。其中陕西的人才效能提升最快，从 2000 年的 11.2 万元/人提高到 2016 年的 42.5 万元/人，2016 年的人才效能是 2000 年的 3.8 倍，2000—2016 年年均增长率达 8.7%，显著高于全国平均水平。西部人才效能提升速度较快的地区还有贵州、青海、重庆、内蒙古、广西等地，其年均增长率分别为 8.2%、6.8%、6.3%、6.3%、6.3%。

① 周谷平. 中国西部大开发发展报告 (2012) [M]. 北京：中国人民大学出版社，2012：154.

表 8－15　2000 年和 2015 年全国、西部地区及西部地区各省份教育经费支出状况　（单位：亿元）

省份（地区）	教育经费		占 GDP 比重（%）		2000—2015 年年均增长率（%）
	2015 年	2000 年	2015 年	2000 年	
全　国	36 129.2	3 849.1	5.2	3.8	16.1
西　部	9 019.5	794.9	6.2	4.4	17.6
四　川	1 641.0	162.0	5.5	4.1	16.7
云　南	1 045.5	97.6	7.7	4.9	17.1
贵　州	927.7	52.8	8.8	5.1	21.1
西　藏	191.9	8.1	18.7	6.9	23.5
重　庆	797.1	69.9	5.0	3.9	17.6
陕　西	967.4	101.5	5.4	5.6	16.2
甘　肃	613.5	53.5	9.0	5.1	17.7
青　海	207.4	12.8	8.6	4.9	20.4
新　疆	713.3	70.2	7.6	5.1	16.7
宁　夏	196.3	14.9	6.7	5.1	18.8
内蒙古	707.2	58.1	4.0	3.8	18.1
广　西	1 011.2	93.5	6.0	4.5	17.2

资料来源：同表 8－14。

表 8－16　2000 年和 2016 年全国及西部地区各省份人才效能状况　（单位：万元/人）

省份（地区）	2016 年	2000 年	2000—2016 年年均增长率（%）
全　国	44.7	20.3	5.1
四　川	47.0	19.7	5.6
云　南	38.6	22.9	3.3
贵　州	51.8	14.7	8.2
西　藏	72.8	35.6	4.6
重　庆	48.9	18.5	6.3
陕　西	42.5	11.2	8.7
甘　肃	27.6	14.6	4.1
青　海	48.4	16.9	6.8
新　疆	32.5	14.4	5.2
宁　夏	33.1	13.1	6.0
内蒙古	41.7	15.7	6.3
广　西	51.9	19.6	6.3

资料来源：笔者根据国家统计局编《中国统计年鉴 2001》《中国统计年鉴 2017》以及国家统计局人口与就业司编《中国 2000 年人口普查资料》相关数据计算得来。

西部地区2000年的人才效能为16.9万元/人，2016年提高到43.0万元/人，2000—2016年年均增长率为6.0%；西部地区的人才效能提升速度快于东部、东北和中部地区，比东北地区快2.0个百分点（表8-17）。

表8-17　2000年和2016年全国及各地区人才效能状况　（单位：万元/人）

地区	2016年	2000年	2000—2016年年均增长率（%）
全　国	44.7	20.3	5.1
东　部	52.7	27.8	4.1
东　北	32.3	17.3	4.0
中　部	44.7	19.5	5.3
西　部	43.0	16.9	6.0

资料来源：笔者根据国家统计局编《中国统计年鉴2001》《中国统计年鉴2017》以及国家统计局人口与就业司编《中国2000年人口普查资料》相关数据计算得来。

2. 人才科技创新活力增强

在科技创新方面，单位GDP专利申请数能较好地反映出一个地区创新人才的技术创造力，单位GDP专利申请数越高，代表着该地区的人才科技创新力量越强。根据《中国统计年鉴2001》和《中国统计年鉴2017》的数据，2000—2016年，西部地区专利申请受理量从16 381项增加到375 873项，年均增长率为21.6%；单位GDP专利申请数稳步增长，从2000年的1.0项/亿元增长到2016年的2.4项/亿元（见表8-18），高于东北地区，反映出西部地区人才的科技创造力不断增强和提升。

表8-18　2000年、2005年、2010年、2016年全国及各地区单位GDP专利申请数　（单位：项/亿元）

地区	2000年	2005年	2010年	2016年	2000—2016年年均增长率（%）
全　国	1.6	2.1	2.8	4.4	6.5
东　部	1.6	2.4	3.4	5.4	7.9
东　北	1.3	1.5	2.6	2.0	2.7
中　部	0.8	1.0	3.2	3.2	9.1
西　部	1.0	1.0	1.4	2.4	5.6

注：单位GDP专利申请数=专利申请数（项）/地区生产总值（亿元）。

资料来源：笔者根据国家统计局编《中国统计年鉴2001》（电子版）表3-1、表3-9、表20-57，《中国统计年鉴2006》（电子版）表3-1、表3-9、表21-46，《中国统计年鉴2011》（电子版）表2-1、表2-14、表20-59，以及《中国统计年鉴2017》（电子版）表3-1、表3-9、表20-16相关数据计算得出。

从西部地区内部各省份来看，2016 年四川、陕西和重庆的单位 GDP 专利申请数居于前三位，其中陕西 2016 年达 3.6 项/亿元。四川的增长速度最快，从 2000 年的 1.1 项/亿元增加到 2016 年的 4.3 项/亿元，2000—2016 年年均增长率达 8.9%，比全国年均增长率（6.5%）高 2.4 个百分点。广西在 2010 年前单位 GDP 专利申请数一直在 1.0 项/亿元以下，但 2016 年提升到 3.2 项/亿元，超过西部地区的平均水平（2.4 项/亿元），其 2000—2016 年均增长率为 8.3%。另外，2016 年，甘肃单位 GDP 专利申请数（2.8 项/亿元）也超过西部地区的平均水平，而其余各省份云南、贵州、西藏、青海、新疆、宁夏、内蒙古等均低于西部平均水平，其中西藏和内蒙古的单位 GDP 申请数不到 1.0 项/亿元，与四川、重庆等地的差距较大（见表 8－19）。

表 8－19　2000 年、2005 年、2010 年、2016 年全国、西部地区及西部地区各省份单位 GDP 专利申请数

（单位：项/亿元）

省份（地区）	2000 年	2005 年	2010 年	2016 年	2000—2016 年年均增长率（%）
全　国	1.6	2.1	2.8	4.4	6.5
西　部	1.0	1.0	1.4	2.4	5.6
四　川	1.1	1.4	2.3	4.3	8.9
云　南	0.9	0.7	0.8	1.6	3.7
贵　州	1.0	1.1	1.0	2.1	4.8
西　藏	0.2	0.4	0.3	0.6	7.1
重　庆	1.1	2.0	2.9	3.4	7.3
陕　西	1.3	1.1	2.3	3.6	6.6
甘　肃	0.8	0.9	0.9	2.8	8.1
青　海	0.7	0.4	0.4	1.3	3.9
新　疆	0.8	0.7	0.7	1.5	4.0
宁　夏	1.3	0.9	0.4	1.9	2.4
内蒙古	0.8	0.4	0.2	0.6	−1.8
广　西	0.9	0.6	0.5	3.2	8.3

资料来源：同表 8－18。

二、西部大开发创新创业人才支撑存在的问题

西部大开发战略实施以来，西部地区创新创业人才支撑取得了明显的进展，

然而与全国平均水平尤其是与东部地区相比较，西部地区在创新创业人才支撑上仍存在着创新创业人才规模小、创新创业人才整体素质不高、创新创业人才流失严重等问题。

（一）创新创业人才规模小

西部地区受过大专及以上教育的人才总量虽然逐年有所增加，但是整体上，西部地区受过大专及以上教育的人才总量占全国人才总量的比重却有所下滑（见表 8-20），从 2000 年的 22.4%下滑至 2016 年的 21.9%，下降 0.5 个百分点；而东部地区受过大专及以上教育的人才比重则从 2000 年的 41.8%提高到 2016 年的 46.8%，增加 5.0 个百分点。西部地区 2000—2016 年年均增长率（8.5%）低于全国平均水平（8.7%）0.2 个百分点，低于东部地区（9.5%）1.0 个百分点。从西部各省份的情况来看，西部地区受过大专及以上教育的人才分布并不均衡（见表 8-1）。据统计，2016 年总量排名前 5 位的省份（四川、陕西、内蒙古、云南和重庆）拥有整个西部地区 64.2%受过大专及以上教育的人才，而排名末 5 位的省份（西藏、青海、宁夏、贵州和甘肃）仅拥有 17.9%的人才，相差 46.3 个百分点。

表 8-20　2000 年和 2016 年全国及各地区受过大专及以上教育的人才总量（单位：万人）

地区	人才总量		比重（%）		2000—2016 年年均增长率（%）
	2016 年	2000 年	2016 年	2000 年	
全　国	16 652.0	4 402.1	100	100	8.7
东　部	7 790.8	1 838.0	46.8	41.8	9.5
东　北	1 622.7	564.8	9.7	12.8	6.8
中　部	3 595.5	1 013.2	21.6	23.0	8.2
西　部	3 643.0	986.1	21.9	22.4	8.5

资料来源：同表 8-1。

此外，西部地区每十万人中受过大专及以上教育的人数虽有增长，但是人数明显低于全国平均水平且西部地区内部差异较大。西部地区每十万人中受过大专及以上教育的人数从 2000 年的 2 814 人增至 2010 年的 7 503 人（见表 8-2）。西部地区和全国的差距逐渐拉大，2000 年西部地区每十万人中受过大专及以上教育的人数低于全国平均水平（3 611 人）797 人，而 2010 年低于全国平均水平（8 930 人）1 427 人。西部地区内部差异也较大，西部地区仅陕西、新疆、宁夏和内蒙古 4 个省份达到了全国平均水平，其余省份均低于全国平均水平（见表 8-2）。

在高层次人才（“青年千人计划”）引进中，西部地区的引进人数只有 358 人，仅占全国引进总人数的 10.1%。与东部地区相比，还存在巨大差距。东部地区“千人计划”入选人数从第1批的95人增加到第14批的427人，共入选2 522人，占入选总人数的71.3%，比西部地区所占比重高61.2个百分点同样地，在西部地区内部也存在着较大差距，四川（157）、陕西（127）、重庆（34）入选“青年千人计划”的人数分别占西部入选总数的43.9%、35.5%、9.5%，3个省份所占西部地区的比重就高达88.9%。而到目前为止，西藏、青海、新疆、宁夏均未有人入选“青年千人计划”，内蒙古、广西、云南、贵州、甘肃分别只有1、2、6、6、14人入选，与东部地区的差距巨大。

（二）创新创业人才整体素质不高

自西部大开发战略实施以来，西部地区人才受教育程度不断提高，但其整体素质相较于全国和东部地区平均水平仍有较大的差距，仍有待提高。

1. 受过本科和研究生教育的人才比重较低

自西部开发战略实施以来，西部地区受过本科教育和研究生教育的人数明显增多，且其2000—2016年年均增长率高于受过大专教育的人才年均增长率（见表8－5），但西部地区整体受过本科教育和研究生教育的人才比重低于全国和东部平均水平。2016年，西部地区人才中接受过本科教育的占40.3%，低于全国平均水平（42.5%）2.2个百分点，低于东部地区平均水平（44.5%）4.2个百分点，低于东北地区平均水平（47.8%）7.5个百分点。2016年，西部地区受过研究生教育的人才所占的比重是全国各地区中最低的，仅2.3%（见表8－21），分别比全国、中部、东北、东部地区平均水平低1.9、0.8、2.2、3.2个百分点。从2016年西部各省份的数据看来，西部各省份受过研究生教育的人才比重均低于全国平均水平（见表8－6）。

表8－21 2000年和2016年全国及各地区受过大专及以上教育程度的人才比重 （%）

地区	2016年			2000年		
	大专	本科	研究生	大专	本科	研究生
全国	53.3	42.5	4.2	65.9	32.2	2.0
东部	50.1	44.5	5.5	62.2	34.9	2.8
东北	47.7	47.8	4.5	65.6	32.8	1.7
中部	58.8	38.1	3.1	70.1	28.5	1.4
西部	57.4	40.3	2.3	68.3	30.4	1.4

资料来源：同表8－1。

自2000年以来，西部地区人才流入不断增加，到2010年，人才跨省份流入总量达1 040.5万人。2010年，在西部地区流入人口中，虽然大专及以上学历人才所占的比重高于东部和全国平均水平，但明显低于东北和中部地区，特别是比中部地区低 8.2 个百分点。而初中以下学历水平所占据的比重（24.8%）明显高于全国平均水平（18.8%），比东部平均水平的比重高 10.4 个百分点（见表 8-12）。这些数据表明，西部地区流入人口的整体素质不高，大专以下学历水平的人口占据绝大部分（85.0%），其创新创业能力将会在一定程度上受到限制。在西部地区内部，流入人口的受教育程度也存在着明显的差距。在 2010 年人口流入中，四川接受过研究生教育的人才所占据的比重最大（1.2%），而西藏所占的比重为 0，新疆仅占 0.1%。2010 年，重庆在人口流入中，受过本科教育的人才所占据的比重达 13.9%，高于西部平均水平 6.8 个百分点，而新疆、西藏、内蒙古、贵州、云南分别只占 1.9%、2.5%、3.5%、4.3%、4.4%，显著低于西部地区平均水平（7.1%）（见表 8-12）。流入新疆、西藏、内蒙古等地的人口大多只是受过高中以下的教育，其所占据的比重分别为 81.5%、77.8%、76.7%。可见，流入新疆等地区的人口整体素质仍然偏低。

2. 高职称人才的比重低

自西部大开发战略实施以来，西部地区专业技术人才等各类创新创业人才队伍不断壮大，但从人才的构成来看，西部地区以初、中级职称的人才为主，缺乏高层次和高职称的人才。如表 8-22 所示，2015 年西部地区各类专业人才中拥有高级、技师和高级技师职称的比重均是全国各地区中最低的。2015 年，西部地区拥有高级及以上职称（包括高级、技师和高级技师职称）的人才占 14.3%，比全国（22.4%）、东部（25.2%）、中部（25.8%）和东北（32.5%）低 8.1、10.9、11.5 和 18.2 个百分点。其中，高级职称人才比重的差距最为显著，西部地区拥有高级职称人才的比重（12.9%）低于全国（19.1%）、东部（21.6%）、中部（21.6%）和东北（24.3%）6.2、8.7、8.7 和 11.4 个百分点；而西部地区技师职称人才比重较其他地区低 1.3～6.0 个百分点，高级技师职称人才的比重则较其他地区低 0.6～1.1 个百分点。

表 8-22　2015 年全国及各地区各类专业技术人才的比重　（%）

地区	初级	中级	高级	技师	高级技师	高级及以上
全　国	38.7	38.9	19.1	2.4	0.9	22.4
东　部	35.4	39.5	21.6	2.6	1.0	25.2
东　北	34.3	33.2	24.3	7.1	1.1	32.5
中　部	34.6	39.6	21.6	2.8	1.4	25.8
西　部	47.2	38.5	12.9	1.1	0.3	14.3

资料来源：笔者根据国家统计局人口和就业统计司、人力资源和社会保障部规划财务部编《中国劳动统计年鉴 2016》（电子版）表 7-6 推算得来。

西部地区普通高等学校中专任教师的数量稳步增加，但是整体上以初级和中级职称的专任教师为主。2016 年，高级（正高级和副高级）职称的教师所占的比重较小，低于全国平均水平，尤其是低于东部平均水平。2016 年，西部地区拥有 52.2%的初级和中级职称专任教师，高于全国（51.5%）、东部（49.4%）和东北（49.8%）；无职称的专任教师占 8.1%，高于全国其他地区 0.7～5.3 个百分点。而西部地区高级职称的专任教师占 39.7%，比全国（42.2%）、东部（45.4%）和东北（47.3%）低 2.5、5.7 和 7.6 个百分点（见表 8－23）。

表 8－23 2016 年全国及各地区普通高等学校专任教师职称情况 （%）

地区	各级别职称专任教师的比重					
	无职称	初级	中级	副高级	正高级	高级（包括正高级和副高级）
全国	6.3	11.8	39.7	29.6	12.6	42.2
东部	5.3	8.9	40.5	30.6	14.8	45.4
东北	2.8	9.7	40.1	32.2	15.1	47.3
中部	7.4	15.3	39.6	27.9	9.8	37.7
西部	8.1	13.7	38.5	28.7	11.0	39.7

资料来源：笔者根据国家统计局编《中国统计年鉴 2017》（电子版）表 21－15 推算得出。

（三）创新创业人才流失严重

虽然自西部大开发战略实施以来，西部地区人口跨省份流入量稳步增加，由 2000 年的 597.8 万增至 2010 年的 1 040.5 万，增加 442.7 万人；但同期流出人口的净增量和年均增长率均高于流入人口，流出人口从 2000 年的 1 458.1 万增至 2010 年的 2 757.0 万，增加了 1 298.9 万，2000—2010 年年均增长率为 6.6%，比人口流入的年均增长率（5.7%）高 0.9 个百分点；人才净流出的数量日益增长，2000 年的净流出量为 860.3 万，而 2010 年净流出量已增至 1 716.5 万，约等于 2000 年净流出量的 2 倍。中部和西部地区是中国主要的人口流出地区，其流出的人口占全国总流动人口的 76.6%，且从各地区的总人口数量来看，西部地区流出人口占当地总人口的 7.7%，比东部（3.0%）和东北（4.5%）平均水平分别高 4.7 和 3.2 个百分点（表 8－24）。此外，从 2010 年西部各省份的情况来看，除西藏、青海、新疆、宁夏和内蒙古外，其余省份均是净流出省份。2010 年四川（890.5 万）、贵州（404.9 万）和重庆（350.7 万）人口流出量较大，分别占其当地人口的 11.1%、11.7%和 12.2%。

表 8-24　　2010 年全国及各地区人口跨省份流动情况　　（单位：万人）

地区	流入		流出		流出流入规模差	流出人口占地区总人口的比重（%）
	总量	比重（%）	总量	比重（%）		
全国	8 587.4	100.0	8 587.4	100.0	0	6.4
东部	6 813.8	79.3	1 512.7	17.6	−5 301.1	3.0
东北	275.1	3.2	494.0	5.8	218.9	4.5
中部	458.0	5.3	3 823.7	44.5	3 365.7	10.7
西部	1 040.5	12.1	2 757.0	32.1	1 716.5	7.7

资料来源：笔者国务院人口普查办公室、国家统计局人口与就业司编《中国 2010 年人口普查资料》（电子版）表 1-1 和表 7-3 计算得出。

（四）创新创业人才效能低

2000—2016 年，虽然西部地区创新创业人才效能不断提升，人才的科技创新活力不断增强，专利申请数快速增长，但从总体上看，西部地区创新创业人才效能还是比较低的，主要体现在以下两个方面。

1. 创新创业人才的经济效能低

西部地区的人才效能较低。2000 年，西部地区的人才效能力为 16.9 万元/人，低于全国 20.3 万元/人的平均水平，更低于东部地区 27.8 万元/人的平均水平。2016 年，西部地区的人才效能提升至 43.0 万元/人，全国平均水平为 44.7 万元/人，东部地区的人才效能已达 52.7 万元/人（见表 8-17）。虽然西部地区的人才效能与全国、东部等地区的差距有所减小，但仍然存在人才效能低下的问题。与此同时，西部内部人才效能又存在巨大的地区差距。2016 年，西藏、贵州、广西、重庆、青海、四川的人才效能高于全国平均水平，而甘肃、新疆、宁夏、云南等地与前 6 者存在较大差距，从而拉低了整个西部地区的发展水平，影响着西部地区人才效能的充分发挥。

2. 创新创业人才的科技效能低

西部地区创新创业人才的科技效能也较低，与全国、东部等地区的差距逐渐拉大。2016 年，西部地区三种专利授权数占全国总量的 13.3%，其中发明专利授权数仅占全国总量的 12.0%，仅为东部地区的 17.8%。2000 年，西部地区单位 GDP 专利申请数为 1.0 项/亿元，而全国平均水平为 1.6 项/亿元。2016 年，西部地区单位 GDP 专利申请数为 2.4 项/亿元，全国平均水平为 4.4 项/亿元，东部地区单位 GDP 专利申请数达 5.4 项/亿元，西部地区分别比全国和东部地区低 2.0 项/亿元、3.0 项/亿元（见表 8-18）。这说明西部地区的人才利用不够充分，这将直接影响到地区的科技发明创新能力和专利的申请数量与质量，进而影响到为地区所创造的经济价值。科技创新在西部地区内部也同样存在着明显的地区差距。在人才科技创新能力方面，2016年四川、陕西、重庆单位GDP专利申请数在西部地区处于领先地位，与全国的差距不是很大；而西藏、内蒙古、青海、新疆、云南等地明显低于前三者，与全国平均水平的差距更大（见表8-19）。

三、西部大开发创新创业人才支撑的政策和建议

（一）加强对西部高校的支持，培养专门的创新创业人才

1. 加大对西部高校的扶持力度

高校的发展离不开国家和地方在财政与政策上的支持，国家的财政投入与政策倾斜对西部高等教育的可持续发展起着重要作用。近年来，国家不断加大对西部高校的财政支持力度，在政策方面也向西部地区倾斜。在财政支持方面，如新增的教育财政经费始终保持重点向西部地区倾斜。中央财政在对西部地方普通本科高校生均拨款奖补、国家奖助学金名额和资金、生源地信用助学贷款风险补偿金和国家助学贷款奖补资金等方面，都向西部省份倾斜[①]。例如，通过“支持地方高校发展资金”，支持地方改善办学条件、提高办学水平，在资金分配上主要对中西部地区给予倾斜。在政策倾斜方面，根据国家西部大开发战略部署和支持西部高等教育发展的要求，教育部在高等教育招生计划管理工作和高层次人才队伍建设中，将西部因素作为一个重要指标，积极支持西部地区高等教育的发展。通过实施国家支援中西部地区招生协作计划、国家贫困和农村地区定向招生专项计划，来保障西部地区考生高等教育入学机会公平。

即便如此，与东部高校相比，西部地区高校的办学实力仍然较弱。受地方社会经济发展的影响，西部高校经费筹集和自我积累的能力较低，校友等社会捐赠、资助的经费也极其有限。学校的主要经费来源于各级财政拨款，使得学校的发展对财政拨款的依赖度过高。由于西部许多省份经济发展不足，经济总量不大，地方投入到教育中的经费也就有限。教育投入是支撑国家长远发展的基础性、战略性投资，是教育事业的物质基础，也是公共财政的重要职能。因此，首先，需要国家增加对西部地区高校的财政投入，提高西部地区高等教育的办学条件和办学质量，培养更多社会所需的创新创业人才，缩小与中部、东部的教育差距，积极促进教育公平。与此同时，地方及高校也要多渠道筹集教育经费，比如高校与企业合作，将高校研发的核心技术转化为生产力，增加高校的财政收入；

① 西部高等教育改革发展取得新成就［EB/OL］.（2013-02-21）［2018-07-19］. http://www.moe.gov.cn/jyb_xwfb/xw_fbh/moe_2069/s7135/s7178/s7180/201302/t20130221_147776.html.

地方政府进一步完善金融、税收等优惠政策，鼓励和引导社会力量捐赠。其次，对西部高校给予政策倾斜，提升西部高等教育发展水平。一是支持西部省份的地方高校稳步扩大本科和研究生招生规模，为西部地区培养更多高素质人才，壮大其创新创业人才队伍；二是继续实施面向贫困地区定向招生专项计划和支援中西部地区招生协作计划，增加西部地区学生接受优质高等教育的机会；三是在高等学校设置、重点学科建设、重点实验室建设、学位点审批等方面向西部地区高校倾斜。

2. 开展形式多样的对口支援工作

对口支援西部高校工作，是贯彻落实西部大开发战略、推进西部经济社会跨越式发展和长治久安的重要内容，是全面提高高等教育质量、促进区域高等教育协调发展的必然要求，是振兴西部高等教育、适应西部人民群众接受良好教育需求的重要举措①。为发展西部地区高等教育，加快培养高级专业人才，教育部于2001年5月启动了“对口支援西部地区高等学校计划”，凝聚社会力量共同支持西部高等教育的发展。到2013年2月，已有99所支援高校帮扶73所受援高校，覆盖了西部各省份和新疆生产建设兵团。通过10多年的对口支援，显著提升了西部高校的师资队伍水平、人才培养质量、科研和社会服务能力以及学校管理水平②。2013年2月，教育部、国家发展改革委、财政部联合印发了《中西部高等教育振兴计划（2012—2020年）》，鼓励东部地区高等教育率先发展，以支持中西部地区高等教育加快发展，提升中西部高等教育质量，进一步缩小与东部高等教育发展水平的差距。

自实施“对口支援西部地区高等学校计划”以来，无论在师资力量、人才培养质量，还是在科研水平、社会服务等方面，西部地区受援高校均取得了积极成效。因此，西部地区可以继续开展这一计划，增加更多的受援高校，开展多形式的对口支援工作，让西部地区更多的高校受益，提高其教育水平和质量。第一，邀请名家名师开展学术讲座，为受援高校师生带来新视野，使其了解最新研究前沿，营造良好的学术氛围。第二，通过领导、教师互派，提高支援高校与受援高校的合作水平。支援高校领导的到来，给受援高校带来新的学校管理方式与理念，高水平大学的教师到受援高校支教，为西部高校带来新的教育教学方式等。与此同时，受援高校的教师到支援高校进行培训或进修，开阔他们的眼界，有助

---

① 不忘初心，牢记使命，推进教育公平［EB/OL］.（2018-03-20）［2018-07-19］. http://www.moe.gov.cn/jyb_xwfb/moe_2082/zl_2017n/2017_zl76/201803/t20180320_330707.html.

② 西部高等教育改革发展取得新成就［EB/OL］.（2013-02-21）［2018-07-19］. http://www.moe.gov.cn/jyb_xwfb/xw_fbh/moe_2069/s7135/s7178/s7180/201302/t20130221_147776.html.

于提高其教学能力和水平。第三，加强支援高校与受援高校之间的科研合作。支援高校的科研水平比受援高校的水平高，通过合作，有助于受援高校教师掌握新的科研技术；支援高校也积极参与受援高校的科研，努力为受援高校提供人力、物力和技术支持，实现资源共享，不断提高受援高校的科研能力和水平；鼓励支援高校与受援高校联合申报各种科研课题，合作开展研究，搭建高水平的联合实验平台，共同提升支援高校与受援高校的科研水平。

3. 进一步深化创新创业教育改革

深化高等学校创新创业教育改革，是国家实施创新驱动发展战略、促进经济提质增效升级的迫切需要，是推进高等教育综合改革、促进高校毕业生更高质量创业就业的重要举措。国家和地方都很重视高校创新创业人才的培养，出台了相应的政策。2015 年 5 月，国务院办公厅发布《关于深化高等学校创新创业教育改革的实施意见》中指出，“要深化高等学校创新创业教育改革，完善人才培养质量标准，创新人才培养机制，健全创新创业教育课程体系，强化创新创业实践，加强教师创新创业教育教学能力建设，改进学生创业指导服务，完善创新创业资金支持和政策保障体系”①。2016 年 7 月，教育部启动实施“十三五”中央高校教育教学改革专项，把深化创新创业教育改革作为优先支持对象。教育部会同财政部在中国教育发展基金会设立大学生创新创业教育奖励资金，“十三五”期间每年拿出 5 000 万元，支持高校开展创新创业教育。2018 年 3 月，教育部高等教育司在《高等教育司 2018 年工作要点》中指出，要“深入实施高校创新创业人才培养燎原计划，加强高校双创示范基地和深化创新创业教育改革示范高校建设，做好全国万名优秀创新创业导师人才库建设、大学生创新创业训练计划等工作，将创新创业教育全方位深层次融入人才培养全过程，探索中国模式、中国方案，领跑全球创新创业教育”②。

近年来，通过国家、地方政府和高校的努力，我国高校创新创业教育不断加强，取得了积极进展，对提高高等教育质量、提升学生创新创业能力、推动高校毕业生就业创业发挥了重要作用。然而，西部地区面临着创新创业人才规模小、整体素质不高、人才效能偏低等问题，西部部分高校对创新创业教育不够重视，与专业教育结合不够紧密，与实践脱节，教师缺乏开展创新创业的意识和能力，教学方法单一。为此，西部地区高校需要进一步深化创新创业教育改革。首先，

---

① 关于深化高等学校创新创业教育改革的实施意见［EB/OL］.（2015-05-13）［2018-07-19］. http://www.gov.cn/zhengce/ content/ 2015－05/13/content_9740.htm.

② 关于印发教育部高等教育司 2018 年工作要点的通知［EB/OL］.（2018-03-30）［2018-07-19］. http://news.ict.edu.cn/news/yaodian/n20180330_48935_2.shtml.

修订和完善创新创业人才培养标准与培养方案，相关部门、科研机构以及行业企业需要修订专业人才评价标准，细化创新创业素质能力要求。其次，建设具有创新能力的师资队伍。创新创业教育的开展需要具有创新精神的教师的大力支撑，否则就难以培养出具有创新能力的学生，所以西部高校必须重视师资队伍建设，加强创新型教师的培养，更新教师的创新教育理念和教育教学方式，通过创新型教师的言传身教，在教学中潜移默化地培养学生。最后，完善创新创业教育课程体系，增加与创新创业相关的课程与实践。西部地区高校可以对学生开设创业基础、职业生涯规划、就业创业指导等方面的选修课和必修课，使学生对未来的发展有更清晰的认识和定位，培养学生的创新创业意识。与此同时，积极鼓励高校与相关企业合作，为学生创业提供更多、更便捷的创业实习机会，以有利于学生学以致用。

4. 结合特色产业需求，设置特色专业，培养专门的创新创业人才

我国的产业结构在不断地进行调整，从劳动密集型产业向技术密集型产业升级，而一些传统的劳动密集型产业、能源密集型产业逐渐向西部地区聚集，产业结构的变化与转移，就需要与之相匹配的教育，培养出产业转移所需的各类创新创业专门人才。2009 年，《国家产业技术政策》指出，建立高水平技术创新人才的培养机制，重点培养战略高技术人才、专业化高技能人才和优秀企业家人才；健全以促进产业发展与核心的人才激励机制，吸引高校毕业生到企业就业。2012 年，教育部修订《普通高等学校本科专业目录》和《普通高等学校本科专业设置管理规定》，进一步扩大和落实了本科专业设置自主权。《高等教育法》第三十二条规定："高等学校根据社会需求、办学条件和国家核定的办学规模，制定招生方案，自主调节系科招生比例。"这说明，高校可根据相关法律法规、国家产业技术政策以及人才的需求，自主确定相关专业的招生计划。例如，贵州省构建了"一体两翼多节点"的院校布局和紧扣产业、错位发展、动态调整的专业体系，在黔中经济区重点建设信息技术、装备制造、城镇建设管理等专业，在黔北经济协作区重点建设特色轻工、生态农业等专业，在毕水新能源富集区重点建设资源深加工、商贸物流等专业，在民族地区重点建设文化旅游、民族医药等专业①。

因此，根据国家和地方有关政策的大力支持以及产业结构的不断调整，第一，西部各省份应以需求为导向优化人才结构，结合本地区的特色产业，着力支持优势特色专业、战略性新兴产业，对有关专业的招生计划进行适当增减，支持转型高校及时调整专业结构与布局，扩大符合产业需求、就业质量高、贡献率强

---

① 贵州省发展职业教育助力脱贫攻坚［EB/OL］.（2017-12-12）［2018-07-19］. http://www.moe.gov.cn/jyb_xwfb/s3165/201712/t20171212_321116.html.

和有特色的专业招生。例如，西安电子科技大学人工智能学院依托电子信息技术与计算机的学科优势，进一步确立“智能感知用”的专业特色，在人才培养中注重多学科交叉，将理论知识与实践完全融合、科技前沿与教学完全融合，培养适于“人工智能＋”时代的创新人才①。西南大学柑橘研究所根据产业发展需求，聚焦柑橘产业种植、生产、加工、销售全产业链，举办园艺、农学、植物保护、食品质量与安全、农业经济管理等本科专业，培养柑橘种质资源评价与利用、新品种选育、优质高效栽培、病虫害防治、贮藏加工、质量安全等研究生，深化教育教学改革，促进人才培养与产业发展精准对接，为地方柑橘产业发展提供了大批的专业人才和技术骨干②。第二，西部高校根据本校设置的特色专业，开发特色课程，并加强对特色专业师资的培训；鼓励行业企业与大学共建人才培养基地、科技创新基地，培养地方所需的各类创新创业人才，充分发挥其效能。

（二）加强专业人才队伍的建设，加大高层次人才的引进力度

1. 大力引进优质创新创业人才

中央和地方政府出台系列政策，加大西部地区对高校毕业生的引进力度。中央实施了大学生村官、“国内引才 312 计划”和“三支一扶”等计划，并出台了《关于进一步引导和鼓励高校毕业生到基层工作的实施意见》，鼓励高校毕业生到基层服务，并在干部人才选拔任用机制上，进一步强化基层工作的政策导向，尤其向在基层工作的优秀高校毕业生倾斜，拓展其职业发展渠道，同时健全统一规范的人才流动机制，为在基层工作的高校毕业生畅通流动渠道③。在此基础上，西部各省份纷纷出台引导和鼓励高校毕业生到基层工作的实施意见，如贵州提出实施“互联网＋”行动计划和“大数据青年学者创业计划”，依托贵州大学等培训大数据产业急需人才，吸引优秀高校毕业生投身大数据建设，为加快引导和鼓励高校毕业生到基层工作构建长效机制④。此外，西部地区的政府和相关部门积极搭建海外人才平台，如“中国西部海外高新技术人才洽谈会”，吸引优秀高层次海外人才到西部地区从事创新创业工作。中央组织部在国家“千人计划”中专

① 发挥高校优势助力新一代人工智能发展［EB/OL］.（2018－06－09）［2018－07－19］. http://www.moe.gov.cn/jyb_xwfb/xw_fbh/moe_2069/xwfbh_2018n/xwfb_20180608/mtbd/201806/t20180611_339075.html.

② 让科技为产业发展插上翅膀：西南大学对口扶贫助推忠县柑橘产业发展［EB/OL］.（2017－10－16）［2018－07－19］. http://www.moe.gov.cn/jyb_xwfb/xw_zt/moe_357/jyzt_2017nztzl/2017_zt12/17zt12_zsgxjyjs/201710/t20171016_316371. html.

③ 关于进一步引导和鼓励高校毕业生到基层工作的意见［EB/OL］.（2017－01－24）［2018－07－19］. http://www.gov.cn/zhengce/2017－01/24/content_5163022.htm.

④ 关于进一步引导和鼓励高校毕业生到基层工作的实施意见［EB/OL］.（2018－02－01）［2018－07－19］. http://www.gov.cn/xinwen/2018－02/01/content_5262764.htm.

门成立新疆项目、西藏项目，加大对新疆、西藏地区人才引进的支持力度，采取差别化引才政策，支持新疆、西藏的高校、科研机构等用人单位引进海外高层次人才。教育部充分发挥“长江学者奖励计划”“创新团队发展计划”“新世纪优秀人才支持计划”“国家高层次人才特殊支持计划”的政策导向作用，引导高层次人才向西部地区流动，改善西部地区高层次人才缺乏现状①。2017年教育部、国家发展改革委、财政部在北京召开的中西部高等教育振兴计划实施工作推进会再次重申了上述的西部人才保护政策。此外，还在“长江学者奖励计划”等人才计划实施中将实行条件单设、同等优先的方式，鼓励和引导优秀科研人才向中西部地区流动。这都表明国家政策对人才引进和人才流动的保护性政策。

虽然自西部大开发战略实施以来，西部地区创新创业人才的总量和人口流入逐渐增加，在吸引优质的受过本科和研究生教育的创新创业人才以及高层次人才上取得了不错的进展，但也面临着创新创业人口素质不高、受过本科和研究生教育的人才比重明显低于全国和东部地区的平均水平的问题，另外，高层次人才的比重和引进的数量也同样低于东部地区平均水平，因此，西部需大力引进受过本科和研究生教育的优质人才以及高层次的人才，为推动西部大开发奠定扎实的创新创业人才基础。由于国家加强西部地区人才支撑的政策大多是宏观层面的，西部各省份在出台、落实各自的政策时应因地制宜，根据各自的优势和当地的社会经济发展需求制定特色的人才引进政策。此外，西部各省份还应创建人才创新创业扶持政策和基金，完善人才引进的系列配套政策优化引进平台，让到西部创新创业的人才做到无后顾之忧。

2. 依托优势产业和重大项目吸引人才，加强专业人才队伍建设

《中西部高等教育振兴计划（2012—2020年）》为振兴西部高等教育和开发创新创业人才描绘了蓝图，也指明了西部地区创新创业人才开发的方向——要着眼于西部地区支柱产业和特色领域培养开发与西部社会经济发展需要高度契合的创新创业人才②。国家发改委西部开发司在《2016年深入推进西部大开发工作要点》中也明确提出，要鼓励西部科研院校和地区各类优势和特色产业合作，推进协同创新，充分发挥大众创业、万众创新和“互联网＋”的优势③，为此，国家

① 关于政协十二届全国委员会第五次会议第3481号（教育类352号）提案答复的函［EB/OL］.（2017-08-25）［2018-07-19］. http://www.moe.gov.cn/jyb_xxgk/xxgk_jyta/jyta_rss/201802/t20180226_327826.html.

② 中西部高等教育振兴计划（2012—2020年）［EB/OL］.（2013-02-20）［2018-07-19］. http://old.moe.gov.cn/publicfiles/business/htmlfiles/moe/s7056/201303/148468.html.

③ 2016年深入推进西部大开发工作要点［EB/OL］.（2016-05-05）［2018-07-19］. http://www.ndrc.gov.cn/gzdt/201605/t20160505_800984.html.

发改委还整理出台了《西部地区鼓励类产业目录》，罗列了西部地区现有的鼓励类产业和新增的鼓励类产业①，并鼓励四川等西部省份利用其优质丰富的稀有矿产资源、太阳能、风能资源等建立创新示范区，加大力度引进区域优势特色产业、战略性新兴产业和国防、海洋、矿产、农林等行业相关的应用型和技能型人才。宁夏利用其独具特色的资源和产业优势，打造产业高地，依托产业高地建设人才高地集聚一批全产业链人才，形成若干个地域特色的人才项目，例如石嘴山高技能人才培养基地、固原农村实用人才培训示范基地、中卫非公企业人才发展服务试验区等，并依托丰富的煤炭资源，建设宁夏煤化工产业人才高地，以煤制油等重大项目为平台，引进一大批煤化工领域的科研团队和创新创业人才，与东部高校联合开展研究中心，引进 1.2 万名创新创业高端人才。②

此外，西部省份也应加强与国家“十三五”规划衔接，着眼于西部亟待推进的重大项目，并依托“一带一路”倡议，落实各省份参与和融入“一带一路”建设的地方性方案，围绕中蒙俄、新亚欧大陆桥、中国—中亚—西亚、孟中印缅等国际经济合作走廊建设，推动西部地区发展国际集装箱运输、航班、铁路等产业的发展，并基于这些重大项目吸引铁路、电力、通信、核能、风能相关领域的创新创业人才。西部省份也应基于国家自主创新示范区、国家高新区、国际经济技术开发区以及城市群等载体创建创新集群区③。如四川成都就出台了《“创业天府”高新区引领工程方案》的系列政策，致力于汇集海内外、各行各业各类创新创业人才，形成完善的“创业苗圃—孵化器—加速器”全链条浮华培育体系，将此打造成西部地区创新示范高地和新兴的国际创新创业中心④。

但还需指出的是，西部地区面临着人才经济效能低下和科技效能低下的困境，为此，在依托优势产业和重大项目引进人才、加强专业队伍建设的同时，还需积极搭建科技成果转换平台，构建政府、高校和产业之间的长期有效良好的互动，促进高校科技成果在自主创新示范区、高新区转化落地等，并完善技术转移、知识产权方面的专业化服务，提高创新创业人才的经济效能和科技效能。

---

① 西部地区鼓励类产业目录［Z］.（2014-08-22）［2018-07-19］. http://www.ndrc.gov.cn/zcfb/zcfbl/201408/W020140822645483892093.pdf.

② 宁夏念好“特实精”三字经：打造产业和区域人才品牌［EB/OL］.（2018-06-13）［2018-07-19］. http://www.zuzhirenshi.com/dianzibao/2018-06-13/3/c4b63513-7cab-4277-963d-47343c4c8f49.htm.

③ 2016 年深入推进西部大开发工作要点［EB/OL］.（2016-05-05）［2018-07-19］. http://www.ndrc.gov.cn/gzdt/201605/t20160505_800984.html.

④ “创业天府”高新区引领工程方案［EB/OL］.（2015-03-03）［2018-07-19］. http://www.cdht.gov.cn/zwgkghjhghjs/41473.jhtml.

3. 完善人才引进配套政策，优化引进平台

《中国西部大开发发展报告（2012）》指出西部地区存在人才配置机制不健全、人才薪酬分配机制和业绩评级机制落后、人才开发的政策环境不完善等问题，缺乏吸引和留住创新创业人才的用人制度、评价制度和激励制度①。此外，中国青年报社社会调查中心的数据也表明在参考城市的人才引进政策时，69.1%和63.2%的人才表示对城市的住房政策和落户政策十分关注②。因此，西部各省份需完善人才聚集平台、创新人才引进政策机制、改革人才评价机制、健全人才服务保障机制，做到“人才引得进、留得住、用得好”。

在人才引进上，《中国西部高等教育振兴计划（2012—2020年）》指出要整合政策资源，重点加强优势学科和师资队伍建设，发挥高层次人才在促进西部高校发展方面的引领作用，在“长江学者奖励计划”等各项人才计划实施中，要考虑优先支持中西部高校。2017年教育部办公厅发布的《关于坚持正确导向促进高校高层次人才合理有序流动的通知》也明确表明不鼓励东部高校从中西部高校引进人才，提出要“科学合理统筹人才薪酬待遇”“高校之间不得片面依赖高薪酬高待遇竞价抢挖人才”等③。在人才评价上，中共中央出台了《关于深化人才发展体制机制改革的意见》等相关政策，西部各省份也相继出台了相关的政策，如宁夏出台了《自治区党委人民政府关于创新体制机制促进人才与经济社会协调发展的若干意见》、《自治区科技创新成果股权激励实施意见》、《关于加快科技创新型人才培养引进工作的实施意见》、《自治区分类推进职称制度改革和提高人才评价科学化的实施意见》以及《关于规范柔性引才工作的实施意见》等系列政策，提出要构建科学公正的人才评价机制，分层分类制定人才队伍人才评价体系，推进人才评价多元化，“建立以职业能力为导向、以工作业绩为重点，注重职业道德和职业知识水平的技能人才评价体系”和“由政府主管部门委托授权，由行业协会、学术团体或国内外业内领军人才团队评审的人才评价渠道”④。

此外，西部各省份还需完善人才收入分配制度，统筹建立科学合理的薪酬体系；通过深化人事制度改革，建立和完善对各类人才的选拔、任用、评价、激励、流动等系列政策制度，加强人才的激励机制；探索创新创业人才参与科技成

---

① 周谷平．中国西部大开发发展报告（2012）[M]．北京：中国人民大学出版社，2012：160.

② 85.7%受访青年选择就业地会参考当地人才引进政策 [N]．中国青年报，2018-05-10 (7).

③ 教育部办公厅．关于正确导向促进高校高层次人才合理有序流动的通知 [EB/OL]．(2017-10-23) [2018-07-19]．http://www.moe.gov.cn/srcsite/A04/s7051/201701/t20170126_295715.html.

④ 自治区党委 人民政府关于创新体制机制促进人才与经济社会协调发展的若干意见 [EB/OL]．(2017-10-23) [2018-07-19]．https://rsc.nxu.edu.cn/info/1096/1979.htm.

果转换收益分配的激励机制；构建规范、合理顺畅的人才流动机制，完善党政人才、专业技术人才、企业管理人才等各类社会人才的有序流动；建立合理的西部人才社会保障制度，落实和完善西部地区创新创业人才的职称评定、配偶安置、住房、子女入学、医疗等方面的配套政策，解决引进人才的后顾之忧；完善西部地区创新创业平台和孵化平台，畅通科技转化渠道，促进科技成果的转换和提高人才效能。

参考文献

[1] 李克强：依靠改革开放创新增强心不内生动力［EB/OL］.（2016－12－25）［2018－07－19］. http://politics.people.com.cn/n1/2016/1225/c1001-28975057.html.

[2] 董雪兵，周谷平. 中国西部大开发发展报告（2016）［M］. 北京：中国人民大学出版社，2016：24.

[3] 周谷平. 中国西部大开发发展报告（2012）［M］. 北京：中国人民大学出版社，2012：154，160.

[4] 西部高等教育改革发展取得新成就［EB/OL］.（2013－02－21）［2018－07－19］. http://www.moe.gov.cn/jyb_xwfb/xw_fbh/moe_2069/s7135/s7178/s7180/201302/t20130221_147776.html.

[5] 不忘初心，牢记使命，推进教育公平［EB/OL］.（2018－03－20）［2018－07－19］. http://www.moe.gov.cn/jyb_xwfb/moe_2082/zl_2017n/2017_zl76/201803/t20180320_330707.html.

[6] 关于深化高等学校创新创业教育改革的实施意见［EB/OL］.（2015－05－13）［2018－07－19］. http://www.gov.cn/zhengce/content/2015-05/13/content_9740.htm.

[7] 关于印发教育部高等教育司2018年工作要点的通知［EB/OL］.（2018－03－06）［2018－07－19］. http://www.moe.gov.cn/s78/A08/A08_gggs/A08_sjhj/201803/t20180327_331335.html.

[8] 贵州省发展职业教育助力脱贫攻坚［EB/OL］.（2017－12－12）［2018－07－19］. http://www.moe.gov.cn/jyb_xwfb/s3165/201712/t20171212_321116.html.

[9] 教育部：发挥高校优势助力新一代人工智能发展［EB/OL］.（2018－06－09）［2018－07－19］. http://www.moe.gov.cn/jyb_xwfb/xw_fbh/moe_2069/xwfbh_2018n/xwfb_20180608/mtbd/201806/t20180611_339075.html.

[10] 让科技为产业发展插上翅膀：西南大学对口扶贫助推忠县柑橘产业发展［EB/OL］.（2017－10－16）［2018－07－19］. http://www.moe.gov.cn/jyb_xwfb/xw_zt/moe_357/jyzt_2017nztzl/2017_zt12/17zt12_zsgxjyjs/201710/t20171016_

316371. html.

[11] 中共中央办公厅、国务院办公厅印发《关于进一步引导和鼓励高校毕业生到基层工作的意见》[EB/OL]. (2017-01-24) [2018-07-19]. http://www.gov.cn/zhengce/2017-01/24/content_5163022.htm.

[12] 贵州：进一步引导鼓励高校毕业生到基层工作 [EB/OL]. (2018-02-01) [2018-07-19]. http://www.gov.cn/xinwen/2018-02/01/content_5262764.htm.

[13] 关于政协十二届全国委员会第五次会议第3481号（教育类352号）提案答复的函 [EB/OL]. (2017-08-25) [2018-07-19]. http://www.moe.gov.cn/jyb_xxgk/xxgk_jyta/jyta_rss/201802/t20180226_327826.html.

[14] 教育部、国家发展改革委、财政部关于印发《中西部高等教育振兴计划（2012—2020年）》的通知 [EB/OL]. (2013-02-20) [2018-07-19]. http://old.moe.gov.cn/publicfiles/business/htmlfiles/moe/s7056/201303/148468.html.

[15] 2016年深入推进西部大开发工作要点 [EB/OL]. (2016-05-05) [2018-07-19]. http://www.ndrc.gov.cn/gzdt/201605/t20160505_800984.html.

[16] 西部地区鼓励类产业目录 [Z]. (2014-08-22) [2018-07-19]. http://www.ndrc.gov.cn/zcfb/zcfbl/201408/W020140822645483892093.pdf.

[17] 宁夏念好“特实精”三字经：打造产业和区域人才品牌 [EB/OL]. (2018-06-13) [2018-07-19]. http://www.zuzhirenshi.com/dianzibao/2018-06-13/3/c4b63513-7cab-4277-963d-47343c4c8f49.htm.

[18] 成都高新区打造“创业天府旗舰”[EB/OL]. (2015-03-03) [2018-07-19]. http://www.sc.gov.cn/10462/10464/10797/2015/3/3/10328241.shtml.

[19] 85.7%受访青年选择就业地会参考当地人才引进政策 [N]. 中国青年报，2018-05-10 (7).

[20] 教育部办公厅关于正确导向促进高校高层次人才合理有序流动的通知 [EB/OL]. (2017-01-25) [2018-07-19]. http://www.moe.gov.cn/srcsite/A04/s7051/201701/t20170126_295715.html.

[21] 自治区党委　人民政府关于创新体制机制促进人才与经济社会协调发展的若干意见 [EB/OL]. (2017-10-23) [2018-07-19]. http://rsc.nxu.edu.cn/info/1096/1979.htm.

——执笔人：徐冰娜、袁李兰、阚阅，浙江大学教育学院

第九章　西部地区产学研合作协同创新

摘　要

国家实施“一带一路”建设，赋予西部大开发新的内涵，为西部地区带来新机遇。科技创新是决定区域竞争力的关键，产学研合作对于西部创新发展的作用，突出表现在区域科技创新能力的提升，进而带动经济和社会效益上。本章从产学研合作的内涵和机制出发，从科研经费投入、技术市场交易情况、企业技术获取渠道和创新合作开展情况着手探讨西部地区产学研合作的现状，提出协同理念、体制建设、利益分配和环境支撑等问题，结合西部地区产学研合作的模式特征和案例分析，从寻求协同主体契合点、加强合作动力机制和建立完备中介体系等方面提出对策建议。

Abstract

The Belt and Road Initiative has provided the China western development a new concept and brought the western region new opportunities. Technology innovation is the key to the regional competitiveness, and university-industry-research cooperation makes a difference for the western innovation development through the improvement of regional innovation capability and thus promoting economic and social benefits. This chapter elaborates the concept and mechanism of university-industry-research cooperation, and then discusses the current situation of university-industry-research cooperation in the western region from the aspects of research funding, technology market transaction, enterprise's access to technology and innovation cooperation. Besides, this chapter puts forward a couple of issues, such as the idea of synergy, system construction, benefit distribution and environment support, to connect with typical models and cases in the western region on university-industry-research, and to propose countermeasures on seeking the joint point of cooperative subjects, enhancing the motivation mechanism on cooperation, establishing a complete intermediate system.

一、产学研合作与西部创新发展

建立产学研协同创新体系是加快产业升级，推动国家创新驱动发展的重要战略。2017年第十一届中国产学研合作创新大会上，国务院总理李克强做出重要批示：加强产学研合作是打通创新链条、促进创新发展的重要支撑。产学研合作，是科研、教育、生产不同社会分工在功能与资源优势上的协同与集成，是技术创新各环节的对接与耦合。科技创新是决定区域竞争力的关键因素，大力加强产学研合作则是整合创新资源、提升区域创新能力的有效途径。

（一）产学研合作的内涵与机制

1. 产学研合作的内涵

产学研合作是科技、教育和经济领域的协同创新系统，集结高校、企业和科研机构的优势资源，实现资源共享、优势互补，并在政府、中介组织、金融机构等部门的协同支持下展开科技创新活动。

产学研中的“产”是指产业实体，同时也包括含高新技术企业和中小企业等的工业领域，是协同创新系统的核心主体。“学”，主要是指高等院校，包括大学、学院及各类专业技术院校；“研”，是指科研机构、院所，主要包括设立在高校内的科学研究中心、国家独立开设的科研院所以及各级企业自身设立的独立研究机构等。“合作”，指不同的主体间为达到共同的目的、实现共同的利益，相互配合协同的联合行动。

产学研合作的类似概念有产学研联合、校企合作、产学研合作创新、产学研合作创新网络、产学研用结合等。随着技术发展和创新形态演变，政府在创新平台搭建中的作用、用户在创新进程中的特殊地位进一步凸显，知识社会环境下的“创新2.0形态”正推动科技创新从“产学研”向“政产学研用”再向“政用产学研”协同发展转变。

20世纪80年代初，罗斯韦尔（Rothwell）和罗斯伯格（Rothberg）等人对创新进行研究，提出创新过程的动态化、集成化和综合化。他们认为一般而言，创新活动的主体并非单一的个人或集团，而是具有内在结构的复合体。即创新主体不仅包括企业，也包括与之有关的其他社会团体，例如高校、研究机构或个人等。20 世纪 90 年代，亨利·埃茨科威兹（Henry Etzkowitz）教授和罗伊特·雷德斯多夫（Loet Leydesdorff）教授运用“三螺旋理论”，提出大学—产业—政府三要素在区域创新发展中的动力作用。这些研究为产学研合作奠定了理论基础，并不断完善产学研合作的内涵。波兹曼（Bozemann，2000）和埃茨科威兹（Etzkowitz，2008）认为，产学研合作创新是大学服务社会的重要工具，也是提高国家整体创新能力的重要保障。产学研合作的实质是资源配置最优化，将生产、学习和科学研究三种不同资源进行整合。

总之，产学研合作是以市场需求为导向的，高校、科研院所、企业等参与主体之间形成协作联合，是高校、科研院所的知识理念创新、技术工艺创新和人才培养模式创新以企业产品的形式通过市场得到转化，或通过合作培养的人才实现社会财富的积累和经济社会的进步。我国的产学研合作还离不开政府的引导和激励，需要政府为产学研合作能力的培育和提升提供政策支持。

2. 产学研合作的机制

我国产学研合作体系的建立，以政府为宏观指导和协调者，以企业、高校、科研机构为核心主体。企业是创新研发的重要参与者，是科技成果转化为现实生产力的基础力量，也是科技成果产品化、产业化和市场化的最终实现者。高校和科研机构是我国科技创新人才的聚集之地，其科技创新能力将直接影响产学研合作的产出，也决定了区域乃至国家的科技创新能力和发展速度。产学研合作机制则是指合作的各个主体相互联系、相互作用、相互制约所形成的运行原理和整体功能。

产学研合作的机制主要包括激励机制、管理机制和协调机制。(1) 激励机制是产学研合作开展的发动机，其动力主要源于内部和外部。内部激励包括产学研合作各方对潜在目标、效率和利润的追求，同时各方形成的互惠互利的利益关系，使得合作成为可能和必要。外部激励则主要源于政府所制定和执行的各类优惠政策和奖励政策，以达到资源优化配置的目的。(2) 管理机制是产学研合作过程中决策管理的组织设置，以及运行过程中的约束和评价，以保障目标确定、问题解决及有机发展。(3) 协调机制是科研、教育、生产不同社会分工系统在功能和资源优势上的协调，是技术创新上游、中游和下游的对接及耦合，促进科技创新所需各要素及所经各环节的有效组合。

在合作机制建立的基础上，产学研合作呈现出不同的表现形式，主要包括企业与高等院校在人才的选拔培养方面和科研攻关方面的自主合作。例如，联合或委托开发，企业与高校、科研院所合作建立研究中心、开设实验室；学研机构与企业协商进行技术转让；设立相关的基金会，主要就产学研合作开设专项的基金；建立大学科技园区，实现高校、科研机构和企业、社会资源的有机重组和综合性战略合作等。

（二）产学研合作对西部创新发展的重要性

当前，西部地区是我国最具潜力的发展区域，也是未来深化国际区域合作的重要舞台。国家实施“一带一路”建设，赋予西部大开发新的内涵，为西部地区实现更好更快发展带来了新机遇。产学研合作对于西部创新发展的作用，突出表现在区域科技创新能力的提升上，进而带动经济和社会效益。

1. 企业：科技竞争力

经济全球化背景下，科技竞争力是西部企业在市场竞争中求生存、图发展的重要手段。科技创新能为企业发展不断注入新的活力，以提高企业的科技竞争力，使企业在市场竞争中保持优势。企业进行技术创新具有各种形式、多种渠道。产学研合作是符合企业利益、适应社会发展的重要途径。西部企业地处内地，提升其产学研合作水平能为企业与外界进行大量的技术、人才、信息、资金和物质交换提供畅通的渠道，并通过企业与高校、科研院所广泛的智力、知识、信息、人才资源的交流与合作，有效地引导高校、科研院所以多种形式参与企业的科技创新活动，从而促进企业的技术改造和技术开发，加快先进技术在企业中的推广应用，提升企业的科技竞争力。

2. 产业：转型升级力

相对而言，西部地区经济增长方式较为粗放，资源能源环境约束趋紧，需逐步转向人力资源开发、创新驱动与内生增长为主的发展道路。加速西部地区产学研合作的步伐，能够整合高素质的人力资源，采用开发、竞争和流动的用人机制，支持科技人才在高校、企业、科研院所之间的合作与流动，发挥人力资源的群体效应和拔尖人才的示范作用，将知识和科技转化为产业优势，提升产品的技术含量，发挥独特地理环境的资源优势，以满足市场多样化需求，实现产业的转型升级和跳跃式发展。

3. 区域：自主创新力

随着知识经济的到来，科学技术转化为现实生产力的周期不断缩短，科技创新成为经济社会发展的战略高点。相比东部沿海地区，西部发展更需抓住战略机遇，依托高科技创新能力实现跨越式发展。产学研合作是世界各国普遍采用的促进科技与经济相结合的有效途径，产学研合作能真正建立起以市场资源优化配置为主体的、协同创新的科技成果转化机制。产学研结合能够发挥各参与主体的技术创新特长、强化技术研发、推进技术创新的实现，进而促进技术创新模式的形成，提高创新能力。

西部地区积极推进和强化产学研合作，能为西部地区的产业结构调整升级提供必要的人力资源和智力支持，提高区域自主创新能力；培养适应国际发展需要的创新人才，并在此基础上搭建创新创业平台，吸引高水平应用性科技成果来西部地区转化，形成良性循环。

二、西部地区产学研合作的现状及问题

随着西部地区经济社会发展的加速，加上西部地区政府、高校及企业等产学研合作主体的自我完善和调整，在合作的具体模式上不断探索和创新，我国西部地区的产学研合作取得了新的成就。

（一）西部地区产学研合作的现状

就企业、高校和科研机构之间的合作创新联系而言，可以从企业对高校和科研机构的资金支持、技术市场交易情况、企业技术获取渠道和创新合作开展情况等方面来分析。

1. R&D经费来源

在西部地区，企业资金是R&D经费的主要来源，2016年达1 198亿元，占全部R&D经费内部支出的61.6%，其次是政府资金投入（666亿元，占34.3%）。与全国相比，西部地区企业的科技经费投入数量较少、比重较低（低于全国平均值76%），政府资金的投入略高于全国平均水平（20%）。可见，政府运用资金支持予以西部地区科技活动直接引导，加上市场性的企业投入和其他金融机构对科技活动的投入，为西部地区提供R&D资金。

2. 技术市场交易情况

技术市场交易的成交合同数和合同金额可以反映市场的技术合作活跃度，进而体现区域内各创新主体间的关系紧密度以及资源配置整合的能力和效果。

由表9-1可见，全国技术市场成交合同数达320 437项，合同金额总计达114 069 816万元，该数据可体现技术资源在高校、科研机构和企业之间的流动与共享。相比全国各地区的数据，经计算发现东部地区的技术市场成交合同数和金额远远高于其他地区，达到19.57万项（占比61.16%）和5 568.9亿元（占比48.82%），可见东部地区的创新主体间的联系更为紧密和活跃。而在西部地区，技术市场成交合同数和金额仅占全国的17%和19%，且在西部12个省份呈现较明显的地区差异，重庆、陕西和四川等地的创新资源配置效果更为明显。

表 9-1　2016 年全国、西部地区及西部地区各省份技术市场成交合同数和合同金额情况

省份（地区）	技术市场成交合同数（项）	技术市场成交合同金额	
		金额（万元）	占全国比重（%）
全　国	320 437	114 069 816	100
西部地区	55 827	21 739 108	19
广　西	3 466	687 700	0.60
重　庆	3 525	5 248 893	4.60
四　川	11 564	3 317 871	2.90
贵　州	2 777	1 673 802	1.46
云　南	4 564	1 714 434	1.50
西　藏	511	195 055	0.17
陕　西	14 626	3 590 984	3.15
甘　肃	5 772	1 727 321	1.51
青　海	1 958	792 632	0.69
宁　夏	1 717	427 187	0.37
新　疆	2 691	936 111	0.82
内蒙古	2 656	1 427 117	1.25

资料来源：笔者根据《中国科技统计年鉴（2017）》整理。

从 2016 年全国及各地区技术市场成交合同各类别的合同数来看（见表 9-2），西部地区以技术服务类合同居多，其他依次是技术开发、技术咨询和技术转让类。西部地区与全国其他地区呈现相同的分布趋势，在技术服务和技术咨询类合同数和金额上，占全国比重超 20%；技术转让合同数占比较少，但金额相对较高，可见其平均金额相比其他地区较高；技术开发类合同数和金额占比都相对较小。

3. 企业技术获取渠道

企业技术获取渠道可以间接反映科技中介组织的服务倾向和服务效果，进而反映区域产学研创新合作的中介服务角色和功能。由表 9-3 可见，西部地区规模以上工业企业数量共 52 390 家，占全国比重达 13.8%，是东部地区的四分之一。

其中，西部地区有研发机构的规上企业共 3 936 家（占规上企业总数的 7.5%）、有 R&D 活动的规上企业共 7 736 家（占规上企业总数的 14.8%），均未达到全国平均值（分别为 16.3%、23.0%），与东部地区差距（分别为 21.8%、

表 9－2　**2016 年全国及各地区技术市场成交合同各类别合同数、金额和占全国比重情况**　（单位：亿元）

地区	技术开发		技术转让		技术咨询		技术服务		合计	
	合同数(项)	金额	合同数(项)	金额	合同数(项)	金额	合同数(项)	金额	合同数(项)	金额
全　国	148 582	3 479.6	12 556	1 607.9	24 447	468.3	134 852	5 851	320 437	11 406.9
东部地区	95 303	1 992.6	7 397	829.4	14 295	283.6	78 749	2 463	195 744	5 568.9
占比(%)	64	57	59	52	58	61	58	42	61	49
中部地区	17 439	407.6	2 164	98.9	3 731	57.9	21 290	957.5	44 624	1 522.0
占比(%)	12	12	17	6	15	12	16	16	14	13
西部地区	22 757	486.4	1 546	365.8	4 788	102.7	26 736	1 219	55 827	2 173.9
占比(%)	15	14	12	23	20	22	20	21	17	19
东北地区	10 326	185.2	916	57.9	1 541	14.7	6 750	210.8	19 533	468.7
占比(%)	7	5	7	4	6	3	5	4	6	4

资料来源：笔者根据《中国科技统计年鉴(2017)》整理计算得到。

表 9-3　　2016 年全国及各地区规上企业数量和 R&D 人员情况

地区	规上企业数量（家）			规上企业 R&D 人员		
	总数	有研发机构的规上企业数	有 R&D 活动的规上企业数	总数（人）	全时当量（人年）	研究人员（人）
全　国	378 579	61 765	86 891	3 867 344	2 702 489	908 031
东部地区	219 523	47 833	62 145	2 557 214	1 855 280	599 282
中部地区	88 686	9 244	15 190	731 876	479 336	163 367
西部地区	52 390	3 936	7 736	424 689	262 932	99 028
东北地区	17 980	752	1 820	153 565	104 942	46 352

注：规模以上工业企业是指年主营业务收入在 2 000 万元以上的工业企业，简称规上企业。

资料来源：笔者根据《中国科技统计年鉴（2017）》整理计算得到。

28.3%）较为明显。尤其是东部地区有研发机构的企业占比（21.8%）是西部地区的近三倍，东部地区有 R&D 活动的企业占比（28.3%）也是西部地区的近两倍。从规上企业 R&D 人员数量来看，西部地区研究人员总数相对较少。

表 9-4　　2016 年全国及西部地区各省份规上工业企业技术获取和技术改造经费支出情况　　（单位：万元）

省份	引进技术经费支出	消化吸收经费支出	购买境内技术经费支出	技术改造经费支出
全　国	4 754 183	1 092 479	2 080 023	30 166 061
广　西	4 210	1 952	6 951	795 169
重　庆	376 013	6 307	45 856	706 714
四　川	33 249	18 664	40 687	814 649
贵　州	1 027	1 520	33 512	712 956
云　南	15 429	2 197	49 047	287 701
西　藏	—	—	—	140
陕　西	24 595	12 450	47 014	575 946
甘　肃	1 298	5 939	2 694	476 440
青　海	1 775	4	173	53 125
宁　夏	857	309	43 421	232 239
新　疆	8 797	939	1 380	223 461
内蒙古	74 786	20 005	12 730	232 073

资料来源：笔者根据《中国科技统计年鉴（2017）》整理计算得到。

企业获取技术的渠道在一定程度上反映了科技中介组织服务功能的发挥情况。企业的技术获取分为引进、消化吸收和购买境内技术三类。技术获取和技术改造经费的支出反映了企业对相关渠道的依赖程度，进而体现了科技中介组织在不同渠道中的服务功能。从规上工业企业的技术获取和技术改造经费支出情况来看，由表 9－4 可见，全国范围内引进技术是企业技术获取的最主要渠道，其次是境内技术购买。就西部地区而言，重庆、新疆、青海和内蒙古以引进技术为主渠道，甘肃以消化吸收为主渠道，西藏数据不全，其他省份均以购买境内技术为主要渠道。引进和购买境内外技术均需科技中介组织提供相应的市场交易服务，反映了西部地区科技中介组织在促进技术流动、搭建技术交易平台和服务技术创新方面的重要功能。

4. 创新合作开展情况

从规上企业产品或工艺创新合作开展情况来看，我国开展创新合作的企业数量约 12 万家，创新合作企业占全部企业比重为 16.5％，从规模上看以中小型企业为主，在行业分布上以信息传输、软件和信息技术服务业（34.8％），制造业（24.3），科学研究和技术服务业（18.7％）为主。其中，西部地区共有 1.66 万家创新合作企业，占西部地区全部企业数量的 15.0％，数量和占比均低于东部地区（7.6 万家，18.0％）和中部地区（2.44 万家，15.5％）。

由表 9－5 可见，在创新合作企业中，全国的情况是：与客户、供应商、高等学校及集团内其他企业的合作占比较多，与行业协会、研究机构、竞争对手或同行业企业的合作较为密切。就西部地区而言，与政府部门的合作高于全国水平，尤其是西藏（24.5％）、新疆（18.7％）、甘肃（17.7％）和贵州（17.4％）。西部地区的企业与研究机构的合作也较为密切，除重庆外其他省份均高于全国水平，西藏达到 30.6％。此外，陕西、宁夏、甘肃、新疆、四川和内蒙古等省份与高等学校的合作较多。

（二）西部地区产学研合作的问题

长期以来，西部地区市场体系发育相对滞后，技术、人才、资金、中介市场都不够完善，再加上创新的先天环境与条件不足，导致西部地区产学研协同创新体系仍然保持相当程度的封闭性。在产学研合作的核心主体中，未能形成协同理念，企业尚未成为创新的主体之一，高校与科研机构的研发能力相对较弱。产学研合作机制尚未完善，协同创新的网络效应亦未能充分显现。

1. 产学研合作主体未形成协同理念

产学研合作的关键主体，高校、企业和科研院所在长期发展过程中，处于相对自我封闭、自我发展的状态，相互间缺乏积极主动合作创新的理念和认识。从企业来看，无论是国有企业还是民营企业，无论企业的规模是大还是小，普遍热

表 9-5　　2016 年在创新合作企业中与各类伙伴开展合作的企业占比　　（%）

省份（地区）	集团内其他企业	高等学校	研究机构	政府部门	行业协会	供应商	客户	竞争对手或同行业企业	市场咨询机构	风险投资机构	其他
全　国	28.2	31.5	19.2	11.3	19.7	34.7	41.8	15.4	11.1	1.3	17.5
西部地区	29.6	31.1	21.1	15.0	20.7	36.9	41.8	16.7	11.2	1.5	29.6
内蒙古	38.9	32.3	24.9	13.1	16.5	33.1	32.0	13.7	9.1	0.7	38.9
广　西	30.5	27.7	20.1	14.5	19.4	38.7	43.0	19.9	13.8	2.2	23.2
重　庆	28.2	26.7	17.1	12.8	22.5	37.6	47.1	17.0	10.7	1.4	20.0
四　川	27.7	32.8	19.7	14.0	22.0	36.4	42.0	16.3	10.3	1.5	19.9
贵　州	29.7	30.4	24.0	17.4	23.5	36.5	41.0	15.8	11.4	1.3	25.2
云　南	28.3	29.8	23.0	16.3	20.2	41.4	44.4	18.4	14.5	1.9	21.2
西　藏	42.9	30.6	30.6	24.5	20.4	36.7	28.6	14.3	16.3	—	22.4
陕　西	29.1	35.1	22.2	15.4	19.7	35.0	41.7	16.6	10.0	1.4	20.0
甘　肃	30.6	33.5	22.4	17.7	18.6	35.3	39.2	15.7	10.9	1.3	21.1
青　海	32.6	28.5	26.4	14.0	14.5	34.7	31.1	11.4	12.4	2.1	23.3
宁　夏	31.6	34.7	25.7	16.4	18.0	38.7	35.8	16.4	8.5	0.8	16.4
新　疆	34.3	32.9	24.1	18.7	16.7	34.3	32.2	15.8	10.3	0.5	21.0

资料来源：笔者根据《中国科技统计年鉴（2017）》整理计算得到。

衷于技术工艺模仿的短期效应，较少主动寻求社会联合科技攻关。在市场经济实践中，又侧重于追求市场效益，将技术突破作为开拓市场的手段，因此企业侧重于兼顾产品成本和市场化，而非自主创新。从高校和科研院所来看，它们虽重视科技创新，但更看重科技创新的学术评价，而学术评价鲜有产业界人士的参与。因此，其科研创新与市场需求存在差异和距离，缺乏市场观念，忽略价格成本，导致科研转化率较低。从政府来看，认为产学研合作的主体主要是企业和高校、科研院所，政府的角色是鼓励合作行为，未能有效发挥主导和支持作用。产学研合作主体间秉承不同的价值体系，“技术价值”和“市场价值”未能达成协同，在一定程度上影响了合作意愿和动力。

2. 产学研合作体制不完善

目前，我国西部地区产学研协同创新能力和水平处于较低水平，产学研之间的合作关系仍然较为松散，在体制上不完善，还存在诸多的制约因素，如政策环境还有待改善；组织形式仍较为传统；合作行为主要以短期化、形式化为主，缺乏创新性和可持续性；创新成果产业化的运作模式尚未成熟，保障机制尚未完善。

另外，在产学研合作中，企业的主体地位不明显，而高校、科研院所和国有企业缺乏创新的责任感同时又缺乏激励创新的机制，虽然民营企业拥有较大的自主创新空间和较高的创新意识，但是民营企业没有强大的经济后盾，在资源优势和政策支持上均处于劣势，且大多数民营企业在选择产学研合作创新的时候，太过于注重自身的短期利益，缺乏远见和可持续创新能力，便也失去了实际意义上的创新主体地位。

3. 利益分配和风险承担不明确

产学研协同创新各方的利益分配至关重要，其关系到产学研合作的成败和可持续性发展。目前，我国西部地区产学研协同创新利益分配和风险承担机制建设相对滞后，利益分配和风险承担方式及比例缺乏科学依据，法律保障体系建设未能及时形成，知识产权保护尚有欠缺。现阶段，产学研合作的过程通常复杂且艰难。许多产学研合作的项目都面临着在创新转化资金的分担、知识产权的分配等方面的纠纷和矛盾，在合作过程中出现各种风险，当各方为了各自的利益，容易出现相互推诿、概不负责的情况，甚至造成合作失败。

4. 市场环境支撑较为薄弱

产学研合作不仅需要商品市场的支撑，还需要资本市场和技术市场的支撑。西部地区由于特殊的地理位置，在信息交流和物流方面与东部地区存在较大差别。本地市场的不发达则会影响产学研合作成果的推广和商业化。此外，一些中小型企业还存在资金紧张问题，导致不愿意投入过多自有资金用于科技研发，而是寄托资本市场的银行贷款。然而，西部地区尚未建立成熟有效的公共服务平台，信息不对称问题会弱化银行对这些企业的贷款，继而影响产学研合作的实施。

总体来说，西部地区产学研合作的有效机制尚在初创阶段，尚存在问题和挑战，制约了产学研合作的进程。与东部沿海地区相比，西部地区的产学研合作在法律政策环境、平台建设和中介服务机构建设等方面还存在不小的差距，需逐步完善区域创新资源的整合，提升区域科技创新能力，以促进西部地区经济发展。

三、西部地区产学研合作的模式选择

面对我国西部地区产学研合作的现状和存在的问题，探讨西部地区产学研合作的模式构建，有利于寻找提高我国西部地区区域创新能力、增强区域创新活跃度的路径，进而促进西部经济创新发展。西部地区的产学研合作模式主要以高校为主导的技术推动模式、企业为主导的市场拉动模式和政府引导下的校企协同模式为典型代表，以技术进步推动、市场需求拉动、政府政策支持为产学研合作的核心驱动力。

（一）高校为主导的技术推动模式

西部高校产学研合作发展缓慢最根本的原因之一是成果得不到有效及时的转化。针对该问题，应构建高校为主导的技术推动模式。高校为主导的技术推动模式，主要为了促进西部高校科研的创新。创新能力的提高，直接影响着技术成果的创造，更多的成果被投放到市场中，将其商品化，提高科技成果的转化率，与此同时还应设立专门对应相关成果的资金，促进高校积极申请专利，提高经济效益，产生更多的社会效益。在这种模式下，高校作为独立的科研主体而存在，它的科研经费主要来自政府投入，高校则利用政府投入开展相关学科、相关领域的科研活动。其产生的科技成果并不一定都有实际的应用价值，但具有应用价值的科技成果将通过有偿的方式转让给企业。企业在获得科技成果后，对其进行商品化和产业化。

高校为主导的技术推动模式，侧重于科学研究及其产生的技术知识在技术创新中的决定性作用。技术创新始于科学研究创造的新知识和新技术，在实验室中得到技术成果，继而推向市场和商品化。例如一些高校设立知识产权办公室，并配备专项基金，以提高高校的专利申请数量，创造经济效益和社会效益。

在这种模式下（如图 9－1 所示），高校以独立的科研主体而存在，其科研经费主要来源于政府投入，通过学科领域内的科研活动，创造科技成果，并将其中具有应用价值的科技成果通过有偿的形式转让给企业，企业再对其进行商品化和产业化。

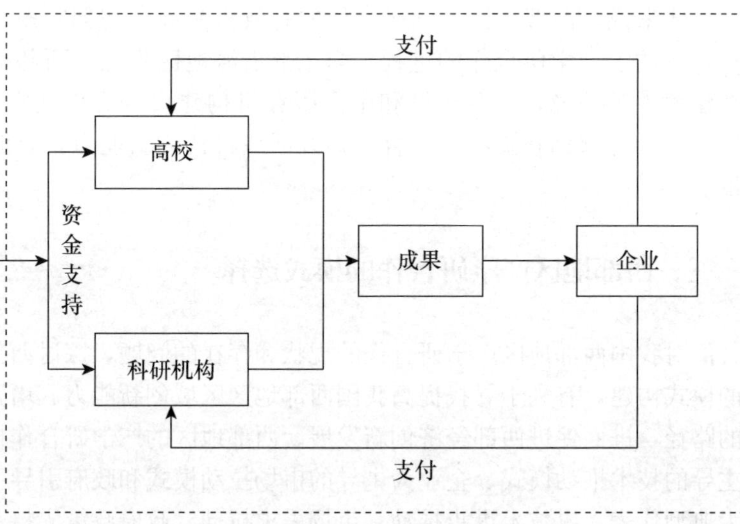

图 9－1　高校为主导的技术推动模式

根据高校与企业之间的关系不同，高校为主导的技术推动模式可以演变出不同的合作形式。其最大特点是高校在与企业合作中处于主动的地位。根据高校与企业的相对地位不同，可以将高校为主导的技术推动模式划分为三种类型：一是企业被动参与的高校主导模式，包括技术转让和联合/委托开发等；二是企业参与较少的高校主导模式，包括共建研究机构、共建人才培养基地等；三是企业积极参与的高校主导模式，包括共建大学科技园和技术创新联盟等。

1. 技术转让

技术转让是由高校将已取得的阶段性成果通过技术交易的形式卖给企业，企业将其进行商品化和市场化，两方以合同形式开展合作，开发符合市场需求的技术产品。

如图 9－2 所示，技术转让是在遵循市场商品价值规律的前提下，学研机构通过与企业进行协商，将科研成果转让给企业，然后由企业完成科研成果商业化的一种技术市场化的交易模式。转让技术依据性质和权利出让程度的不同，划分为专利权转让、专利申请权转让、专利许可转让和非专利技术转让等类型。技术转让一般由高校或科研机构负担早期研发投入，进行初期试探性研究，通过技术原理的安全性和科学性检验后，企业购买科研成果并进行商业化开发。

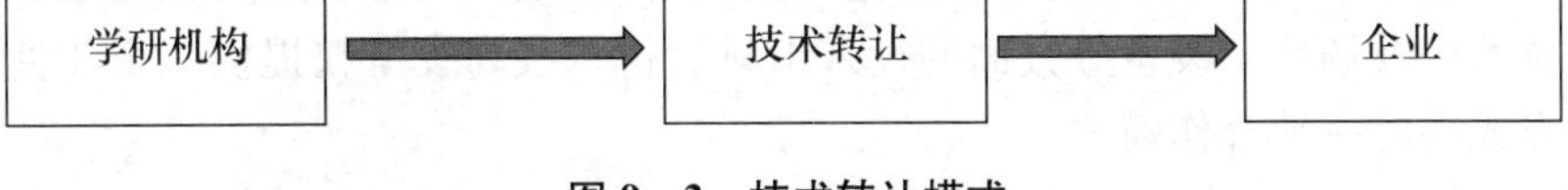

图 9－2　技术转让模式

案例：西部 12 所高校入选“中国大学专利技术转让 100 强”

2016 年，武书连发布《2015 中国大学评价》排行榜，根据国家专利局公开的专利转让备案中可以查到的专利转让情况，华南理工大学（得分 8 680.62）、浙江大学（得分 8 640.00）和安徽理工大学（得分 6 498.54）获得前三，西部地区共有 12 所大学进入百强排行榜（见表 9－6）。

2. 联合/委托开发

联合/委托开发是我国当前产学研协同创新的主要模式，也是企业与高校、科研院所初期合作的主要形式。各参与方聚焦某一科研项目，组成临时性的研发团队，调动各方力量进行攻关。一般由政府牵头，发布有关经济发展的重大技术攻关项目进行招标。在产、学、研三主体中，主要由高校和科研机构实施，企业的参与度较低，常见于各类科技攻关计划、新产品开发计划、产学研工程计划等任务的合作。

表 9-6　2015 年西部 12 所高校入选"中国大学专利技术转让 100 强"

排名	校名	原始得分
7	西安交通大学	4 621.68
19	重庆大学	2 276.46
20	四川大学	2 160.00
28	陕西科技大学	1 500.00
60	西安建筑科技大学	660.00
60	重庆工商大学	660.00
64	昆明理工大学	655.62
65	西安理工大学	630.00
69	西南石油大学	618.54
86	重庆科技学院	480.00
91	西南大学	450.00
96	广西大学	438.54

资料来源：2015 中国大学专利技术转让 100 强［EB/OL］.（2015-01-27）［2018-06-29］. http://edu.people.com.cn/n/2015/0127/c1053-26460310.html.

如图 9-3 所示，联合/委托开发是由企业内部研究人员和高校或科研机构研究人员共同组成项目课题组，企业和高校或科研机构共同协定最终研究成果所有权的一种合作模式；委托开发是企业以横向课题的形式全额提供研究经费，人力、技术以及场地、设备等方面的投入由科研机构或高校全权提供，企业拥有最终研究成果的一种合作模式。

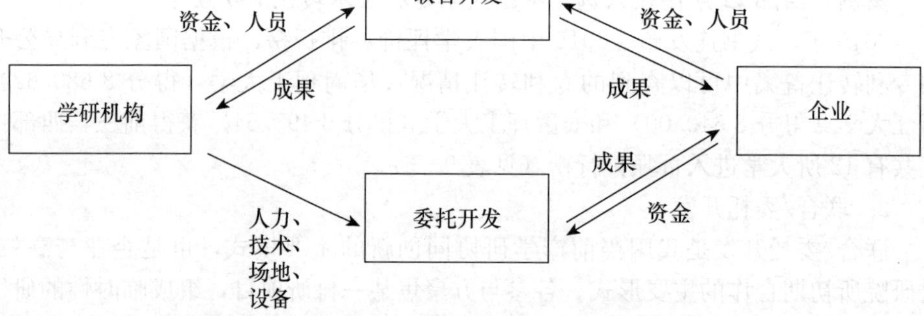

图 9-3　联合/委托开发模式

3. 共建研究机构

共建研究机构是企业与高校、科研机构签订书面协议或合同，在研发投入、合作方式、研发内容、研发成果及合作期限等方面达成共识，共同建立研究中心的一种合作模式（见图9-4）。例如共建工程技术研究中心、部分企业技术中心等任务的合作，偏重于为工程技术的应用进行前期实验，仍不能直接为企业所利用。共建研究机构依附高校或科研机构的学科建设，主要由政府引导和牵头，企业则主要是对科研活动提供资金支持。

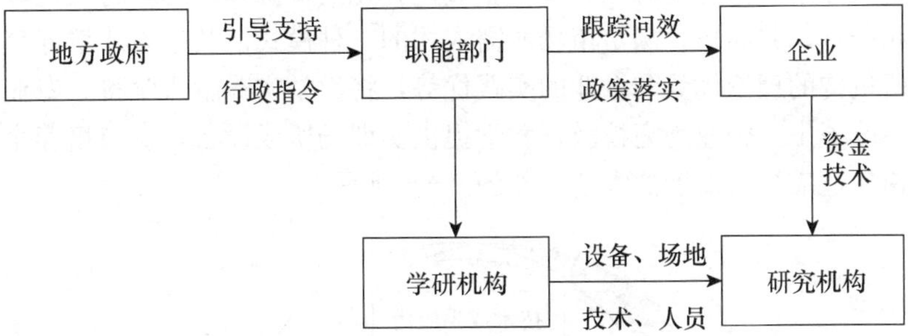

图9-4 共建研究机构模式

案例：西安交通大学新型研发机构，开拓产学研合作新模式

2010年4月，西安交通大学与广东省科技厅、佛山市顺德区人民政府签订合作框架协议，共同组建广东顺德西安交通大学研究院（简称“广研院”），围绕广东经济的发展需求，依托西安交通大学的科技、人才优势，攻克行业关键核心技术，建成集技术研发与服务、成果转化与项目孵化、人才培养与引进等功能于一体的新型研发机构。

广研院成立以来，致力于解决制约企业发展的核心技术难题，为企业发展提供关键技术支持。截至2017年，广研院已为美的集团开发新产品8项，实现新工艺1项，申请发明专利16项（其中已授权发明专利8项），实用新型专利授权16项，产生经济效益近2.2亿元，其中一项成果被鉴定为国际领先。

此外，西安交大除了提供技术支持，还下大力气为企业开展人才培养工作。截至2017年，广研院已承接人才培训服务委托项目20余项，服务企业300余家，培养和培训人才3 000多人次。在能动、电信、机械三个方向为美的集团培养在职工程硕士近百人，有力地提升了美的集团的自主研发水平。美的集团还划出专项经费池，定向支持双方开展科技项目。

在人才培养的基础上，广研院还牵起了东西部人才、技术交流的红线。在广东，西安交大的专家、研究生与当地企业开展合作项目、进行科研实验；而在西安，广东企业的技术骨干在西安交大攻读工程硕士、工程博士学位，真正实现了“校企一家、深度融合”。广研院已成为连接粤陕科教交流的“彩虹桥”。经过多年的探索、实践和总结，西安交大已初步形成独具特色的“政金产学研+校友”

新型产学研生态圈（“校＋友”模式），并已探索西安交大 1896 科技双创基地模式，形成了资源与资本联合驱动，产业承接、投融资及平台建设等要素齐备的开放生态，成为国内首家以“母校＋校友”为运营模式、“教授＋企业家”和“科技＋资本”的双创平台。

4. 共建人才培养基地

共建人才培养基地是利用高校和企业差异化的资源和理念，将理论教学与社会实践相结合，共同培育满足市场所需人才的一种模式。共建人才培养基地可以发挥学研机构的理论优势和企业的实践优势，将教学实践融入学科、专业建设和课程体系改革中，企业为高校教育教学提供实训场所或设备，参与培养全面发展的可以快速适应社会发展的人才（如图 9－5 所示）。

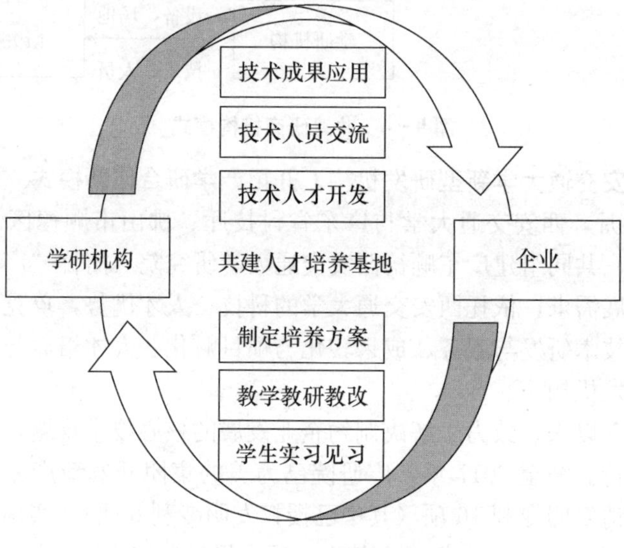

图 9－5　共建人才培养基地模式

案例：陕西交通职业技术学院——汽车工程学院

陕西交通职业技术学院开办于 1952 年，是全国办学历史最悠久的汽车学院之一。其汽车检测与维修技术专业入选陕西省“一流专业”建设项目，汽车电子技术专业入选“一流专业”培育项目。汽车检测与维修技术、汽车电子技术、汽车营销与服务三个专业是陕西省高等职业教育重点专业。办学 66 年来，为社会输送了近 2 万名汽车专业的合格人才，为汽车及相关行业、汽车院校技术服务数万次，培训各类汽车技术人员近 5 万人次，受到社会和行业的高度评价。

汽车工程学院先后与大众、丰田、奔驰、福特、标致雪铁龙、吉利等全球著名汽车公司开展合作办学，通过开设“品牌订单班”等方式实现了“合作共建、合作育人、合作就业、合作发展”的校企合作模式，并被教育部评为中德汽车机电合作项目（SGAVE）优秀示范院校（全国共4家）。学院设有大众、丰田、福特、吉利、中德（奔驰、保时捷、奥迪）、标致雪铁龙等培训中心6个，各类实训室34个，仿真实训室5个，生产性实训工作区10个，专业教学设备360台套，操作工位620个，设备总值2 360万元，实训中心面积达到12 000平方米，实训中心拥有一大批现代化的教学实训设备，依托汽车技术服务中心，面向全国开展汽车技术攻关、技术培训和汽车专业建设咨询服务。

例如，2011年9月15日与上汽大众校企合作项目正式签约，陕西交通职业技术学院大众实训中心正式挂牌，成为西北首家上汽大众—职业院校合作培养计划合作院校。该项目通过整合校企优质资源，在合作院校开设“上汽大众实验订单班”，面向大众共同实施订单式人才培养。上汽大众实验订单班的学习分为在校学习与大众4S店实习两个阶段，既接受学校教师的教学指导，又接受大众公司和4S店资深技师的培训，采用理实结合、校企融合的教学模式，实现学校与岗位零距离对接。毕业生除获得学院毕业证书外，还获得上汽大众技术培训证书。

5. 大学科技园

大学科技园由高校发起，联合多家企业和政府参与，从事高新技术开发和成果转化工作。大学科技园模式如图9-6所示。作为衡量一所大学或科研机构研究水平的重要指标，一流的大学科技园区是学研机构、企业和政府各种创新创业要素连接起来的综合体系。

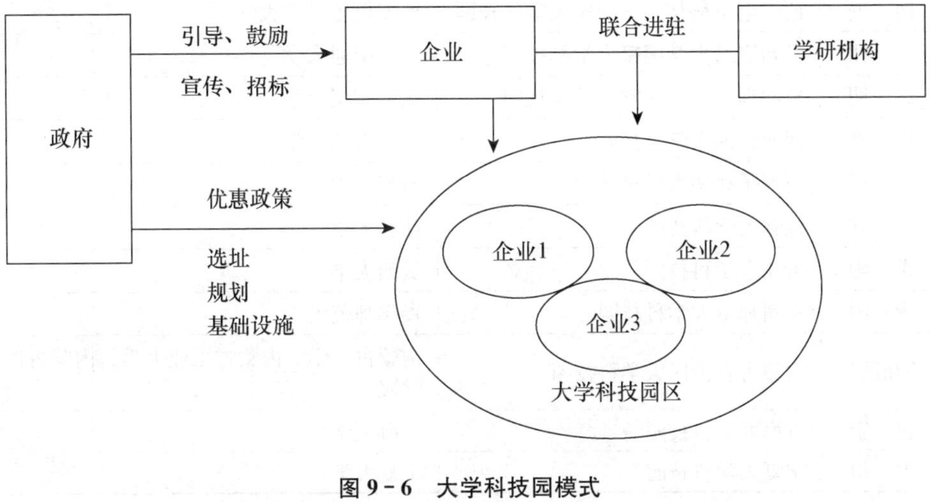

图9-6 大学科技园模式

案例：西部地区国家级大学科技园

国家级大学科技园是以具有较强科研实力的大学为依托，将大学的综合智力资源优势与其他社会优势资源相结合，为高等学校科技成果转化、高新技术企业孵化、创新创业人才培养、产学研结合提供支撑的平台和提供服务的机构。近10年来，科技部和教育部联合启动大学科技园建设工作，以服务经济社会发展和创新型国家建设。其中西部地区高校国家级大学科技园名单如表9-7所示。

表9-7　西部地区国家级大学科技园名单（第一批至第十批）

所在地	名称	依托单位
成　都	四川大学国家大学科技园	四川大学
成　都	电子科技大学国家大学科技园	电子科技大学
重　庆	重庆大学国家大学科技园	重庆大学
昆　明	云南省国家大学科技园	云南大学、昆明工业大学、云南农业大学
西　安	西安交通大学国家大学科技园	西安交通大学
西　安	西北工业大学国家大学科技园	西北工业大学
杨　凌	西北农业科技大学国家大学科技园	西北农业科技大学
绵　阳	西南科技大学国家大学科技园	西南科技大学
兰　州	兰州大学国家大学科技园	兰州大学
重　庆	重庆市北碚国家大学科技园	西南大学
成　都	西南交通大学国家大学科技园	西南交通大学
乌鲁木齐	新疆大学国家大学科技园	新疆大学、新疆农业大学、新疆医科大学
西　安	西安电子科技大学国家大学科技园	西安电子科技大学
兰　州	兰州交通大学国家大学科技园	兰州交通大学
昆　明	昆明理工大学国家大学科技园	昆明理工大学
成　都	西南石油大学科技园	西南石油大学
石河子	石河子兵团大学科技园	石河子大学
桂　林	桂林大学科技园	桂林大学
贵　阳	贵州大学科技园	贵州大学
贵　阳	贵州师范大学科技园	贵州师范大学
呼和浩特	内蒙古自治区大学科技园	内蒙古大学、内蒙古工业大学、内蒙古医学院
西　宁	青海大学科技园	青海大学
银　川	宁夏大学科技园	宁夏大学

资料来源：笔者根据教育部和科技部发布名单整理得到。

6．技术创新联盟

技术创新联盟是指由一个或多个产业中相互分工、相互关联的企业、高校、科研机构、中介组织、政府等主体建立的战略合作平台，目的是实现资源共享、合作研发、市场开拓。

如图 9－7 所示，技术创新联盟是企业与学研机构合作，以企业的自身发展为基础，以联盟各方技术合作为任务，以国家重点产业和区域支柱性产业创新为导向，以提供技术创新能力为目标，创建合作开发、优势互补、共享利益、共担风险合作机制的一种合作模式。作为我国国家创新体系的重要组成部分，技术创新联盟能够突破产业发展的技术瓶颈，进一步提高我国核心竞争力。

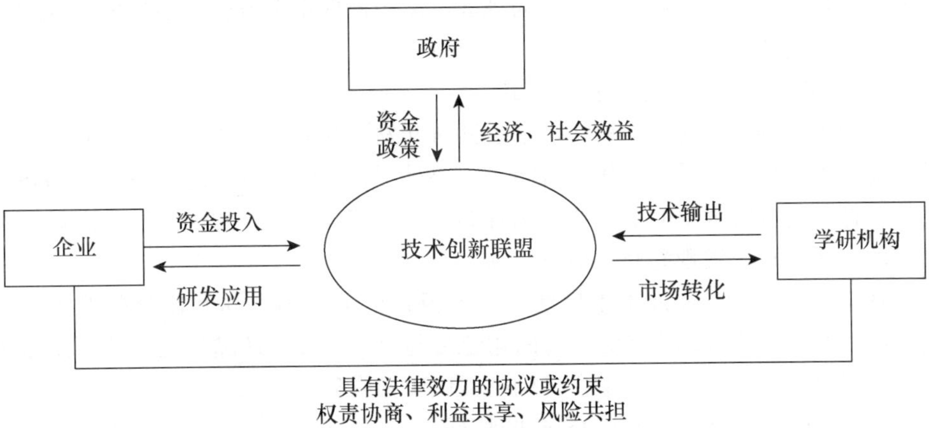

图 9－7 技术创新联盟模式

案例：云南省资源型产业技术创新联盟

在我国西部以资源型产业即资源型农业、资源型采掘业、资源型制造业、资源型电业燃气生产业、资源型旅游业为主的地区，大部分产业生产技术的先进程度较低，且创新能力相对较弱，促进相关产业技术提升的优质信息来源较少。因此，产业技术创新联盟的构建对推动我国西部资源型产业技术创新具有十分重要的意义。

2010 年起，云南省启动构建产业技术创新战略联盟以来，云南省科技厅陆续制定了《云南省科技厅关于进一步支持产业技术创新战略联盟发展的通知》《云南省国家产业技术创新战略联盟试点牵头单位工作经费补助暂行办法》等一系列政策措施。2018 年 5 月，云南省科技厅开始施行《云南省产业技术创新战略联盟管理暂行办法》，引导创新要素向企业集聚，实现企业、大学和科研机构等在战略层面有效结合，共同突破产业发展的技术瓶颈，促进产业技术集成创新，提高产业技术创新能力，提升产业核心竞争力。

截至2015年底，云南省科技厅共开展了五批共计65个产业技术创新战略联盟的试点工作。按试点联盟技术领域划分，工业类22个、农业类32个、社会发展类11个，涵盖了高原特色现代农业、现代生物产业、高端装备制造产业、新材料产业、光电子产业、新能源产业、节能环保产业及现代服务产业等。目前，云南省大多产业技术创新战略联盟正处于发展阶段或跨越式发展阶段。

从技术转让到联合/委托开发，再从实体共建到技术创新联盟，高校为主导的技术推动模式以高校的知识技术研发为起点，由企业的参与程度决定了产学研合作的紧密度和持续周期。相比之下，联合/委托开发是目前产学研合作最主要的模式，然而企业在该模式下处于相对被动接受科研成果的地位，仍面临着责权关系、信任互补、利益趋向等方面的挑战，需积极探索全方位、多角度、深层次的长期合作模式。

（二）企业为主导的市场拉动模式

企业为主导的市场拉动模式，主要针对开发研究向技术成果转化的阶段，该模式能够缩短技术成果产品化的时间，主要是因为其能够有效地利用企业的各方优势，把其优势的资本同信息紧密结合到一起，该模式主要为了开发和满足一些潜在的市场需求，发现并开发出新技术。

在结构方面，企业处于主导地位，承担合作关系确立和利益分配的主动角色；高校和科研机构以积极参与者的角色参与企业的技术产品研发；政府从政策和法律环境提供支持；社会中介机构则提供中介服务。

1. 企业为主导的市场拉动模式的特征

企业为主导的市场拉动模式，侧重于成果转化阶段，以潜在的市场需求为目标，通过开发研究中新技术的开发，结合企业的资本优势和信息优势，将技术成果快速转化为市场所需的产品，如图9-8所示。

该模式以企业为主导力量，首先由企业设立目标清晰的定位，根据目标来寻求与之匹配的高校和科研机构展开合作。在研究过程中所需要的经费和技术人员均来自企业，在企业的主导下，高校和科研机构提供研究人员和研究设备，有效整合各方资源，实现资源共享，企业第一时间把所产生的科技成果转化为商品，共同实现科研目标，获得经济和社会效益。

在企业为主导的市场拉动模式中，产学研合作各方受自身的生存和发展等内在因素的牵引，寻求技术和经济市场的结合。按照技术流通和服务的形态可将其划分为技术咨询、共建经济实体和产业链体系三种具体形式。

其一，技术咨询，即由合作方为特定的技术项目提供可行性论证、技术预测、专题技术调查、评价分析、知识传授等咨询性合作，亦包括技术培训等。围

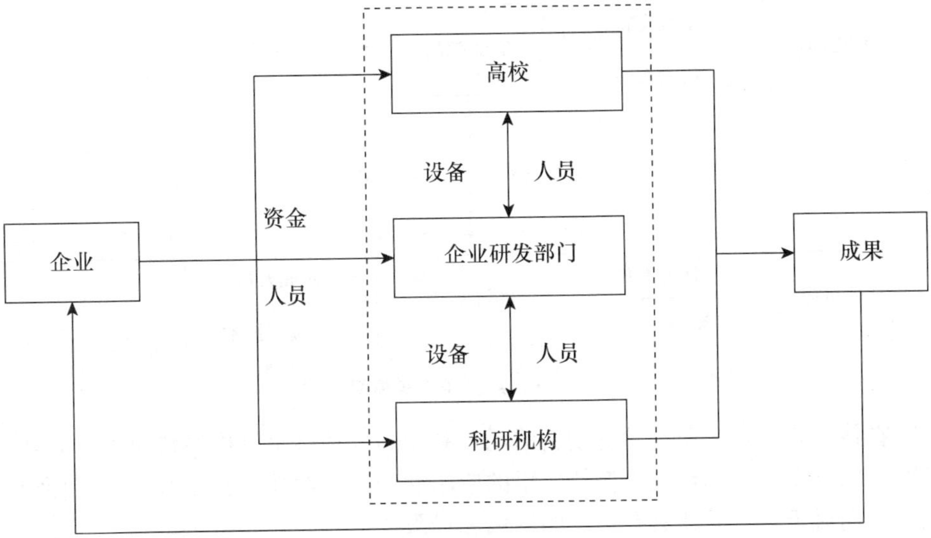

图 9-8　企业为主导的市场拉动模式

绕企业的需求和发展，一般由高校和科研机构提供提高产品质量、实现安全操作、改良技术流程、节约资源能耗等方面的服务与技改。

其二，共建经济实体，一般以大型企业或企业集团的长期发展为导向，协调产学研合作各方的资源优势，以法律协议或合同为依据，建立合作伙伴关系。除了资源合作，还有组织、管理、市场等方面的合作，实现利益风险一体化，合作形式包括科研或生产联合体、中试基地、有限责任公司等，一般建于企业内部或高校和科研机构内部，高校和科研机构以成熟的知识产权进行技术入股，与企业合资组建新的经济实体，实现科技成果转化或高新技术的产业化。

共建经济实体是产学研合作模式中最高级、最紧密且最有效果的模式，反映出产学研合作从松散型向紧密型转型发展。学研机构与企业在合作初期签订正式合同，确定风险共担原则、出资和利润分配比例，明确合作主体在实际运作过程中的权利和义务，学研机构提供技术、仪器、场地等，是具有独立法人资质的一种合作模式。例如联营企业、科研机构和研究开发机构的共建，将企业、高校和科研机构各主体结合成利益共同体，实现长期稳定的合作（见图 9-9）。

其三，围绕核心企业和中小企业配套的产业链体系，即发挥区域集聚作用，通过产业综合实力和配套体系的竞争，提高产业能力，实现区域各要素的优化整合，促进区域经济产业结构升级和经济发展。这些企业一般具有较强的经济技术研发实力，政府为其创造良好的政策和体制环境，集中力量支持这些企业的发展，让其自主发展产业链，加快配套体系的搭建和对中小企业的整合。

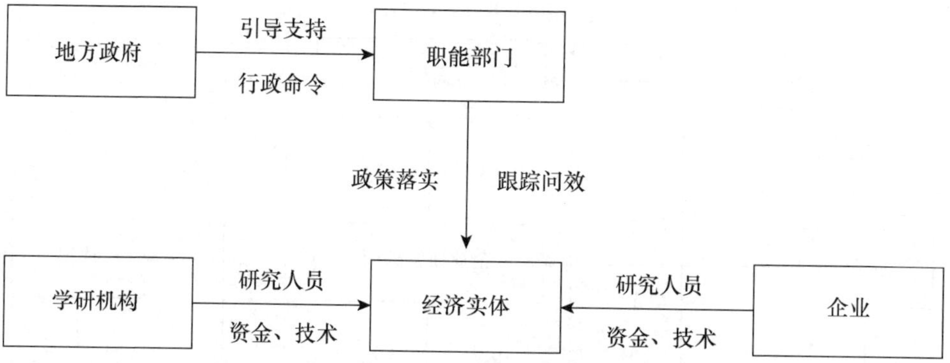

图 9-9　共建经济实体模式

在该模式中，企业主导着创新活动，利用高校和科研机构的科研力量，实现新产品的开发。其优点在于科技成果的应用性和针对性强，转化率高。然而市场拉动导向对于自主创新具有一定的约束和局限。

2. 案例：自贡四川理工学院彩灯学院

自贡灯会久负盛名，是自贡特有的国家级非物质文化遗产。近年来，自贡彩灯产业发展迅猛，占据了国内 80%、国外 90%以上的市场份额，彩灯对外文化贸易一直居四川省传统文化产品和服务贸易出口第一位，每年向全球输出灯会 30 多场。2018 年 4 月 12 日，自贡市人民政府、四川理工学院、自贡灯彩文化产业集团有限公司签订合作共建四川理工学院彩灯学院协议，三方友好合作，携手并进，创建一所集教学、科研、实践于一体的中国彩灯艺术学院，培养我国彩灯产业发展所需的高级管理、技术研发、文化创意与传承、市场开发等各类人才，为中国彩灯文化及其产业构建一个教育、理论、人才和科研高地，推动我国彩灯文化产业健康可持续发展。

彩灯学院的成立有着独特的背景。自贡灯会及其彩灯文化产业作为具有地域文化特色的节庆活动与文化产业，通过自贡市政府和全市人民以及行业企业的努力，已经成为驰名中外的节庆文化品牌和朝气蓬勃的新兴文化产业。自贡市委、市政府已将加快彩灯文化产业的发展纳入了“十三五”规划，希望通过彩灯文化产业的发展助推全域旅游的发展和老工业城市的转型升级。

但在实际工作中，业内有志之士深感彩灯文化产业的进一步推进需要创新、需要以理论研究成果来指导自贡灯会及其产业的发展方向，而在自贡拥有的近十万产业大军中，尽管不断有学生、复员转退军人、其他行业技术人员的进入，形成了一种新的群体传承的非遗文化传承模式，但依然存在文化层次偏低、理论与科研人才缺乏、高端管理人才缺乏、产业拆分有想法却无人去做、产业链不完整等诸多问题，产业发展对人才需求的呼声越来越高。

四川理工学院与自贡灯彩集团开展产学研合作，通过“合作办学、合作育人、合作就业、合作发展”，实现政校企共建共享共赢。四川理工“艺术设计”学科方向优势凸显，逐渐形成了以“彩灯文化”为特色的学科方向。学校拥有艺术设计、材料、机械、自动化、市场策划、管理等学科专业，为彩灯产业提供全产业链服务。通过三方合作共建彩灯学院，建设中国彩灯产业研究院，探索建立中国彩灯工业化生产标准，创建中国艺术彩灯观光、创意示范园区，汇聚中国彩灯高级人才，成为我国彩灯研发高地和中国彩灯非遗传承人才培育基地。

彩灯学院是一所由高等院校、彩灯文化企业、国资企业共同组建构成的新型艺术院校，是为中国文化产业和中华彩灯文化产业培养、输送高级人才的专业院校。自贡灯彩集团作为主要发起单位，参与彩灯学院的基础建设、学科建设、人才培养、学院管理等。

（三）政府引导下的校企协同模式

国家创新系统理论认为，大学和产业之间存在着广泛的互动关系，政府在这种互动关系中起着直接或间接的干预作用。来自政府的政策、制度与激励能有效催生协同创新。政府在产学研合作中具备制度创新的主体优势，主要表现为协调组织、管理和引导（包括资金的重点投入）等多重功能，可以推动良好的工作机制和政策环境的形成，从知识生产的投入、人力资源的培养和科研成果的转移开发等环节着手，推动高校、科研院所和产业间的沟通，促进各方达成一致目标，切实提高产学研合作的实际效能。

1．政府在产学研合作中的作用

政府在产学研合作中的作用主要有：

（1）深化舆论宣传，营造全社会支持和参与产学研合作的良好氛围。例如将产学研合作的成效纳入企业、高校和科研院所的绩效考核；建立区域产学研合作成果的奖励机制；总结分享产学研合作的典型案例，加强宣传和推广，提高社会对产学研合作的认识和支持。

（2）设立专门项目，加强产学研合作的资金支持和引导。各级政府以提升重点产业和区域经济核心竞争力为目的，围绕国家重点产业和区域经济发展特色的技术创新需求，设立专门规划和项目，加强引导和资金投入，充分利用分散在各高校、研究院所和企业的创新资源，集聚和整合各方面的技术创新要素，促进形成相应的产学研合作组织。

（3）完善政策制度，为产学研合作提供有力保障。为调动产学研合作各方的积极性，维护合作各方的合法权益，政府需要完善相关政策和法规，为产学研合作提供制度规范和保障，实现合作的可持续性。例如积极完善支持政策，包括科技规划、技术进步、技术创新、技术引进、科技成果转化与产业化政策等；引导企业成为产学研结合的投资主体；完善知识产权保护制度等。

（4）搭建公共服务平台，促进技术信息交流。技术信息交流网络是产学研合作各方互相沟通、信息交流的公共平台，是实现产学研合作可持续发展的基础保障。通过技术信息交流网络，高等院校和科研院所可宣传、推介自己的科技成果，同时了解市场和企业的实际需求；企业可借助平台了解最新科研动向和应用前景。通过公共服务平台的建立，可大幅度降低合作成本，提高合作效率。

2. 案例：成都科技成果转化“新十条”，打通产学研用协同创新通道

2016 年，成都市政府出台《促进国内外高校院所科技成果在蓉转移转化若干政策措施》（简称“成都新十条”，政策架构如表 9－8 所示），在全国率先提出“鼓励高校院所与发明人或由发明人团队组成的公司之间，通过约定以股份或出资比例方式进行知识产权奖励，对既有职务科技成果进行分割确权；以共同申请知识产权的方式分割新的职务科技成果权属”的“早分割、早确权、共享制”的改革思路。从构建促进科技成果转移转化体制机制、搭建成果转移转化平台载体、鼓励科技人员创新创业、加强创新创业金融扶持、促进创新资源开放共享、推动高校院所内部配套改革等方面切入，更大程度地打破束缚高校院所科技成果在蓉转移转化的制度藩篱，激发科技人员创新创业融入经济发展“主阵地”，力促成都深度打通政产学研用协同创新通道。截至 2018 年 10 月，西南交通大学、四川大学、成都理工大学、成都中医药大学、成都大学等在蓉高校已相继出台职务科技成果混合所有制改革方案，共完成科研成果分割确权 378 项，创办的科技企业由改革之前的寥寥数家新增至 40 余家。

表 9－8　“成都新十条”政策架构

模块	具体内容
体制机制	支持在蓉高校院所开展职务科技成果权属混合所有制改革 支持在蓉高校院所开展科技成果处置权改革 支持在蓉高校院所开展科技成果收益权改革
载体建设	支持国内外高校院所在蓉建设新型产业技术研究院
	推动在蓉高校院所与区（市）县共建环高校院所成果转化区
中介服务	鼓励建立市场化的技术转移机构、知识产权交易机构和科技成果评价机构
科技人才	鼓励高校院所科技人才和大学生创新创业
金融支撑	拓宽高校院所科技人才创新创业融资渠道
创新平台	支持在蓉高校院所共建研发创新平台并开放共享创新服务资源
其他	鼓励高校院所开展鼓励科技成果转化的相关制度改革

“成都新十条”率先提出开展“职务科技成果混合所有制改革，支持高校院所的职务发明人可按照不低于 7∶3 的比例与单位共享科技成果所有权”，被认为是对“所有权＋收益权”的双重确立，打通了科技成果转化的“最后 100 米”。2016 年底，《关于支持在蓉高校院所开展职务科技成果混合所有制改革的实施意见》以及《成都市与在蓉高校院所协同引进海内外高层次创新创业人才的实施办法（暂行）》发布，按照“企业提需求＋高校院所出编制＋政府给支持”的思路，成都在全国范围内率先推行“市企校协同”引进高层次人才模式。

据成都市科技局统计，2018 年上半年，成都市新登记市场主体 26.8 万家，同比增长 22.9%，其中新增新经济企业 5 547 家；专利申请量 57 880 件，同比增长 56.4%；发明专利申请量 23 344 件，同比增长 63.2%；万人有效发明专利 20.8 件，增加 18.0%；共建成市级及以上科技企业孵化器及众创空间 200 家，面积 594 万平方米；举办“创业天府·菁蓉汇”系列活动 45 场，近 200 家（次）创投机构、2 000 家创业企业及团队、1.5 万余人以多种方式参与。

四、优化西部地区产学研合作的对策

西部地区产学研协同主要依托高校、企业、科研机构与政府等协同创新主体，共同开展联合攻关，在资源共享、风险共担的基础上为实现共同目标进行创新活动。产学研合作离不开企业的投入和需求，离不开高校和科研院所的重视和创新，也离不开政府政策的引导和扶持。

（一）打破产学研协同主体异质性，寻求协同创新契合点

产学研合作的协同创新各行为主体存在异质性，对此应辩证地看待。首先，正因为各主体异质性的存在，才使各方具备优势互补的可能性，继而生发合作、协同与共同提升及完善的意愿，最终促使产学研协同创新的实现。因此在一定程度上，主体间的异质性恰是产学研协同创新的基础。然而，产学研各主体间未能协同的理念认知，在一定程度上阻碍了协作创新的开展，需寻找创新的契合点。产学研创新系统的内在驱动主要是利益与效益的驱动，各行为主体的利益与效益共增共赢，应是协同创新的契合点。

企业发展最为依赖的是技术与人才。在高校与企业之间，创新型人才、行业性人才培养是两者的共同追求。激烈的市场竞争促使企业进行产业升级，因此企业必须不断提高从业人员素质。高校与企业可就人才培养问题达成共识，并以此作为协同的契合点，在外部政策与环境的支持下，实现协作统一。此外，高校与企业协同的另一契合点则是技术创新。只有技术领先，从业人员能力提升，才能实现经济效益的增长。尤其在知识经济时代，企业的转型升级更需依靠技术创

新，因此资源共享是高校、企业与科研机构另一核心契合点。各主体在市场调节及政府支持下，合理优化配置资源，便能达到优势互补与共享，最终实现共赢。

（二）加强政府的扶持引导作用，完善产学研合作动力机制

政府应通过政策制度和环境建设联动企业和高校、科研院各方的合作动力。例如建立产学研合作示范项目与示范单位，带动产业发展。同时充分考虑产学研合作中高校与科研机构、企业的角色分工，制定相关配套政策并先期投入资金，引导鼓励业内、国内实力水平高、资源充足的企业和高校优先合作，建立产学研合作示范基地，起到引领示范作用，带动相关产业的发展。

由于产学研协同创新系统中各利益主体的具体追求不同，因此需要在利益分配时兼顾每个协同主体的切身利益。为确保协同创新组织的持续性，也必须健全利益分配机制。对于高校和科研院所而言，利益分配涉及知识产权归属、研发人员收益分配比例等问题。政府应对此进行有效干预，在知识产权保护等法律制定及符合区域发展实际的西部地区产学研协同创新政策方面着力作为，促进西部地区产学研协同创新的可持续健康发展。

（三）建立完备的中介服务体系，优化产学研合作信息交流

科技中介服务体系是产学研创新体系的重要组成部分，在产学研合作中，将企业与学研主体机构和要素市场建立紧密联系，在不同利益主体之间发挥纽带作用，可大大提高高校、科研机构科技成果转化的效率，加速科技成果向现实生产力转化。西部地区科技中介服务机构的规范化、职能化、制度化还有待进一步加强，需要建立形式多样的科技中介服务机构。

此外，信息资源流动性差是产学研合作效率低下的重要原因之一。推进西部地区产学研合作的进一步深入，还应加强构建产学研的信息平台。为了取得良好的技术开发结果，企业需要根据市场需求的变化趋势及时地向作为技术研发者的大学反馈相关信息。高校在技术信息方面具有一定优势，对研究的前沿和进展有着更高的敏感度。产学研合作各方的信息交流有助于产学研合作的顺利进行，为了保证科技成果顺利实现市场化和双方的信息透明，产学研合作的三方应加强彼此的沟通，构建有效畅通的信息交流平台。

参考文献

［1］中国国家统计局．中国科技统计年鉴：2017［M］．北京：中国统计出版社，2017．

［2］张玉双．西部地区产学研合作绩效评价及影响因素研究［J］．河北科技大学学报，2013（12）．

［3］朱恪孝．西部地区产学研的现状、问题和对策［J］．西北大学学报（哲学社会科学版），2010（7）．

［4］冯海燕．产学研合作的协同效应及路径优化研究［D］．北京：北京交通大学，2018．

［5］张婷．我国四大经济分区产学研协同创新能力评价研究［D］．福州：福建农林大学，2017．

［6］Bozeman B，Technology transfer and public policy：A review of research and theory［J］．Research Policy，2000（29）．

［7］．Etzkowita H．The triple helix：university-industry-government innovation in action［M］．London and New York：Rutledge，2008．

［8］朱恪孝，姚聪莉．西部产学研合作模式的选择研究［M］．北京：科学出版社，2011．

［9］王崇举，郑旭煦．中国西部高校产学研合作研究［M］．北京：科学出版社，2013．

［10］李涛，李秋．西部地区产学研协同创新效率及特征研究［J］．重庆理工大学学报（社会科学版），2015（29）．

［11］史小娟，孔斌．西部地区地方高校与企业产学研合作模式初步研究：以宁夏大学为例［J］．科技管理研究，2013（15）．

——执笔人：孟莹，浙江树人大学健康与社会管理学院

第十章　西部地区科技创新的国际开放与合作

摘　要

科技创新是提升科技竞争力的根本途径，科技创新的国际开放与合作能够有效促进科技创新。科技创新国际开放与合作的基本维度包括科技创新制度的国际开放与合作、科技创新资源的国际开放与合作以及科技创新主体的国际开放与合作。基于以上三个维度的分析框架，本章探讨了西部地区科技创新的国际开放与合作的现状、成就和挑战，并在此基础上提出了优化西部地区科技创新的国际开放与合作的政策建议。通过数据分析发现，西部地区科技创新的国际开放与合作取得了一定成效，表现为：第一，初步建成西部地区省域科技创新的国际开放与合作体系；第二，科技创新的国际开放与合作为西部地区聚集了大量科技创新资源；第三，科技创新的国际开放与合作有力地促进了西部地区科技创新能力提升。西部地区科技创新的国际开放与合作所面临的挑战包括：第一，科技创新的国际开放与合作能力有待提升，区域间科技创新的国际开放与合作具有较大差异；第二，总体科技投入不足，结构有待优化，科技创新的国际合作与交流专项资金较少；第三，国际化科技创新人才占有量较小，高层次国际化科技创新人才匮乏。为此，西部地区可以采取如下措施以深化科技创新的国际开放与合作。即以国家战略为依托，提升科技创新国际合作的规模与层次；以技术革新为契机，提高科技创新国际合作资源利用效率；以人才流动为载体，优化科技创新国际合作的实现方式；以市场机制为基础，激发科技创新国际合作主体的能动性；以地方特色为根基，形成互利共赢的科技创新国际开放格局。

Abstract

Scientific and technological innovation is the fundamental approach of improving a nation's scientific and technological competitiveness, the international openness and cooperation can promote scientific and technological innovation. The international open-up and cooperation of scientific and technological innovation includes three dimensions, they are the international open-up and cooperation of scientific and technological innovation's system, subjects, and resources. Putting the three dimensions as the analytical framework, this chapter explores the status quo, achievements and challenges of international open-up and cooperation of scientific and technological innovation in western China. This study finds that international open-up and cooperation of scientific and technological innovation in western China has achieved some achievements. The achievements are as follows. Firstly, the system of international open-up and cooperation of scientific and technological innovation in western China was built preliminarily. Secondly, international open-up and cooperation of scientific and technological innovation helps western China to gather lots of scientific and technological innovation resources. Thirdly, international open-up and cooperation of scientific and technological innovation promotes western China's scientific and technological innovation capability effectively. The challenges of international open-up and cooperation of scientific and technological innovation in western China are as follows. Firstly, the capability of international open-up and cooperation of scientific and technological innovation in western China needs continue improvement, there are big gaps among different regions' international open-up and cooperation of scientific and technological innovation. Secondly, the overall investment of international open-up and cooperation of scientific and technological innovation is insufficient, the investment structure needs optimize, and the specific fund is rather less. Thirdly, there are few number of international scientific and technological innovation talents, and there is a deficient of top international scientific and technological innovation talents. Therefore, western China can take the following measures to deepen international open-up and cooperation of scientific and technological innovation. Firstly, improving the scale and level of international open-up and cooperation of scientific and technological innovation based on national strategy. Secondly, improving the resource utilization efficiency of international open-up and cooperation of scientific and technological innovation based on technological innovation. Thirdly, optimizing the approaches of international open-up and cooperation of scientific and technological innovation based on talents' mobility. Fourthly, inspiring scientific and technological innovation subjects' initiative based on market mechanism. Fifthly, shaping win-win international open-up and cooperation of scientific and technological innovation model based on local color.

科技创新是科学创新和技术创新的融合体，包括科技知识创新、生产的物质技术条件创新、劳动力素质创新、劳动力技能和科技活动组织方式创新等①。

科技创新涉及政府、企业、科研院所、高等院校、国际组织等多个主体，需要人才、资金、知识产权、制度建设等多种复杂因素的协同演进。在经济、科技等领域全球化进程不断加快的历史背景中，创新体系的国家边界正在逐步淡化，呈现出国际化的趋势，创新的开放性和国际科技合作成为各国创新战略的新特点②。有效推进科技创新，提升科技创新的国际竞争力，要求一个国家或地区积极参与国际科技合作与竞争，通过有效利用国际科技资源，共同应对国际科技问题与挑战，并不断开展自身科技创新的能力建设。

全面推进开放式创新是我国在新时期实施创新驱动发展战略并建设创新型国家的必然选择。党的十八大报告指出，科技创新必须摆在国家发展全局的核心位置。实现科技创新目标，需要积极开展国际合作，深化拓展与主要国家的创新对话机制和与发展中国家的科技伙伴关系，大力推动与"一带一路"沿线国家科技创新合作③。不断深化西部地区科技创新的国际开放与合作在实现"一带一路"倡议中能发挥堡垒作用，同时也是在新的时代背景下深化落实西部大开发战略的重大举措。本章聚焦西部地区科技创新的国际开放与合作，回答以下问题：西部地区科技创新的国际开放与合作发展现状如何？西部地区科技创新的国际开放与合作取得了什么样的成就，遇到了哪些挑战？如何进一步优化西部地区科技创新的国际开放与合作？

---

① 彭莹．科技创新与制度创新的互动关系分析［D］．广州：暨南大学，2007.

② 刘云，叶选挺，杨芳娟，等．中国国家创新体系国际化政策概念、分类及演进特征：基于政策文本的量化分析［J］．管理世界，2014（12）：62-69.

③ 发挥"一带一路"的开放引领作用［EB/OL］．（2017-12-01）［2019-04-28］．http://views.ce.cn/view/ent/201712/01/t20171201_27057121.shtml.

一、西部地区科技创新的国际开放与合作的基本维度

自 20 世纪 80 年代以来，世界各国纷纷开启了构建国家创新体系的理论研究和实践探索，并提出国家创新体系国际化主要包括三个方面，分别为创新制度和组织网络的国际化、创新资源流动和配置的国际化，以及创新主体互动和创新活动的国际化①。本章采用国家创新体系的核心要素——制度、资源和主体为分析框架，探析西部地区科技创新的国际开放与合作的发展现状、成就和挑战等问题。

其中，科技创新制度的国际开放与合作指支持科技创新的国际开放与合作的政策环境，具体包括规章制度、科技计划、规划纲要等政策性文件和制度安排。科技创新资源的国际开放与合作指科技创新生产要素的国际开放与合作，具体由高新技术技能、高技能人才、资本等生产资料的国际开放与合作构成。科技创新主体的国际开放与合作指开展科技创新的国际开放与合作的主要实践者，具体包括企业、政府间的科技国际合作，高校等科研机构的国际合作等。基于以上分析，本章建构出如下分析框架，如表 10-1 所示。

表 10-1　科技创新的国际开放与合作的基本维度

基本维度	内涵	构成要素
科技创新制度的国际开放与合作	支持科技创新的国际开放与合作的政策环境	规章制度、科技计划、规划纲要等政策性文件和制度安排
科技创新资源的国际开放与合作	科技创新生产要素的国际开放与合作	高新技术技能、高技能人才、资本等生产资料
科技创新主体的国际开放与合作	开展科技创新的国际开放与合作的主要实践者	企业、政府间的科技国际合作，高校等科研机构的国际合作等

资料来源：根据《中国国家创新体系国际化政策类型》的相关内容整理而成。参见刘云，叶选挺，杨芳娟，等. 中国国家创新体系国际化政策概念、分类及演进特征：基于政策文本的量化分析［J］. 管理世界，2014（12）：63.

我国西部地区包括陕西、四川、重庆、贵州、广西、甘肃、青海、宁夏、西藏、新疆、云南、内蒙古 12 个省、自治区和直辖市（以下统称省份）。以科技创新的国际开放与合作的科技创新制度、科技创新资源和科技创新主体三个基本维度为主要分析框架，本章分析西部 12 个省份科技创新的国际开放与合作的发展

① 刘云，李正风，刘立，等. 国家创新体系国际化理论与政策研究的若干思考［J］. 科学学与科学技术管理，2010，31（03）：61-67.

特点、成就、挑战和提升策略。

二、西部地区科技创新的国际开放与合作的现状

以西部地区各省份科技创新的制度规定、资源流动和主体参与为视角可以管窥西部地区科技创新的国际开放与合作的发展现状。

（一）西部地区科技创新制度的国际开放与合作的现状

2017 年，科技部印发了《国家高新技术产业开发区“十三五”发展规划》，提出要积极参与国际科技合作与竞争。为此，要建立与国际接轨的制度、服务和文化环境，谋划出台有利于国内外企业公平竞争的税收、贸易、保税服务、外汇相关政策①。科技创新的国际开放与合作的制度建设被擢升至国家政策的高度。同年，科技部出台《“十三五”国际科技创新合作专项规划》，要求以全球视野谋划和推动创新，深度融入全球创新体系。21 世纪以来，在“大众创业、万众创新”的背景下，西部各省份相继出台了支持科技创新的政策性文件，为鼓励通过国际交流与合作增强科技创新能力，省域政策性文件不断强调科技创新的国际开放与合作的重要性。通过系统梳理政策文件可以得出，近年来，西部省份支持科技创新的国际开放与合作的主要省级制度性政策有 25 个，具体如表 10－2 所示。

由以上省级政策文本可以看出，西部各省份均已将国际开放与合作列为促进科技创新、提升科技创新能力的有力途径。各地区在政策的引领和指导下深入推进科技创新的国际交流与合作，立足地方区位、产业特色，借此在全球范围内集聚科技领域的优势资源，服务地区和产业科技创新，提升产业生产力和科技竞争力。西部各省份积极响应国家科技创新的号召，立足地方，制定配套政策以落实国家科技创新政策。中央和地方政府重视并大力提倡开展科技创新的国际开放与合作始于 21 世纪后，是面对知识经济和全球化为科技领域带来的新挑战的顺势之举。例如，2016 年国务院印发《“十三五”国家科技创新规划》以来，以此为指导，西部地区如贵州、新疆、西藏、内蒙古、云南等省份制定了省级“十三五”科技创新规划，均把国际交流与合作列为规划的有机要素。

除直接列入科技创新政策的举措外，西部省份还采取了多种促进科技创新的

---

① 科技部关于印发《国家高新技术产业开发区“十三五”发展规划》的通知［EB/OL］.（2017-04-14）［2018-08-30］. http://www.most.gov.cn/mostinfo/xinxifenlei/fgzc/gfxwj/gfxwj2017/201705/t20170510_132712.htm.

表 10-2　西部省份支持科技创新的国际开放与合作的主要省级政策一览表

省份	政策文本	科技创新的国际开放与合作的主要内容
陕西	《陕西省科学技术进步条例》(2012)	鼓励本省企业事业单位、社会团体和科学技术人员开展国际科学技术合作、交流和技术贸易
	《中国（陕西）自由贸易试验区管理办法》(2017)	以“一带一路”建设为重点，坚持“引进来”和“走出去”并重，遵循共商共建共享原则，加强创新能力开放合作，形成陆海内外联动、东西双向互济的开放格局
四川	《关于进一步加快民营经济发展的决定》(2003)	鼓励参与国际竞争，降低民营企业取得自营进出口权的条件，支持民营企业开拓国际市场，鼓励有比较优势的民营企业“走出去”，并在信贷、外汇管理等方面给予政策支持
	《四川省“十三五”科技创新规划》(2016)	坚持开放合作原则，全方位扩大科技创新开放合作。打造国际科技开放创新合作平台；加强同港澳台地区科技创新合作；促进跨区域和省院省校科技合作
四川	《四川省“一带一路”科技创新行动计划》(2017)	打造科技创新对外开放高地，推进与“一带一路”沿线重点区域和国家科技合作
重庆	《重庆市科技创新促进条例》(2009)	支持企业、高等学校等与境内外组织和个人共建研究开发机构或者基地，联合开展科技创新活动
	《关于深化改革扩大开放加快实施创新驱动发展战略的意见》(2016)	开展全方位开放式创新，面向全球引进创新资源，积极开展国际创新合作，促进区域创新合作
	《重庆市科技创新“十三五”规划》(2017)	推进全方位开放式创新，面向全球加快引进科技创新资源；促进国内科技合作
贵州	《贵州省科技支撑计划》(2009)	坚持合作创新理念，按照“上争、外引、内聚”的工作思路，积极开展省校合作、省院合作、区域合作、国际合作
	《贵州省“十三五”科技创新发展规划》(2016)	大力促进开放创新，构建省部省院联动、军地协同、面向世界的科技合作与交流机制
广西	《关于深化科技体制改革加快广西创新体系建设的实施意见》(2012)	建设中国—东盟科技合作与技术转移平台，打造具有科技信息交流、国际科技会展、国际合作研发、技术转移中介、国际科技培训等主要服务功能的中国与东盟科技合作新高地
	《广西壮族自治区人民政府关于加快广西农业科技创新体系建设的实施意见》(2015)	强化农业科技国际合作交流体系建设；推动中国—东盟科技合作与技术转移平台建设；推进国际农业技术引进、消化和创新合作
	《广西参与“一带一路”科技创新行动计划实施方案(2018—2020年)》(2018)	加快推动科技对外开放，构筑互利共赢合作新机制，统筹利用国内国际两个市场、两种资源，形成东西互济、内外联动的区域创新合作新格局

续前表

省份	政策文本	科技创新的国际开放与合作的主要内容
甘肃	《甘肃省中长期科学和技术发展规划纲要（2006—2020年）》(2006)	进一步拓展国际、国内科技合作与交流的渠道，促进全省科学技术开放创新和合作发展。大力支持科研院所、高等学校与地方、企业开展技术合作，促进产业升级和县域经济发展
	《战略性新兴产业发展总体攻坚战实施方案》(2014)	促进企业进出口，加快“走出去”步伐，落实海关特殊监管区域政策
	《甘肃省支持科技创新若干措施》(2016)	构建开放合作创新体系，对以合作共建、独立建设等形式在省内设立的科研分支机构等给予 50 万元资金补助
青海	《关于深化体制机制改革加快创新驱动发展的实施意见》(2015)	完善开放创新合作机制，推动先进技术和创新资源转移和集聚。与“一带一路”沿线国家及地区开展全方位合作，支持优势产业向相关国家拓展，并探索创新跨境贸易新模式
宁夏	《宁夏回族自治区党委 人民政府关于推进创新驱动战略的实施意见》(2017)	坚持以开放汇聚创新发展力量，建立东西合作共赢机制，加强国际创新交流合作。重点加强与欧美日韩和以色列等创新交流和产业合作
西藏	《西藏自治区“十三五”科技创新规划》(2017)	务实推进特色优势领域的国际科技合作，实施科技“走出去”战略，积极参与“一带一路”建设科技创新合作，在重大国际合作项目资金配套、外国专家进藏等方面给予政策便利
新疆	《新疆维吾尔自治区“十三五”科技创新发展规划》(2017)	深化国际科技合作，对内开放与对外开放相互促进，力促新疆建设中亚区域具有重要影响力和辐射力的科技中心和产业合作基地、构建向西开放的国际科技合作新格局
云南	《建设面向南亚东南亚科技创新中心专项规划》(2016)	紧紧围绕以背靠中国腹地和全球创新资源“引进来”及面向南亚东南亚“走出去”形成战略合作为两大主线，实现创新资源集聚、引进消化吸收再创新、科技创新辐射、国际科技交流与成果转化四大功能
	《云南省“十三五”科学和技术发展规划》(2016)	深化国际（地区）科技合作，集聚国际（地区）创新资源；提升面向南亚东南亚科技辐射能力
内蒙古	《内蒙古自治区人民政府关于实施创新驱动发展战略的意见》(2014)	深化科技合作创新。积极发展与发达国家、国际组织等的国际科技合作，强化与周边国家的科技合作关系，探索以我为主、互利互惠新模式
	《内蒙古“十三五”科技创新规划》(2017)	扎实推进科技合作项目与平台建设；推动院地部区科技合作；提升区域科技合作。系统设计科技对外开放目标框架和国际科技合作新布局，构建科技资源跨区域配置长效机制

资料来源：笔者根据西部各省份科技厅（局）门户网站政策文本摘选、整理而成。

国际开放与合作的保障措施，主要包括政策倾斜和科技奖励两个方面。第一，政策倾斜主要体现在税收优惠、适度宽松的外汇管理政策、土地资源倾斜政策等方面，以吸引国内外高新技术企业和创新型企业投资兴业。第二，在科技奖励方面，西部省份一方面积极参与国家的科技竞争，另一方面出台科技奖励办法，鼓励科技创新的国际开放与合作。我国于 1994 年设置了国际科学技术合作奖，授予对中国科学技术事业做出重要贡献的外国人或外国组织，到 2017 年，共有 20 个国家的 113 位外籍专家和 2 个国际组织、1 个外国组织被授予“中华人民共和国国际科学技术合作奖”①。在省级政策层面，例如，2008 年青海出台的《青海省科学技术奖励办法》明确规定省科技奖设立科学技术国际合作奖，借此鼓励科技领域的国际开放与合作。

（二）西部地区科技创新资源的国际开放与合作的现状

科技创新资源指用于科技创新活动、为科技创新提供保障的有形资源和无形资源的总称，主要包括科学技术、科技人才和科技创新资金。科技创新资源具有稀缺性、战略性和区域性等特征②。西部地区各省份科技创新资源的国际开放与合作不仅与国家相关战略保持一致，同时因地制宜地开展了各具特色的区域性科技创新的国际开放与合作活动。从技术、人才和资金来看，西部 12 个省份科技创新资源的国际开放与合作的现状如下。

1. 科学技术的国际开放与合作的现状

为更为有效地发挥国际科技合作在扩大科技开放与合作中的促进和推动作用，提升我国国际科技合作的质量和水平，科技部及其职能机构认定了“国家国际科技合作基地”，基地分为国际创新园、国际联合研究中心、国际技术转移中心和示范型国际科技合作基地等不同类型③。

国家国际科技合作基地代表了我国科技国际开放与合作的最高水平，同时也是科学技术对外开放与合作的载体和指示器。本章以不同地域国家国际科技合作基地的发展状况作为科技对外开放与合作的风向标。分区域的统计数据显示，截至 2017 年，除港澳台地区外，我国国家国际科技合作基地共有 639 个，其中，东部地区有 372 个，中部地区有 129 个，西部地区有 138 个。具体分布如表 10－3 所示。

---

① 激励创新引领发展：我国科技奖励制度在改革中完善［EB/OL］．（2019－01－07）［2019－04－28］．http://mini.eastday.com/a/190107175014047-2.html.

② 王雪原．创新资源配置管理理论方法研究：区域、平台、联盟与企业多层面视角［M］．北京：机械工业出版社，2015：2.

③ 国际科技合作基地概况［EB/OL］．（2017－03－17）［2018－08－28］．http://www.cistc.gov.cn/InterCooperationBase/details.asp?column=741&id=81467.

表 10－3　　2017 年国家国际科技合作基地地域分布表　　（单位：个）

地区	国家国际科技合作基地（总数）	国际创新园	国际联合研究中心	国际技术转移中心	示范型国际科技合作基地
东部地区	372	17	97	28	230
中部地区	129	5	40	14	70
西部地区	138	5	32	7	94

资料来源：笔者根据国家国际科技合作基地数据整理汇编而成。详见国际科技合作基地概况［EB/OL］.（2017－03－17）［2018－08－28］. http://www.cistc.gov.cn/InterCooperationBase/details.asp?column=741&id=81467。

由表 10－3 可以看出，与中部地区相比，西部地区的国家国际科技合作基地较多。其中，西部地区有科技部认定的国际创新园 5 个，国际联合研究中心 32 个，国际技术转移中心 7 个，示范型国际科技合作基地 94 个。以上科技创新研究和技术转移中心为西部地区的科技创新的国际开放与合作构筑了坚实的平台。西部地区地域辽阔，省份较多，西部地区科技创新依托地区产业特色，具有鲜明的地域优势。西部地区省份多位于我国边疆地区，一方面西部省份的科技创新具有较强的战略意义，另一方面也便于西部省份利用毗邻周边国家的区位优势，加大国际开放与合作。此外，由于国家宏观政策的支持，西部地区国家国际科技合作基地数多于中部地区国家国际科技合作基地数。西部地区省份国家国际科技合作基地分布相对集中，以陕西、四川、重庆三个省份为主，具体分布如表 10－4 所示。

由表 10－4 可见，虽然西部地区国家国际科技合作基地占据数量上的优势，但国际创新园和国际技术转移中心的数量及在国家国际科技合作基地中所占的比例较小，表明西部地区科技创新的国际开放与合作仍处于国际开放的前期阶段，深入的国际合作、技术创新与科技的国际转化仍需不断加强。

2. 科技人才的国际开放与合作的现状

科技人才是科技创新的基本人力资源，促进科技人才的国际开放与合作是拓展科技创新的国际开放与合作的保障。知识无国界，在全球化时代，国际开放与合作对提升科研人员的创新能力具有突出的现实意义。

（1）科技人才引进计划。

为进一步发挥国际型科技人才在科技创新、技术突破、学科建设、高新技术产业发展等方面的积极作用，我国于 2008 年启动实施引进海外高层次人才的“千人计划”，重点支持国家创新项目、重点学科和重点实验室的建设。

2015 年国家“千人计划”分地区统计数据显示，我国“千人计划”总人数为 6 089 人，东部地区 11 个省市引进国家“千人计划”总人数为 4 646 人；中部

表 10-4　2017 年西部地区国家国际科技合作基地分布表　（单位：个）

省份	国家国际科技合作基地（总数）	国际创新园	国际联合研究中心	国际技术转移中心	示范型国际科技合作基地
陕　西	20	1	8	0	11
四　川	20	0	6	1	13
重　庆	20	1	5	1	13
甘　肃	15	0	5	1	9
新　疆	15	1	3	1	10
云　南	14	1	3	2	8
广　西	12	0	2	1	9
内蒙古	8	1	0	0	7
宁　夏	5	0	0	0	5
贵　州	4	0	0	0	4
青　海	4	0	0	0	4
西　藏	1	0	0	0	1
总　计	138	5	32	7	94

资料来源：笔者根据国家国际科技合作基地数据整理汇编而成。详见国际科技合作基地概况［EB/OL］.（2017-03-17）［2018-08-28］. http://www.cistc.gov.cn/InterCooperationBase/details.asp?column=741&id=81467。

表 10-5　截至 2015 年西部地区各省份国家“千人计划”引进人才情况

省份	人数	省份	人数
四　川	217	内蒙古	10
陕　西	171	广　西	6
重　庆	77	青　海	3
新　疆	64	宁　夏	1
甘　肃	26	西　藏	2
云　南	25	贵　州	—

资料来源：中共中央组织部. 中国人才资源统计报告(2015)[M]. 北京：党建读物出版社，2017：12-122.

地区 6 省份，山西、河南、安徽、江西、湖南、湖北引进国家“千人计划”总人数为 710 人；东北地区的吉林、黑龙江引进国家“千人计划”总人数为 131 人；西部地区 12 省份引进国家“千人计划”总人数为 602 人①。西部地区国家“千人计划”总人数相

① 千人计划网 http://www.1000plan.org/qrjh/section/4。

对较少，与东部相比有较大的差距，且西部地区国家“千人计划”人才较为聚集，集中在四川、陕西两个省份，如表10－5所示。

在国家“千人计划”的引领下，2009年以后，西部省份围绕省级产业发展需求出台了多项人才引进计划（具体见表10－6），面向全球引进优秀科技人才。通过分析西部地区人才计划发现，西部多省份的人才引进计划重点突出，特色鲜明。支持的重点领域多为传统优势产业、先进制造业、新一代信息技术、互联网经济、高性能新材料、生态环保、优势特色农业。西部地区实施的系列人才引进计划极大地促进了西部地区科技人才的国际交流与合作。

表10－6　西部地区人才引进计划一览表

省份	年份	人才引进计划
重庆	2008年	重庆百名海外高层次人才集聚计划
	2013年	两江学者计划
陕西	2009年	陕西百人计划
	2009年	西安5211计划
	2009年	三秦学者计划
云南	2009年	云南百名海外高层次人才引进计划
宁夏	2009年	宁夏百人计划
内蒙古	2010年	草原英才工程
广西	2013年	广西八桂学者人才计划
贵州	2014年	百千万人才引进计划
四川	2015年	四川百人计划
青海	2016年	高端创新人才千人计划

资料来源：笔者根据千人计划网中的数据整理而成。详见千人计划网．http://www.1000plan.org/qrjh/section/4。

（2）境外科技人才在西部地区的交流与合作。

为吸引国际化人才到西部省份工作，西部地区各省份加大对境外人才的吸引力度。例如，2018年7月19日，内蒙古发布《关于进一步促进外资增长的意见》，落实外国人工作许可制度，将外国留学生在内蒙古就业纳入外国人工作许可管理范围。重点引进“高精尖缺”外国人才，落实“告知＋承诺”和“容缺受理”等便利服务，推进外国人来内蒙古工作许可属地办理，为外国高端人才来内蒙古工作、创新创业开辟“绿色通道”①。西部地区吸引境外专家工作取得了较

① 科技人才政策信息［EB/OL］．（2010－11－21）［2018－07－31］．http://www.italents.cn/12165.html.

为显著的成效。《中国人才资源统计报告 2015》中的数据显示，2015 年，境外的专家共 623 530 人，长期工作的专家 290 155 人，短期工作的专家 333 375 人。其中，在西部地区 12 个省份工作的境外专家共计 40 329 人，具体如表 10－7 所示。

表 10－7　**2015 年西部地区各省份境外专家分布情况**　（单位：人）

省份	总数	长期	短期
四　川	11 607	2 174	9 433
重　庆	11 374	3 676	7 698
云　南	3 502	1 201	2 301
陕　西	3 459	887	2 572
甘　肃	2 814	421	2 393
广　西	2 528	1 277	1 251
新　疆	1 349	674	675
贵　州	1 312	196	1 116
宁　夏	916	161	755
内蒙古	894	455	439
青　海	534	96	438
西　藏	40	14	26
总　计	40 329	11 232	29 097

资料来源：《中国人才资源统计报告 2015》。

在西部地区工作的境外专家数量与东部地区相比具有较大差距。在东部地区工作的境外专家共有 51 322 人，在西部地区工作的境外专家总数为 40 329 人。与全国其他地区相似，在西部地区工作的境外专家以短期工作为主。境外来中国大陆工作的专家分布情况如表 10－8 所示。

表 10－8　**2015 年境外专家分布情况**　（单位：人）

地区	总数	长期	短期
东部地区	513 222	247 655	259 240
中部地区	27 712	10 482	17 230
西部地区	40 329	11 232	29 097
东北地区	34 619	20 151	20 795
其他	7 648	635	7 013
总数	623 530	290 155	333 375

注："其他"主要包括中央单位和新疆生产建设兵团。

资料来源：中共中央组织部．中国人才资源统计报告．2015［M］．北京：党建读物出版社，2017：12－122．

3. 科技创新资金的国际开放与合作的现状

充足的资金是科技创新的基础条件，长久以来，基础研发资金投入不足是制约我国企业升级转型的重要因素。除政府资金投入外，外商投资是我国科技创新资金的重要构成部分。促进投资主体多元化，鼓励外资是科技创新资金的国际开放与合作的重要表征。外商直接投资不仅能够促进我国西部区域科技创新能力的提高，外商直接投资的技术外溢效应还能够使本地企业创新产品产值呈增长趋势，并辐射周边区域，带动经济增长①。我国《"十三五"国家科技创新规划》明确指出，要"鼓励外商投资战略性新兴产业、高新技术产业、现代服务业"，西部地区不断加强对外商投资的吸引力度，但与东部、中部相比，仍存在一定的差距，如表 10－9 所示。

表 10－9　2015 年中国吸收外资情况（按区域划分）

国家/地区	企业		实际使用外资	
	个数（家）	比重（%）	金额（亿美元）	比重（%）
东部地区	23 502	88.44	1 058.68	83.84
中部地区	1 872	7.04	104.44	8.27
西部地区	1 201	4.52	99.55	7.88
总计	26 575	100.00	1 262.67	100.00

资料来源：中国外商投资报告 2016［EB/OL］.（2016－12－30）［2018－08－15］. http://images.mofcom.gov.cn/wzs/201612/20161230131233768.pdf.

2015 年，外商投资区域以东部地区为主。东部地区实际使用外资金额 1 058.68 亿美元，占全国实际使用外资总额的 83.84%，同比增长 8.11%；中部地区实际使用外资 104.44 亿美元，占比 8.27%，同比下降 0.81%；西部地区实际使用外资 99.55 亿美元，占比 7.88%，同比下降 1.13%。2018 年，西部地区实际使用外资 319.1 亿元，同比增长 14.5%②。

由图 10－1 可知，从规模上看，中部地区和西部地区实际吸收外资金额一直远低于东部地区水平。从增长率看，2005 年至 2015 年期间，西部地区实际吸收外资额增长了近 4 倍。

具体而言，2015 年，西部地区新批准设立境外投资项目（企业数）1 201 家、实际使用外资 995 511 万美元，占全国比重分别为 4.52%、7.88%。截至 2015

① 贾明琪，刘双双，辛江龙. 外商直接投资与科技创新、经济增长：基于西部 10 省面板数据的实证分析［J］. 科学决策，2015（4）：21－34.

② 商务部外资司负责人谈 2018 年 1—7 月全国吸收外资情况［EB/OL］.（2019－01－15）［2019－04－25］. http://www.gov.cn/xinwen/2018－08/16/content_5314343.htm.

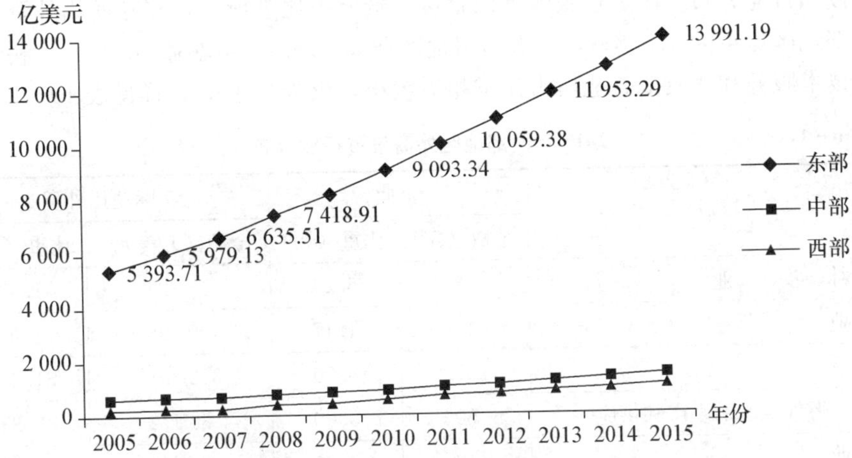

图 10-1 2005—2015 年东中西部地区累计外商投资金额

资料来源：中国外商投资报告 2016［EB/OL］.（2016-12-30）［2018-08-15］. http://images.mofcom.gov.cn/wzs/201612/20161230131233768.pdf.

年底，西部地区设立境外投资项目（企业数）48 374 家、实际使用外资 1 093.15 亿美元，占全国比重分别为 5.78%、6.66%①。2015 年，排名前五位境外投资来源地在西部地区投资的项目（企业数）和实际投资金额合计占西部地区境外投资总量的 58.87%和 91.03%。中国香港在西部地区投资最多，其次是新加坡、韩国、英属维尔京群岛和瑞典，如表 10-10 所示。

表 10-10　　2015 年西部地区境外投资主要来源地

国家/地区	企业		实际投资	
	企业数（家）	比重（%）	实际投资（万美元）	比重（%）
中国香港	521	43.38	613 966	61.67
新加坡	57	4.75	159 264	16.00
韩国	113	9.41	89 858	9.03
英属维尔京群岛	15	1.25	24 271	2.44
瑞典	1	0.08	18 814	1.89
五个国家/地区总计	707	58.87	906 173	91.03
西部地区总计	1 201	100	995 511	100

资料来源：中国外商投资报告 2016［EB/OL］.（2016-12-30）［2018-08-15］. http://images.mofcom.gov.cn/wzs/201612/20161230131233768.pdf.

① 中国外商投资报告 2016［EB/OL］.（2016-12-30）［2018-08-15］. http://images.mofcom.gov.cn/wzs/201612/20161230131233768.pdf.

按照行业分布，制造业吸收外商直接投资所占比重最大，实际使用外资金额占西部地区比重为31.38%，其次为房地产业29.57%、金融业10.47%，科学研究、技术服务和地质勘查业所占比重相对较小，仅为0.48%，详见表10－11。

表10－11　　2015年西部地区外商投资行业分布

行业	企业		实际使用外资	
	个数（家）	比重（%）	金额（万美元）	比重（%）
农、林、牧、渔业	75	6.24	13 823	1.39
采矿业	14	1.17	10 198	1.02
制造业	227	18.90	312 381	31.38
电力、燃气及水的生产和供应	60	5.00	38 172	3.83
建筑业	10	0.83	721	0.07
交通运输、仓储和邮政业	43	3.58	75 955	7.63
信息传输、计算机服务和软件业	56	4.66	12 430	1.25
批发和零售业	273	22.73	36 001	3.62
住宿和餐饮业	60	5.00	2 397	0.24
金融业	51	4.25	104 196	10.47
房地产业	34	2.83	294 404	29.57
租赁和商务服务业	178	14.82	70 269	7.06
科学研究、技术服务和地质勘查业	57	4.75	4 815	0.48
水利、环境和公共设施管理业	20	1.67	6 111	0.61
居民服务和其他服务业	12	1.00	8 775	0.88
教育	3	0.25	0	0
卫生、社会保障和社会福利业	4	0.33	1 065	0.11
文化、体育和娱乐业	22	1.83	3 798	0.38
公共管理	2	0.17	0	0
西部地区总计	1 201	100	995 511	100

资料来源：中国外商投资报告2016［EB/OL］.（2016－12－30）［2018－08－15］. http://images.mofcom.gov.cn/wzs/201612/20161230131233768.pdf.

2016年，地方企业对外非金融类直接投资流量达1 505.1亿美元，同比增长60.8%，占全国非金融类流量的83.0%，是2016年中国对外直接投资的主力军。其中：东部地区1 256.0亿美元，占地方投资流量的83.4%，同比增长63.9%；西部地区115.5亿美元，占7.7%，同比增长55.0%；中部地区101.1亿美元，占6.7%，同比增长 59.7%；东北地区 32.5 亿美元，占 2.2%，同比增长1.4%，见表 10－12。

表 10－12　2016 年地方企业对外直接投资流量按区域分布情况表　（单位：亿美元）

地区	流量	比重（%）	同比（%）
东部地区	1 256.0	83.4	63.9
中部地区	101.1	6.7	59.7
西部地区	115.5	7.7	55.0
东北地区	32.5	2.2	1.4
总计	1 505.1	100.0	60.8

资料来源：2016 年度中国对外直接投资统计公报［EB/OL］．（2017－09－30）［2018－08－15］．http://hzs.mofcom.gov.cn/article/date/201803/20180302722851.shtml.

（三）西部地区科技创新主体的国际开放与合作的现状

科技创新的主体指参与科技创新活动的主要实体，包括政府、企业、高校、科研机构等①。21 世纪以来，我国开启了全方位的创新体制改革，主要改革方向为：构建企业自主引导的协同创新体系，从由政府主导、科研机构和高校为主、企业参与的模式，转变为由企业主导、院校协作、成果分享的模式。政府从选拔式、分配式、帮扶式向普惠式、引领式转变②。

在科技创新的国际开放与合作中，企业扮演主体地位。2014 年，国家国际科技合作专项立项 414 项，经费总额 6.49 亿元。从项目承担主体单位性质来看，支持企业技术创新项目 165 项，安排经费约 5.7 亿元。大专院校项目 121 项，安排经费约 2.8 亿元；科研院所项目 112 项，安排经费约 3.2 亿元；其他事业单位项目 16 项，安排经费 0.347 亿元，如表 10－13 所示。

表 10－13　2014 年国家国际科技合作专项立项概览表

主体单位性质	项目数（项）	经费（亿元）
企业	165	5.7
大专院校	121	2.8
科研院所	112	3.2
其他事业单位	16	0.347

资料来源：中国科学技术发展报告 2014［EB/OL］．（2016－12－16）［2018－06－25］．http://www.most.gov.cn/kjfz/kjxz/2014/201612/P020161226501952968341.pdf.

---

① 丁明珠．基于系统论科技创新主体的思考［D］．哈尔滨：哈尔滨理工大学，2011.

② 肖林．结构性改革与创新驱动发展：上海建设全球影响力科技创新中心：2015—2016 年上海发展报告［M］．上海：格致出版社，上海人民出版社，2016：102.

三、西部地区科技创新的国际开放与合作的成就及挑战

近年来，围绕国家科技创新国际开放与合作的战略布局，西部地区各省份积极推进科技创新的国际开放与合作进程。经过多主体、长时间的努力，取得了显著成效。与此同时，受资源、人才等因素的限制，西部地区科技创新的国际开放与合作面临着巨大的挑战。

（一）西部地区科技创新的国际开放与合作的成就

科技创新的国际开放与合作体系能够发挥科技创新资源的集聚优势，并促进科技知识和技能的交流与传播，提升科技创新能力。西部地区科技创新的国际开放与合作取得了显著的成就，包括初步建成省域科技创新的国际开放与合作体系、科技创新的国际开放与合作为西部地区集聚了大量科技创新资源、科技创新的国际开放与合作有力地促进了科技创新能力提升三个方面。

1. 初步建成西部地区省域科技创新的国际开放与合作体系

西部地区各省份立足区域特色，结合国家西部大开发战略和“一带一路”倡议，以建设国家高新技术产业开发区、国际创新园、示范型国际科技合作基地为契机，加大对科技创新的国际开放与合作的支持力度，构建了从政策引领到科技创新实践，从国际交流到多边实质合作的多维区域科技创新的国际开放与合作体系。

第一，西部地区促进科技创新的国际开放与合作的政策体系初步形成，促进科技创新实践有序推进。2006 年后，西部地区各省份出台省级科技创新规划，重视科技创新的国际开放与交流。2015 年后，在国家“十三五”科技规划的引领下，西部地区各省份的科技政策加大对国际开放与交流的支持力度，制定了跨境贸易、创新产业合作、加大与周边国家科技合作等多种形式的科技创新资源“引进来”和“走出去”措施。其中，产业园区是重要的综合性国际合作载体，近年来，西部省份加大建立科技国际合作园区的力度，通过省域统筹，初步建成了国际开放与合作体系。我国正在建设的产业园区有 100 多个，其中 80 多个在“一带一路”沿线，聚集在西部地区，如哈萨克斯坦阿斯塔纳—新城经济特区等①。云南已建成楚雄、荣昌、永川高新技术产业开发区，聚集大批科技创新企业，国际科技合作取得显著成效。陕西提出了在“十三五”规划期间，建立 50 个国际合作产业园区的目标。截至 2017 年，四川已建设了中国—新西兰猕猴桃联合实验室、高分子材料与工程国际联合研究中心等 53 个国家级、省级国际科

① 甄树宁. “一带一路”战略下国际科技合作模式研究［J］. 国际经济合作，2016（4）：26-27.

技合作基地[①]。陕西实施研发平台提升工程，整合省内航空航天、智能制造、信息感知、旱区农业等优势学科领域创新资源，探索建立“四跨”（跨学科、跨单位、跨省、跨国）研发平台，组建创新大平台。

第二，西部地区科技创新的国际交流日益增多，加快双边及多边科技国际合作进程。为加强国际技术转移转化，截至2017年底，西部地区已建成国际技术转移中心7个。四川实施政府间联合研发项目，推进建设企业创新服务平台，并充分发挥成都国际技术转移中心、四川西部国际技术转移中心、中国—欧洲中心作用，推进国际技术转移[②]。西部地区在与周边国家和地区加强科技交流的同时，不断拓展与港澳台地区的合作领域，加强与美国、欧盟国家、澳大利亚等科技发达国家的双边或多边国际科技合作。第一产业是西部地区的重要支柱产业，西部省份重视农业科技领域的国际交流与合作，立足地方特色加强面向东南亚国家的农业技术合作和品种推广。西部地区科技创新的国际开放与合作初步形成了以企业为主体、产学研机构协同的国际科技合作，进而形成多主体共同参与、多渠道全面推进、多形式相互促进的国际科技合作新格局。

第三，科技创新的国际开放与合作体制不断健全，完善跨区域科技合作机制，吸引创新要素跨境流动。西部地区省份采取税收、人才、土地、资金等优惠政策促进科技创新的国际合作。科技创新券政策是西部省份普遍采用的科技创新政策，陕西、四川、重庆都启动了科技创新券政策，包括科技资源共享服务创新券。甘肃落实海关特殊监管区域政策。依托兰州新区综合保税区和武威保税物流中心，深化国际合作，引导国际资本和先进技术投向战略性新兴产业重点领域。近年来，云南对外科技开放合作重大建设取得显著成就，建立了中国—东盟创新中心、中国—南亚技术转移中心、面向南亚东南亚育种中心、南亚东南亚农业联合研究中心、东南亚生物多样性研究中心。

2. 科技创新的国际开放与合作为西部地区聚集了大量科技创新资源

在宏观政策的指引下，西部地区各省份全面开展了科技创新的国际开放与合作的实践，加大对国际科技资源的引入力度，一方面从全球范围内引进科技创新人才，另一方面不断吸引外国资金进入科技创新领域，为科技创新提供强有力的财力、人力支持。

首先，西部地区持续引进国际化的科技创新人才。自2008年我国“千人计

① 四川省“十三五”科技创新规划［EB/OL］.（2017-01-10）［2018-07-29］. http://zcwj.sc.gov.cn/xxgk/Articles/10000000/2017/01/10/20170110084647-316722.pdf.

② 四川省科学技术厅关于印发2018年全省科技创新工作要点的通知［EB/OL］.（2018-02-01）［2018-08-16］. http://www.scst.gov.cn/zhuzhan/tz/20180201/29730. Html.

划”实施以来，西部地区12个省份已引进一大批海外高层次人才。这些人才中的其中大部分“千人计划”人才深耕于生物医药与生物技术、能源、资源与环境等学科领域①。他们不仅是行业科技创新的领军人物，还是西部地区科技创新对外交流与合作的重要桥梁。

其次，近年来，西部地区各省份科技领域吸引外资总额逐年增加，对外投资流量的总额和比重都有较大幅度的增长。根据《中国外商投资报告2016》的数据可知，2015年，我国西部地区实际使用外资金额99.55亿美元，对外直接投资流量达115.5亿美元，同比增长55.0%，对外直接投资总额超过中部地区。西部地区外资使用及对外直接投资领域涉及第一产业、第二产业和第三产业多个领域，为地区和行业对外交流和产业升级提供了强有力的资金支持。以上数据表明，我国西部地区科技创新资金的国际合作取得了新的突破。

3. 科技创新的国际开放与合作有力地促进了西部地区科技创新能力提升

在科技创新政策的引领及科技创新资源的保障下，西部地区科技创新的国际开放与合作得到了纵深发展，科技创新的国际合作为西部地区提升科技创新能力提供了条件支持。多渠道的科技创新的国际开放与合作有效提升了西部地区的科技创新能力。

首先，科技创新成效显著。四川启动了国际科技合作与交流研究计划项目，支持省内各科研机构、大专院校和企业充分利用国际资源促进国际科技合作与交流工作的发展，初步形成了一批国际领先或填补国内空白的合作研究成果。广西科技创新对经济增长贡献率达50.5%，陕西科技创新对经济增长贡献率达到55.81%。以陕西为例，2016年，陕西共获授权专利48 455件，同比增长45.7%，增长率居全国第1位；技术合同交易额达到802.74亿元，在全国排名第4位；国际科技论文发表量显著增加，国际科技论文发文量在全国排名第4位，具体如表10-14所示②。

其次，科技创新的国际开放与合作促进西部企业进出口。作为科技创新的主要主体，企业是落实和推动科技创新的国际开放与合作的主要载体。企业进出口总额一定程度上反映了科技国际交流与合作的发展态势。在信息产业时代，西部地区各省份支持国家级和省级科技兴贸创新基地建设，鼓励企业运用电商平台、跨境电商等新型商业模式，开拓营销渠道。鼓励企业进口先进设备、先进技术和

① 潮龙起．高校高层次海归人才现状及其作用研究：以中央“千人计划”为中心［J］．东南亚研究，2014（4）：57-63.

② 陕西省全面推动科技创新［EB/OL］．（2017-05-18）［2018-08-30］．http://www.most.gov.cn/dfkj/shanx/zxdt/201705/t20170517_132839.htm.

表 10-14　2010—2015 年国际三大检索系统收录陕西第一作者论文数增长情况　（单位：篇）

年份	论文数	国际三大检索系统			增长率（%）	占全国比重（%）	位次
		SCI	EI	CPCI-S			
2010	17 947	5 690	7 450	4 807	32.49	5.96	4
2011	17 320	6 584	7 481	3 255	−3.49	5.01	4
2012	18 496	7 416	7 292	3 788	6.79	4.69	4
2013	21 948	9 358	9 704	2 886	18.66	5.55	4
2014	24 683	11 392	10 709	2 582	12.46	5.52	4
2015	28 572	13 195	13 443	1 934	15.76	5.64	4

资料来源：陕西省科学技术情报研究院．“十二五”陕西科技论文统计分析［R］．科技统计快报，2017-12-01.

关键零部件以及战略性原材料，以进促出，西部地区企业进出口额显著增加。数据显示，西部地区外商投资企业、中外合资企业、中外合作企业以及外商独资企业进出口额增幅显著，总额不断增加。以中外合资企业为例，2013 年和 2014 年西部地区各省份中外合资企业进出口总额如表 10-15 所示。

表 10-15　2013 年和 2014 年西部地区各省份中外合资企业进出口总额一览表　（单位：万美元）

省份	2013 年		2014 年	
	出口	进口	出口	进口
广　西	173 474	300 724	217 059	364 397
重　庆	147 498	422 045	157 551	404 172
四　川	122 666	193 477	114 641	157 313
陕　西	77 827	189 313	92 926	294 271
内蒙古	21 266	69 731	23 116	59 818
云　南	10 014	32 221	9 708	22 715
新　疆	9 172	2 836	5 373	2 269
宁　夏	7 524	1 086	10 281	3 605
贵　州	5 149	8 992	3 727	8 170
甘　肃	2 274	1 440	1 154	720
青　海	1 353	7 395	71	1 172
西　藏	12	—	5	—

资料来源：国家统计局贸易外经统计司编．中国贸易外经统计年鉴 2015［M］．北京：中国统计出版社，2015：583.

（二）西部地区科技创新的国际开放与合作的挑战

通过对西部地区12个省份科技创新的国际开放与合作制度、资源和主体三个维度的省级数据及全国数据的比较可以发现，西部地区科技创新面临着巨大的挑战，主要表现为：科技创新的国际开放与合作能力有待提升，区域间科技创新的国际开放与合作具有较大差异；总体科技投入不足，结构有待优化，科技创新的国际合作与交流专项资金较少；国际化科技创新人才占有量较小，高层次国际化科技创新人才匮乏。

1. 科技创新的国际开放与合作能力有待提升，区域间科技创新的国际开放与合作具有较大差异

与我国东部和中部地区相比，西部地区各省份全面开启科技创新的国际开放与合作的进程较晚，由于长久以来缺乏政策指导、资金支持和人才保障，导致西部地区科技创新能力不足，科技创新的国际开放与合作的基础较为薄弱。2017年，西部地区国家国际科技合作基地数与东部地区具有较大差距，不及东部地区的一半；西部地区的国际技术转移中心仅有7个，制约了科技合作成果转化。西部地区各省份科技创新能力居于全国中下游水平。作为我国科技创新体系的主体之一，高校是我国科技创新的中坚力量。地方高校作为国家高等教育体系的重要组成部分，是地方经济、社会发展的重要支撑力量。通过对西部地区地方高校全国科研创新能力的实证研究发现，西部地区12个省份地方高校科技创新能力较为落后，2012年仅有广西进入了前10位，其余地区得分均比较低，属于全国中下等水平，具体如表10-16所示。

表10-16　　2012年西部地区地方高校科研创新能力全国排名

省份	排名	省份	排名	省份	排名
广　西	7	新　疆	24	宁　夏	27
四　川	16	贵　州	25	青　海	28
云　南	18	重　庆	26	甘　肃	29
陕　西	20	内蒙古	23	西　藏	31

资料来源：安蓉，马亮．西部地区地方高校科技创新能力评价研究［J］．科研管理，2015，36（S1）：15-21.

此外，通过西部地区省份之间的比较可以发现，不同省份之间科技创新的国际开放与合作水平具有较大差异。西部地区国家国际科技合作基地集中于陕西、四川、重庆三个省份。2017年以上三个省份每个省份的国家国际科技合作基地数均为20个；而经济基础较为薄弱的贵州、青海、宁夏、西藏等省份国家国际科技合作基地数较少，均在5个及5个以下。与之相似，西部地区引进的“千人

计划”人才、国外专家、外资以及科技产出多集中于陕西、四川、重庆等经济水平较高的省份，占据西部地区科技创新国际合作资源的半壁江山，而宁夏、青海、西藏等省份科技创新的国际开放与合作处于全国最为落后的水平，与西部地区的陕西、四川等省份相比存在较大差距。

2. 总体科技投入不足，结构有待优化，科技创新的国际合作与交流专项资金较少

虽然近十年来西部地区各省份不断加大科技创新的投入力度，但总体而言，西部地区财政科技投入低于全国平均水平。2016 年，全国各省份财政科技支出平均水平为 125.33 亿元，科技支出占财政支出的比重为 2.42%，然而，2016 年，西部地区财政科技支出最多的省份四川的科技支出仅为 101.09 亿元；西藏的科技财政支出和科技财政支出占财政支出的比重均为全国最低，分别为 4.81 亿元和 0.30%，具体如表 10 - 17 所示。

西部地区科技创新的国际开放与合作对外资的消化能力有待加强。2015 年度，西部地区 1 201 个企业实际使用外资金额仅为 99.55 亿元，远低于东部地区和中部地区。与此同时，2005 年到 2015 年吸引外资额的数据显示，西部地区外商投资金额增长缓慢，且增幅慢。从企业数来看，西部地区外商投资的重点领域为批发和零售业以及制造业。科学研究、技术服务和地质勘查业吸引的外商投资总额仅占实际使用外资的 0.48%。以上数据说明，西部地区科技创新的国际合作与交流专项投入不足，成为制约科技创新的国际合作与交流健康发展的不利因素。

3. 国际化科技创新人才占有量较小，高层次国际化科技创新人才匮乏

西部地区面临科技创新领域人才竞争的挑战，在吸引国际化科技创新人才方面处于劣势。进入 21 世纪之后，国际科技合作与竞争并存，世界范围内开启了对国际化科技人才的竞争，人才争夺战愈演愈烈。面对发达国家宽松的人才政策和我国东部地区的人才竞争①，西部地区在吸引高技能科技人才方面的竞争力较弱，直接导致西部地区国际化的科技创新人才占有量较少。西部各省份陆续出台强有力的人才引进计划，从全世界范围内引进人才推动科技领域的国际交流与合作。然而，在与中东部地区的“抢人”大战中，西部地区“战果”甚微，人才引进计划短期效应仍未显现。截至 2015 年，西部地区国家“千人计划”人数不及东部地区的七分之一，西部地区高层次国际化科技创新人才匮乏。

① 林坚，王东胜，刘江华. 创新理论与实践概论［M］. 修订版. 北京：中国传媒大学出版社，2016：140.

表 10-17　　2016 年全国各省份财政科技支出情况

地区	省份	财政科技支出（亿元）	全国排名	占财政支出的比重（%）	全国排名
东部地区	广东	742.97	1	5.53	1
	上海	341.71	3	4.94	2
	北京	285.78	4	4.46	4
	江苏	388.29	2	3.88	5
	浙江	269.04	5	3.86	6
东部地区	天津	125.17	9	3.38	7
	山东	167.00	8	1.91	9
	福建	80.28	13	1.88	10
	河北	73.18	14	1.21	19
	海南	15.69	29	1.14	21
中部地区	安徽	259.50	6	4.70	3
	湖北	190.11	7	2.96	8
	江西	83.12	12	1.80	11
	河南	96.10	11	1.29	17
	湖南	71.44	15	1.13	22
	山西	34.56	25	1.01	26
东北地区	辽宁	61.61	18	1.35	15
	黑龙江	44.92	23	1.06	24
	吉林	41.01	24	1.14	20
西部地区	贵州	69.30	16	1.63	12
	宁夏	18.25	28	1.46	13
	陕西	62.01	17	1.41	14
	重庆	51.62	19	1.29	16
	四川	101.09	10	1.26	18
	新疆	44.98	22	1.09	23
	广西	45.20	21	1.02	25
	云南	46.86	20	0.93	27
	甘肃	26.23	27	0.83	28
	内蒙古	32.38	26	0.72	29
	青海	10.90	30	0.71	30
	西藏	4.81	31	0.30	31
全国平均水平		125.33	(9)	2.42	(9)

资料来源：陕西省科学技术情报研究院．2016 陕西省地方财政科技支出统计分析［R］．科技统计快报，2017-10-19．

四、深化西部地区科技创新的国际开放与合作的政策建议

如上所述，西部地区科技创新的国际开放与合作取得了显著的成就，“一带一路”倡议为促进西部地区未来科技创新的国际开放与合作提供了良好的平台，西部地区科技创新的国际开放与合作的新格局在不断建构。国际开放与合作关系到科技创新的质量及成果转化，为深入推进西部地区科技创新的国际开放与合作，提高西部地区的科技创新效率，可以采取以下五个方面措施：

（一）以国家战略为依托，提升科技创新国际合作的规模与层次

在国际竞争日益激烈的知识经济时代，科技创新关系到民族的兴衰存亡。我国陆续出台增强科技创新的政策。加强国际科技合作与交流是提升科技创新能力的有效途径。继西部大开发战略后，“一带一路”倡议为西部地区科技创新的国际开放与合作提供了政策支撑。西部地区 12 个省份是“丝绸之路经济带”和“21 世纪海上丝绸之路”的重要门户，在我国经济发展进入新常态的背景下，西部地区科技创新对西部地区在“一带一路”倡议中发挥战略支点作用具有重要意义①。西部地区以此为契机，在未来需要不断提升国内外科技合作的规模与层次。

首先，西部地区围绕其连接东南亚、南亚、中亚的区位优势，建立面向东南亚、南亚、中亚的国际科技合作示范平台（基地），进一步拓宽西部地区国际科技开放与合作的领域和规模。其次，改革科技创新机制和科技创新制度，充分发挥政府在国际科技合作中的引导作用，推动企业、高校、科研机构等科技创新主体积极开展与国内外企业（集团）、大学、科研机构、国际组织等的多层次科技开放与合作，创新合作机制，引导科技要素“走出去”和“引进来”。同时，西部地区各省份还应结合国家战略，积极组织实施重大科技项目的对外合作，吸引国内外优势科技资源融入科技创新和产业发展中，不断提高对外科技合作的规模、层次和水平②。

（二）以技术革新为契机，提高科技创新国际合作资源利用效率

科技创新的实质是科技领域的技术革新，科技创新的国际合作与交流旨在推动双方主体的科学技术革新。目前，西部地区各省份所获得的科技创新资源不断

---

① 赵菁奇，李本和. “一带一路”建设视阈下西南四省（区、市）技术创新政策实施效果评价及对策建议［J］. 学术论坛，2015，38（5）：41-46.

② 云南省“十二五”科学与技术发展规划［EB/OL］.（2011-06-21）［2018-08-16］. http://www.ynstc.gov.cn/kjxx/201107270028.htm.

增多。然而，科技创新资源，尤其是国际科技创新资源的利用效率亟待提高，出现了虽然创新资源日渐得到重视，但利用效率低下使其不能充分发挥带领经济社会发展的重任的现象。为实现西部地区科技创新资源的合理配置，提高科技创新资源利用效率，需要减少冗余投入，增加有效产出，开发关键技术，积极引进国外先进技术，改进现有落后技术，促进创新资源多样化发展①。为此，西部地区各省份可以依托科技创新园、高新区、经济开发区、工业园区、农业示范园区等创新载体，充分利用两种资源两个市场，积极开展科技创新合作与技术转移。通过制度创新和环境营造，吸引国内外知名研发机构以多种方式，共建平台、共享资源，提高西部地区科技合作效率，将西部地区发展成为技术交流、成果展示交易、人才集聚的桥头堡。

（三）以人才流动为载体，优化科技创新国际合作的实现方式

在国际科技竞争日益激烈的今天，人力资源是当今时代第一资源。其重要性日益为人们所认识，拥有高水平的科技人才是世界各国、各地区提高竞争实力、增强创新能力和保持可持续发展态势的基本条件。科技人员是科技创新的国际交流的载体。西部地区各省份在科技人才的国际交流方面处于劣势。为进一步增强西部地区科技创新的国际开放与合作，需要建立以科技人员流动为载体的国际开放与合作的新形式。

例如，加大国际化科技人才的培养力度，支持本土科技人员海外研修；以学术会议、洽谈会、参观访问等方式为渠道，拓展人员的国际合作与交流；不断加强双边或多边的科技人员互访与研修，推动科技创新的国际合作取得实效。此外，西部地区应加大科技对外援助力度，支持科技人才面向南亚、东南亚开展创新创业和科技培训，继续深化实施国际科技特派员制度。云南借国家启动中国与东南亚科技伙伴计划的有利时机，完善中国—东盟科技论坛机制，搭建中国—南亚科技论坛；积极与发达国家和地区的官方机构、半官方机构、大院名校、著名企业建立合作关系，推进项目合作与人才引进和培养；组织实施云南技术创新人才与技术骨干海外（短期）培养计划，选派一批科技人员赴海外短期访学，取得了良好的交流效果。

（四）以市场机制为基础，激发科技创新国际合作主体的能动性

科技创新能够有效提升企业生产效率，在构建创新型国家的背景下，科技创新成为促进经济发展方式转变的引擎。虽然我国政府大力支持科技创新的国际开放与合作，并拨付专项经费，然而，就激发科技创新的国际开放与合作的动力而

① 池婷，李磊，孔静怡．中国重点行业创新资源利用效率评价研究［J］．科技管理研究，2016，36(20)：1-5．

言，科技创新的国际开放与合作需要在国家政策的指引下，以市场机制为基础，建立长效、有活力的动态发展和竞争机制，促进科技创新主体的国际开放与合作的能动性。数据显示，目前我国西部地区科技创新的三大主体依次为企业、大专院校和科研院所，其中，企业获得的科技合作专项数量和经费总额远远高于大专院校和科研院所。这也说明，企业是科技创新的国际开放与合作的第一主体，并为建立以市场竞争机制为基础的科技创新的国际开放与合作模式提供了可能性。

西部地区科技创新资源匮乏，以市场机制为依托，激发科技创新主体的积极性和能动性是推动科技创新的国际开放与合作的有效路径。西部地区应着力加强对企业、高等学校、科研院所按照国际规则并购、合资、参股国外创新型企业和研发机构的支持力度，鼓励设立海外研发中心、产业化基地，深度融入全球产业链、技术链，提高海外知识产权运营能力，并推进海外人才离岸创新创业基地建设。

（五）以地方特色为根基，形成互利共赢的科技创新国际开放格局

西部地区科技创新应该遵循因地制宜的原则，采取差异化的创新发展战略，发挥先进地区创新辐射带动作用。西部地区位于我国广大边陲地带，在“一带一路”倡议的引领下，西部地区可以发挥地方优势，立足本土特色，以新兴产业、结构调整、农业科技创新和民生科技等为重点，聚焦国家重大战略需求，组织实施一批特色明显的科技合作重点研发项目，强化集成与协同，深入开展基础前沿及产业关键共性技术、装备和标准的研发攻关，明确国际科技开放与合作的突破口和重点，加强国际科技合作能力建设。

国际科技创新合作是新形势下推动建立以合作共赢为核心的新型国际关系的重要路径，也是我国积极参与全球治理，融入全球创新网络，保障国家外交战略实施的有效途径①。西部地区利用科技创新的国际开放与合作的契机，不断提升统筹和综合运用国际、国内两种资源的能力，促进科技创新和产业升级。西部地区须加大外资研发机构参与承担科技项目的支持力度，提升引进消化吸收再创新能力，实施“走出去”与“引起来”双向并举的国际开放与合作交流方式，鼓励外商投资新兴产业、高新技术产业、现代服务业，支持外资机构在西部设立技术研发机构，实现引资、引技、引智相结合，同时鼓励有条件的企业通过建立海外分支机构提高合作实效，从而形成互利共赢的科技创新的国际开放与合作新格局。

① 科技部关于印发《“十三五”国际科技创新合作专项规划》的通知［EB/OL］.（2017-05-04）http://www.most.gov.cn/mostinfo/xinxifenlei/fgzc/gfxwj/gfxwj2017/201705/t20170512_132771.htm.

参考文献

［1］彭莹．科技创新与制度创新的互动关系分析［D］．广州：暨南大学，2007．

［2］刘云，叶选挺，杨芳娟，等．中国国家创新体系国际化政策概念、分类及演进特征：基于政策文本的量化分析［J］．管理世界，2014（12）：62-69．

［3］发挥“一带一路”的开放引领作用［EB/OL］．（2017-12-01）［2019-04-28］．http://views.ce.cn/view/ent/201712/01/t20171201_27057121.shtml．

［4］刘云，李正风，刘立，等．国家创新体系国际化理论与政策研究的若干思考［J］．科学学与科学技术管理，2010，31（03）：61-67．

［5］科技部关于印发《国家高新技术产业开发区“十三五”发展规划》的通知［EB/OL］．（2017-04-14）［2018-08-30］．http://www.most.gov.cn/mostinfo/xinxifenlei/fgzc/gfxwj/gfxwj2017/201705/t20170510_132712.htm．

［6］激励创新引领发展：我国科技奖励制度在改革中完善［EB/OL］．（2019-01-07）［2019-04-28］．http://mini.eastday.com/a/190107175014047-2.html．

［7］王雪原．创新资源配置管理理论方法研究：区域、平台、联盟与企业多层面视角［M］．北京：机械工业出版社，2015：2．

［8］国际科技合作基地概况［EB/OL］．（2017-03-17）［2018-08-28］．http://www.cistc.gov.cn/InterCooperationBase/details.asp?column=741&id=81467．

［9］千人计划网［EB/OL］．［2018-07-28］．http://www.1000plan.org/qrjh/section/4．

［10］科技人才政策信息［EB/OL］．（2010-11-21）［2018-07-31］．http://www.italents.cn/12165.html．

［11］贾明琪，刘双双，辛江龙．外商直接投资与科技创新、经济增长：基于西部10省面板数据的实证分析［J］．科学决策，2015（4）：21-34．

［12］商务部外资司负责人谈2018年1—7月全国吸收外资情况［EB/OL］．（2019-01-15）［2019-04-25］．http://www.gov.cn/xinwen/2018-08/16/content_5314343.htm．

［13］丁明珠．基于系统论科技创新主体的思考［D］．哈尔滨：哈尔滨理工大学，2011．

［14］肖林．结构性改革与创新驱动发展：上海建设全球影响力科技创新中心：2015—2016年上海发展报告［M］．上海：格致出版社，上海人民出版社，2016：102．

［15］中国科学技术发展报告2014［EB/OL］.（2016-12-16）［2018-06-25］. http://www.most.gov.cn/kjfz/kjxz/2014/201612/P020161226501952968341.pdf.

［16］四川省“十三五”科技创新规划［EB/OL］.（2017-01-10）［2018-07-29］. http://zcwj.sc.gov.cn/xxgk/Articles/10000000/2017/01/10/20170110084647-316722.pdf.

［17］四川省科学技术厅关于印发2018年全省科技创新工作要点的通知［EB/OL］.（2018-02-01）［2018-08-16］. http://www.scst.gov.cn/zhuzhan/tz/20180201/29730.Html.

［18］潮龙起. 高校高层次海归人才现状及其作用研究：以中央“千人计划”为中心［J］. 东南亚研究，2014（4）：57-63.

［19］陕西省全面推动科技创新［EB/OL］.（2017-05-18）［2018-08-30］. http://www.most.gov.cn/dfkj/shanx/zxdt/201705/t20170517_132839.htm.

［20］林坚，王东胜，刘江华. 创新理论与实践概论［M］.（修订版）. 北京：中国传媒大学出版社，2016：140.

［21］赵菁奇，李本和.“一带一路”建设视阈下西南四省（区、市）技术创新政策实施效果评价及对策建议［J］. 学术论坛，2015，38（05）：41-46.

［22］云南省“十二五”科学与技术发展规划［EB/OL］.（2011-06-21）［2018-08-16］. http://www.ynstc.gov.cn/kjxx/201107270028.htm.

［23］池婷，李磊，孔静怡. 中国重点行业创新资源利用效率评价研究［J］. 科技管理研究，2016，36（20）：1-5.

［24］科技部关于印发《“十三五”国际科技创新合作专项规划》的通知［EB/OL］.（2017-05-04）［2018-08-16］. http://www.most.gov.cn/mostinfo/xinxifenlei/fgzc/gfxwj/gfxwj2017/201705/t20170512_132771.htm.

——执笔人：田京，杭州电子科技大学中国科教评价研究院

后　记

《中国西部大开发发展报告》是2011年教育部资助的11个哲学社会科学发展报告直接建设项目之一。该项目旨在鼓励高等学校组建人文社科研究团队，围绕国民经济社会发展重点领域或重大问题开展对策性、前瞻性研究，充分发挥高校哲学社会科学的智囊团、思想库作用。

《中国西部大开发发展报告（2018）》以吴晓波、倪好、周谷平为项目总负责人，由浙江大学中国西部发展研究院、管理学院、教育学院、经济学院、科教战略研究院以及浙江树人大学、杭州电子科技大学等相关教师组成跨学科研究团队。本书的基本构思、章节架构由吴晓波、倪好、周谷平提出，课题组讨论后分头写作。各章负责人如下：总论为倪好、吴晓波、章潇；第一章为马吉恩；第二章和第三章为周全；第四章为张紫涵；第五章为王小后、孟东军、张春花；第六章为景乃权、张家祺、陈德宇、王鼎盛、朱丽红、张岩；第七章为辛越优；第八章为徐冰娜、袁李兰、阚阅；第九章为孟莹；第十章为田京。各章完成初稿后，由吴晓波、倪好、周谷平负责全书的审阅校对，提出详细的修改意见，会同各章作者共同讨论进行修改完善，最终由吴晓波、倪好、周谷平终校定稿。敖晶、李莉等协助项目负责人参与了修改工作。

在本书即将付梓之际，我们要特别感谢本发展报告的各位学术指导专家，他们对报告提出了诸多宝贵意见，很大程度上提升了报告的质量。我们每年能够将西部地区研究的最新成果展现给读者，离不开教育部社科司的大力支持。长期以来，国家发展和改革委员会区域开放司（原西部开发司）、地区经济司对我们从事西部开发研究的支持力度很大，在此表示特别的感谢。也要感谢秦玉才先生，他热情洋溢的序言为本书增添了不少色彩！撰写过程中，我们参阅了大量的文献，获益匪浅。最后，感谢各章作者以及中国人民大学出版社的编辑们，谢谢各位的辛勤付出。

推动西部地区创新发展是一项浩大工程，研究西部地区创新发展同样是一个不断探索的过程。限于时间与学识，本书仅仅抛砖引玉，希望得到学界同仁的批评。

浙江大学中国西部发展研究院

图书在版编目（CIP）数据

中国西部大开发发展报告．2018/吴晓波，倪好，周谷平主编．—北京：中国人民大学出版社，2019.8

（教育部哲学社会科学系列发展报告）

ISBN 978-7-300-27404-1

Ⅰ.①中… Ⅱ.①吴…②倪…③周… Ⅲ.①西部经济-区域开发-研究报告-中国-2018 Ⅳ.①F127

中国版本图书馆 CIP 数据核字（2019）第 200066 号

教育部哲学社会科学系列发展报告

中国西部大开发发展报告（2018）

吴晓波　倪　好　周谷平　主编

Zhongguo Xibu Dakaifa Fazhan Baogao（2018）

出版发行	中国人民大学出版社		
社　　址	北京中关村大街 31 号	**邮政编码**	100080
电　　话	010-62511242（总编室）		010-62511770（质管部）
	010-82501766（邮购部）		010-62514148（门市部）
	010-62515195（发行公司）		010-62515275（盗版举报）
网　　址	http://www.crup.com.cn		
经　　销	新华书店		
印　　刷	北京玺诚印务有限公司		
规　　格	170 mm×228 mm　16 开本	**版　　次**	2019 年 8 月第 1 版
印　　张	20.75 插页 1	**印　　次**	2019 年 8 月第 1 次印刷
字　　数	393 000	**定　　价**	78.00 元
